新世纪高等学校教材 · 旅游管理核心课系列
|中国会展经济研究会改革开放40周年优秀研究成果二等奖|

会议策划与组织

Planning and Organization of Convention

周健华◎编著

北京师范大学出版集团
BEIJING NORMAL UNIVERSITY PUBLISHING GROUP
北京师范大学出版社

图书在版编目(CIP)数据

会议策划与组织/周健华编著. —北京：北京师范大学出版社，2023.2

(新世纪高等学校教材·旅游管理核心课系列)

ISBN 978-7-303-23073-0

Ⅰ.①会… Ⅱ.①周… Ⅲ.①会议—组织管理学—高等学校—教材 Ⅳ.①C931.47

中国版本图书馆 CIP 数据核字(2017)第 288216 号

图书意见反馈：gaozhifk@bnupg.com 010-58805079
营销中心电话：010-58802181 58805532

HUIYI CEHUA YU ZUZHI

出版发行：北京师范大学出版社 www.bnupg.com
北京市西城区新街口外大街 12-3 号
邮政编码：100088

印　　刷：天津中印联印务有限公司
经　　销：全国新华书店
开　　本：787 mm×980 mm 1/16
印　　张：24.25
字　　数：485 千字
版 印 次：2023 年 2 月第 1 版第 7 次印刷
定　　价：54.80 元

策划编辑：陈仕云　　责任编辑：陈仕云
美术编辑：刘　超　　装帧设计：刘　超
责任校对：赵非非　　责任印制：赵　龙

专家推荐

张凡

中国会展集训营创始人

武汉晖之石科技信息有限公司董事长

《会展实务丛书》主编

会议业的教材难写，原因在于行业边界模糊，加之我国尚无主管会议业的行政部门，相关管理及其法规滞后。《会议策划与组织》这本教材逻辑清楚、结构合理、内容丰富。对于会议业专业知识的归纳和会议项目操作方法的介绍力求详尽，此书具有创新性和实用性，在同类主题的教材中属于先进。

兰宇鑫

《中国会展》杂志社总编辑

该教材是一项颇具特色的教学成果。教材体系新颖、内容编排有新意，教学内容具有前沿性和应用性，教材主线清晰、重点突出、结构合理，既注重了会议策划的内在逻辑，又体现了与会议行业接轨的趋势，使学生在有限学时的学习中对会议策划活动有一个全景式的认识，便于学生掌握。

赵伟

《中外会展》杂志社总编辑

周健华老师是我认识的教育界非常活跃的会展老师，他有着一颗积极热忱的心，经常活跃在会展业的活动中，也非常热心地组织学生参与到会展的各类竞赛中，是一个对会展、对教育充满了正能量的优秀教育工作者。

《会议策划与组织》是一本理论与实践结合极强的优秀教材，书中提供了大量翔实的图例与文字范本，还有清晰的数据为支撑，这是一部可以让读者在学习中不会产生枯燥感的好教材，对于一些没有社会经验的读者来说，是一本不可多得的工具书与学习宝典。

作者对会议策划有很深的见解，指导学生参加全国会议方面的学科竞赛，历年均荣获了一等奖。该教材内容组织层次分明，框架清晰，主要聚焦在商务会议领域，内容科学、启发性强，理实结合强，涵盖了行业新近的观点、案例，具有较强的思想性、科学性、先进性，对会展专业学生以及从事会议策划的人士有很大的帮助。

姚歆
中国国际贸易促进委员会
商业行业委员会秘书长
亚洲营销联盟(AMF)第二副主席

该书基本理论以必需、够用为度，以“应用”为主旨，与行业发展和岗位能力要求紧密结合，教材内容和市场需求的契合度高，文字表述规范、简练，且配有二维码在线阅读资源，使读者易于学习、理解和掌握，克服了多数教材语言晦涩难懂、内容繁琐的缺点。

吴峰
东盟 10+1 会展联盟中国秘书长
中国会展经济研究会副秘书长
中国会展教育论坛秘书长
讯狐国际科技(北京)有限公司总经理

新世纪高等学校教材·旅游管理核心课系列
编写指导委员会

序
Preface

周健华老师编著的《会议策划与组织》教材即将重印，我很高兴为此书重印撰写序言。

本书所论及的会议，包括：大会、年会、工作会、研讨会、论坛等多种表现形式；涉及政府、企业、协会、社团等各类主办单位；规模有大有小，时间有长有短；是古已有之，今更发达的人们聚集议事的一种活动。随着会议活动的日益频繁，为会议活动提供策划与组织等各种服务的业态应运而生，并逐步发展起来，与展览业一起并称为“会议展览服务业”，即会展业。

党的十八大以后，我国会议业面对新形势和新需求，有了新发展和新提升。概括而言，有以下要点。

第一，开会、办会有了明确的规范。即《中央八项规定》和《中央八项规定实施细则》所提出的要求。其主要内容有：“精简会议活动，切实改进会风；提高会议实效，开短会、讲短话，力戒空话、套话”；“减少会议活动；控制会议活动规模和时间；提高会议活动效率和质量；严格控制会议活动经费”等。

第二，我国会议业制定了基础性的国家标准。这就是《会议分类与术语》（GB/T 30520—2014）。

第三，明确在中国举办国际会议必须遵循“服务发展、确保重点、规范管理、精简务实”的原则。

第四，积极向国际知名会议论坛学习。习近平总书记把世界经济论坛称之为“施瓦布经济学”。并进一步指出：“中国同世界经济论坛的合作与中国改革开放进程几乎同步。双方要与时俱进，加强合作。”

第五，习近平总书记多次出席世界重要会议，并向在我国召开的一些国际会议发来贺信或祝贺视频，表明我国党和政府高度重视国际会议的作用。

第六，会议的功效就在于搭建“平台”。习近平总书记说：“我们倡议将中国共产党与世界政党高层对话会机制化，使之成为具有广泛代表性和国际影响力的高端政治对话平台。”“2018 年 11 月，我们在上海举办首届中国国际进口博览会。这是个大平台，今后要年年办下去。这不是一般性的会展，而是我们主动开放市场的重大政策宣示和行动。”

第七，作为中国主场外交的会展活动在构建人类命运共同体，提出中国方案，讲好中国故事等诸多方面，越来越多地发挥出极为重要的作用，也进一步提升了中国会议业的地位，带动了中国会议业整体水平的提升。

第八，举办重要会议与城市建设发展关系密切。“办好一次会，搞活一座城”的有益经验值得进一步总结和借鉴。

为了与上述的新形势、新发展相适应，我国会议业教育培训也需要有新的认知和新的改进。我们注意到，从 2002 年开始，我国就在高校开设了会展专业，也陆续出版了各种教科书。但会议方面的教科书与展览方面的教科书相比，其编写和出版的数量都相对少一些。这与我国会议业比展览业发展得要晚一些、慢一些的状况相一致。但现在会议业的发展速度已经快了起来，值得我们予以更多关注。

我们看到，相对于其他教科书，会议方面的教材写作具有一定难度。周健华老师编著的《会议策划与组织》这本教材紧密结合会议行业前沿动态，内容系统深入，层次分明、条理清楚，注重理论联系实际，对实践具有指导作用。加之这本教材现在需要重印，也说明它受到读者的欢迎，得到了市场的认可。

预祝本书在会议业高等教育中进一步发挥出更加重要的作用，为会议行业培养更多的行业后备人才。

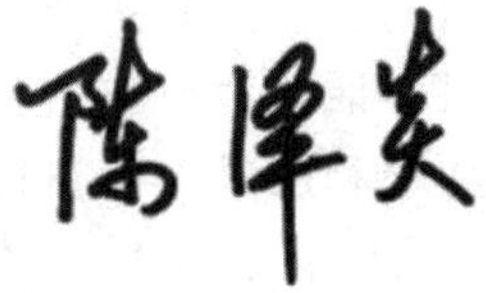

中国会展经济研究会学术指导委员会常务副主任

二〇一八年十一月二十六日

前 言
Preface

会议，作为信息交流与传播的重要手段，古已有之，但能够形成一个产业则主要得益于经济的快速发展与社会交往活动的增多。在国际上，会议产业与旅游业、展览业一样，是一个具有较强社会经济影响力的服务性产业。随着我国社会经济的深入发展，会议产业正步入一个全新的发展时期。如果说改革开放以来形成的深厚的社会经济发展积淀是我国会议产业产生的基础，那么，经济的持续增长与国际、国内社会交往的旺盛需求则是会议产业快速发展的主要推动力。

近年来，我国会议产业发展迅猛，成绩显著。会议组织者正走向专业化，会议策划与组织的效果越来越好，会议中心与会议酒店硬件设施快速改善，服务水平也进一步提高。综合来看，我国会议产业目前正处于发展的转型时期。

党的十九大报告提出建设现代化经济体系，指出要促进贸易和投资自由化、便利化，推动经济全球化朝着更加开放、包容、普惠、平衡、共赢的方向发展，这为会议产业的发展指明了方向。会议产业已成为衡量一个城市开放度、城市活力和发展潜力的重要标志之一，是打造国际化都市的“必备软件”。会议产业快速发展的积极意义可以从其获益者的长长的链条中得到诠释。会议产业最大的受益者首先是国家与各地方政府，举办高端国内外会议可以提升国家与城市的形象，与此同时，会议产业对于增加就业与税收以及拉动旅游、交通运输、城市建设、购物、休闲娱乐等相关产业的增长也具有重要的现实意义；其次是产业链内的企业（会议中心与会议酒店、会议公司、会议组织者等）以及与之相关的企业（如旅游、交通、购物、餐饮、娱乐、设计、制作、礼仪、礼品等）；最后是会议产业从业者个人。

在我国会议业的转型时期，正面临以下两个重要的转型因素。

一是政府角色转变。2012年年底，中央发布了关于改进工作作风、密切联系群众的“八项规定”，其中特别强调要控制政府会议规模，提高会议效率，倡导“新会风”，此举使我国会议业的总体收入近几年呈现大幅下滑，很多过去靠政府及相关机构生存的企业陷入了经营困境。会议业转型升级的触发点就来源于此。从国际角度看，“政府会议”本来就不应该有自己专属的“市场”或“产业链”，中国“政府会议”市场份额的减少，符合社会进步的基本方向。从这个意义上说，过去一直靠“政府会议”吃饭的人，转型是必要的，也是必须的。从另一个角度看，无论从复杂程度还是从消费层次分析，“政府会议”在会议市场中都处于中低端的范畴，“政府会议”产业链中下游企业，在转型的同时还需要升级换代。

二是我国消费结构发生深层次变化，这是会议业步入转型时期的根本原因。经过改革开放四十年来的发展和积淀，我国消费市场正在发生深层次的变革，低端消费群体大幅减少，而高端人群不断增加，中端阶层已经发展成为中国消费阶层的核心群体。与此相适应，长期占据统治地位的简单化、同质化的产品和服务，已无法满足变化了的多层次消费市场的实际需求。

要快速应对会议业转型期间面临的种种问题，离不开会议专业人才的培养。纵观已有同类教材，较少有专门从会议策划与组织角度进行系统论述，大多是从会议服务、会议管理角度编写而成。会议按照主办单位划分，可以划分为政府会议、事业单位会议、公司会议、协会会议四大类。我国目前的会议市场，占比最高或正蓬勃发展的正是公司会议。因此，本教材主要立足于公司会议角度，突破已有教材模式，透视会议工序流程，对会议环节各知识点和技能点进行整合。概括而言，本教材具有以下三个基本特点。

一是定位准确。本书从编写的指导思想，到内容选择、体系设计、编写模式，都以培养应用型人才的综合能力为出发点。

二是内容实用。通过吸收国外在会议业研究方面的先进成果，结合国内发展实践，站在策划管理战略高度、立足于企业管理实务提出全新的知识点，使会议策划与管理的研究现状更加清晰；同时，从会议主办方的实际需要出发，选择适用的内容，突出实践在课程中的主体地位，用案例来引领理论，使理论从属于实践，最终实现理论与实践一体化。

三是形式创新。本书内容以行业需求为导向，透视会议工序流程，按照会议策划、会议筹备、会议执行、会后收尾的会议工序流程展开，通过学习目的、重点内容介绍每章主要知识点。在每章结束后，要求学生在自学、争辩、讨论的氛围中完成学习任务。同时，为满足融媒体教学需要，本书精选了一部分内容实用的延伸阅读资料，读者可通过扫描书中二维码在线阅读，与本书作者及编辑进行在线交流。

本书既可以作为应用型本科高校旅游管理专业和会展专业学生的教材，也可以作为会展业、旅游业以及相关行业从业人员的工作参考书。

本书的出版是会展教育的成果，也是重庆文理学院会展经济与管理市级特色专业建设的结晶，期待这一成果能在全国会展专业教育中开花结果。

本书在撰写过程中，参考了大量文献资料，在此谨向这些文献资料的作者深表谢意！本书的出版得到了重庆文理学院特色应用型教材建设的立项资助，得到了北京师范大学出版社的大力支持和帮助，在此表示感谢！同时，感谢我国会议产业专家、中国会议酒店联盟常务副会长武少源先生无私分享历年《中国会议统计分析报告》。最后要感谢本书责任编辑陈仕云老师，编辑的认真负责使本书增色不少。由于作者水平和时间有限，虽尽力减少谬误，不足之处在所难免，恳请业界、学界同仁和广大读者不吝赐教指正。

周健华

于重庆文理学院

目　录

Contents

导　论

第一节　近年来我国会议业回顾

一、2002—2012 年我国会议业回顾

（一）2002—2012 年，会议业呈增长趋势

从 2002 年开始，我国会议业无论是数量、规模、从业人员还是总产值以及对经济、科技、生活、艺术的影响，都呈现出欣欣向荣之势。最主要的推手非“快速发展的中国经济”莫属，开明的政策、会议从业者的辛勤和智慧也因此得到肯定。

最有力的佐证是，早在十多年前，多数酒店的销售部还没有设立“会议销售”这个岗位，而如今高星级酒店普遍都有“会议销售”总监这一职位了。同时，这十余年来成立的上规模的会展公司、会务公司的数量，以及会议型酒店、带有大宴会厅的商务酒店的数量，相信也是一个令人咋舌的数字。

过去这十年，我国会议业还经历了多次波动。2003 年的“非典”、2008 年四川汶川地震、2008 年年底美国次贷危机引起的全球金融危机、2009 年爆发的甲型 H1N1 流感、2010 年青海玉树地震，都影响到了会议业。

（二）我国会议业现内生性增长

会议数量的增加、会议规模的扩大、会议时间的延长、会议地点的多样化，使得会议总产值和从业人员大幅增加，这主要得益于中国经济的平稳增长。2002—2011 年，我国 GDP 以平均 10.58％的速度增长。特别是 2010 年，中国 GDP 总值超过日本，成为世界第二大经济体。工商业活跃，事业单位、协会社团以及各级政府部门因为各种各样的原因而热衷于组织会议，给各地带来了数不胜数的会议及随之而来的参会者，这些人乘飞机、坐火车、住酒店、买特产，给交通、旅游和商业带来了实实在在的真金白银。

同时，当然不能忽视对外开放和国际交往对我国会议业发展所起到的积极作用。需要指出的是，过去这 10 年，我国会议业的发展属于内生性增长。也就是说，国际会议在全部会议中所占的比例和国际参会者在参会者总人数中所占的百分比没有与整个会议业的发展速度同步，国际化程度因为多种原因并没有如期提高，绝大部分国际会议仍然只眷顾那些享有多种资源和先天优势的城市和地区，如环渤海、长三角、珠三角和以成

都为代表的后起之秀。国际知名度、可进入性、当地政府的国际化视野、当地主办机构的积极性等因素，都对吸引主办和承办国际会议起着重要的作用。

这就难免尴尬。那么多城市都热切盼望着国际会议和国际友人，付出也不少，但为何收效不大？也许是那些城市本身定位不太准确的缘故。客观地讲，不是开通了国际航班就会有大批国际客人涌入。要知道，国际参会者是否来这个城市参会取决于在该城市举办的会议是否能为他带来价值，如果没有价值或价值不大，客人就没有长途跋涉来参会的愿望。出于对参会者需求的考虑，主办方自然会选择更具吸引力的城市。

（三）会议产业链逐步完善

会议主办机构就是会议的最终用户。除了企业外，政府部门、事业单位和社团协会也都喜欢开会，背后的动因不一而足。

主办方往下是一批供应商：酒店、会议中心、会务公司、施工搭建公司、音响设备公司、演艺翻译公司、旅游餐饮公司、翻译印刷公司、航空公司等，俗称“下家”，只不过供应商里面也有互为客户和供应商的。例如，会务公司中的专业会议组织者(PCO)、目的地管理公司(DMC)、传播公关公司往往是酒店、旅行社的“上家”。这些供应商和主办单位构成了一个完整的产业链。

近十年来，会议组织者见证了产业链的日趋完整，也见证了激烈的竞争。与北京、上海、广州、深圳四座城市的展览业遥遥领先不同，会议业产业链完整、服务水准最高的城市仅有北京和上海，广州、深圳也似乎“沦落”到与厦门、大连、青岛、杭州等二线城市为伍。此外，三亚、昆明、哈尔滨的官员和从业者都不约而同地会谈及“本地缺少专业会议公司、专业设备供应商、高水平创意设计公司”这一令人伤感的话题。一个800人的国际会议在西安或三亚召开，同声传译设备和同传译员还要从北京找。新品推介会、路演，尤其是汽车、药品、服装、影视的新品发布会，操盘手大多是从北京和上海来的公关公司。这种京沪独领风骚的局面还会持续一段时间，其他城市的会议供应商虽然也能满足本地会议的需求，但一时难以大幅提升专业水准，最关键的是缺人，因为专业人才主要聚集于北京、上海。

（四）专业化与市场化进程未能同步

中青旅会展公司成立于2002年，现为中国旅游业内规模最大的商务、会议、奖励旅游服务商。2009年年底，广东广之旅国际会展公司及国旅(北京)国际会展公司成立。有外资背景的公关公司、传播公司、会奖公司，如JackMorton、VokDams、GPJ、PacificWorld(百事活)、BCD，以及专业会议组织者MCI纷纷在北京、上海设点扩张。各类为事件、活动提供周边服务的音响灯光、同传设备、演讲PPT管理服务、注册收费服务、翻译、餐饮等公司都获得了长足的进步。

会议举办地方面，这十年间，世界所有知名的高档商务酒店品牌悉数进入中国内地，郊区度假村、大学院校也都顾客盈门，以北京国家会议中心为代表的真正具有国际水准的大型国际会议中心高调入场。

包括《中国贸易报·会展周刊》《MICE China》《中国会议》在内的行业媒体竞相进入人们的视野，成为会议从业者和政府主管领导的必读刊物。有影响力的行业会议、展览有中国贸促会于每年1月主办的中国会展经济国际合作论坛(CEFCO)、励展公司主办的中国(北京)国际商务会议奖励旅游博览会(CIBTM)和TTG杂志社主办的中国(上海)国际奖励旅游及大会博览会(IT&CMChina)等。

至今，国内还没有一座城市设立会议局(CVB)，这的确令人遗憾。2012年初，北京市旅游发展委员会正式成立北京高端会奖旅游服务机构(简称BCVB)，筹备工作已经展开，但不是正式经编制办核准的政府机构。上海旅游局下辖的上海旅游会展推广中心工作做得有声有色，上海旅游局的“会议大使”项目取得了成功，杭州、厦门也跟着聘请了会议大使。宁波旅游局在北京开设了办事处，要从北京“抢食”会奖客户。国内的会展办、会展局、博览局大多着眼于展览项目，对会议项目的拼抢手段还局限于给予补贴和奖励，这并不能奏效。

与会议服务商专业化进程不同步的是最终用户的市场化意识。政府部门、事业单位、协会以及国有企业均主办、承办会议，但这类主办机构更偏好于自己出人组织会议，而没有采取市场化的举措，将会务外包给专业公司。这些机构的主管、高级管理者自认为会议策划和实施并非难事，自己可以做得很好，还能节约经费。殊不知，他们表面上不信任专业公司，实质是好大喜功，出发点之一是迎合上级领导、制造让他们感觉不错的媒体效应，而没有计算投入产出比，没有考虑参会用户的真正需求，这正是导致那些政府主导型会议、协会会议质量低下的原因。如果这些主办方的思想观念不落实到“满足用户需求”这个根本的诉求点上来，就不可能办出好会议。

(五)市场格局调整

当前国内的国际会议仍然集中于以京津为核心的环渤海、以沪杭宁为核心的长三角、以穗深为核心的珠三角地区。就会议业整体而言，这三个区域的会议数量占据了较大的市场份额，但同时必须正视一个现实问题，即每个省份、每个城市都有其精彩之处，每个城市都悄无声息地接纳着大量会议。从青岛、大连到成都、西安，从哈尔滨、亚布力到海口、三亚，每天都上演着各类会议，只是太多的会议不为业界所了解。事实上，业界能听到的或愿意关注的，仍然是那些知名度高的会议，如夏季达沃斯、博鳌亚洲论坛年会等。

部分会议从东部、南部向中部、西部和北部转移，这是一个正在发生的趋势，因为会议主办方和参会者具有“喜新厌旧”特征。而地理位置稍远但旅游、文化资源丰富的中部、西部和北部地区对于参会者来说有着很大的吸引力。

大多数会议主办者愿意选择酒店作为会议举办地。因此，酒店接待的会议数量要远远超过在会议中心举办的会议数量，这个趋势不会改变，如果一定要有变化，那么就是中小型会议将从会议中心流失，流向酒店、郊区度假村、大学院校和一些特殊场地，如酒庄、老建筑(如博物馆、北京的798、上海老仓库改成的沃弗1846)、邮轮等。

在大学院校举办的会议一直被业界所忽略，这真不应该。实际上，大学院校每年主办的会议也是不计其数，但因为其非公开性，或者说针对特定的专业人群，无法为外界所知晓。

酒店和会议中心一直是传统的会议地点，但今后几年的一个动向是，一部分公司会议和社团会议将注重休闲功能，选择旅游资源独特的海滨、温泉等度假胜地，甚至是旅游地产新宠——主题公园。目前已经建成的主题公园有华侨城在深圳投资建设的世界之窗、英特拉肯小镇，港中旅集团投资的珠海海泉湾和青岛海泉湾，万达集团投资兴建的大连金石、西双版纳和长白山国际旅游度假区等。不仅如此，珠海和澳门之间的横琴岛将是一个充满魅力的度假区。业内熟悉的成都会展集团继成功开发成都世纪城新国际会展中心和娇子会议中心以及武汉国际博览中心外，还在成都建设海洋公园，在拉萨建设高星级酒店。如此种种都暗示着一部分会议将从常规的酒店和会议中心流出。

(六)国际化仍将是渐进过程

如果要对我国会议业做一个哪怕是最粗略的总结，国际化也是一个绕不过去的命题，尤其是政府官员和媒体都喜欢国际化。必须要说明的是，国际化是以高度专业化和充分市场化为前提的，政府或半官方机构主办、出资的国际会议数量毕竟有限，而且实际上是用纳税人的钱支付国际参会者的费用，总是不那么理直气壮。

总部设在荷兰阿姆斯特丹的国际大会及会议协会(ICCA)每年6月至8月都会公布上一年度的国际协会会议统计年报。这个统计报告真实地反映了一个国家和一个城市接待国际协会会议的数量及排名，但需要指出的是，它只统计国际协会主办的，至少有50个参加者，定期组织举行会议(不包括一次性会议)且必须在至少3个国家举行的国际会议，因此博鳌亚洲论坛年会、夏季达沃斯、中非合作论坛都没有被纳入ICCA的统计。显然，如果要全面分析中国的国际会议发展状况，ICCA数据不是最合适的。相比较而言，国际协会联盟(UIA)的国际会议统计标准虽要稍微宽泛一些，但仍然没有包含政府主办的国际会议和有外籍人士参加的公司会议这两项指标。

从会议业的角度来看，中国和美国有很多相似之处。在ICCA的城市排名中，最近10年里，美国没有一个城市进入过前15名，但谁也不能否认美国会议业的高度发达。而中国有些城市的目标是进入全球前10名。

城市中当属北京和上海接待的国际会议数量最多，这与这两座城市的国际知名度、国际航班、政治地位及工商业发达程度有很大关系。2011年4月1日，北京市旅游局升格为北京市旅游发展委员会，下设的高端旅游发展处主抓国际会奖，2012年9月其将承办国际会奖管理者协会(SITE)年会。这两个机构都与国际专业会议组织者联盟(MPI)建立起了合作关系，北京还与 MPI 连续两年合办了培训班。ICCA 亚太区办事处于 2006 年在北京、上海、广州组织了规模不大的国际会议研讨会。目前，在这个行业里仅有国际大会及会议协会(ICCA)和国际会奖管理者协会(SITE)在中国设立了委员会、中国分会。

(七)新技术将影响会议业

基于智能终端(智能手机、平板电脑)和高速无线网络的会议技术服务将享有广阔的天地——会议网站、注册、收费、现场服务、会议现场管理、参会者会后管理、招募参会者、会议附带展览的网上预订和观众招徕、赞助、旅行和订房、调查评价、咨询统计、会议文件和社交活动等，都将对技术服务商提出更多新要求，同时还将为领先的技术服务商带来更多生意。根据摩尔定律，2000—2010 年，电脑的处理能力上升 150 倍。换句话说，10 年前需要 150 台电脑处理的事情，现在只需要 1 台电脑。在接下来的 10 年，摩尔定律将继续适用。这样的话，目前需要 150 台电脑来处理的事情，10 年后用我们口袋里的一部智能手机就能搞定。

但新技术绝不局限于移动通信技术或时髦的云计算技术。例如，针对志愿者和会议服务人员的管理和培训、对搭建施工工人的培训和管理，以及交通管理(物流、大巴士的接送安排、停车等)、环保节能的管理、食物的营养均衡和节约的管理等，都将因为新技术而日新月异。

二、2013 年我国会议业回顾

为何单独将 2013 年中国会议业情况作分析？缘于 2012 年年底，中央出台了改进工作作风、密切联系群众的"八项规定"，其中第二项内容对会议市场有深刻的较大影响。因此，我国会议市场可以以 2013 年为分水岭。

(一)中国会议市场振荡调整，阵痛是必经过程

回顾 2013 年中国的会议产业，政策法规陆续出台，对新会风的形成产生重要影响。

◆2012 年年底中央发布了关于改进工作作风、密切联系群众的"八项规定"，其中特别强调要控制政府会议规模，提高会议效率。

其中，与会议行业密切相关的第二项：

要精简会议活动，切实改进会风，严格控制以中央名义召开的各类全国性会议和举行的重大活动，不开泛泛部署工作和提要求的会，未经中央批准一律不出席各类剪彩、奠基活动和庆祝会、纪念会、表彰会、博览会、研讨会及各类论坛；提高会议实效，开短会、讲短话，力戒空话、套话。

◆ 2013 年 9 月，《中央和国家机关会议费管理办法》出台，对机关会议规模、类别划分、费用标准作出硬性规定，对下游接待与服务市场产生一系列连带影响。

◆ 2013年12月，《党政机关国内公务接待管理规定》提出了包括公务接待禁止提供燕窝鱼翅在内的38项禁令。

◆对于会奖旅游来说，在10月1日起实行的《中华人民共和国旅游法》将对旅游市场和会议市场产生一定影响，会议接待与服务，会议附加旅游成本上升，但会议及相关将会得到更多保障。

◆ 2013年会议产业增速走低。《2013年中国饭店业发展报告》指出，2013年会议数量平均下降17.3%，会议销售额平均下降27.83%，政府会议数量下降37.94%。

2013年对中国的会议产业来说，是不平凡的一年。党政机关、政府部门主办的会议，包括计划、资金都有所改变、取消或压缩，会议形式简化。会议产业链上的会议公司、服务公司、酒店收入明显减少。这些规定主要受影响的是政府会议，因为政府会议在财政资金支持上比较多。但与此同时，整个会议产业，特别是市场化会议，如企业会议、社团会议仍在稳步、积极发展。年底，民营企业会议、社团会议、民间会议十分活跃，市场呈现大型、小型会议“两头热”。

这些现象反映出前些年我国会议市场在高速发展过程中，存在着比较明显的问题，就是市场结构不合理。初步测算，我国的政府会议占总数的1/4左右，和会议强国比，我国政府会议比重明显偏大。

党的十八届三中全会明确提出，让市场在资源配置中起决定性作用。围绕着市场需求来发展会议产业，是今后的发展方向。

（二）新会风下2013年中国会议市场的特点

1. 市场结构发生变化

政府会议所占比例下降，原本占有中国会议市场近1/4份额的政府会议大幅减少，我们正朝着发达国家二元结构模式转变，企业会议及活动、社团会议将成为中国会议市场的核心组成部分。

2. 会议组织方式出现变革

高效、务实、节俭、数字化成为了主流办会模式，从政府会议开始，延伸到了社团会议、企事业会议等活动。

3. 会议接待与服务市场收入大幅下降

中国会议接待与服务市场，包括酒店与会议服务公司等，会议相关收入大幅下降，全国平均降幅大约在20%，其中政府会议接待与服务市场受影响最大，中国会议市场正在经历一个振荡调整时期，一定时间内的阵痛是必须经过的一个过程。

（三）两点总结

一是政府会议不应作为主要的会议市场；那么，究竟还有哪些会议市场是我们重点主打市场？答案为各类公司会议、社团会议；二是会议策划围绕市场需求进行会议需求开发、会议需求设计和服务。

【小资料】 国外的八项规定

自中央八项规定颁布以来，全国各地各部门高度重视，狠抓落实，党风政风进一步好转，成效明显。中央八项规定可算是整治不良会风的“紧箍咒”。他山之石，可以攻玉，那么国外都有哪些“八项规定”呢？

禁止公务员、国企高管在酒店开会。印度尼西亚新任总统佐科宣誓就职刚满一个月，陆续出台节约开支的措施，近日下令所有公务员和国营企业高层不得在酒店开会。这项计划在2014年12月1日施行，各省、地方和部门的公务员都必须遵守。

拴好用车的腿。在芬兰，除总统外，只有总理、外交部长、内务部长和国防部长4个人享有固定的专用公车待遇，而且他们也只能在上班时使用。古巴的公车为国家所有，所有的公务车(不含外国使馆车)都有义务在行进途中搭带群众，无论男女老幼，均不得拒载。

管住请吃的嘴。芬兰的法律规定，公务员不能接受24美元(约合人民币116元)以上吃请。而芬兰物价水平较高，这样看来，就算在餐馆里请公务员喝白开水，也要数一数喝几杯才可以。2007年美国国会通过“牙签法案”，国会议员在接受企业代表、说客的邀请赴宴时，酒会上所有的食品都只能用牙签或者手拿着吃，不得有正式的饭菜。

砍掉收礼的手。根据美国《道德行为准则》，美国政府官员可以接受不高于20美元(约合人民币120元)的礼物，每人每年从同一个来源中收到的礼物价值不得超过50美元(约合人民币300元)。新加坡的《公务员纪律条例》中也有明文规定，因公务接受的礼品必须如实报告，礼品价值超过50新元(约合人民币240元)必须交公，否则将视同贪贿而受到严惩。

养成抠门的习惯。日本政府机关开会用的讲稿，经常是用已经过时的新闻稿的背面打印。政府机构发给新闻单位的新闻稿和相关资料，基本上都是双面复印的。

攥紧报销的口袋。美国国务院根据《联邦公务出行条例》为政府工作人员在海外出差制定了具体的出差住宿标准。他们在中国的出差标准因地域不同而被划分为32个不同标准。其中住宿费最高的城市是深圳，最高可报销额度为264美元，其次是北京为258美元，饮食和其他杂项单独另计。

培养晒财产的勇气。新加坡政府制定了严格的申报家产制度，每一个官员被聘用之前，必须申报自己的财产，包括自己拥有股票、房地产和其他方面所获得的利息收入，还必须申报他的担保人或家庭成员所拥有的投资和利息情况。新加坡有关法律规定：不能说明财产来源的便属违法，并据此处以刑罚。

资料来源：《国外“八项规定”》，http://news.163.com/14/0326/10/9O8N9U9C0001121M.html，2017-11-10。

三、2014 年至今我国会议业回顾

(一)政府会议数量和开支下降

相关统计显示，2013 年，北京各大酒店会议场地实际利用率较低，政府部门会议接待量不足二成。

2014 年 11 月 27 日，广州市政府官网公布《关于印发市政府系统全市性会议(活动)若干规定的通知》，提出控制会议数量、规格、规模、会期、经费的“五严格”要求，如以市政府名义召开的会议每年不超过 15 个，以部门名义召开的会议原则上各部门每年不超过 1 个，以市政府名义召开的会议参会人数不超过 300 人，以部门名义召开的会议参会人数不超过 200 人；市领导在全市性会议上的讲话时长不超过 50 分钟，单位代表发言人数不超过 5 人，每人发言时间不超过 8 分钟，并提出广州仍将延续无会旬和无会日制度，每月 11 日至 20 日以及每周三原则上不安排召开全市性会议。

近 3 年，各高星级酒店，尤其是五星级酒店和郊区的度假村、培训中心依旧经受 2013 年的市场日趋寒冷之痛。在 2014 年 12 月 23 日，《北京日报》罕见地刊登了“酒店圣诞晚宴降价揽客”和“年会市场再‘瘦身’”两篇报道，直陈高星级酒店的年会生意难做。第三季度是旅游、会展业旺季，北京市星级饭店平均房价和平均出租率比 2013 年同期分别下降 5.05%和 0.88%。

政府会议数、公款消费量自 2013 年后持续下降，大量事业单位及依然具有浓重政府背景的社团主办会议数量和支出同步减少。

(二)简政放权既砍了会议又催生了会议

党的十八大以来，国务院先后九批取消、下放国务院部门行政审批事项共 618 项，取消中央指定地方实施的行政审批事项共 269 项，特别是 2014 年 12 月，国务院办公厅印发《精简审批事项规范中介服务实行企业投资项目网上并联核准制度的工作方案》(国办发〔2014〕59 号)，简化整合建设项目投资审批程序，将环境影响评价等行政审批事项由前置串联审批改为网上并联审批，并明确提出按程序修改有关法律、行政法规。

一方面，简政放权，许多依附在行政审批之上、名目繁多的考核、评比、鉴定、表彰、座谈、考试、培训、推广会、经验交流会、庆功会随之消失；另一方面，政府的简政放权，进一步降低了市场准入门槛，壮大了市场主体，减轻了企业负担，进一步激发了市场活力。企业受益最多，企业获得良好效益的同时必然会举办、参加更多的会议和展览。

(三)企业会议各有特点

企业是市场的主体，会议业里担当主要“角色”的同样是企业会议。企业的设立、经营和发展都涉及自己组织举办会议、参加别人的会议和展览，因此，新企业的成立和运营肯定带动会议的数量和消费。可喜的是，中、西部地区企业增长较快。

国企因受限于“国八条”等中央政策，在市场销售、培训、人才(员工)培养、企业文化建设、股东大会等方面举办的会议大幅减少，甚至员工最为期待的年度员工联欢会的形式都变得十分简朴。总的来讲，国企会议数即使有增长，也是小幅增长。

相当一部分的民营企业，尤其在金融、风险投资、信息传输、软件、信息技术服务、可穿戴设备、环保、文化、体育和娱乐业及科学研究和技术服务领域表现抢眼。例如，小米手机历次在国家会议中心举行新产品发布会。

文化娱乐市场依旧热闹非凡，电影、电视剧的发布、首映、庆功、影迷见面会、推销、签约等多种形式的会议接踵而至。

(四)社团会议的潜力仍未释放

社团会议也是个香饽饽，有的社团会议消费能力并不低，有的社团会议规模大而且会期长，像医院、大学等机构主办的学术会议多选在周末举办，这样会议中心、酒店就特别欢迎。各地的会展办除了对展览项目抛出绣球外，也注重对社团会议的开发，纷纷给出了诱人的奖励优惠措施。一部分社团还是摆脱不了原来的官派做法，不为会员考虑，几乎没有服务，社团组织本身发展有限，举办的会议不是流于形式就是味同嚼蜡。而另一部分社团具有灵敏的商业嗅觉，学习国外的社团管理和运营模式，通过会议、展览、培训、网站、微信等多种途径发展会员，为会员牵线搭桥，自身也获得了较好的效益。但如果利用手中的垄断权力，不规范操作，则会受到诟病。

2013年出台《国务院机构改革和职能转变方案》明确，将逐步推进行业协会商会与行政机关脱钩，强化行业自律，使其真正成为提供服务、反映诉求、规范行为的主体；探索一业多会，引入竞争机制。而民政部从今年起启动行业协会商会与行政机关脱钩试点，争取到2015年底前全面实现行业协会商会与行政机关脱钩。2014年出现了一个新动向，原来挂靠在政府机关的协会、商会等社团组织，开始由地方知名企业来接收。例如，2014年6月27日，原来由吉林省商务厅代管的吉林省会展业协会的运营和管理正式移交给长春国际会展中心。像这样的社会组织改革在全国各地正大范围展开，广东省中山市从2014年7月份起，全面推进全市行业协会商会的人员、财务、资产、职能和机构与行政机关彻底脱钩的工作。

(五)新常态、新热点下的会议业走向

当新常态成为年度热词，我们发现中国的经济发展仍然很精彩：经济中高速前行，经济结构优化升级，增长动力更为强劲。新常态有长期性，潜在增长率下降、经济增速放缓，对中国的会展业具有直接的影响，会展界应正确看待今后几年的发展趋势，需要适应新常态，多一些进取心。经济发展方式和经济结构的变化，同样会涌现一系列新的增长点，例如，传统制造业里的会议项目可能会减少，但智能制造、科技含量高的电气机械、计算机等电子设备的制造业增长快，其带来的会议增量就值得期待和挖掘。今年，政府对体育产业、旅游、物流、电商、现代保险、文化创意和设计等领域出台了一

系列新的支持政策，还有国家对环境保护、节能的重视，这些领域内的会议和展览自然会水涨船高，就看我们能否抓住机会，分得一杯羹。

新热点，有三个最令人瞩目：京津冀协同发展、丝绸之路经济带和21世纪海上丝绸之路（“一带一路”）建设、长江经济带发展，这三大战略的实施不但将吸引政策、资金、技术，还将催生出为之配套服务的会议和展览。中央的西部开发、东北振兴、中部崛起、东部率先的区域发展总体战略，将产生更多新的需求增长点，对这四大区域的会议业同样是利好消息。

（六）各路会议网络服务公司忙厮杀

专门为会议的组织和现场实施提供网络服务的技术公司迅速增多，例如，酒店哥哥、31会议网、会小二、会腾网、mymova、到会网、易会、会点等新面孔纷纷进入会议业，加上资格稍老一点的美迪康、会唐网、远华、澳龙、会鸽、活动时，好一派热闹景象。

2014年12月23日，蓝色光标传播集团正式推出服务小微会议O2O产品“咪啪”，并宣布该产品将于2015年1月1日开始正式运营。这么多技术服务公司烧钱的多，真正赚钱的没几家，但对于会议业而言，当然是好事一桩。新常态的意义绝不止于宏观经济层面，而是与每个人的利益息息相关。

第二节　我国会议业展望

我国会议业从20世纪80年代快速发展到今天，取得了有目共睹的成绩。目前我国每年举办会议高达几千万场，参加会议人数上亿之多，会议产业直接产值一千多亿，会议带来的交通、餐饮、住宿等相关行业产值超过万亿元，年均增长幅度在20%左右。在我国，各类会议中1元钱的会场费，能够给会议型酒店带来4.89元的住宿费和餐饮费的收入。国际会议一直是业界最为感兴趣的一类会议，国际会议的会议平均消费为42.2万元，是国内会议消费的3倍。

一、会议业全产业链的专业化是基础

会议业包含一个完整的产业链条，围绕会议这种无形产品的策划、组织和现场实施进程，会议主办方、承办机构、会务公司、会议场馆、旅游公司、AV设备公司、礼仪演出公司、搭建制作公司、餐饮外卖公司等每个企业都必须做到专业化，同时与上下游协同合作，提高产业链的整体效率和管理水平。

会议业的产业链条，一般可以简单地划分为客户、中介机构和供应商三大环节。当然，有些客户会跳过中介机构，直接向酒店、会议中心、AV设备公司等供应商采购。中介机构包括旅行社、会奖公司、公关公司、广告咨询公司、专业会议组织者PCO和

地面接待服务商 DMC，他们既是客户的供应商，又是酒店、会议中心、设备搭建运输餐饮公司的客户。

会议业的发展必然要涉及这三个环节的专业化。其中，作为会议场馆的会议中心、酒店、会务公司、公关公司等中介机构的专业化服务至关重要。

分工协作可以大幅提高生产率，但难点是会议业的服务不像流水生产线，一步完成后便可转到下一步，会议业的服务在很多情况下是交叉、重叠的。

因此，唯有客户、中介机构和供应商都具备专业化理念，以专业化态度来做事，做到人才专业化、服务专业化、管理专业化，才会有高质量的会议，会议业才可得到良性发展。

二、政府部门专业化管理的作用

大政府、小社会是中国特色的行政管理模式。很多情况下，企业对政府寄予了非常高的希望。经济不景气的时候，企业希望政府能出台强有力的支持措施帮助企业渡过难关；经济形势还算不错的时候，希望政府能帮助企业获取更大市场份额。有必要说明的是，企业对政府的这种依赖心态，在某种程度上，使得企业不思进取，一碰到问题就向政府求救，跟政府要政策、要补贴，慢慢地，企业丧失了创新精神，结果只能是被客户抛弃。

目前，企业对主管会议和奖励旅游的政府部门期望过高。企业是市场的主体，市场要繁荣，企业必须首先要充满活力，要有参与竞争的能力，即必须要专业化。因为专业化水平较高才能获得一定的市场份额。政府大包大揽，终究不可持续。可见，政府主管部门专业化管理尤为重要。

现在都在谈要建设服务型政府。政府主管部门的服务对象有两个：一个是企业，就是中介服务机构和供应商；另一个是客户，这个客户既包括本地客户、国内客户，也包括国际客户。这两类对象的需求是不一样的，所以，政府主管部门应该对这两类对象提供不同的服务。

重视客户而忽视了供应商、会务公司，这种做法实际上仍然无法把客户吸引过来。因为客户除了需要政府主管部门的支持外，本土供应商的服务水准、服务质量也同样决定了客户是否会把会议放在这个城市举办。客户都是风险厌恶者，他们选择的是没有风险或风险较小的城市，而本土供应商的服务质量就是一个重要的风险衡量因素。因此，服务本地企业同样重要。

会议目的地建设、市场推广和营销、人才培养与再教育，实现这些目标都需要政府主管部门的专业化管理。专业技术、专业人才可能是当前政府主管部门最为短缺的，有了专业人才，才可以谈专业化营销、精准的市场定位。

三、专业化是“红海”里的竞争利器

在W. 钱·金(W. Chan Kim)和莫博涅(Renée Mauborgne)所著的《蓝海战略》中，讲到了企业如何回避同质化、低利润的“红海”，进入差异化、低成本的“蓝海”。会议界没有什么所谓的“蓝海”，即使有，也很快就会变成“红海”，因为这个行业进入门槛很低。会议业就是一个“红海”，竞争越来越激烈。会议业这片“红海”，用“越来越红”来形容也不为过。

在“红海”里如何保住已有的市场份额并采取积极措施扩大市场，这是摆在业者面前的一个命题。

2014年12月4日，位于卡塔尔首都多哈的卡塔尔会议中心正式投入运营。该会议中心与同在中东的迪拜会议中心正面竞争艰难。因此，为配合多哈的知识经济发展战略，这个会议中心主攻知识会议，包括生物医药、能源、计算机技术、环境、艺术、社会科学等在内的知识密集型行业的会议都是其宣传推广目标。同时，该会议中心还与卡塔尔的相关政府部门紧密合作，准备联合竞标、申办国际会议。知识会议就是多哈的精准定位，把多哈和其他想建设会议目的地的城市区别开来。

例如，北京国家会议中心从2009年11月1日正式开业至今，运营比较成功，但仍然面临着激烈的竞争。根据市场变动，国家会议中心适时把业务重点转向公司会议，尤其是人均消费高、在业内有标杆作用的通信、媒体和技术类公司会议，即TMT会议。目前，公司会议的收入已超过国家会议中心总收入的50%。

目前，城市之间的竞争、会议服务供应商之间的竞争越来越激烈，打造优质会议目的地、扩大市场占有率都应该以高质量的服务为基础，而专业化是提供高水准服务的保证。由此可见，中国会议业的健康、可持续发展需要会议全产业链上的各个环节都应该做到专业化。

四、中国会议产业发展新动力

党的十九大胜利召开后，学习和贯彻大会精神，成为推动会议产业发展的强大动力，从业界讨论的关键词中可以发现，会议产业的发展理念更加清晰，思想更加统一。

(一)发展中国特色的会议产业

十九大报告高度概括并明确提出了马克思主义中国化的最新理论成果、中国特色社会主义理论体系探索的最新理论成果——新时代中国特色社会主义思想，将中国共产党的理论创新、将中国特色社会主义伟大事业提升到了一个新境界。

未来会议产业发展要走的路是一条中国特色的发展道路。我国各地经济发展不平衡，环境特点不同，若都选择举办国际会议，势必在产业结构、发展战略、功能布局、管理模式等方面出现千篇一律的情况。现在各地会议城市已重新定位自己的发展目标，呈现出不同的功能布局，会展名城、会议城市、展览城市、国际会议之都、会奖目的地、会奖旅游城市等定位各有差别，由此使各城市的会议类型、场馆建设、投资和运营特色逐渐鲜明。在微观层面上，会议更加贴近市场需求，会议策划、组织、推广等也呈现出个性化发展趋势。现在已改变了过去办会找“牌子”的方式，减少了拉大旗做虎皮的现象，提出了“大会展”概念，打造多样化的会议平台，给参会者实实在在高质量的服务回报。在诸多会议产业大会上，业界谈论最多的是会议城市定位和会议目标定位，在稳中求进发展基调上，大大减少了会议产业发展的盲目性。未来，只要我国的会议城市、会议联盟、会议公司以及会议的策划、推广、组织、服务等都围绕城市特色、企业特色、会议特色谋发展，就一定能建成一个具有中国特色的会议产业。

（二）低碳化和绿色化是会议产业发展方向

十九大报告将建设生态文明提升为“千年大计”。报告明确指出，“建设生态文明是中华民族永续发展的千年大计”。

会议产业具有绿色低碳、带动力强、影响面广等特点，有望成为我国城市经济发展的绿色增长点。但是要看到会议产业发展速度快，会议数量增多后，产生的碳排放“叠加效应”积少成多影响环境，也会使低碳转变成高碳。

随着绿色、低碳在我国各行各业受关注程度的不断提高，绿色会议被越来越多的人所接受。在努力建设资源节约型和环境友好型社会的推动下，会议业界已经行动起来，努力实现会议产业的低碳化和绿色化。2010 年《绿色饭店》国家标准，以及全国绿色饭店工作委员会发布了《2010 中国绿色饭店发展报告》后，很多酒店已经意识到绿色会议的重要性，积极与会议业界一同倡导绿色会议的举办。但是该如何有效地做到节能低碳，仍然是困扰不少酒店和会议组织者的难题。

在 2016 第五届中国会议产业大会上，业界采取多方合作形式，联合中国绿化基金会，共同推出中国绿色会议指南，倡导绿色会议理念，细化绿色会议内容，提出低碳环保的具体要求，掀起绿色会议发展的又一轮热潮。

（三）面向大众会议市场才能发展更好

“新时代中国特色社会主义思想，必须坚持以人民为中心的发展思想”，“使人民获得感、幸福感、安全感更加充实、更有保障、更可持续”。十九大报告以新的高度强调了坚持以人民为中心，这既是习近平新时代中国特色社会主义思想的重要内容，也是新时代坚持和发展中国特色社会主义的基本方略。

在贯彻中央改进工作作风八项规定中，政府会议开始减少，会议产业“人民大众”的提法日渐增多，主要围绕三个方面：一是会议产业的发展成果要与人民大众消费同增长，这是会议产业服务于国家总体目标的责任，也是一个产业发展的最终目标；二是在经济增速放缓的环境下，未来会议市场的延伸只有面向大众消费，才能得到扩展；三是人民大众的消费能力增强，是未来我国消费市场需求的主体。

党的十九大报告指出，坚持在经济增长的同时实现居民收入同步增长、在劳动生产率提高的同时实现劳动报酬同步提高。既讲“同步”也讲“同时”，使十九大报告的表述丰富了以前“两个同步”的含义。这实际上是明确强调，既要防止收入增长跟不上经济增长、劳动报酬提高滞后于劳动生产率提高的情形，也要避免相反的情形，即收入增长过度超前于经济增长、劳动报酬提高脱离劳动生产率提高的情形，不致使收入增长和劳动报酬提高成为无源之水、无米之炊，缺乏可持续性。

这些关乎人民大众的举措实施后，我国中产阶层人群比重日趋加大，他们受教育程度的提高，收入和假期的增多，将使中低端会议和二三线城市的会议数量有所增长。

（四）会议产业步入创新时代

在十九大报告中，“创新”一词出现50余次，习近平总书记再次强调“创新是引领发展的第一动力”。理论创新、实践创新、制度创新、文化创新以及其他各方面创新，中国正在加快建设创新型国家。

十九大推动了各地区各领域各行业的事业发展，为会议业发展提供了新的物质基础和精神动力，新的经济正在为会议业发展，带来新的动能。例如：十九大确定的各个地区、各个行业一系列新的发展目标、发展战略、发展理念、发展模式、发展部署，都将为会议业带来新的策划灵感、项目主题、会议资源、科技手段、资本投入、运作模式等。十九大精神的贯彻落实将会成为会议业发展的重要推动力和发展趋势。

会议市场的主体是参加会议活动的人和组织，会议产业有着庞大的产业体系，现已进入了一个创新的时代。近年来，会议产业在创新实践中，初步形成了比较清晰的思路，具体如下。

(1)准确定位，应对新形势。无论是会议城市的发展，还是会议品牌的定位，都呈现了多样化、个性化、深度化的特点。

(2)集聚能量，提供高质量回报。会议回报体现在：新思维、新服务、新内容。

(3)协同合作，优化产业链。构建新的会议产业体系，必须形成产业融合，行业融合，国际国内融合，整合庞大的产业资源。

(4)利用新技术，打造绿色平台。绿色会议平台的建设，降低了成本，提高了品质和效益，实现了新的发展。

以上会议产业四个方面的创新思路，将取代每年用增速20％描述产业发展的习惯。

第一章　会议认知

本章知识逻辑图

【学习目的】

会议是人类最常见的沟通方式之一，是社会组织之间及社会组织内部协商事宜、交流信息、沟通情感、达成共识的一种重要行为过程。通过本章学习，应了解会议内涵，掌握会议类型，理解会议的功能与作用，掌握会议的构成要素，对会议产业有基本认识。

【重点内容】

- 会议的定义、类型、作用
- 会议的构成要素
- 会议产业的定义

第一节　会议的起源与发展

一、会议的起源

人类在文明前的存在形式：一是劳动；二是思想。最初的劳动可以独立进行，甚至独立完成。但是，思想从一开始就注定不可能独立进行，因为思想依赖语言，语言需要交流，交流一定发生在两个人以上。所以，一旦发生两个人以上的语言交流，“会议”就产生了。

简言之，劳动生产的物质产品刺激了交换和物质产品市场的形成。思想交流则导致了“会议”的出现。因此，与物质产品的生产和交换相对应，会议即思想的市场，人们在这里交换思想。原始形态的会议很可能是在人们的行动中，在劳动中进行。会议的历史一定是万分之悠久，悠久到几乎和劳动同时的程度。如同物质市场交换一样，作为思想市场的会议交流一定是开放的和平等的。人类文明是从两个轮子开始的：一个轮子是出售劳动物质产品的物质交易市场；另一个轮子是自由开放形式的思想市场。这两个轮子最终让人类文明得以转动。

伴随着人类文明的进展，会议形式日益多样化。“对话”成为一种会议形式。古希腊思想家天天在一个广场上讲话，古希腊的广场如同自由市场。柏拉图的“对话”、苏格拉底倡导的“问答法”至今仍然是一种重要的教学方法；柏拉图的“对话”具有不朽的价值。

《诗经》通过朗读和唱诵得以传播，《论语》是孔子与学生对话的记录，或者说，属于会议记录。教育实现知识传播的形式是一种特殊的会议。

二、会议的产生

“会议”一词最早出现在什么年代，尚待考证。但是，作为一种交往方式和沟通方式，会议活动在远古的氏族社会就已经出现，可谓源远流长。恩格斯在《家庭、私有制和国家的起源》一书中指出，早在荷马时代，古希腊人和古代德意志人就建立了氏族首长议事会和人民大会制度。当时的氏族在举行人民大会时，男男女女都站在周围，有秩序地参加讨论，这种会议形式被称为“围立”。《尚书·盘庚》中也有关于我国在商代已出现类似人民大会和氏族首长议事会制度的记载。

古代国家的会议，特别是古代国家与国家间的会议主要源于其外交活动，最初是两个国家的代表会晤并探讨关系到两国利益的问题，后来发展到数个国家以集会的方式解决涉及各自利益的问题。在古代，无论是东方，还是西方，都有国际会议的雏形。

在东方，古代中国春秋战国时期就出现了诸侯国集会的先例，如公元前 678 年，即周釐王四年(癸卯)阴历十二月，齐、鲁、宋、陈、卫、郑、许等国国君会盟于幽州；而在西方，荷马史诗《伊利亚特》中已有各方召开会议讨论战争或媾和问题的描述；古代希腊则有过城邦之间的邦际会议，如有名的“近邻同盟”，每年春、秋两季各召开一次，讨论共同关心的问题，并作出有约束力的决定。

进入中世纪之后，随着封建君主制的巩固和民族国家的成长，会议在西方获得了新的发展。其突出表现是由罗马教皇多次召开的“万国宗教会议”。这些会议的参加者包括欧洲各国的僧侣代表，也有世俗国君的使节。会议不仅讨论宗教问题，还涉及世俗问题。到 15 世纪，宗教会议除讨论那些重大的宗教问题之外，还探讨一些政治性问题，如国际冲突等，对当时的国际关系产生不小的影响。在这些会议上，国君及其使节开始发挥重要作用，参会的代表团初步具有了“民族”的性质。可以说，万国宗教会议是现代国际会议的前身。

【小资料 1-1】　　我国古代如何开会议政

三、会议的发展

真正具有现代意义的国际会议，首推 17 世纪中叶召开的威斯特伐利亚会议。会议分别在德国威斯特伐利亚州首府明斯德和奥斯纳布鲁克两处举行。在奥斯纳布鲁克出席会议的有神圣罗马帝国皇帝、德意志新教诸侯和瑞典的代表，而在明斯德出席会议的除了神圣罗马帝国皇帝外，还有法国、西班牙和德意志等国的天主教诸侯。会议经过长时间的艰苦谈判，终于在1648年10月签署了威斯特伐利亚和约，从而结束了使欧洲大陆饱受战乱之苦的30年战争。在此后的一个多世纪之中，该和约对欧洲大陆的国际关系产生了重要影响。威斯特伐利亚会议更是开创了近代国家之间通过举行大规模国际会议来解决重大国际问题的先例。这次会议虽然在组织和程序上还不完善，但在接待礼仪、嘉宾排位、代表权限等会议细节方面为以后的国际会议提供了宝贵经验。

1963年，国际大会及会议协会(简称ICCA)成立，此协会是全球国际会议最主要的国际组织之一。ICCA目前在全球拥有100多个成员国家和地区，其首要目标是评估有效的方法以促使旅游业融入快速增长的国际会议市场，并交流他们在经营活动中所需的实务信息。

经过几百年的发展，会议的领域逐步扩大，呈现出以下几个趋势：第一，主题领域不断拓宽。除了国家间、政府间举行的国际会议，半官方或民间的国际会议相当盛行。除政治性的国际会议外，经济、社会、科技和学术领域的国际会议比重显著提高。第二，形式不断多样。论坛、研讨会、圆桌会议、会晤等都可成为会议形式，甚至可以用鸡尾酒会的形式来办会议，如1988年东盟在印度尼西亚雅加达邀请柬埔寨四方和越南举行的“鸡尾酒会”。第三，会议程序日益完善。举办一个成功的会议，是一个系统工程，需要做好每个环节。会议的分工日益明确，程序规则也更加具体、详细。

第二节　会议的内涵和类型

一、开会缘由

(一)大多数企业在会议中决定其基本走向

一方面，90%以上的重大决策是通过会议制定的。如果不定期召开会议，大部分的团体和组织就无法正常运作。面对多种沟通方式并存的情况下，选择面对面的互动式交流则是最好的沟通方式。

另一方面，一夫当关的英雄时代已经过去，我们必须与他人愉快地合作才能顺利成事。一个由全体成员共同参加的会议的效果远远超过集体中每个个体力量的简单加总，许多问题跨越了既定原则或知识基础的界限，因此具有不同背景和观点的人们聚集在一起，共同探讨并作出决策也就变得越来越重要。

(二)企业花在开会上的时间越来越多

如今，不仅企业，甚至包括政府、事业单位及各类社团组织每天都要举行许多大大小小的会议。管理学家彼得·德鲁克说："我们之所以碰头，是因为要想完成某一项具体工作，单凭一个人的知识和经验不够，需要结合几个人的学识和经验。"在信息急剧膨胀、竞争愈加激烈的商业社会，企业尤其需要通过会议互相合作、分享知识。在很多企业，会议往往决定了是否做某项工作以及何时做，换句话说，会议控制了工作流程。

【小资料 1-2】　　一份美国的调查统计

经理级干部和专业人员每周约花 1/4 的时间在开会上；
中上级的经理约 1 周 2 天；
资深行政人员则多达 1 周 4 天。
研究显示，除了一对一的会议，三人以上的会议平均所占的时间最多。

（三）开会的频率越来越高

会议的能力是现代人必备的团队工作能力，会议正是团队合作最常用的沟通协调方式。在解决问题和做决定时，会议是使所有人集中参与的方法。不论人们在一起对问题做深入处理的时间或长或短，都很容易与团队中的其他成员形成同志般亲密的感觉，自然会产生一种认同感和集体感，很多人在一起具有十分强大的潜在力量，因此，安排有效和高效的会议对管理者来说的确有非同寻常的意义！

二、会议的目的

会议的目的十分广泛，有为了传达上级的决定或会议精神，有为了商议、表决，有为了学习交流和获取信息等。通过梳理，举办会议可归纳为以下四方面目的。

（一）推广、宣传、销售

本目的既包括企业组织的销售会议、新产品发布会、新产品说明会、成果汇报会，也包括政府机关组织的经验推广会、新闻发布会，还包括各类单位组织的招聘会、各类社团组织的会员招募会等。

推广、销售，本质上是为了"做生意"。做生意不只是企业才有举办会议的动力，政府的招商说明会，非营利组织/社团为了吸引赞助商或合作伙伴，招募、发展更多会员，留住老会员，而举办的新闻发布会、介绍说明会、年会等同样出于该目的。

（二）教育、激励

此处的教育除了最常见的知识传播和分享、学术交流、学术研讨会外，还指企业组织的，目的是提高员工、经销商、合作伙伴的销售技能，增进感情，团队建设，加强合作的培训会议、说明会、颁奖和奖励旅游等。需要注意的是，各类名目繁多、由社团协会和企业定期组织的考前培训不归入此类。除了技能教育外，还有一种是心智教育，即开阔视野、陶冶情操、励志向上、统一思想的讲座。此外，各类报告会也属于教育和激励范畴，如×××先进事迹报告会、×××诞辰/×××作品发表周年纪念会、摄影作品鉴赏会、动员会、誓师大会、表彰会、颁奖晚会/颁奖典礼、庆功大会、庆祝大会等。

(三)交流、认识、联谊

人们通过交流可以获取新知识，了解新产品和新趋势，认识新客户、新朋友、新同行的同时，拉拢与老客户、老朋友、学科带头人的感情，欣赏好的思想、理念，进而提高自己的能力。因此，人们希望认识其他人，进入一个圈子。需要注意的是，很多交流本身就是教育的一部分，例如茶歇、酒会上的交流很可能就是刚结束的会议的延续，学术会议独有的论文张贴区交流、问答则明显属于教育的范畴。

(四)讨论、商议、决定、表决

无论是政府机关，还是协会社团或企业，总有事情需要商议和讨论，总有事情需要大家辩论和表决。确定某个事项，确立某项标准，发布研究发现、学术成果或是结论、倡议、宣言等。表决的内容可以是人选的批准、罢免、批评或组织的总结、预算、结算，也可以是重大决定，如设立某个部门、重大投资、临时召开紧急会议或临时取消某个活动等。

会议的商议、讨论功能并不意味着一定要有结果，很多时候是“务虚”的，大家只是展示一下自己的意见和想法，有时观点相近，有时则南辕北辙、针锋相对。但这就是参加会议的好处之一，即让不同意见者在同一舞台上表达出来，听众因兼听则明而开阔眼界、受到启发。

三、会议的定义

当今世界，每时每刻都在进行着各种名目繁多的会议。大到各种国际组织、国家机关，小到家庭内部或亲朋之间，无论是国际之间建立外交关系，进行涉外交涉，还是一个国家、一个组织管理内部事务，对外开展政治、经济、科技、教育、文化方面的合作与交流，抑或人们之间协调关系、交流思想、联络感情、解决矛盾，无不需要会议的帮助。会议已经深深地植根于人类社会活动各个领域，成为人类社会活动不可或缺的一种交往方式。

(一)不同个人和组织的解释

1. 孙中山的观点

对于会议的定义，孙中山先生曾在其著作《民权初步》中提到：“凡研究事理而为之解决，一人谓之独思，二人谓之对话，三人以上而循一定规则者，则谓之会议。”

2. 会议在汉语中的解释

在《现代汉语词典》中，会议有以下两个解释：

一是经常商讨并处理重要事务的常设机构或组织的名称，如人大会、政协会。

二是有组织、有领导地了解、协商和决定某些事项的临时性集会，即一种社会活动方式。

前者在多数时候被认为是一个机构，或是会议主办方；而后者将会议解释为“有组织的临时性集会”，未能解释清楚何种集会才是会议，有组织的集会也会产生歧义，如明星演唱会、单位联欢会、各类赛事活动等都符合“有组织的集会”，但该解释并非我们要讨论的会议。

3. 维基百科的解释

给出的中文版定义为：会议是人类社会的一种社交、公关、政治、意见交流、讯息传播及沟通的活动，由两位或多位人士参与。

维基百科英文版的解释：

A meeting is a gathering of two or more people that has been convened for the purpose of achieving a common goal through verbal interaction，such as sharing information or reaching agreement.

维基百科英文版的会议定义与中文版略有不同，强调了会议通过语言交流，具有实现“共同目标”和达成“协议”的目的。

4. 世界旅游组织的解释

根据世界旅游组织（UNWTO）的解释，“会议”主要是指“一群人聚集到某个地方，来商讨某件事情，或举办一项活动。”“会议”的主要目的是激励参与者、开展业务活动、分享观点以及学习等。

同时，该组织指出，“会议”主要有三个条件：

一是会议持续时间：例如四小时（半天）。

二是会议规模：例如不少于 10 人。

三是会议场所：例如在签约场所举行。

5.《会议分类与术语》国家标准

在 2014 年发布的《会议分类与术语》国家标准中，首次给会议有了规范的界定，即在特定的时间或空间，通过发言、讨论、演示、商议、表决等多种形式以达到议事协调、交流信息、传播知识、推介联络等目的的一定人数的群体活动。

（二）本书的定义

综上所述，本书将会议定义为：三个或三个以上的人按一定的组织原则聚合在一起，围绕某些共同关心的内容而进行临时性的多向沟通。

会议必须具备以下三个条件：

一是必须由两个以上（即最少为三人）的人参与。

二是必须有一定的议题和目标。

三是必须通过一定的程序达到目标。

（三）不属于会议的活动

1. 展览不属于会议

在会展业发展如火如荼的今天，仍然有相当多的人认为，会展就是会议＋展览，甚至一些城市的政府主管部门也仅仅关注会议、展览，而忽略了会展活动的其他类型，如节庆、奖励旅游等。在行业实践中，展览附带会议、会议附设展览也较为常见。会议和展览有各自的特性，两者的区别也非常明显。布展、开展、撤展与会前、会中、会后的工作内容大相径庭，尤其是婚博会、房交会、家装建材展、车展等常见消费性展览会，现场订货和现场交易的特点十分明显。应注意的是，如果主体活动是展览，又附带了会议、论坛、推介会、产品发布会等，那么这类附带的活动属于会议范畴。

2. 节庆不属于会议

《现代汉语词典》将节庆解释为“节日”“庆祝日”，常指有很多人参与、时间超过两天、多个表演展示比赛活动且表演比赛地点分散的大型群体性活动。一般情况下，节庆活动不仅有本地居民参加，还有外地甚至外国人参加。

3. 体育比赛不属于会议

体育比赛名目繁多，各大洲、各国、各单项组织经年累月组织比赛，令人眼花缭乱，这些均不属于会议。值得注意的是，在体育比赛前、中、后的新闻发布会则属于会议。

4. 名称上带“会”的不一定属于会议

例如，全国糖酒商品交易会(简称“糖酒会”)、中国进出口商品交易会(简称“广交会”)、中国(重庆)国际投资暨全球采购会(简称“渝洽会”)等，凡是活动名称上带“会”的，不一定是会议。判断是否属于会议，一定要把握该活动的主体形式。糖酒会、广交会、渝洽会等这些著名的会展活动，虽然里面有附带会议，但其主体形式是展览，会议仅是该活动的辅助或次要形式。例如由中国会展杂志社举办的历届中国国际会展文化节活动，名称上虽有“节”字，但其活动主体是会议，并辅以展览、项目签约、推介活动等多项子活动，因此，中国国际会展文化节仍属于会议范畴。

5. 固定培训和考试不属于会议

最为常见的考研培训班，公务员培训班，托福、雅思培训班，高校开设的总裁培训班、研究生课程培训班，政府部门下属的交流中心、社团和企业开设的名目繁多的培训班，以及出国外语考试、考研考试等，这些均不属于会议，而是属于典型的商品买卖。这类商品的购买者往往为个人，以获得某种资质、证书或提高某方面的能力为目的。这类培训虽然提供了交流的平台，但有固定的日期、固定的地点。

6. 人才招聘会、高校毕业生双选会不属于会议

无论是企业或者机关、事业单位到校园里举行招聘会、双选会，或一个企业组织的人才招聘会，这些活动均不属于会议，其本质上是展览，主要表现为B2C，即用人单位对个人。

四、会议的特征

现代的会议形形色色，其共同的特点有以下几项。

（一）目的性

会议是为了某一明确的目的而开展的活动。无论在远古蒙昧时代，还是在当今国际经济一体化社会，举行任何一种形式的会议都是有明确目的，有的会议是布置任务、落实措施，有的是贯彻政策、互通信息，有的是总结工作、交流经验，还有的是为了宣传教育、表彰先进。例如，举行各级人民代表大会就是为了使各级国家权力机关及时、充分地发挥其职能，实现国家法制化和决策民主化。又如，举办中国旅游景区管理经验交流会的目的是为了帮助旅游业行政管理人员、旅游景区管理人员和相关理论研究者更深入、更集中地了解国内旅游景区的现状和发展趋势，为解决景区可持续发展过程中出现的前沿问题搭建互动平台，从而使景区更快、更健康地发展。

（二）必要性

召开会议前，应提出这样的问题：是否非要开会？是否有其他方法可以代替？如果答案“是”，不开会就解决不了问题或解决问题有难度，而且没有其他方法可以替代，那就说明开这个会很有必要。否则就没有必要，就可以不开。

（三）组织计划性

会议活动不仅要有明确的目标，而且要有一定的组织和计划。一般会议都会有主持人，一些大型的会议有时还要设立会议组织机构，包括秘书组、学术组、会务组等。组织一场会议，常常要经过确定会议目标、制定会议议题、选择会场、确定会议时间等一系列程序。会议活动只有具备高度组织性，才能使会议有序地进行，从而实现会议的目标。

（四）群体沟通性

会议是一种至少有三人或以上参加的群体沟通活动。随着科技的迅猛发展，人们的沟通方式越来越多，现在人们可以通过电话、E-mail、多媒体等各种形式进行沟通，但是面对面的群体沟通，即会议这种方式，是任何其他沟通方式都难以替代的，因为这种方式最直接、最直观，也最符合人类原本的沟通习惯。

（五）交流方式多样性

传统的会议是以口头交流为主、书面交流为辅的活动方式，但是根据现代会议所采用的交流方式来看，在会场上还可以运用图表、电脑多媒体、影视或录像等方式进行交流。会议是一个集合的载体，大家聚集在一起共同讨论、交流。通过会议使不同的人、不同的想法汇聚一堂，相互碰撞，从而产生新想法、金点子，许多高水准的创意就是开会期间不同观念相互碰撞的产物。

五、会议的类型

会议的类型多种多样，根据不同的划分标准，可以进行不同的分类。

（一）按会议主办单位划分

在《中国会议统计分析报告》中，按主办单位划分，主要分为公司会议、协会会议、政府会议、事业单位会议四种类型，如表 1-1 所示。

表 1-1　中国会议市场统计表

序号	会议类型	2010 年		2013 年		2015 年		2016 年		2017 年		2018 年	
		数量	占比(%)	数量	占比(%)	数量	占比(%)	数量	占比(%)	数量	占比(%)	数量	占比(%)
1	公司会议	4 129	49.9	9 857	68.7	13 734	72.0	15 764	71.7	16 329	68.2	13 150	61.1
2	事业单位会议	1 586	19.2	1 767	12.3	1 988	10.4	2 367	10.8	2 897	12.1	3 228	15.0
3	政府会议	1 414	17.1	1 402	9.8	1 433	7.5	1 669	7.6	2 059	8.6	2 707	11.3
4	协会会议	1 141	13.8	1 324	9.2	1 908	10.0	2 194	10.0	2 658	11.1	2 436	12.6
	合计	8 270	100	14 350	100	19 063	100	21 994	100	23 943	100	21 521	100

1. 公司会议

即由企业主办的，以行政、管理、技术、营销等为内容，以促进企业的发展为主要目的的会议。

公司类会议的规模不一，小到几个人，大到上千人。公司管理者强调的是信息传递，而公司内部信息传递的最基本方式之一便是会议，因此公司类会议的数量极其庞大。公司会议通常以管理、协调和技术等为主题，具体可分为销售会议、经销商会议、技术会议、管理者会议及股东会议等。

从 2011 年中央就开始多次发出减少用公款开会的通知，特别是 2013 年中央的"八项规定"和"六条禁令"出台，进一步约束了公款消费市场。三年来在我国四大主要会议市场中，使用公款举办的政府会议和事业单位会议的比例不断减少，而公司会议的比例不断增加。公司会议从 2010 年的 49.9%增加到 2013 年的 68.7%，2015 年占比已达到 72.0%，我国会议市场的这种变化趋向欧美国家的会议市场。2013 年，国际专业会议组织者联盟(MPI)对英国会议市场的统计情况：公司会议占 81%，事业单位会议占 5.2%，政府会议占 4%，协会会议占 6.3%。

公司会议有以下几项特点。

(1)会议举行频率多无规律。除了股东大会、年度销售会议和奖励会议之外，公司全年都有可能举行会议，一般会议多在每周工作日时间举行。

(2)会议筹备时间短，如表1-2所示。

表1-2　主要公司会议筹备时间表

序号	公司会议类型	筹备时间
1	股东大会	提前3～6个月
2	年度销售会议	8～12个月
3	奖励会议	8～12个月
4	其他会议	2～6个月
5	危机会议	数小时

(3)有关员工必须参加。

(4)会议人数确定早。

(5)不需要通过促销吸引人们参加(仅针对内部公司会议)。

(6)无各种委员会。

(7)会议组织者事先了解参会者情况。

(8)会议资金由公司全额支付。

【小资料1-3】　我国公款举办的政府及事业单位会议加快缩减

中央“八项规定”的出台，进一步约束了公款消费市场。全国使用公款举办的政府会议和事业单位会议比例不断减少，企业会议比例不断增加，我国会议市场变化趋向欧美市场经济国家的会议市场。

据介绍，《2013年中国会议蓝皮书》暨《2012年中国会议统计分析报告》反映出近几年来我国会议产业中的一些主要变化趋势，特别是中央“八项规定”的出台，进一步约束了公款消费市场。三年来在我国四大主要会议市场中，使用公款举办的政府会议和事业单位会议的比例不断减少，而企业会议的比例不断增加。企业会议从2010年的49.9%增加到2012年的59.7%，我国会议市场的这种变化趋向欧美国家的会议市场。

据介绍，中央勤俭办会的政策在会议消费和会议规模上也有所体现。许多会议降低了住宿餐饮的标准，使得会议三项主要消费中的住宿费、餐饮费与会场费的比例从2011年83∶17减少到2012年的74∶26。会议的规模统计也发生很大变化，会议规模在逐年缩小。规模在100人以下的会议从2010年的47.1%增加到2012年的61.4%，而100人以上的会议所占比例都有不同程度的减少，特别是千人以上的会议两年中同比下降了75%。

资料来源：新华网，2013-11-12。

2. 协会会议

即由协会、工会、妇联、学联、学会、商会、基金会、研究团体等各种社会团体主办的会议。目前，我国的协会会议以学术会议为主，其中医药、医学类会议占有绝对优势，协会会议在会议市场中同样占有相当重要的位置。

协会因人数和性质而互不相同，它们的规模从小型地区性组织、省市级协会到全国性协会乃至国际性协会不等。协会会议大致可以划分为行业协会、专业和科学协会、教育协会和技术协会等类型。其中，行业协会被认为是会议业最值得争取的市场之一，因为协会的成员多为业内成功管理人员。协会会议常常与展览结合举行。例如，我国定期举行的旅游交易会每次都吸引着大批来自全国各地乃至境外旅游企业的参与。

协会会议有以下几项主要特点。

(1)商业化运作。

- 社团会议的参会者是自愿参加。
- 国内代表参会费用几千元。
- 国外代表参会费用上万元。
- “会有所值”才会自愿掏钱参加。
- 只有社团会议采用商业化运作。

(2)筹备周期长。

- 筹备周期漫长、通常都要跨年度。
- 国内社团会议筹备时间 1～2 年。
- 国际社团会议筹备时间 2～8 年。

许多国际会议筹备 8 年，2006 年举办的“第 5 届国际病理生理大会”是 1998 年开始筹备的。

(3)举办有风险。

①经济风险。一是资金风险。社团会议一般没有政府财政资金支持，往往需要自筹资金或寻求商业运作。一旦商业运作不成功，参会者人数将会减少；二是汇率风险。社团会议往往人数众多，有的会议可能还会面向国外参会者，若遇上经济形势变化、汇率变化，参会者交纳的参会费折算成人民币会贬值，导致会议经费减少。

②自然风险。2003 年我国发生了非典(SARS)危机，原计划当年举行的国际植物保护大会不得不延期到 2004 年举行。

③文化差异。1998 年我国人大提出修改 1980 年版的婚姻法，其中部分条款拟修订为“(三)婚前患有医学上认为不应当结婚的疾病，婚后尚未治愈的，婚姻无效。”当年 8 月在北京召开的第 18 届国际遗传学大会，作为国际遗传学领域中规模最大、影响最广泛的世界性学术活动，每 5 年举办一次，则受到英国遗产学会号召抵制，导致国际参会者减少。

(4)规模比较大，如表 1-3 所示。

表 1-3　近年来大型协会会议参会人数情况

序号	会议名称	人数	主办单位
1	第 13 届全国临床肿瘤学大会	16 000	中国抗癌协会
2	第 12 次骨科学术会议	10 000	中华医学会骨科学分会
3	第 1 届全球华人牙科大会	8 000	中华口腔医学会
4	第 21 届长城国际心脏病学会议	7 000	北京大学人民医院
5	第 15 次眼科学术会议	7 000	中华医学会眼科学分会
6	第 8 次重症医学大会	7 000	中华医学会重症学会分会
7	中国心脏大会暨北京国际心血管病论坛	6 000	国家心血管病中心
8	第 2 届上海国际特种陶瓷会议	5 000	中国机械工程学会
9	第 12 届中国科协年会	5 000	中国科协学会部
10	第 14 次全国消化系疾病学术年会	5 000	中华医学会消化病学分会
11	第 9 届全国内分泌学学术会议	4 000	中华医学会内分泌学分会
12	第 14 届糖尿病学全国学术会议	4 000	中华医学会糖尿病学分会

【小资料 1-4】世界级骨科学术大会在国家会议中心开幕　首日万人参会

2012 年 11 月 15 日，由中华医学会、中华医学会骨科学分会主办的中华医学会第十四届骨科学术会议暨第七届国际学术大会在国家会议中心隆重召开。

本次大会的主题为“同一个骨科，同一个使命”。本届大会是历届全国性骨科学术会议中规模最大、参会人数最多的一届，共有来自全球近 70 个国家和地区以及 100 多个国际组织的 1 万余名骨科医师、专家学者参加学术会议，共同探讨骨科相关专业热点、难点问题。

大会使用建筑面积 27 万平方米的国家会议中心作为大会会场，几乎包揽 1～4 层所有大小会议室，这其中包括可容纳 6 000 人同时参会的大会堂。

大会展示面积达到 2 万余平方米，使用了国家会议中心地上的全部展厅。大会参会人员踊跃，开幕式当天国家会议中心即接待 16 000 余人次参会。

(5)支出相对高。支出高的原因源于活动多：一是社团会议的活动多；二是专业活动包括口头报告和张贴报告；三是社会活动包括开、闭幕式和文娱活动；四是餐饮活动包括冷餐会、宴会、茶歇和鸡尾酒会；五是会务活动包括注册、接机等。

【小资料 1-5】　五个医学类会展活动落户重庆悦来国际会议中心

2014 年 3 月 3 日，重庆悦来国际会议中心运用多渠道、多形式、全覆盖的方式招展引会，争取到各大医学类会展活动的承办权，截至目前，已吸引了 5 个医学类会议落户。据悉，目前确定落户会议中心的医学类会议有：

中华医学会旗下“重症学会分会”(7 000 人)、“内分泌分会”(2 000 人)、“消化内科全国学术交流会”(5 000 人)、“病理年会”(2 000 人)、“中国儿科年会”(3 000 人)。

此次医学类会展活动落户重庆悦来国际会议中心，标志着重庆国博中心创办行业重点展会正取得显著成效。

【小资料 1-6】　学术会议趋向于商业化运作

3. 政府会议

由政府机关主办的，以商讨政府各项事宜为主要目的，主要参会者是政府工作人员的会议。政府会议的特点如下。

(1)以工作会议为主，辅以少量的商务会议。

(2)政府部门会议属于政府采购的范畴。

(3)由于受到消费额度的限制，政府部门工作会议的消费一般在中等或偏下的范围内。

(4)由于政府的工作会议组织形式较简单，没有太多策划的内容，因而无需与专业的会议公司合作。

(5)政府部门的商务会议常与社会上其他机构合作举办。

(6)政府部门会议一般由办公室、行政部门负责。

《2013 版中国会议统计分析报告》指出，受中央勤俭办会的政策影响，政府会议由 2010 年的 17.1%下降到 9.8%，减少了 7.3%，降幅为 2010 年以来最大。原因是各种限制财政经费开会的政策在 2011 年得以进一步落实，可见，多年来被诟病的“文山会海”开始消退。100 人以下规模的会议增加的比较多，而会议规模越大，会议数量减少的也就越多。

4. 事业单位会议

由学校、医院、科研机构、文艺团体等事业单位组织主办的，以文化、教育、卫生、体育、科学技术为主要内容的会议。

表 1-4 是公司会议和协会会议的特点比较。

表 1-4　公司会议和协会会议的特点比较

比较项目	会议类型	
	公司会议	协会会议
时间周期	随时都有可能举行会议，不是按固定周期举行	大型会议是按固定时间周期举行，一般为每年一次的年会
前期准备	相对较短，一般不超过一年	事先计划好，平均提前准备年限为：年会 1～4 年，大型会议 35 个月
地理位置	没有笼统的地理模式，主要考虑会址是否适合公司的业务和需要，很少有限制	显示明显的地理模式，绝大多数国际协会在各大洲之间进行选择；国内协会则在东西部之间，或者在南北之间交替轮换进行选择
酒店类型	统一层次，或一般酒店类型	不同层次，取决于会议的规模、性质和期限
出席情况	因为大多是指令性和强制性的，公司会议的出席情况有可预测性，出席情况可靠	因为是自愿参加的，策划者只能吸引协会会员来参加会议，出席情况是不稳定的
会议期限	绝大多数是 1～2 天的短会，培训或奖励会议的会期可长达 3～5 天	对于全国性会议来讲，平均期限为 3～5 天，绝大多数带有展示活动的会议不少于 3 天
展览	公司会议也经常伴有展示活动	协会的标志性活动
会议厅要求	一般要求大小会议厅都能提供	大型会议厅
会议策划和决策	公司高层管理人员或部门负责人	专门的会议策划人员
旅游相关需求	旅游＋团建＋活动＋休闲娱乐	会后旅游(多为常规旅游)
政府支持需求	中(资源推荐、协调服务)	强(资金、协调服务等)
创新性需求	强	弱
收集背景资料	不易收集背景资料	容易收集背景资料
经费来源	企业统一支付	赞助费用；参会者注册费用

（二）按会议规模划分

会议规模是指参会总人数。2014 年发布的《会议分类与术语》国家标准中，划分情况如表 1-5 所示。

表 1-5　会议规模划分

分类依据	会议类型	参会代表人数
会议规模	小型会议	10～199 人
	中型会议	200～799 人
	大型会议	800～1999 人
	特大型会议	2 000 人以上

对于有的地区和城市而言，500 人规模的会议就是当地一个超大活动了，500 人对于北京、上海、广州这样的一线城市来说却很平常，几乎每天都有 500 人的会议在举办。

需要指出的是，参会代表应该是按照主办单位要求，完成全部注册程序并取得正式参会资格的人员。因此，工作人员、志愿者、随行人员、参展商、赞助商或邀请的媒体记者，如果没有经过正式注册或注册时其身份未被认定为“参会代表”，就不应计入参会代表人数。

【小资料 1-7】　我国财政部对国际会议规模的认定

2010 年 1 月 19 日，财政部印发了《在华举办国际会议费用开支标准和财务管理办法》的通知，其中国际会议的规模作了如下规定。对按照会议正式代表（不含工作人员，下同）的人数，在华举办国际会议分为三类：会议正式代表在 300 人以上的，为大型国际会议；会议正式代表在 100 人以上、300 人以下（含 300 人）的，为中型国际会议；会议正式代表在 100 人以下（含 100 人）的，为小型国际会议。

《中国会议统计分析报告》中对近年来国内会议市场参会规模的情况分析如表 1-6 所示。

表 1-6　近年来国内会议市场参会规模占比　　单位：%

序号	会议规模	2011 年	2012 年	2013 年	2015 年	2016 年	2017 年	2018 年
1	30～100 人	55.7	61.4	55.3	49.2	50.1	51.9	49.5
2	101～300 人	31.5	28.4	31.7	33.3	33.9	32.9	33.3
3	301～500 人	7.9	6.3	7.7	9.4	8.8	7.9	8.9
4	501～1 000 人	3.8	3.0	4.1	5.8	5.7	5.3	6.0

续表

序号	会议规模	2011 年	2012 年	2013 年	2015 年	2016 年	2017 年	2018 年
5	1 001～2 500 人	0.9	0.6	0.9	1.8	1.3	1.6	1.7
6	2 500 人以上	0.2	0.2	0.4	0.6	0.2	0.4	0.6

近年来按会议规模分类的统计结果，均呈现出会议规模与数量呈反比例的规律。2015 年规模为 30～100 人的这档会议占比比 2012 年有明显下降，由 2012 年的 61.4%下降到 49.2%，下降了 12.2%。下降的主要原因是由公款举办的工作会议和座谈会等会议大量减少所致。而其他几类会议近年来的增减幅度都不大，幅度都在 4%以内。

（三）按参会者的国别划分

参会者的身份是指他/她的国籍，可以分为国际会议和国内会议。

1. 国际会议

(1)对国际会议认定的分歧。国内对于如何认定国际会议的分歧由来已久。公众、政府官员和媒体普遍认为一个会议有境外人士参加，这个会议就应该是一个国际会议。2006 年，中共中央办公厅、国务院办公厅发布了一个对在华举办国际会议的管理办法的文件，规定该文件适用范围的国际会议是指“在我国境内(不含港澳台地区)举办、参会者来自三个或三个以上的国家和地区(不含港澳台地区)的会议、论坛、研讨会、报告会和交流会等”。

该文件实际上不是对国际会议的确切定义，而是对适用该文件什么样的国际会议作了一个说明。该文件同时指出，“国际会议类型主要包括：由我国有关地区和部门主办的会议；与国际组织及外国有关团体、机构共同举办或受其委托由我国有关单位承办的年会、例会及其他会议；国际组织及外国有关团体、机构单独举办的各类会议”。该文件是一个管理办法，适用对象是需要报批的国际会议，也就意味着一部分国际会议是不需要报批的，而不需要报批的国际会议就不是上述适用范围的国际会议。显然，上述的适用范围不全面。

成立于 1963 年，总部在荷兰的阿姆斯特丹的国际大会及会议协会(ICCA)作为会议行业颇具影响力的国际组织，对国际会议分为了两类，即协会会议和企业会议。其中，协会会议包括国际政府组织、国际非政府组织，而企业会议包括内部会议、外部会议、内外部会议。ICCA 对国际会议的认定标准为，只有参会人数在 50 人以上，至少在 3 个国家轮流举行的固定性国际会议才被纳入国际会议活动的统计范围。

目前，北京统计局每年均统计国际会议，并发布在《北京统计年鉴》中。该机构统计国际会议时对其认定标准是“由来自三个或三个以上的国家或地区(包括港澳台)的代表参加的会议”。按照该要求，其余的会都算作是国内会议明显不妥，例如有的会议如果一半参会者都是外国人，但仅仅来自两个或一个国家，则不可计入国际会议。

(2)本书对国际会议的认定。由来自3个或3个以上的国家或地区(含港澳台)的代表参加的会议，或境外参会代表占全部参会人数40%(含)以上的会议。

从全球来看，国际会议1月最少，占2%；9月国际会议最多，占17%；5—6月、9—10月会议数量相对多。

2. 国内会议

即在国内举办的会议，规模和影响力较国际会议有一定差距。按照上述对国际会议的认定，国内会议可以这样概括：由来自2个或2个以下的国家或地区(含港澳台)的代表参加的会议，或境外参会标准不足全部参会人数40%的会议。

在我国，一般2月国内会议最少，1月国内会议最多，全年无明显淡旺季。

(四)按会议的举办周期划分

按会议的举办周期，可以划分为定期会议和不定期会议。无论是政府、事业单位，还是企业和协会，都有定期会议和不定期会议，基本上都有规律可循。

1. 定期会议

按照规定的时间或时间间隔召开的会议，通常有一年一次、两年一次、三年一次、四年一次等召开频率。其中，协会的定期会议的“定期”性质最为明显。如博鳌亚洲论坛年会就固定在每年4月，世界经济论坛新领军者年会(即夏季达沃斯论坛)固定在每年9月，中国国际贸易促进委员会主办的“中国会展经济国际合作论坛”(CEFCO)每年1月中旬举办。股东大会、董事会、干部会议，这些一般都是定期举行的。

2. 不定期会议

不按固定周期召开的会议，有时因临时或突发性事件而召开，或因主办机构对于下次会议何时召开未能达成共识，不能下定决心而临时决定开会。这种不定期会议因主办方缺少承诺和投入而在主题和议题设置上投入不够，难以招募到足够多的参会者，也难以邀请到高质量的演讲嘉宾，企业没有足够的预算安排员工参会或出资赞助、参展，因此，不定期会议的质量很难保证。

(五)按会议性质划分

1. 常见的统计口径

(1)法定性会议。法定性会议即根据有关法律与法规规定必须举行的会议，以及特定组织为履行法定职责而举行的会议。前者如各级人民代表大会、企业的董事会议和股东大会等，后者如各种法定组织的领导人办公会议等。

(2)非法定性会议。非法定性会议即法律和法规允许的、法定性会议以外的会议，如学术研讨会、新闻发布会、交流恳谈会、经贸洽谈会等。

2.《中国会议统计分析报告》统计口径

为不同目的举办的会议决定了会议的性质。《中国会议统计分析报告》归纳了六种最常见的会议性质进行统计，如表1-7所示。

表 1-7　会议性质划分

分类依据	会议类型	典型会议举例
会议性质	工作研讨会议	工作会、例会、理事会、研讨会、谈判会、碰头会、评估会、汇报会、布置会、务虚会、验收会、评估/评价会、分析会、核验会等
	学术交流会议	学术会、学会/协会年会、专题研讨会、专题交流会、高峰论坛、学术峰会、学术座谈会、学术论坛等
	签约发布会议	签约仪式、发布会、启动会、开幕/开盘仪式/庆典、颁奖仪式/典礼、奠基仪式、成立大会、首映仪式/典礼等
	培训学习会议	专题培训班、专题/项目/培训班、时政/理论学习班/会、读书班/会、演讲会、大讲堂、讲座、研修班、训练营、拓展会、阐述会、考核、公开课等
	总结报告会议	(单位或系统的)年终总结会、年会、述职大会、报告会、表彰/奖励会、群英会、职代会、员工代表大会、动员/誓师大会、党代会、人大/政协会议、宣讲会、年度务虚会、团拜会、茶话会、新年论坛等
	营销订货会议	营销/销售/订货会、产品推介/推广会、经销商/供应商大会、砍价/团购/采购会、展销/展示会、招商会、直供会、品鉴会、试驾会、义卖会、答谢会、分享会、商务大会等

近年来，不同性质的会议在国内会议市场占比情况如表 1-8 所示。

表 1-8　会议性质分类统计数量占比　单位：%

会议规模	2011 年	2012 年	2013 年	2015 年	2016 年	2017 年	2018 年
工作研讨会议	44.7	38.5	30.1	25.3	27.2	26.1	22.3
培训学习会议	8.7	13.4	14.9	17.9	23.1	25.4	34.1
学术交流会议	13.1	11.8	16.9	21.3	19.0	18.6	14.2
总结报告会议	16.5	18.1	11.6	8.7	10.3	13.7	13.8
营销订货会议	13.2	13.3	21.2	19.4	13.9	9.4	9.9
签约发布会议	3.8	4.9	5.4	7.4	6.6	6.7	5.7

工作研讨会议由 2010 年的 60％逐年递减到 2015 年的 25.3％，下降幅度高达 34.7％。其原因是本统计的会议样本主要来自会议型酒店，中央八项规定后，大量工作会议不再到酒店举办所致。营销订货会议增加幅度较大，由 2010 年的 4.3％逐渐升至 2015 年的 19.4％。可以认为是在经济转型期间，企业加大市场化运作的必然结果。而其他会议占比在后几年中都没有较大意义的变化。

（六）按内容和方式划分

根据会议的内容和举办方式不同，会议又可以划分为以下几种类型。

1. 年会(annual meeting)

年会是就某一特定主题展开讨论的聚会，议题涉及政治、经贸、科学、教育或者技术等领域。年会通常包括一次全体会议和几个小组会议。年会可以单独召开，也可以附带展示会，多数年会是周期性的，最常见的周期是一年一次。参加年会全体会议的人员通常比较多，一般要租用大型宴会厅或者会议厅。小组会议上讨论的是具体问题，所租用的是小会议室。

企业年会有以下几方面的意义。

(1)对于员工而言：

一是有助于员工与员工之间的零距离沟通，加强员工之间的交流，增强彼此的信任和团队合作意识。平时不太有机会接触的员工也可以借助年会与公司领导或者其他部门的同事们沟通。

二是使员工体会到来自企业本身而非上级领导的关怀，并对企业文化有更准确的领悟。

三是加强员工对于企业的职业归属感和荣誉感。

四是在年会上奖励员工，使得大家放松地在一起娱乐和沟通，让员工享受在一年辛苦后的休息和收获。

(2)对于企业领导而言：

一是加强了领导的自我魅力展示机会，让下属更加了解自己的思想和工作之外的人格魅力。

二是使得领导更加了解员工的需求和性格特质。

三是加强领导的组织能力和协调沟通能力。

四是融洽与下属的交流度和默契度，促进次年工作顺畅。

(3)对于企业本身的发展而言：

一是对去年的企业成长路上的成绩的肯定和成功要素分析，以及问题的总结和分析。

二是展现企业的文化，宣扬其内在软实力。

三是使企业的工作气氛积极向上，提升企业的战斗力和和谐氛围。

四是企业年会不仅可以增强企业凝聚力，鼓舞士气，还可以促进战略分享，并且确定来年的战略目标，为来年计划打好基础。

2. 代表会议(congress)

顾名思义，代表会议是指由代表某一利益群体的参会者参加的会议。代表会议的规模和出席人数差别很大。代表会议这个词在英文里的对等词是 congress，最常在欧洲和国际活动中使用。从本质上讲，它与另一个英文词 conference(会议)大致相同，但是在美国，congress 这个词用来指立法机构，所以美国指代表会议时经常用 conference 或 convention。

3. 论坛(forum)

围绕一个主题，由两个或两个以上的发言人向听众而非对方发表自己的观点并进行阐述的会议。通常由听众提出问题，由主持人引导发言和讨论并总结各方意见。其特点是讨论反复深入，发言人和听众之间互动性强。主持人主持讨论会并总结双方观点，允许听众提问。

4. 座谈会、专题讨论会(conversazione)

座谈会是由特定的组织或个人出面就某个或某些问题召集有关人员征询或交流意见，氛围相对轻松自由的会议。座谈会的方式比较灵活，会议的参加人员、发言方式、时间、地点等都无硬性规定。座谈会的召集者和参会人之间既可以有(无)隶属关系。会议以座谈为主，不作任何决定，允许参会人畅所欲言，允许有多种意见和不同意见。

座谈会并非漫无边际，而是有一个较为明确的主题或议题，如“企业经验管理座谈会”“校企合作座谈会”等。

座谈会和专题讨论会比论坛要正式和严谨一些，由主持人或演讲人进行一种陈述讲演，有一些预定好的听众参加。与论坛相比，参会者在座谈会和专题讨论会中在平等交换意见的气氛和特点方面要弱一些。

5. 讲座(lecture，symposium)

采用专家演讲的方式，旨在传授某方面的知识、技能，或改善某种心态的一种会议组织形式。讲座后通常设有问答环节(Q&A)。

6. 研讨会、专家讨论会、讨论会 (seminar，symposium)

由行业内的专业人士参加、专门针对某一主题进行研究、讨论、交流的会议。研讨会通常以演讲人陈述为主，讨论议题集中，参会者参与较多，可以平等交换意见、分享知识和经验。这类会议一般在相对范围内进行，规模较小；当规模变大时，就演变成了论坛、讨论会或专题讨论会。

7. 专题讨论会(workshop)

专题讨论会是指为处理专门问题或特殊分配任务而进行的小组会议，参会者就某一议题进行学习和讨论、分享知识、技能和对问题的看法。

8. 培训会议 (training meeting)

用一个会期对某类专业人员进行的有关业务知识方面的技能训练或新观念、新知识方面的理论培训，培训会议形式可采用讲座、讨论、演示等形式进行。一般至少要用一天的时间，多则几周。这类培训会议需要特定场所，培训内容高度集中，由某个领域的专业培训人员教授。

9. 奖励会议 (incentive meeting)

企业或公司为了表彰、奖励工作出色的员工、分销商或客户而举行的会议，它是企业或公司一种重要的激励手段。

10. 卫星会议（satellite meeting，satellite conference）

在正式的学术会议开始前、会议的午餐时间或正式的学术议程结束后由公司赞助的或社团举办的小型学术会议，通常有讲座、研讨会、非商业研讨会等形式。卫星会议是大型学术会议的一个组成部分。但一般不属于大会学术议程。

11. 圆桌会议（round table meeting，roundtable conference，roundtable）

参会者围圆桌而坐，旨在体现平等原则和协商精神的一种会议形式。

12. 现场会(on-site meeting)

现场会就是会议组织者为强化会议效果，选择有助于说明会议主题的现场作为会场而举行的会议。

依据“现场”所展示的空间不同，现场会议又可分为狭义现场会和广义现场会。

狭义现场会即是人们常见的，在一些重大事件或事件发生之后的现场而召集的现场会。在会议进行过程中，会议内容与现场景象互相印证，互相说明，参会者对足以展示会议主题的现场历历在目，身临其境，如“×××事故原因分析现场会”等即是如此。

广义现场会是就某一方面的工作，选择一个具有代表性的地区而在那里召开的会议。广义现场会是人们从一个较宽泛的意义上和较广阔的空间来认识和使用现场会的一种形式，它所说的“现场”是指一个地区，而不是一个特定的场所。这种现场会说是“现场会”，但实际上也多是在会议室中进行的，只是在会议进行当中或会议之后，到特定的现场做一些实地考察和参观，如“计划生育现场会”“××县全民办教育现场会”等。

13. 鸡尾酒会(cocktail party)

鸡尾酒会就是以鸡尾酒(由两种以上的酒或用酒掺入鲜果汁勾兑而成)和其他饮料招待宾客的酒会。

在酒会之上，备有各类酒、饮料和点心。参加酒会者一般都站立进食，并可随意走动，以便于交谈。鸡尾酒会举行的时间比较灵活，中午、下午和晚上均可(请柬上需注明酒会开始和结束的时间)，客人可在其间随时到达和退席，来去自由。

14. 新闻发布会(press conference)

某组织向新闻界发布有关该组织或该组织举办的会议的信息、解释该组织的重大决定或为某一特定事件而举办的会议。参会人员以新闻记者为主，通常设有“答记者问”环节。新闻发布会通常分为定期和不定期两种。

15. 媒体吹风会（briefing conference，press briefing，media briefing）

在某一信息发布之前、某一行动采取之前或某个会议召开之前，主办方提前召集媒体记者向其介绍背景、内容、成果或重要演讲人等信息的会议。

16. 听证会(hearing)

听证会是立法或行政主体在职权范围内就特定问题听取有关人士或组织代表意见或作证的会议。听证会的特点如下。

(1)法定性。听证会是一种法定的会议形式。根据我国有关法律、法规的规定，立法机关和国家行政机关在立法或决策时，可以举行或者必须举行听证会。从这一点上说，举行听证会，是法定机关的一种法定行为。

(2)广泛性。听证会的主体必须具有广泛的代表性，这是由听证会的本来意义决定的。否则，听证会就会丧失它的作用，成为一种纯粹的形式。

(3)公开性。听证会是民主管理、民主决策的有效形式，除涉及国际秘密事项等特殊情况外，应当公开举行，允许市民旁听，允许记者采访。

17. 办公会议(office meeting)

办公会议是特定组织的领导人为实施管理而举行的工作性例会。其特点有以下几方面。

(1)实行首长负责制。在各种会议中，很多都实行少数服从多数的原则，如各种代表大会、委员会会议、董事会议等。而办公会议则实行首长(如经理、院长、校长、局长、部长等)负责制，会议由首长负责召集，对会议讨论的问题由首长最后拍板定案，这一点与其他许多会议形成明显的区别。

(2)周期性短。周期性短也是办公会议的一个鲜明特征。由于办公会议需要及时解决本单位管理中的各种问题，因此都以例会的形式定期举行，周期较短，一般每周一次，或者每两周一次。

(3)以程序性决策为主。领导机关的决策可以分两类：一类是程序性决策，即对重复出现的问题，依据现成的经验、规范和办法所进行的决策。这类决策是大量的、经常性的。另一类是非程序性决策，即对当前出现的新问题、新情况，无法依据现成的经验、规范和办法来解决，必须作大量的、深入细致的调查和科学的研究，依靠复杂的决策技术来进行的决策。办公会议解决的问题大多属于程序性决策的范畴，因而会议内容较多、较杂。

18. 早会(morning meeting)

早会又称晨会、朝会，是在每个工作日内，开始正常工作之前的简短会议。

早会的意义一般为激励士气、辅导与传承、贯彻公司及部门的经营哲学、进行基础管理；举行早会，可以达到工作热身、培训激励、活动管理、提升士气的预期效果。

早会的流程：(1)准备(通知、业绩报表、白板笔、板擦、投影仪、职场)；(2)主持人与其他人员沟通；(3)清点考勤；(4)新闻、时事、政令、团队业绩公报(点评)；(5)主题内容发布；(6)早会总结。

早会的形式：读书读报会；时事主题研讨，辩论赛；角色扮演(电话约访、接触说明、促成等)；“赞美”比赛；问题脑力激荡(头脑风暴会)；专题讲座、记者招待会等；嘉宾见面会；早餐会；庆生会；团队游戏；销售预演；演讲比赛；业务诊断会(失败案例会诊帮助)；故事会等。

【小资料 1-8】　你所不知道的 CBD 早餐会

19. 夕会(night meeting)

夕会是总结一天的工作成果，介绍销售经验，检讨销售过程，收集反馈市场信息，规划展业重点，并通过业务员工作日志的检查了解业务员当天的销售状况，从而具体指导的有效方法。

持续地开展、深化夕会经营将对团队的建设、发展及新员工的成长有着极强的促进作用。

夕会的意义：(1)销售活动量管理；(2)解答员工疑惑；(3)放松员工身心；(4)沟通的桥梁。

(七)按会议特征划分

1. 商务型会议(business conference)

一些公司、企业因其业务和管理工作发展需要在饭店召开的商务会议，出席这类会议的人员素质较高，一般是企业的管理人员和专业技术人员。他们对饭店设施、环境和服务都有较高的需求，且消费标准高。召开商务会议一般选择与公司形象大体一致或更高层次的饭店，如大型企业或跨国公司一般都选择当地最高星级的饭店。商务型会议在饭店召开常与宴会相结合，会议效率高、会期短。

2. 度假型会议

公司等组织利用周末假期组织员工边度假休闲，边参加会议，这样既能增强员工之间的了解，以及企业自身的凝聚力，又能解决企业所面临的问题。度假型会议一般选择在风景、名胜地区的饭店举办。这类会议通常会安排足够的时间让员工观光、休闲和娱乐。

3. 展销会议(sales meeting)

参加商品交易会、展销会、展览会的各类参会者入住饭店，住店天数比展览会期长一两天，同时，还会在饭店举办一些招待会、报告会、谈判会和签字仪式等活动，有时晚间还会有娱乐消费。另外，一些大型企业或公司还可能单独在饭店举办展销会，整个展销活动全在饭店举行。

4. 专业学术会议(academic conference)

由某一领域在学术上具有较高造诣的专家学者或具有专业技术背景的专业人士参加的，以学术探讨、交流商议或鉴定评选等为主要目的的会议。学术会议通常有专题研究会、学术报告会、专家评审会。参加会议的人员主要是与本会议所研究和交流的学术问题直接有关的专家、学者及专业技术人员。

学术性会议与其他各种会议的不同之处，在于这种会议具有一种超越世俗的自由与氛围。在学术会议中，所有参会人员都以平等的身份参加学术讨论，发表研究报告，以共同的智慧完成或推进对科学的研究。

5. 政治性会议(political conference)

政治性会议是国际政治组织、国际和地方政府为某一政治议题召开的各种会议。通常有全体大会和分组讨论等形式。

6. 文化交流会议(cultural exchange meeting)

文化交流会议是各种民间和政府组织组成的跨区域性的文化学习交流的活动，常以考察、交流等形式出现。

(八)新型和新颖会议类型

除以上提到的会议类型外，还有以下几种新型和新颖的会议类型：玻璃鱼缸式会议、辩论会、角色扮演、网络会议和邮轮会议。

1. 玻璃鱼缸式会议

这是一种非常独特的讨论会议类型。通常由6～8名参会者在台上或房间中心围成一圈，圈子中间留有一个空座。其他参会者只能作为观众坐在周围旁听，不能发言，只有那些坐在圈子里的人才可以发言。如果有观众想发言，他必须走到圈子里，坐在中间的那个空座上，发言完毕再回到原座位。

玻璃鱼缸式会议通常有主持人参加，他可以参加“玻璃鱼缸”的讨论，也可以只负责维持会议按正常程序进行。由于在会议进行中大部分观众只是在外围观看那些位于圈子中的参会者演讲或讨论，就像在观看鱼缸或鱼箱里的鱼活动一样，所以人们给其取名为“玻璃鱼缸”会议。

2. 辩论会

辩论会是指两个人或两个团体就某一问题展开辩论，一方为正方，另一方为反方。例如，我们应当提高服务价格吗？正在开发的新产品对公司是否有利？政府新颁布的政策对旅游业会产生什么影响？国家是否应当争取奥运举办权？任何具有两面性的问题都可以成为辩论会议的话题。

辩论会有很多好处，它着眼于问题的正反两面，可以向观众展示不同的观点和看法。辩论会通常会带来观念或过程的进步，因为辩论过程可以暴露不少问题。

3. 角色扮演

一般人可能不会想到开会时使用角色扮演这一会议形式。不过，根据讨论话题的不同，角色扮演有时会将一个问题诠释得更好。

在美国亚美酒店所有者协会的年会上，参会者曾经就特权授予人和被授予人之间的调停仲裁问题采取角色扮演这一会议形式。大家通过这一形式对相关问题进行了详细阐述而不是将其简单诉诸法律。这一方法获得很大成功，因为它经过了充分的准备，而且所有仲裁问题，如律师是如何同仲裁人打交道的，又是如何和客户打交道的，都被一步一步解释得非常清楚。另外，还有一名讲解员对案例的背景和事实给予陈述。

4. 网络会议

随着现代科技的发展和广泛运用，网络会议逐渐成为一种新的会议形式。网络会议使用的是一种被称为流动媒体的技术。简单来说，就是预先用录像带把某个事件或活动现场录制下来，然后转换成数字化的视频信号通过电脑接收后送入网络服务器。进入服务器后，人们就可以直接观看或下载下来供以后观看。这对那些由于各种原因不能参加会议但仍对某些日程感兴趣的成员或同事来说是个福音。由于是通过网络传播，没有时间障碍。网络会议对公司召开培训会议非常有利，它不必再让有关人员乘坐飞机去往目的地，可以节省飞行、住宿、伙食、地面交通等许多费用。

5. 邮轮会议

(1)邮轮简介。邮轮(Cruise)在欧美已经有一百多年的历史，而真正意义上的现代邮轮业则起始于20世纪六七十年代的北美。经过几十年的发展，邮轮业(the cruise industrty)已经成为欧美旅游产业中一个重要的组成部分。邮轮除了大家都明白的旅游休闲功能外，其另外一项主要功能就是开会。在欧美，邮轮又被称为“流动水上会议中心”(floating conference center)，而且越来越被会议组织机构、会议策划人所青睐。与其他会议场所相比，邮轮会议参会代表的满意率最高，这恐怕是邮轮大受欢迎的主要原因之一。据美国The Meeting Professional杂志报道，美国各大邮轮公司近期会议客人的增长率都呈快速上升的势头，有的邮轮公司会议业务的增长率甚至高达30%以上，这令邮轮公司的业务经理们喜出望外。

随着我国经济的快速发展和国际化程度的不断加深，国外的邮轮公司越来越重视中国这个极具增长潜力的市场，它们纷纷增加抵达我国的邮轮的班次。与此同时，我国本土的邮轮公司也开始起步并逐步发展起来。目前，我国的邮轮公司数量也有几十家，但与国外知名的邮轮公司相比，规模显得还比较小，邮轮的运营范围也主要集中在长江流域上和我国沿海城市附近。

邮轮的容量差异较大，内河邮轮的载客量一般在100～200人，海上邮轮一般容量较大，从数百人到数千人不等。邮轮上的软硬件配置与地面上的星级酒店相当，除了常规的标间、套间、总统套间等住宿条件外，各种大小会议室、多功能厅、酒吧、健身及娱乐设施也都应有尽有。邮轮的线路与航行周期多种多样，一般都是提前很长时间安排好的，但也可根据需要进行定制化设计。

(2)邮轮会议的优势。在会议五大要素——会议内容、会议形式、会议服务、会议场所和附加活动中，每一个方面都对会议的成功举办起着不可替代的作用。如果要策划一个会议，在前三项要素相对确定的情况下，将吸引点放在后两项，即新颖的会议场所和丰富多彩的附加活动上面，对参会代表人数的增加和会议满意率的提高，往往起着意想不到的促进作用。邮轮会议正是因为这方面的优势而吸引着越来越多的会议组织者和会议策划人。

除了具有会议接待、会议服务的全部功能外，邮轮与其他会议场所相比具有以下几个方面的优势。

①新颖。邮轮在我们国家发展的历史还比较短，而且是以高档旅游休闲产品的形式为大家所熟知的。在很多人的印象里，邮轮是与豪华、休闲联系在一起的，不知道邮轮上还可以开会，而且会议设施和会议服务水平并不比地面上的星级酒店差。当参会代表了解了邮轮会议的基本情况并得知自己将要第一次体验邮轮会议的时候，你可以从他们的第一反应中判定，选择在邮轮上办会是太英明的一件事了。

在日常工作中，我们每一个人都必须要开很多的会，到一个新颖的地方去开会，是每一个参会者心目中永远的希望。

②流动。邮轮被称为“流动的水上会议中心”。邮轮，不管是江轮还是海轮，其航程所到达、所经过的地方一般都是著名的旅游城市、风景名胜区等，而这些地方无不对参会者充满着诱惑力。如果再加上大江、大海本身所具有的永恒魅力，还有邮轮甲板上微风吹拂的惬意感觉，邮轮会议一定会给每一位参会者留下美好而特别的记忆。

③活动丰富多彩。一个成功的会议一定要安排相应的附加活动。与地面上的会议相比，邮轮会议的附加活动更加多样化，更加有趣，更加有吸引力。其一，轮船上会安排各种演出，观众还可以参与其中；其二，可以到途经的城市、景点等去观光；其三，会议组织单位和邮轮公司可以根据情况，在邮轮上或岸上策划一些特别的活动，如团队建设活动、民风民俗考察、探险与野外活动等；其四，邮轮上可以举办各种主题宴会、酒会、舞会、座谈会等。

④广泛接触，深入交流。邮轮会议与地面上的会议有很大的不同。由于邮轮所具有的特性，邮轮会议期间，参会代表、演讲人、嘉宾等都不容易离开。因此，大家都可以静下心来，利用这次难得的机会，在轻松友好的氛围中进行广泛接触、深入交流。

(3)邮轮会议的特点。

①与酒店相比，邮轮选择的余地和自主性较差，因为邮轮的总体数量要比地面上的酒店少得多。

②邮轮的航行线路相对固定而且有限。

③虽然邮轮也会按豪华程度分为不同的星级，来满足参会者不同价位的需求，而且邮轮会议从性价比、参会人员满意度等方面来看也很划算，但邮轮会议的总体预算和支出往往会大于地面上的会议的。

④邮轮的航线一般是根据旅游客人来设计的，周期通常比较长，以三四天到一周的居多。会议组织方虽然可以自行设计线路，可那是对于包船来说的，而且自行设计线路还会有不少的限制。

⑤由于邮轮的停靠岸城市不多，就全国范围而言，参会代表到达和离开相关城市所花费的时间和交通费用相对比较多。

⑥邮轮会议一般需要提前较长时间预定，少则一两个月，多则半年时间或更长。这就需要组会单位提前对会议预算和参会人数做到心中有数。

⑦邮轮会议需要组会单位和接待单位对会议的视听设备、会议资料等准备得比较充分，因为一旦发现设备出现故障或资料缺失，中途弥补的难度较大。

(4)邮轮会议所适合的会议类型。邮轮会议的一些特点决定了有些会议是不太适合在邮轮上开的，如：规模较大而人数又不宜掌控的会议；展览展示性比较强的会议；经费预算比较紧的会议等。

同样，邮轮会议的一些特点和优势，又使得有些类型的会议很适合在上面举行，主要有以下几种。

①企事业单位会议中的奖励活动与会议、股东会议、管理会议，客户联谊会、营销会议、中小型的订货会、技术会议、培训会议、工会会议、团队建设活动、年会等。

②社团会议中的年会、理事会、小型的国际会议、研讨会、会员会议、培训会议、交流会等。

③政府会议中的部分工作会议、培训会议、研讨会等。

④国家及各地区举办的大型节事活动、博览会、交易会、洽谈会等的配套会议等。

(5)邮轮会议策划需要注意的几个问题。

①包船问题。在国外，会议人数一旦超过邮轮满载量的一半以上，邮轮公司就会要求主办方包船，主要是担心会议及活动会对其他客人造成不便。国内的各家公司可能对这方面的要求不尽相同。包船有利有弊：利是主动性强，便于策划和管理；弊是包船的费用会比较高，因为等于包下了整艘船的硬件设施和所有服务。包小船和购买大船的一部分也是各有利弊：大船的硬件设施往往比小船要好，但包小船自主性强又清静。主办方需要根据会议经费预算、参会人数、人员构成、会议目的等因素综合分析后确定。

②线路选择与航行周期。会议和休闲旅游有很大的不同，会议的航线与航程都不宜过长。从国内外邮轮会议多年的运行实践来看，邮轮会议的航线周期以两三天到四五天为宜。

③做好会议策划和筹备工作。由于会议要在船上开，有其不便之处，因而一定要做好会议视听设备、会议资料、商务联络等方面的准备工作，留有备用方案，以免被动。

④做好岸上岸下的衔接和服务工作。这既包括会前的报到、会后参会代表的返程事宜，也包括航程期间岸下游览参观及特别策划的活动。

⑤做好《会议操作手册》，确保在航程期间、会议期间各方面衔接到位。

【小资料 1-9】 不同会议形式的英语表述

1. meeting：一般意义的“会议”，如家长会(parents meeting)。

2. conference：比较正式、规范意义上的会议。如××国际会议。

3. symposium：专题讨论会，规模比 conference 小。

4. seminar：大学里教师指导下的研讨班与专题讨论会/专家讨论会/学术研讨会。

5. workshop：就某个议题而进行的一段交流与讨论：研习会、讲义班。通常需当场做练习。

6. congress：代表大会，国会。

7. summit：最高级会议，峰会，首脑会议。如八国峰会(G8Summit)。

8. forum ：论坛，公开讨论的机会。通常有专家和观众参加讨论的公众集会。

9. fair：展览会，展销会，市集，以交易为目的。

10. plenary ：全体会议(全体出席的)。如全体议员出席会议 a plenary session of the council。

11. session：主要指议会、政府的(一次)会议；在计算机网络应用中称为“会话”。

12. exhibition：展览会。

13. exposition：博览会。

第三节 会议的功能与作用

一、会议的功能

美国会议管理专家托尼·杰伊(Antony Jay)在《如何召开会议》一书中描述了会议的六大功能。

(一)地位象征

许多人认为，参加会议越多，代表他的社会地位越高。因此，会议也成为一种地位象征和待遇象征。我们常常发现这样的情况：有的人之所以反对某会议决议方案，部分原因可能是方案本身有疏漏之处，但更重要的是没有请他参加该会议，感到自己的地位与尊严没有得到足够的重视。因此，是否参加会议，成为很多人对其地位的确认标准。

(二)科学决策

会议体现的是集体领导的决议功能。领导者对事关全局的、重大的、综合的事项，要确定办不办和怎样办的时候，召集有关人员开会研究讨论，充分就会议议题发表意见，分析得失，权衡利弊，找出解决问题或实施管理的最佳方案，最后进行决策实施。可见，会议提供了解决问题的方式。

现代决策越来越依赖于集体的智慧，即使在实行领导负责制的企业，领导个人的决策也越来越多地由各种“智囊机构”和“智囊团”先行酝酿、筹划、论证，然后再由领导个人决断。决策的依据很多，但主要是通过会议，如调查会、汇报会、研讨会、咨询会、论证会、听证会、决策会等，收集信息、发现问题、分析原因、确定目标、制订方案、征询意见等，最终作出决策。可以这么说，社会生产的每一步发展，社会文明的每一个进步，都离不开科学的决策，而科学的决策必须依靠围绕决策展开的各种会议方能实现。

通过会议的科学决策，便可以产生解决问题或展开行动的方案。会议为参会者共享知识和经验提供了场所。全体参会者聚在一起对某个议题进行商讨可以比单一个体或独立工作的个体提出更好的想法、计划和作出更好的决策。当用多数人的经验、知识、判断和想象一起来解决问题时，可以更有效地改进计划和决策。最初的想法，经过大家的讨论，可能被测试、扩充、提炼并成型，进而能满足更多的需求，说服更多的反对者。

（三）发扬民主

会议作为一种形式或者说是载体，在现代民主（包括政治民主、社会民主和管理民主等多方面）进程中发挥着巨大的作用。

1. 起着上下沟通的作用

例如近年来在我国出现的各种听证会，就是政府机关在决策前听取人民群众意见的重要渠道。

2. 确保现代民主制度中的集体领导原则得以实现

集体领导是现代社会的一种重要的领导体制和领导原则。在我国，党的各级委员会、企业的决策机构（董事会、董事局等）以及各种社会团体都实行集体领导原则。会议通过集体讨论、投票表决，根据少数服从多数的民主原则作出决定。从这个意义上说，会议是保证集体领导原则得以实现的一个重要手段。

3. 使人民群众的民主权利成为现实

在我国，由于实行人民代表大会制度，人民群众能够通过自己选举的代表，以人民代表大会的形式参与国家的管理，从而享有高度的民主。

同时，通过会议，可以融合各种不同的见解，达到一致的思想，从而指导组织的各个部分，在核心思想指导下协调一致地行动，增强组织的协调性。

会议有助于每个人去理解自己所在群体的集体目标，去理解通过什么方式可使个人的工作能够有助于群体的成功，从而帮助群体找到实现目标的最佳途径。

“三个臭皮匠，顶个诸葛亮。”个人的想法往往有其片面性和局限性，一旦将想法各异的多数人集中起来，通过交流和沟通，解决问题的角度自然会呈现多元化。尤其是在现在各种专业分工精细的条件下，更迫切需要这种方式。会议中所提出的意见或建议，经集合、整理，即可形成较完善的方案，也许原来很难解决的困难，也将迎刃而解了。

（四）产生权威

通过会议形成的决议，要比单纯的行政命令更具权威性。因为，会议决议含有民主的成分、集体的智慧，反对会议决议，一定程度上就是和众人作对。

会议也使所有参会者为最终制订的决策和追求的目标而承担义务，即使是不同意见者，他们可能会遗憾于意见未能被采纳，但是，同样会接受结果。而且，正是由于群体的决策约束了集体中所有的成员，所以，会议所制定的决策往往比单一某位领导者作出的决策具有更高的权威性。

同时，会议也是实施行政领导和指挥的重要手段之一。无论是国际组织、跨国公司，还是一个国家的政府、政党和民间团体，每一级领导机关都要通过举行会议来传达决策意图、布置落实任务、统一思想认识、协调各种关系、督促检查工作、总结交流经验、表彰弘扬先进、批评鞭策后进，从而推动工作健康有序地向前发展。

（五）信息沟通

现代社会信息高度发达，人们召开会议或者参加会议，无论出于什么动机，也不管会议采取何种形式，其最基本的，也是共同的目的就是传递或者获取信息。由此可见，会议的基本作用就在于沟通信息，其他作用都基于此而发生。会议是一种群体性的社会活动，以会议的方式来沟通信息，具有面广、直接、灵活和高效的优点，不仅可以当面获得所需要的信息，而且还可以直接传递或反馈有关信息。

一些经过筛选的参会者在得到参会信息的同时有机会对一些疑点进行提问和评论。因为领导者正确的决策，对下级认真领会意图、落实会议精神有很大好处。而真正要做到这一点，这就要靠会议来传达精神，发布信息。

因此，通过会议，可以传达上级的意图，公布企业的整体状况，了解下属的工作情况，明了下属的思想情绪状态，以及沟通其他信息。

（六）联络感情

有些会议并无太多的日常管理实质内容，而纯粹是通过会议来调节参会者的情绪和心态，为某种特定的管理需求服务。例如，誓师大会，保险公司对推销员工的激励拼搏、振奋士气的早会，干部任命会议。

会议作为一种互动性的交往方式，在人们交流思想、互通情况的同时，还有助于感情上的沟通。因此，我们还可以将联络感情作为会议的主要目的，如举行联谊会、茶话会、团拜会、招待会等，对内增强组织的凝聚力，对外树立组织良好的公关形象。

尽管会议可以拥有上述六个功能，但并不能保证会议在任何情况下都能实现这些功能。任何一个会议都可能成为一种对时间的浪费、一种导火索或一种影响实现组织目标的障碍。因此，只有认识到会议的利弊得失才能成功地驾驭会议。

二、会议的作用

（一）积极作用

会议是人类在社会活动中形成的一种互动方式。随着社会的不断发展和信息流量的迅速增加，会议这种形式越来越受到人们的重视。不同的会议有不同的作用，概括起来会议的作用主要有以下几个方面。

1. 集思广益、科学决策

各机关、单位基本上都会通过会议的形式对一些重大问题进行决策，经过深入的分析研究，群策群力，最后得出结论性的意见，这样就体现了会议的决策作用。会议的召开便于各级领导充分掌握有关信息，充分发挥干部群众的智慧，为决策的制定与实施奠定基础。同时，也可以在会议的讨论中，了解基层群众、下属员工的实际情况和思想动向，对领导认识上的差别可以及时进行纠正，对反映出来的问题可以进行具体的分析和解决。召开会议的过程通常是把群众的智慧集中起来，变为领导的智慧、丰富领导思想和完善领导决策的过程。

【案例】　　　　定期深入一线，倾听员工呼声

上海巴士集团工会建立的定期与员工对话制度，成为企业与员工沟通交流的一个重要平台。自 2004 年以来，巴士集团工会共深入一线召开座谈会 17 次，出席会议的员工达 360 余人。为了达到实际效果，每次座谈会采取提前公布、员工自愿报名的方式，出席人数一般在 20 人左右，出席会议的员工十分珍视这种对话的机会，总是提前就座谈的课题和内容广泛征求身边同事的意见。在座谈会上集中反映员工的心声，内容涉及车辆修理、营运管理、干部作风、收入分配和奖惩考核等方面。目前，一线座谈会已经成为工会的“必修课”，在集团工会的积极推动下，巴士集团各成员单位工会都已建立定期到一线与员工对话沟通的制度。

2. 发扬民主、宣传动员

会议是领导机关和各级领导密切联系群众的纽带。参会者来自不同单位、不同行业，召开会议可以认真听取参会者的意见和要求，了解各行各业的具体情况。有些会议经过对领导决策的讨论、领会，将领导意图转化为群众的思想和行动，起到了动员群众、组织群众的作用；也有一些会议的作用，旨在思想教育、鼓舞斗志或者介绍经验，传授知识和技能，达到某种宣传和教育的目的。如积极分子典型事迹报告、先进集体和先进个人的表彰、重大历史事件的通报和形势报告、情况传达等，都可以采用会议的形式，起到宣传典型人物、教育广大干部群众的作用。

3. 传达信息、交流共享

各机关、单位担负着上情下达、下情上传的任务，需要召开各种会议，尽快地将信息上传下达。可以说会议是信息的“聚集地”，也是信息的“发散地”。各类经验交流会、汇报会、广播会、座谈会、调查会，通过汇报、交流、学习、讨论，可达到沟通信息、交流情况、统一思想和协调工作的目的，使上下左右各方能够互相理解与支持。

在会议中，参会人员之间可以正面交换意见，信息共享，相互学习，对工作中经常出现的问题互相交流工作经验，以形成企业内部的学习文化氛围。例如，技术人员在会上可以进行技术交流或对新技术的学习、研讨，以获得经验总结、技术攻关对策以及技术创新的灵感。通过信息的交流以及相互学习，使人们从新的角度和新的观点，也就是从更广阔的认识空间来思考问题，擦出思想的火花。因此，会议活动既是一种信息的共享过程，也是一个有效的智力开发过程。

4. 协调矛盾、统一思想

会前，人们往往会对同一个问题的看法存在某些差异。在会议上，大家可以围绕一个共同的目标讨论、研究和论证，求同存异，最终达成共识、形成合力，从而起到推动工作的作用。许多公司或部门的常规会议的主要目的是为了监督、检查员工对工作任务的执行情况，了解员工的工作进度；同时，借助会议这种“集合”的、“面对面”的形式，来有效协调上下级以及员工之间的矛盾。

5. 国际交流、文化沟通

当今社会，随着我国改革开放和全球化进程的加快，国际交往日益频繁，越来越多的会议发挥着国际交流和跨文化沟通的作用。以北京为例，近年来，北京承办各类级别的国际性会议、大会越来越多，也得到了会议主办方和参会代表的肯定和赞许。根据国际大会及会议协会(ICCA)统计报告，中国入围 2014 年全球十大最佳会议国家，以全年接待 340 场国际会议而名列第八。在全球会议城市排名中，北京以 105 场位列第 18 名。2011 年，北京曾首次列入全球会议城市前十。进入 ICCA 2013 年榜单的 12 个中国会议城市中，北京国际会议的场次遥遥领先于国内其他城市。数据显示，北京国家会议中心自营业到 2014 年 6 月底，共承接会议项目 3 601 个，承接的最大规模的国际会议是 2012 SAP 中国商业同盟会，达 2 万人参会。据悉，国家会议中心已成为目前国内城市最为繁忙的会议场馆。

(二)消极作用

1. 浪费时间、精力

美国一位管理学家说过“领导人相当的一部分生命要在会议中度过”。苏联的一位文秘专家叫作卡婕琳娜的曾引一份研究资料：“会议比重占指挥员和专家工作时间的30%～33%。”日本效率协会统计发现“全日本科长以上管理班人员工作时间的 40%是在开会。”在我国，领导人员开会的比重究竟占多少，目前尚无人去研究，大约不会低于上述所列百分点。如果众多的领导者都陷入会海，哪里会有时间和精力去做他们该做的事呢？

2. 浪费金钱

开会就要用钱，越高级、越长、越大型的会议，一般来说用钱越多。会议费用有些是正当而必须的，有些则是可用可不用的，有些则纯属铺张浪费。

3. 信息重复、浪费

有些会只是层层传达，复述上级意见，或者为会而会，走过场、搞形式，本身并不结合实际，其结果是制造重复信息，滋长文牍主义。

4. 滋长不正之风

长期以来，有少数干部成了专门开会的“职业开会者”，还有些人极力争取参加各种会议，无非是借机在旅游胜地公费游览。还有些人除了“开会”外，别无他事，开完会并不去认真传达贯彻，成为典型的会议型官僚主义者。近年来还出现利用会议敛财，收取各种名目的赞助。

第四节　会议的构成要素

要素是指构成一个客观事物的存在并维持其运动的必要的最小单位，是构成事物必不可少的因素，又是组成系统的基本单元，是系统产生、变化、发展的动因。简单地讲，一个会议如果离开了这些要素，就不能称之为会议。会议的构成要素主要有主办者、参会人员、会议时间、会议地点、会议形式和会议议题。

一、主办者

会议的主办者是会议的具体组织者，其任务主要是根据会议的目标和规则制订具体的会议方案并加以实施，为会议提供必要的场所、设施和服务，确保会议正常进行。

（一）主办者的类型

会议的主办一般有以下几种情况。

1. 由相关领导机关主办

在一个管理系统之内，负有领导和管理职权的机关往往需要通过会议的方式，宣布决定、传达指示、通报情况、布置工作、听取意见，这时会议的主办者一般称为会议召集者。

2. 由会议的发起者主办

一般协作性、交流性的会议，主办者常常由会议的发起者担任。例如国际性的学术会议，就是由一个组织发起并主办，或由几个组织联合发起并共同主办的。

3. 轮流主办

很多合作性和学术性组织都要召开经常性会议或例会，每一个成员单位（包括国家、地区或非政府组织)都有主办会议的权利和义务，轮流主办会议可以使每一个成员单位的权利与义务达到平衡。

4. 通过一定的申办程序确定

一些重大的会议，由于具有一定的政治、经济等方面的影响，同时也为了提高会议的质量，于是采取申办竞争程序来确定主办者。申办程序和条件一般要在会议规则中加以明确。

(二)与主办者相关的术语

主办者要素常常与下列术语相关。

1. 发起者

会议的发起者是指最早倡议并参与组织会议活动的单位或个人，因此，发起者往往也是会议的主办者。

2. 承办者

即具体落实会议组织任务的机构或个人。一般情况下，会议的主办者即承办者，有时也有所区分。如2001年APEC会议的主办者是中国，但具体承办者则是中国上海。承办者对主办者负责。

3. 东道主

即会议活动举行地的主人。东道主可以是一个国家、一个地区、一个组织，也可以是某个人，其任务主要是提供会议活动场所和设施，负责会议活动的接待。

二、参会人员

参会人员即参加会议的对象，通常又称为会议成员。参会人员是会议的主体，因而是会议成功与否的重要因素。参会的人数越多，会议的规模越大。广义的参会对象包括会议发言人、会议嘉宾、普通参会者。其中，会议发言人主要包括会议主持人、致辞人、演讲人。狭义的参会对象仅指普通参会者。

参会人员主要考虑“谁来开会”和“多少人参加”两个方面的因素。固定的参会人员范围是根据会议性质、议题来确定的。参会人员的数量是决定会议规模的主要因素，因此，会议规模过小，会议的辐射力和影响力就小，会议效果也会受影响；若会议规模太大，投入大，会议成本提高，控制不当，难以收到预期效果。

在政务会议中，参会人员可划分成以下四种资格，资格不同，其在会议中的权利和义务也不同。

(1)正式成员。即具有正式资格，有表决权、选举权和发言权的会议成员，也是会议的主要成员。同时正式成员也必须履行相关的义务。

(2)特邀成员。即由会议的主办者根据会议的需要而专门邀请的成员，这类成员的地位较特殊，其在会议中的权利和义务可由会议主办者或会议的领导机构来确定。

(3)列席成员。即不具有正式资格，但有一定的发言权、无表决权和选举权的会议成员。是否需要列席成员参加会议，哪些对象应当作为列席成员，列席成员参加会议中的哪些活动，由会议的组织者根据会议的实际需要来确定。列席成员的人数一般不超过正式成员。

(4)旁听成员。即受邀请参加会议，但不具有正式资格，既无表决权，也无发言权的会议成员。旁听成员一般坐在规定的旁听席上。

三、会议时间

会议的时间即会议的起讫时间和时间跨度。会议在时间上有长短、缓急、定期与不定期之分。

(一)确定开会时间的依据

(1)议题的时效。例如，开学典礼应在开学前第1周举行；教师节庆祝大会不宜在9月11日之后进行，也不宜在8月进行。

(2)会议规模。会议规模与会议需要的准备时间是什么关系?

(3)会议的复杂程度。指标：议题的复杂程度、议题的多少。

(二)会议时间的控制

1. 控制会期

会期，即一次或一届会议总的时间长度，通常用来计算超过1天的会议所需要花费的时间。

导致会期拉长的因素主要有以下几方面。

(1)会议准备不充分，甚至出现会议时段空置和浪费。

(2)议程安排拖沓，未严格计算和控制发言时间。

(3)不适当的会外活动被塞进会议之中。

(4)意义不大的讨论。

(5)会议地点选择不当，导致会期隐形延长。例如某会议午餐选择在会址附近一家餐馆就餐，由于上菜速度较慢或餐馆供应能力不足需要分批次就餐，导致下午的活动不能如期开始，主办方不得不推迟下午会议的开始时间，导致会期隐形延长。

2. 安排好议程

应注意：一是尽量避免安排重复的环节和重复的内容；二是严格规定发言时间，并将会议发言的时间明确告诉每一位发言人；三是合理衔接各个环节，让参会者精力充沛地投入每一项议程。

四、会议地点

会议的地点是指举行会议的场所。会议的群体性特征决定了会议信息传递的当面性和实时性，因此，传统的会议形式都是把参会者召集起来进行面对面的信息传递和沟通。会议地点合适与否是保证会议顺利进行的要素之一，安静、舒适、优雅的会议环境，相应的会议设施有助于提高会议的效率和质量。

（一）大地点

大地点，即会议在哪个城市召开。在国内办会，首选沿海一线城市和省会城市，因为其政治环境稳定、经济发展迅速、产业集群效应明显、交通方式便捷、城市基础设施良好等。

一般情况下，举行会议活动场所，理想的会址应满足：一是与会议的内容、规模、级别相称。例如，工业会议一般选择工业基础发展良好的城市举行，国际性会议一般选在首都或省会城市举行。二是自然条件适宜。风景迷人、气候适宜的城市往往是参会者的首选。三是交通方式便捷。无论是机场、铁路、公路等，参会者从出发地均能方便到达目的地城市，无须多次中转。四是相对中心。尽量选择政治中心、经济中心、文化中心、交通中心等。

（二）小地点

小地点，即具体的会址，该会议在城市哪个区位、哪个场馆或酒店举办。在选择小地点时，也要尽量考虑小地点到达应方便，特别是离机场、火车站的距离不能太远，周边的业态应发展较为成熟。

会议在哪儿开，既取决于会议组织者的偏好，也取决于会议规模和场地的价格。当然影响因素还包括会期长短、参会者的来源（本地、外地、境外）、会议的性质等。目前，小地点选择主要有四种类型：酒店、会议中心/会展中心、高校、特殊场地。特殊场地包括体育馆、邮轮、游艇、博物馆、电影院、主题餐厅、旅游景点、会所、公园等。

五、会议形式

会议的形式即用以达到会议效果的手段，包括会场布置、气氛渲染、活动的样式和传递方式等。会议的形式对于实现会议的目的、提高会议的效率有直接的影响，如会场布置和气氛渲染能影响参会者的情绪和注意力，丰富新颖的活动能提高参会者的兴趣，现代化的传递形式，如电话会议、电视会议能提高会议的时间效益和经济效益。

不同的会议可以采取不同的形式，会议开法也就不一样。

法定性会议、决策性会议，一般采取程序严格、场面庄严的会议形式；征询研讨的会议，采用便于发表意见、充分讨论的开放式的活泼轻松的形式；传达上级指示精神的会议，则要考虑扩大传达面的形式；经验交流及研究解决问题的会议，可采取召开现场会议的形式。

六、会议议题

会议议题(topic)是开会的前提，它是围绕会议主题，根据会议目标确定并提交会议讨论或解决的一个个具体问题，是会议主题的具体化和必备要素。举行会议首先要明确为什么而“议”和“议”什么。会议议题主要基于会议目的以及目标参会者的需求来确定。会议议题是否恰当，能否满足参会者的需求是会议能否成功的关键因素。

(一)议题的主要作用

1. 服务于会议的目标

会议的目标有主次之分，目标的主次决定了议题的主次。中心议题必须体现中心目标或主要目标。不能准确反映目标或者与目标无关的议题必须坚决舍弃。

2. 明确会议发言的核心

议题是会议交流的中心，参会者的报告、演讲应当紧紧围绕议题。一个好的议题往往能起到集思广益的作用。而议题含糊不清，或者角度选择不当，就会造成议事困难，从而影响会议的效率。

(二)议题的来源

一是上级机关和领导布置的事项；二是下级部门提交需要研究的问题；三是本层次管理活动需要研究的问题；四是行业或产业近期的热点、难点话题。

(三)不同群体的议题需求

为准确选择并确定会议议题，策划者应对会议相关领域有所了解，不仅要了解该领域的发展现状及趋势，还要了解相关领域的问题和需求，并在对上述情况分析的基础上选择并确定会议议题。一般规律是商会、协会人员比较关注宏观问题，专业人士比较关注相关专业知识的交流和探讨，企业人士比较关注建立业务关系和寻求商业机会，地区性组织比较注重建立网络联系和区域性合作，而国际性组织则对共同面临的商业挑战、发展趋势或先进的管理经验比较感兴趣。

第五节　会议产业

会议业起源于前几个世纪的政治性和宗教性的会议，以及之后的商业会议和美国的贸易与专业会议。因此，很难判断出它真正的产生时间。而通常，判断一种产业是否真正形成的客观标准是该产业协会的成立。

因此，会议业协会的成立标志着会议作为一种产业而存在。在欧洲，会议业产生于20世纪中叶到晚期。

一、会议产业定义

产业是指以规模化、集中化、现代化的手段运作会议及相关活动的行业。会议产业作为正在形成和发展的产业，学术界一直没有统一的定义。

（一）国外定义

联合国世界旅游组织(UNWTO)在其发布的《会议产业经济重要性评价报告》(Measuring the Economic Importance of the Meetings Industry)中指出，会议产业主要包括会议、展览及奖励旅游三个方面。这是迄今为止国际上对于"会议产业"最权威的解释。

美国会议产业理事会(CIC)2011年初发布的"美国会议产业经济影响力报告"就是依据此标准来进行统计的。

（二）国内定义

从我国目前的情况分析，"会议产业"的概念可以界定为：围绕着会议策划、会议组织、会议管理、会议接待(会议场所)、会议服务、会议教育与研究、会议技术与设备、会议附加活动等而展开的一系列市场行为的总和。

对上述定义的理解应注意把握以下几方面：

第一，会议产业是一项综合性的产业，它能给会议活动的举办地带来可观的直接经济效益和巨大的间接经济效益。

第二，与旅游业一样，会议产业不像传统产业那样容易被界定，但这恰恰说明了会议产业的综合性特点，而不能改变其客观存在的产业本质。

第三，这个定义是以需求为取向的，换句话说，会议产业的界定标准是其服务对象——参会者和专业观众，而不是提供相同业务或产品的企业。

由此形成的"会议产业链"主要包括：会议组织方、会议接待场所、会议城市、会议策划与服务公司、会议技术与设备企业等有关方面。

二、会议产业归属

（一）归属变迁

会议产业属于第三产业，是一种新兴的产业形式，是市场经济发展到一定阶段的产物。目前，我国统计部门还没有专门的会议产业门类统计规范。2011年，《国民经济行业分类》(GB/T 4754—2011)把会议与展览合起来，称作"会议及展览服务"，列入"其他商务服务业"范畴，具体指：为商品流通、促销、展示、经贸洽谈、民间交流、企业沟通、国际往来而举办的展览和会议等活动。2012年，国家统计局发布了《文化及相关产业分类》，对部分产业分类作了调整，"会展服务"类调至"文化产品生产的辅助生产"类下，主要指"会议及展览服务"。

一个产业以某个中心逐渐延展，发展壮大并逐渐走向成熟，往往需要较长的历史过程。会议产业也是如此。从归属上看，会议产业是会展产业的一部分，虽然会议和展览等其他会展形式在组织形式上存在区别，但在内在属性上具有相同性。

（二）会议产业划分

1. 按部门划分

一是会议生产机构：包括会议主办机构、承办机构。

二是会议供应机构：包括场馆机构、视听设备供应商、租赁服务商、通信服务商、交通运输公司、翻译公司、展台搭建商、新技术服务商、礼仪服务商、广告公司、安保公司、保洁公司等。

三是会议中介机构：包括代理商、目的地营销机构、场地中介、活动和公关公司、演讲人服务公司、会议物流公司、会议金融服务机构等。

四是其他机构：包括行业与专业协会、行业媒体、外部监管机构、咨询机构、教育机构等。

2. 按产业链划分

会议产业链具有以下特点：

一是传统产业价值链是上游利润空间最大，从上至下依次降低，而会议产业价值链呈U字形；二是中游机构的利润率相对较低，一般维持在10%左右；三是由于硬件的稀缺性，下游的硬件利润率较高，可达35%左右。

会议产业按产业链具体划分如下：

一是会议产业链上游：会议发起机构、会议策划机构。

二是会议产业链中游：专业会议组织者(Professional Conference Organizer，PCO)、目的地管理公司(Destination Management Company，DMC)。

三是会议产业链下游：会议中心、会议型酒店等硬件，如：交通运输商、翻译、设备、网络、礼品、演出、印刷等辅助公司。

【小资料1-10】　PCO与DMC

目的地管理公司(Destination Management Company，DMC)与专业会议组织公司(Professional Conference Organizer，PCO)之间究竟有何不同？大多数人往往认为DMC就是PCO，PCO就是DMC，事实上不然。

PCO是会展业的核心，在国际上主要是指为筹办会议、展览及有关活动提供专业服务的公司，而DMC则负责会展活动在主办地的现场协调、会务和旅行安排等工作。

PCO提供的典型服务项目有：会议选址、预订和联系；参会代表住宿的预订和管理；活动的营销；会议程序的策划、发言人员的选择和情况介绍；组织展览和展示等。PCO有丰富的人际关系，在排队管理、会议登记管理、演讲人联络和管理方面具有丰富的经验，面对大规模的人员聚集和流动，这种高水平的专业知识和精细策划是不可或缺的。总的说来，一个好的PCO担当着一个经验丰富的画家的角色，给会议添加色彩，一步一步地完善最终产品的设计，使会议让客户感到自豪，让参会人员感到兴奋，让赞助商感到值得。

DMC在国外至少有100多年的发展历史，但在国内还是一个全新的旅游专业名词，它的中文解释为目的地管理公司，即利用区域性的优势，为会议组织者和专业会议组织者提供协助的公司，也是针对会奖旅游的专业化公司。目的地管理组织以不同的组织规模和类型分布在世界各地，许多目的地管理组织属于政府机构，其他的属于半官方性质。

在国际会展旅游界，DMC不同于传统意义上的会议公司和旅行社，DMC是将会议展览所需的资源进行有机整合，为会议展览定制更专业、更全面的目的地所需的一切服务，弥补了传统的会议公司及旅行社服务的功能缺陷。DMC的全方位服务包括策划组织安排国内外会议、展览、奖励等旅游，以及其延伸的观光旅游；策划组织安排国内外专业学术论坛、峰会、培训等活动；其他特殊服务，如餐饮、宴会、娱乐、旅馆预订、交通及导游等。

国际会展的举办通常都是由国际专业会议组织者和国际专业展览组织者进行组织，在选定会展目的地城市之后，将会展的服务以及会展奖励旅游和主题活动交由DMC公司负责。

三、会议产业特征

(一)会议产业属于朝阳产业

会议产业属于第三产业，是一种新兴的产业形式，是市场经济发展到一定阶段的产物。市场经济使更多的个人和组织成为经营主体，如何推销自己及其产品商品和思想，并建立起广泛的商业关系成为十分紧迫的任务。营销的有效手段便是沟通，现代通信技术与传播手段使人们之间的信息沟通显得十分便利，但仅靠通信工具与传播手段并不能达到高效沟通的效果。会议作为面对面的双向沟通方式，通过某一主题吸引与之有关的各方参与其中，围绕主题共同探讨发展思路、交流经验和文化，传播信息、知识、观念，寻找投资项目或投资者，可以获得一般场合难得的收获。因此，会议产业会随着市场经济的发展而不断发展壮大。

(二)会议产业以文化为其基本内涵

会议产业就其本质而言是一个传递信息的枢纽，起着上传下达、科技推广、信息交流等作用。它的参与者不是行政指派，而是来自市场。吸引人们参加的唯一原因是会议的主题符合自己的需要。因此，以产业形式操作的会议，必须以重大的文化主题作为号召力，并邀请重要人物参加，使会议真正成为当前思想、信息、技术交流的前沿舞台。

（三）会议产业与旅游业密切相关

旅游是人类休闲的一种方式，但旅游与会议产业结合则体现了经济生活的需要。让参会者同时兼顾旅游，既是单位对员工的奖励，也是会议接待单位对客人的奖励。目前，会议与旅游结合形成的“国际会议旅游”发展迅速，由于参会者来自全球各国的大企业，因此，会议旅游具有规模大、档次高、成本低、停留时间长、利润丰厚等特点，对所在城市的经济发展起着巨大的推动作用。

（四）会议产业具有带动性

会议产业的发展，可以拉动城市建设、完善城市功能、扩大影响、提高知名度、促进社会就业、传播信息、扩大交流等，经济和社会效益十分明显。一个国家举办国际会议的多少，象征着该国家的经济、政治、文化、科技等方面的雄厚实力。同样，召开国际会议的多少也是衡量一个城市是否符合国际大都市的标志之一。正因为如此，当今世界上对国际会议举办权的竞争日趋激烈，很多国家也形成了相应的会议产业，建有相应的会议旅行社、专业会展组织机构。

会议业被认为是高收入、高盈利、带动力强的环保型朝阳产业，并且还可以带动商贸、影视、信息、餐饮、宾馆、交通、娱乐、服装、旅游、广告和印刷等相关产业的发展。据测算，国际上会展业的产业带动系数大约为1∶9。

会议业的直接收益来自场租收益、城市交通、航空运输、城市建设等。

会议业的间接收益来自服务业、饭店业、餐饮业、旅游业、零售业和手工业、通信业等。

【小资料1-11】

北京中信金陵酒店会议厅报价如表1-9所示。

表1-9　北京中信金陵酒店会议厅报价

类型	人数	价格(元/人)	服务提供内容	总费用(万元)
全天董事会报价	10～20	888	全天会场；会议设施：投影、幕布、茶水/矿泉水、纸笔、薄荷糖、靠垫专椅、两场茶歇、全日二餐	1.776
半天董事会报价	10～20	448	一场茶歇、一次正餐，其余同	0.896
培训会议全天报价	20～80	468	全天会场；会议设施：投影、幕布、茶水/矿泉水、纸笔、薄荷糖、专椅、白板、一次茶歇，全日二餐	3.744
培训会议半天报价	20～80	188	一次茶歇，其余同	1.504

【小资料 1-12】　　我国会议业发展历史

20 世纪 50—70 年代：花钱办会

20 世纪 50—70 年代，特殊的历史条件下，数量有限的一些国际会议，也都是纯粹的政府行为。需要开了，政府部门就掏钱，该多少钱就多少钱，谈不上投资回报率。整个北京城，那时可接待外宾，可以举行一定规模会议的饭店宾馆，只有北京饭店和友谊宾馆。友谊宾馆的前身是供苏联专家住宿的招待所。1964 年，为了举办国际科技会议，才在友谊宾馆院内增盖了一座可容纳 500 人的科技会堂。那时的国际会议，政治意义远远大于经济意义。

20 世纪 80 年代：会议产业初露端倪

20 世纪 80 年代，国门的徐徐拉开，使各种类型的国际会议在中国召开和会议产业的萌芽成为可能。在国际上，旅游与开会同样密不可分。到帷幕已经拉开的神秘的东方古国看看，是整个 80 年代大多数外国人来中国开会之外的另一个目的。改革开放后的中国吸引力大得惊人。80 年代初期，纯经营型的涉外饭店逐步落成，会议产业开始萌芽。从 80 年代中期开始，北京新建的上规模、上档次的饭店还有很多，这些饭店的建成极大地提高了北京市的外宾接待能力。

20 世纪 90 年代以后：国际会议成为一景

进入 20 世纪 90 年代，会议多尤其是国际会议之多，几乎成了一景。而主办者也已由政府一家变得更为多元化。政府的，民间团体的，跨国界行业协会、学会的，应有尽有。北京的会议产业获得了突飞猛进的发展。具有会议功能的大饭店如雨后春笋般拔地而起，真正意义上的国际会议中心也建了起来。

四、会议产业的市场分析

由于会议产业的统计较少，很难用数据直接说明会议产业的“蛋糕”到底有多大。细分会议市场这块“蛋糕”应分为两大块：营利性会议和非营利性会议。有人认为政府的工作性会议、商务性会议、宣传教育会议等不营利的行为不属于会议产业。这是不对的，只要造成消费和能拉动相关行业就形成了产业经济效能。在构成营利和非营利的会议产业中，为便于分析和研究，会议可分为国际性会议、工作和商务性会议、市场化运作的会议三大类。

（一）国际性会议

国际性会议一般是指与国外某机构联合举办，或有一定数量国别和外国人员参加的会议。无论是营利或非营利会议，其性质有规定性会议、专业性会议、活动性会议、学术性会议、政治性会议、文化交流性会议等。根据业内“分析展览看场馆，分析会议看酒店”(根据酒店会场使用统计)的惯例，国际性会议可通过酒店反映的数据进行大致分析。

(二)工作和商务性会议

工作和商务性会议一般是指不以盈利为目的会议，其中规定性会议、日常性会议、专业性会议、度假型会议、政治性会议和以签字仪式、年终总结、洽谈业务为主的商务性会议比较多。就北京而言，作为全国政治文化中心，中央政府所在地，各高等科研机构、院校集中的地方，工作和商务性会议市场空间非常之大。从我国的主要大城市看，这类会议举办数量也在增多，并对会议服务的要求越来越高。

(三)市场化运作的会议

市场化运作的会议是以盈利为目的的会议，从事这个行业的机构大致可分为四类：第一类是咨询公司，主要以会议策划见长；第二类是科研机构和大专院校；第三类是培训中心；第四类是媒体。这些机构在市场调查的基础上，根据社会需求策划会议内容，整合会议服务资源，满足参会者的需要，从而受到社会承认。最近几年，市场化运作的会议在整个会议产业中扩张较快，一些国际性会议和商务性会议也在挤入市场化运作市场。由于政府对会议审批的内容和范围减少，市场放开逐渐加大，越来越多的人发现，成功地组织一次市场化运作的会议可以取得不薄的盈利，而从事这一行业的人更发现，这一行不仅投资少见效快，更有非常广阔的前景。

上述会议类别呈现相互交叉且形式多样化的趋势。会议的多样灵活性使会议难分淡季、旺季，有业内人士说1、2月是会议产业淡季，也有说7、8月是会议产业淡季。其实这几个月是指展览业的淡季，会议与旅游结合后在7、8月市场仍十分看好，而1、2月也正是各单位总结和联欢活动比较多的阶段，会议产业也不会是淡季。由此可见，会议产业是一块大“蛋糕”。要想开发这一市场，吃好会议市场这块大“蛋糕”，必须看到会议产业的特殊性，认真研究会议市场的需求和变化规律。

【小资料1-13】　会议市场中的二八定律

五、我国会议产业发展

(一)会议产业存在的问题

我国会议市场的发展还处在初级阶段，主要表现在以下几方面。

1. 市场主体缺乏核心竞争力

欧洲、美国、新加坡的一些专业会议公司年产值能达到几十亿美元，分支机构遍布世界各地。而在我国，能够提供一般性会议服务的公司较多，能承接大型国际会议或者策划组织大型国际会议的专门机构较少，一些重要的大型会议往往是由中央或地方政府牵头，分工负责承办，不仅加大了会议成本，也难以培育规模化的公司，提供会议的专业化服务。

2. 缺乏高层管理和专业人员

据了解，国际会议专业工作者联盟拥有来自世界近 70 个国家的 23 000 名会员，其中来自中国的成员却寥寥无几。能为企业和协会做会议策划组织、国际交流的会议专业人才缺乏，使行业内的会议水平难以从整体上得到提高。

3. 政府的政策性扶持亟待落实

在许多国家，政府有专门的会议管理部门，有明确的对会议产业的扶持政策，特别是对申办大型国际会议，或以资金支持，或由目的地城市的主管官员亲自率队。而我国目前很少有城市把申办国际会议的专项资金列入年度财政预算。会议收入的重复纳税问题多年来没有解决，加重了企业负担，制约了会议企业规模的扩大。

4. 会议题材和形式创新较少

在行业中，不注重会议的实效性，没题找题，东拼西凑，热炒名人，为办会而办会的情况屡见不鲜。我们面临的现实情况是，一些国际著名的会议组织机构已经开始大规模登陆中国，中国会议市场发展的新格局正在逐步形成。在这种状况下，从中国国情出发，以中小型会议和固定性会议作为支撑会议产业的基础，努力开辟大型国际会议市场，可能是最好的战略选择。

(二)加快我国会议产业发展的对策

1. 培育优秀市场主体

目前会议产业化的主要障碍是市场主体不清晰，或者说是市场动荡主体太弱小，无法有效地进行市场开发。因此，规范市场主体，培育优秀的会议经营企业是当前会议产业化的当务之急。

2. 加快市场开发步伐

应当将会议当成产品，把满足参会客户的需求作为经营的第一要求，了解和适应顾客不断变化的需求。

3. 提高会议产业效益

从会议产业的间接效益中寻找企业效益，会议的间接效益实质可能给相关产业带来商机。

4. 拓展衍生产品市场

衍生产品已经成为会议产业新的利润增长点。可利用电脑速记迅速将会议内容集结成册，出版图书、制作光盘等，既能扩大会议的品牌效应，又能增加会议主办者的经营效益。

5. 树立品牌意识

会议产业是服务行业，本身没有有形产品，因此树立品牌对会议产业尤为重要，甚至成为会议产业经营者生存的关键。

【小资料 1-14】 会议产业对于城市的价值与经济拉动性测算

【复习与思考】

一、本章精要

• 会议起源于思想交流。在东方，古代中国春秋战国时期就出现了诸侯国集会的先例。万国宗教会议是现代国际会议的前身。现代意义的国际会议是 17 世纪中叶召开的威斯特伐利亚会议。

• 会议具有四大目的：一是推广、宣传、销售；二是教育、激励；三是交流、认识人、联谊；四是讨论、商议、决定、表决。

• 会议是指在特定的时间或空间，通过发言、讨论、演示、商议、表决等多种形式以达到议事协调、交流信息、传播知识、推介联络等目的的一定人数的群体活动。其中，展览、节庆、体育比赛不属于会议，名称上带“会”的活动不一定属于会议，固定培训和考试、人才招聘会、高校毕业生双选会不属于会议。

• 会议类型多种多样，根据不同的划分标准，按会议主办单位、会议规模、参会者的国别、会议的举办周期、会议性质、内容和方式、会议特征、新型会议等进行不同分类。其中，按会议主办单位划分，可将会议分为政府会议、事业单位会议、公司会议、协会会议。公司会议、协会会议是目前会议市场占比较大，也是应重点发展的会议类型。

• 会议具有地位象征、科学决策、发扬民主、产生权威、信息沟通、联络感情六大功能；同时，会议具有积极和消极两方面的作用

• 会议的构成要素主要有主办者、参会人员、会议时间、会议地点、会议方式和会议议题，以上各部分缺一不可，否则不能称之为会议。

• 会议产业属于第三产业，是一种新兴的产业形式，是市场经济发展到一定阶段的产物。会议产业是指围绕着会议策划、会议组织、会议管理、会议接待(会议场所)、会

议服务、会议教育与研究、会议技术与设备、会议附加活动等而展开的一系列市场行为的总和。

二、重点概念

会议	政府会议	公司会议
协会会议	事业单位会议	会议类型
会议要素	主办者	参会者
会议方式	会议议题	会议产业

三、思考讨论题

1. 为什么要举行会议？
2. 论述会议的目的、功能与作用。
3. 会议的含义与特征有哪些？
4. 会议的类型有哪些？
5. 公司会议、协会会议的区别有哪些？
6. 大、中、小型会议划分的依据是什么？
7. ICCA 对国际会议的认定标准是什么？
8. 早会的流程与形式有哪些？
9. 会议产业的特征有哪些？具体包括哪些部门？

【综合案例分析】 从 ICCA 年会谈会议的价值

2013 年 11 月初 ICCA(国际会议协会)第 52 届年会在上海举行，来自全球 70 多个国家和地区的近千名代表参加了本次全球会议产业界的年度盛会。本次会议受到了中国会议与奖励旅游业界的高度关注，其中原因至少有以下两个方面：一是 ICCA 作为全球会议产业界最具影响力的行业组织首次在中国举办年会，给中国会议工作者提供了一个很好的向国际同行学习并与其开展交流的机会；二是“会议”在 2013 年是最吸引眼球的词汇之一——无论是中央“国 8 条”关于举办会议的一系列新的规定的出台，还是在“葛兰素史克事件”中“会议”所扮演的特殊角色等，都将“会议”的受关注度提升到了最高点。一直在想，“会议”在社会经济生活中究竟扮演着一个什么样的角色，“会议”的价值到底是什么？

联合国世界旅游组织(UNWTO)相关报告认为，“会议”的价值包括六个方面，即学习、观点分享、讨论、社交、开展业务、激励参会者等。年会，分为协会年会、企业年会两大类，是会议市场最具影响力、最受追捧的会议类型之一。协会年会是会员学习、交流乃至开展业务的综合性平台，在该行业或专业领域发展中扮演着十分重要的角色。国际协会类年会是世界各国、各主要城市竞争申办的核心会议类型。很多国际知名协会的年会拥有超过100年的举办历史，已经成为名副其实的品牌性会议。ICCA是国际会议产业界最具影响力的行业组织，全球领先的运作理念，超过五十届的办会经验，充分保证其在每届年会都能为参会者带来多重的参会价值和丰富的参会体验。笔者2017年4月在上海与ICCA亚太区总监NOOR交流时了解到，ICCA上海年会除了丰富的专业教育活动之外，还会设计一系列机会让代表进行交流、讨论等，使他们在提升专业和业务能力的同时，加强相互间的业务合作。

ICCA年会的参会体验的确与众不同，其中有以下两点较为深刻。

一是办会理念。ICCA作为经验丰富的会议组织者，充分了解参会者的心理期望，并通过举办数十项不同类型的会议及活动，满足他们多样化的参会需求。以参会代表价值的最大化为宗旨，没有多余的形式，也没有什么浪费，可以说是高效、务实、节俭，与“国8条”倡导的“新会风”具有内在的一致性。

二是办会方式。在会议组织形式方面，与国际先进水平相比，国内大多数会议组织者确实稍逊一筹。参加ICCA的会议，专业性就不用说了，给人最大的感觉就是轻松、自然，不管是活动设计与组织，还是演讲方式、演讲内容，都能给人以举重若轻之感。反思国内组织的很多会议，之所以不能达到寓教于乐的效果，不能给人留下轻松美好的记忆，与单一老套的组织形式直接相关。需要弄清楚的是，会议价值的实现，仅靠内容是不够的，轻松活跃的表现形式往往更为重要。当然，要真正做得到这一点，还需要时间和历练。

不难看出，会议作为人类社会交流的一种工具，随着社会经济的发展，其作用必将变得愈加重要。近一年来，“会议”成为热点话题，促使我们反思“会议”在我们手中作为工具时，是否发挥了它应有的价值。剔除那些附着在“会议”身上的与“会议”价值无关的东西，让“会议”闪烁出它应有的光芒。需要警惕的是，矫枉过正将会给会议及会议产业的健康发展带来危害。

资料来源：http://www.meetingschina.com/News7955.html.

案例分析讨论：

1. 举办会议的价值具体有哪些？
2. 结合案例分析，积极吸引和举办协会会议的作用。
3. 结合案例分析，举办会议，特别是举办国际会议对办会城市的积极影响。

第二章　会议策划认知

本章知识逻辑图

【学习目的】

一个成功高效会议的举办，离不开周密完善的策划。“有备无患，未雨绸缪”，只有充分完整的策划准备与彻底灵活的实施执行，才能打造一流的会议。而会议策划最终要通过策划书的形式反映出来，这就是会议策划方案。通过本章学习，应了解会议策划的内涵，会议策划的方法、原则、内容，理解会议产品的内涵及卖点。

【重点内容】

- 会议策划的内涵
- 会议策划的方法
- 会议策划的原则与内容
- 会议产品的内涵与卖点

第一节　会议策划概述

一、策划的起源

策，在《辞源》中有八个意项。其中有作名词用的，如“马鞭”“杖”“简”“策书”“一种文体”“占卜用的蓍草”等；作动词用的有“以鞭击马”，后来演化为谋略的意思，这也成为“策”最重要的意项，也是其用得最多的意思。划，在《辞源》中主要是“割开”“谋划”等意思。“策”与“划”一般联系起来作筹划、谋略、计策、对策等意思解释。策划古时也称策画，《辞海》《汉语大辞典》对其所作解释主要是出谋划策之意，故策划又称为策略规划。

策划一词的复兴在于日本企划的风行。企划一词大约在1965年由日本传到我国台湾，20世纪80年代开始逐渐流行，90年代初由我国台湾传到大陆。在美国，策划一般称为咨询，在日本大多使用企划，在中国台湾也与日本相仿，使用企划居多，在大陆，企划与策划并用。

二、会议策划的内涵

(一)策划的含义

策划，就其广义而言，是社会组织和个人对未来活动进行的计划、打算、筹划、谋划，是制定计谋和办法的过程，是对某一项活动或行动的方向、目标、内容、程序等进行全面和周详的预先安排和设计。

策划不等同于人们常说的点子，它具有以下特点。

首先，策划是一门思维的科学。要求定位准确、审时度势、把握主观与客观，辩证、客观、发散、动态地把握各种资源。

其次，策划是一门设计的科学。必须根据企业或甲方的需求来设计项目，策划的目标即衡量一个项目是否成功，要看它是否“出成果、出机制、出人才、出品牌”。

最后，策划是一门监理的科学。即要在事先设计好的前提下对策划项目运营过程实施监督与管理。

综上所述，策划即思维主体运用知识和能力，围绕一个中心(特定目标)来全面构思、设计、选择合理可行的行动方法。完整的策划是一个节奏分明、筹谋献策、提前规划的周全计划。

(二)会议策划的概念

1. 广义的概念

会议策划是对会议进行管理和决策的一种程序，它是一种对会议活动的进程以及会议活动的总体战略进行前瞻性的规划活动。它是在会议活动开始的最初阶段就要进行的，有时甚至要贯穿于会议活动始终的一种优先的、提前的、指导的活动。

2. 狭义的概念

在会议召开之前，会议的主办者或是承办者根据会议目标，对一个具体会议的形式、会议的规模、会议的地点、会议的时间、会场的布置、会议的议程、组织参会人员、合理安排会间活动、会议的财务开支等做出构想和设计，形成系统、完整的会议活动方案。

总的来说，会议策划是指为了使会议取得预期目的，而进行构思、设计，选择出合理可行的方案过程。

(三)会议策划的特点

1. 目的性(针对性)

既然会议本身就是“因事而(集)会、因事而议”。那么，为会议而做的会议策划自然要根据会议目的、针对会议目标而展开策划活动。明确会议活动应达到什么目的，它是针对什么问题而举办的会议。

2. 预测性

策划具有前瞻性、预测性，策划是人们在一定思考以及调查的基础之上进行的科学的预测，因此具有一定的预测性。

3. 系统性

系统性表现在策划时要针对会议的各个方面、各个环节进行权衡，通过权衡，使参会者实现预期目标。

4. 可行性

可行性是指会议策划方案在现实中要切实可行。分析论证策划方案的可行性，主要围绕策划的目标定位、实施方案以及经济效益等方面进行。

5. 变异性

市场永远是千变万化的，会议策划也必须充分考虑到市场的变化。变异性强调对市场环境的适应性，它是为了更有效地实现既定的战略目标。

三、会议策划的要素

一份完整的会议策划基本包括会议策划目标、策划主体、策划对象、策划依据、策划方案、策划效果评估等核心要素。

（一）策划目标

会议策划的核心要素之一是会议策划的目标。策划目标可以是单一目标，也可以是复合目标。单一目标是指会议策划中的具体策略问题，如会议主题、会议名称、会议宣传推广、参会者邀请等；复合目标是指策划方案涉及两个或两个以上的活动目标，如市场占有率、销售利润率，或同时对价格、渠道、促销等各项活动的预定目标进行策划。

（二）策划主体

策划主体是指进行创意、规划、提出策划方案的会议组织机构，在会议项目中起着“智囊”的作用。策划主体可以是个人，也可以是某一机构、组织。由于策划是一种高智力密集型的创造性活动，因而对策划主体在知识、文化、能力、素质方面有着更高的要求，会议策划活动策划主体的素质直接影响着会议成果的质量水平。

（三）策划对象

策划对象既可以是某项整体会议活动，也可以是会议诸要素中某一要素（如会议时间策划、会议地点策划等）。

（四）策划依据

策划依据既包括策划者的知识结构、信息储存以及有关策划对象的专业信息，也包括会议项目立项的主客观条件。会议策划要顺利进行，会议组织机构必须获取大量一手材料，掌握相关信息。会议策划主体应根据策划目标的要求，收集、整理与策划目标有关的各种信息，包括会议项目内部可控信息和不可控的环境信息、参会者需求信息和竞争对手信息等。

(五)策划方案

策划方案是策划者为实现策划目标，针对策划对象而设计创意的一套策略、方法和步骤。

(六)策划效果评估

策划效果评估是对实施策划方案可能产生的效果进行预先的判断和评估。在会议策划中，效果评估既是一项会议活动的终点，又是下一次会议活动的起点，它为以后的会议项目策划提供决策依据，也为会议的品牌成长提供可参考的依据。

以上所述的会议策划诸要素之间是一个相互影响、相互制约的体系，要构建好一个完整的系统工程，还需要会议组织机构及其他利益主体的默契配合、高效运作。

四、会议策划的流程

会议策划并非一蹴而就，仅有零散的创意和书面的文本远远不够。会议策划是一项系统工程，需要有专业的策划能力、会议主题所覆盖的行业知识、参会者需求把握、市场营销知识、项目管理经验、宣传推广基本知识等。一项完整的会议策划活动一般要经过以下几个流程。

(一)会前调研

会前调研能够帮助策划人员增强预测会议市场趋势的能力，发现更多的市场机会，提高分辨市场机会的能力和成功举办会议的可行性，从而为会议组织者进行科学决策提供重要依据和坚实基础。会前调研，有助于会议组织者发现新的会议市场需求和确立发展方向，有助于会议组织者把握参会者需求，有助于会议组织者制定有针对性的宣传推广策略，掌握市场上同类会议项目的举办情况，了解竞争对手在会议营销和会议组织方面所采取的策略和方法，从而做到知己知彼，以增强本会议项目的竞争力。

(二)会前策划

在经过广泛、深入的调查研究，取得大量有用资料后，就应着手进行会议项目策划。会议项目策划是以后具体进行会议项目管理的行动指南。会议项目策划制定的恰当与否，直接关系到会议主题是否具有吸引力，是否有参会者参会，如何有效地执行好会议项目，甚至直接关系到整个会议项目工作的成败。在进行会议项目策划时，首先应确定会议目标，并对目标进行分解和量化；其次应确定参加会议的受众范围、类型、需求等。在确定会议项目目标和受众后，就要确定会议主题，并针对会议受众的特点，选择能突出会议主题、实现目标的传播渠道。

(三)会议筹备

会议筹备是将会议策划方案的各项事宜落实到行动上，并力争变为现实的过程。在筹备会议之前，首先要明确会议的目的是什么？是要传达上层决策者的精神，还是为了解决某个具体的问题或危机？不管具体目标如何，召开会议的基本目的都是传达并贯彻所要执行的经营方针，使各个部门的经营策略与公司目标协调一致，群策群力，找到解决问题的最佳方案。因此，在进行会议筹备时，应明确举办会议的目标、会议的主办方(发起人)，与相关领导团队进行沟通并了解他们的想法(包括会议的形式、办会经验、需要的资源、预算等)。

(四)会议执行

会议能否取得预期效果，不仅要看会议策划方案制订得是否可行，更重要的是看会议执行情况如何。再好的创意，如果执行不到位，或执行打折扣，效果都不尽人意。会议执行环节要考虑人力、财力、物力的有效配比，达到资源的有效利用。可借助甘特图的项目管理的思路来对本次会议的工作进行管理，包括会议项目的里程碑、分工、时间点、需要的资金、相关人员及物料设备等。在会议执行前，应与会议相关利益机构，如主办方、承办方、合作媒体等事先约定到位，明确各方在执行环节的职责，随时进行会议执行把控，并在执行过程中适时检查、调整计划。

(五)会议评估

会议评估不仅是会议项目管理的最后一个流程，也是下一个会议项目的调研起点。会议评估对会议结果进行总结、衡量和评价作用，是改进会议质量和提高会议服务的重要环节。开展会议评估，一方面可以使会议组织者看到举办会议的明显效果，有助于发现自身在会议举办过程中存在的问题，从而更好地改善服务和提升自己；另一方面帮助会议组织者了解参会者的满意程度，为继续办会提供经验、奠定基础。

第二节　会议策划的方法

一、头脑风暴法

头脑风暴法又称智力激励法，是一种群体策划方法，由美国创造工程学家 A. F. 奥斯本(A. F. osborn)在 1939 年创立，早期主要用于创造发明学上，后来逐步引进策划领域，成为重要的群体策划方法之一。

(一)头脑风暴法的特点

头脑风暴法是一种专家会议形式，目的是进行决策预测和策划方案的设计。这种专家会议是在一种非常融洽和轻松的气氛下进行的，人们可以畅所欲言地发表自己的看法。头脑风暴法的心理基础是一种集体自由联想而获得创造性设想的方法，它可以创造知识互补、思维共振、相互激发、开拓思路的条件，因此，可收到思考流畅、思考领域扩大的效果。

这种方法适用于研讨战略性决策问题，可以从中产生出新思想、新观念、新方法、新成果。但这种方法受参会者主观素质条件限制，整理分析要花相当长的时间，甚至会延误决策。

（二）头脑风暴法的原则

掌握头脑风暴法的原则是成功运用头脑风暴法的关键。

1. 互不批判原则

为了消除每个参会者的心理压力，创造一个融洽、自由、轻松、活泼的气氛，保证思维的发散性和流畅性，会议上不得对任何人提的任何设想有丝毫批判的意思，任何人也不得作出判断性结论。为了确保互不批判原则彻底实行，在会上也禁止吹捧、溢美之言。互不批判原则是头脑风暴法中最重要的原则，是其他各项原则的前提和基础。

2. 自由奔放原则

为了使人的主观想象力得到充分的发挥，让参会者的思维保持在自由奔放的状态，以便提出各种新颖、奇特的构想，突破各种束缚和障碍，形成富有创造性的设想和方案。

3. 数量最大化原则

会议上所提出的各种设想不在乎质量的高低，其目的在于获得最大数量的设想。这要求鼓励参会者自由地、大胆地展开想象、踊跃发言，提出的方案越多越好。在各种设想大量增加的条件下，各种优质设想就会蕴藏在其中。

4. 借题发挥原则

即善于结合别人的意见来提出自己的设想，该原则旨在鼓励对他人的设想加以改善或将他人的设想加以结合，巧妙地利用他人的设想，从而提出更加新奇的设想，这就会促成思维的连锁裂变反应。

（三）头脑风暴法的实施程序

头脑风暴法的具体运作程序大体有如下几个步骤。

1. 会前准备

会前准备有以下四个环节。

第一，确定会议主题。即确定策划所要集中解决的问题。

第二，选择主持人。主持人关系到会议的成败。主持人必须十分熟悉会议的主题，熟悉掌握头脑风暴法，同时要求平易近人、头脑灵活、健谈幽默，善于启发和提示，善于制造气氛和保持气氛。主持人不一定是群体中最高权威者或最高领导者，可以是群体中地位、资历、学识居于中等程度但符合以上标准的人员。

第三，组成专家小组。小组成员可以是各方面的人员，一般以 8～15 人为宜。专家小组的人员选择有三个原则：其一，参加者如果相互认识，要从同一级别的人员中选取。领导人员原则上不应参加，否则可能对参加者造成某种心理压力；其二，如果参加者互不认识，可从不同级别的人员中选取。这时，不论成员的职称或级别高低，都应同等对待；其三，参加者的专业应尽量与所讨论的中心问题相一致，同时专家组中最好包括一些学识渊博、对所论及问题有较深理解的其他领域的专家。

头脑风暴法的专家小组应由下列人员组成：一是方法学者，即策划领域的专家；二是设想产生者，即专业领域的专家；三是分析者，即专业领域的高级专家；四是演绎者，即具有较高逻辑思维能力的专家。

第四，确定会议时间。经验证明，头脑风暴会议的最佳时间要控制在 20～60 分钟。

2. 会议召开

会议的程序大体上包括以下几项。

第一，会议开始，主持人宣布讨论议题，申明头脑风暴的四项原则。

第二，自由发言。必须把自由和集中统一起来。自由指的是会议气氛轻松，大家言论无拘无束，集中是指要有重点、有针对性，而不是漫无边际地夸夸其谈。此时如果出现冷场，主持人可抛出事先准备好的设想，以起到抛砖引玉的作用。

第三，随时公布方案。应有两名记录员参加会议。一人做书面记录，另一人将发言随时整理，利用黑板或投影仪反映出来，以相互启发，相互激励。

第四，适时宣布休会。会议已达到预期效果或已超过预期时间，要适时宣布散会，同时请大家继续思考，有了新的构想后予以补充。

3. 加工处理

会议结束后，会议主持人和记录员要及时把会议讨论的问题归纳分类，进行全面的技术性分析、可行性论证和评估及系统化处理，有的方案还可以建立数学模型，然后一并让策划者优化选择。

4. 对头脑风暴法的完善(反向头脑风暴法)

头脑风暴法有利于充分发挥个人的想象力，有利于各种意见、设想的不断提出、修改、补充和完善，它能在较短的时间内获取质量较高的策划方案。但它要受到参会者经验、知识、思维能力等多方面的限制，会议记录整理往往也比较困难。为了克服其不足，人们通常把头脑风暴法与反向头脑风暴法结合起来运用。

反向头脑风暴法，又称质疑头脑风暴法。它的做法是在召开头脑风暴法会议的基础上，召开第二个专家会议，其议题只对第一个会议提出的各种设想进行质疑性评估。它要求参会专家只对已经提出的设想、意见提出各种质疑或评论，不允许对已提出的设想作确认性的论证。

反向头脑风暴法的程序是：第一步，对已经形成的设想、意见、方案提出质疑，其重点是研究有碍设想实现的问题。第二步，把质疑和评论的各种意见归纳起来，进行全面的分析、比较和评估。在这种极其严厉的批评之中，修改各种方案，使之完善。该方法所遵循的原则与直接头脑风暴法一样，但禁止对已有的设想提出肯定意见，而鼓励提出新的可行性设想和建议。

实践表明，通过头脑风暴法和反向头脑风暴法的结合使用，可以排除折中方案，所论问题经过客观的连续的分析后，可以找到一组切实可行的方案。近年来，这一方法在各种类型的策划实践中得到了广泛的应用。

【小资料 2-1】　　头脑风暴不等于胡说八道

二、KJ 法

KJ 法是日本著名创意策划大师川喜田二郎先生所发明使用的方法。这是一种将本来众多的个别资料或要素加以整理而形成易懂的体系的方法。它的实施步骤如下。

第一步，先从团体创意中收集各类意见，再将每一个意见写于名片大小的卡片上，而后将卡片如扑克牌般地排列在大桌上。

第二步，将有相似之处的卡片聚成一处，则桌面上即会形成一个个卡片的小集合。

第三步，以简洁的文字，浓缩每一堆卡片的意义，在每一堆卡片的最上面，放上一张以一行字代表其内容的卡片。

第四步，将数张一行字的卡片，按其相似处编成中集合，再把中集合编成大集合。

第五步，编完大集合后，把这些大集合中的小卡片，在大张的纸上展开做成相关图或是构造图，而后再贴上各自所属的卡片，形成各个体系的体系图。

经过这些过程做成的体系图，可使最初杂乱无章的数十甚至数百种创意一目了然，并能突出问题的关键要素，对实施计划的探讨及评价非常方便。

三、纸牌法

纸牌法由日本新力公司的小林茂先生命名，该方法是 KJ 法的变形。小林茂先生希望有更简便、更好的新方法，于是创造出了由集体创造的“新法”，即“纸牌式集体创依法”，简称“纸牌法”。

“纸牌法”是事先分配好数张卡片，请参加人员在每一张上写一个创意。随后，决定一名主持人，主持人将各成员的卡片全部收集，再以洗纸牌的方法，将卡片均匀混合，再将卡片分给每一位成员，每人获得的卡片数目也大致相同。大家仔细阅读手中的卡片，若有不明白之处，可向原作者提出疑问。假如手中的卡片有相似之处，就自行先予以归类。

从主持人的右侧开始，每个人将自己手中卡片的内容一一念出来，而且当场放在桌上。在座的成员，若听到与自己手中内容相似的卡片时，也拿出来与之归于一处。如此经过一轮之后，放一张封面卡片在上面，标明这些相似内容卡片的共同特点，再放到主持人那儿。

重复进行这种程序，以后会形成数堆集合以及仅有单独一张的“单独卡片”。对“单独卡片”和整堆的封面卡片，再重复以上程序，最后会形成四五堆集合，接着就与 KJ 法一样做关联图。

纸牌法的作者曾表示，这不单是收集创意的创意法，而且是成员对一个题目利用纸牌法探究的过程，会产生各种讨论而帮助了解。最后做关联图时，会激起所有成员的团队精神，并强烈地关心问题的解决或实行方式。因此，作者又命名其为“组织复苏法”。

四、排除法

排除法是由阿诺思·特维斯基提出的，意为将众多的备选条件、备选方案按一定顺序排列起来，通过寻找各个条件、方案存在的缺点将其排除在序列外，来达到选择最优方案的目的。此方案在选择时，应注意以下问题。

(1)将各个备选条件、方案按照一定的层次、顺序排列。要满足不同层次策划目标的方案和条件，则需要在相应的层次条件上进行比较和排除，不能越级越层比较。

(2)确定科学的排除标准。优缺点总是相对的，在一定条件下是缺点的方面，在另一条件下可能是优点。因此，要合理预测各个方案所要求的条件与后果的性价比，用科学的标准排除不合适的方案。

(3)排除不是最终目的，排除是为了避免问题，防患于未然。排除的目的是为了更好地创新，通过对各个条件、方案的缺点和不足的考察，有效规避策划过程中的风险，并通过对风险的控制，完善方案，实现方案创新。

五、决策树法

决策树法适用于策划过程中带有不确定性的风险型策划问题的策划分析。决策树是策划过程的一种有序的概率图解表示，因此，决策树法又称为概率分析策划方法。策划者根据决策树所构造出来的策划过程的有序图示，不但能纵观策划过程的全局，而且能在这种通观全局的基础上系统地对策划过程进行合理的分析，从而得到良好的策划结果。决策树将一系列具有风险性的抉择环节联系成为一个统一的整体，为策划者提供了一种通观全局的描述。因此，决策树分析法是现代策划中常用的有效的策划方法之一。

所谓决策树就是从一个基点出发，将各种可能性全部标注在一个树状的图示中，从而对在策划过程中由于主客观条件所造成的各种可能性进行分析，在此基础上再对最终的策划方案做出选择。

决策树表现为一个树状的图示，图示上的各个节点称为策划环节。决策树上的策划环节有两种情况：一种是可以由策划者凭主观意志做出选择的策划环节，称为主观抉择环节，在决策树中通常用方块表示；另一种是不能由策划者主观意志选择的策划环节，称为客观随机抉择环节，在决策树中通常用圆形表示。对于由策划环节出发可能出现的可能性，在决策树中通常用箭头表示，这个箭头将指向下一个策划环节。这样可以将各种可能性全部连接在一个树状的图示中，如图 2-1 所示。

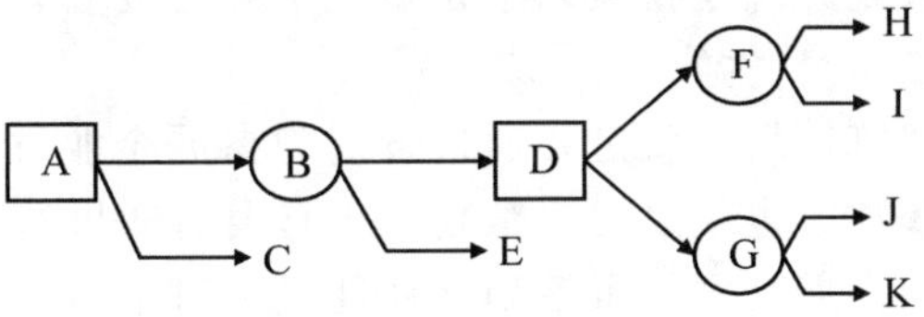

图 2-1　决策树图

对于风险策划来说，在所有的策划过程中都存在着风险度，因为凡是在成功概率非唯一的情况下，都意味着存在失败的可能性。

在图 2-1 中，A 点就是决策树的基点，从其引出的各条支线称为方案枝。从 A 点可以引出两条方案枝，或者说有两种可能，这两条方案枝分别可以达到 B 点和 C 点。如果通过分析认定 C 点所代表的情况不可能出现，则可以不再继续分析下去，而专门去考虑从 B 点再往下一步发展的情况。

从 B 点还可以引出两个方案枝，即可能出现 D 点和 E 点所分别代表的两种情况，同样排除 E 点后，再继续分析从 D 点引出的方案枝。

第三节　会议策划的原则与内容

一、会议策划的原则

会议策划是为会议活动提供策略性指导和具体的计划。它必须遵循市场经济的客观规律和会议活动的基本原则。

（一）目的性原则

会议，从宏观层面讲，能够促进地区经济增长，塑造城市品牌；从微观层面讲，能够传递分享有关信息、知识、观念。因此，在会议策划的过程中，应遵循目的性原则。

（二）利益主导原则

依据亚当·斯密的“经济人”的观点，利益是每个人、每个团体、每个阶级，乃至整个国家所追求的目标，它是整个人类社会前进的动力。因此，人类的一切策划活动，实质上就是在谋求特定的利益。每一项会议活动都需要有一定的时间、人、财、物，甚至包括“政治资本”（如政治影响、政治威望）的投入。策划者应该根据会议的类型明确地知道所要追求的利益，以及潜在的利益，并为利益的实现合理配置资源。对于潜在利益，策划者应考虑是否值得一定成本的投入去实现潜在的利益。

这个原则又可称为双赢原则。双赢是指人与人之间或组织与组织之间以及国际与国家之间在进行合作时使多方受益的处理原则。双赢不能只从字面上理解为两方关系，它亦包含多方关系。双赢策划原理是指策划不是单纯的一方受益，而是多方受益。其中包括策划对象受益和策划者本身受益。

策划对象受益，如展览策划，就是要通过策划为参展企业发展提供一套切实可行的方案，使企业在展览中获益。也就是说，策划必须是要有效果的。

策划者本身受益，如会展公司从事策划，往往是一种职业行为，专职策划是有报酬和收益的。

总之，策划时要注意多方面的权益，要注意各方面的利益，损害哪一方，或哪一方没考虑周全，这个策划就可能不是成功的策划。当今社会竞争是主流，双赢等于共赢。

（三）整体规划原则

依据系统论的观点，任何事物都可视作一个系统。系统由次系统构成，次系统又由次次系统组成，如此不断循环。整体规划原则要求策划者应具有全局观、能从长期利益出发。一场成功会议的举行，从会前准备到会后的评估，包括了会议场地的选择、食宿安排、出席者邀请函的设计与分发、会议期间的组织与管理等技术上的事项，所有这些事项是会议的组成部分。为了保证所有的客户都能满意，所有的事情都需要统筹规划，在有效的时间内用最有效的方式来计划和协调。

（四）客观现实原则

以线路设计为例，策划者应该考虑下面三个问题：一是物质层面的问题。例如，设计从驻地到会议地点的路线，从“效率”的角度出发，重点当然会根据行程距离和所需时间，放在“两点之间最短的距离”上。二是“政治”方面的问题。在设计线路时需要考虑政治资源的获得或丧失等因素，例如，从驻地到会议地点间“最短的路线”，可能还应该包括因某些原因需要绕道而行。三是“组织的（organizational）”问题。例如，城市专家认为所选定的路线道路状况不佳，如果重新修建，一是不经济，二是不符合城市整体发展规划，因此决策者需要考虑城市专家的建议。

（五）可操作性原则

会议策划不但要为会议活动提供策略的指导，而且要为它们提供具体的行动计划，使会议活动能够在总体策略的指导下顺利进行。会议的实施是会议策划的直接目的，因此会议策划应该有充分的可操作性。会议策划的操作性原则要求在做策划方案时要结合市场的客观实际情况，以及企业、会议公司的具体情况、实施能力来进行，否则就是纸上谈兵。

（六）周密性原则

由策划的内涵可知，会议策划工作需要对会议的诸多方面制订周密的计划和作出精心的安排。如果计划不够周密，安排不够周到，就可能给一个活动造成无法弥补的损失。

（七）整合原则

整合，就是将相关联或不相关联的事物联系起来，创造出新的价值绩效，我们将这种行为称为整合。整合是策划的一个重要原则，策划往往是一个系统工程，所以也可称为系统原则，不是一个人能够完成的，也不是一件单独的事情，在这个时候就需要整合。随着社会化大生产的形成，社会活动日益复杂多样，或大规模、层面越来越大，相关事项也越来越多，策划活动所处理的数据资料也更多、更复杂，而策划活动的影响也越来越大，这时，许多策划就不是一个人、一个单位能够完成的，需要集中集体智慧或请各方面的专家才能完成，参加单位也不是一两个，需要组合好几个单位才能完成。这时，整合本身就变成了一个策划，怎样整合这些人和单位，怎样进行最佳搭配和组合，这本身就需要策划。从某种意义上讲，整合就是策划。

（八）规范性原则

随着中国加入WTO，作为服务贸易的一部分，会议业将全方位对外开放，服务贸易壁垒将逐步被拆除，中国会议业将面临外国同行更为直接和激烈的冲击，会议经济将会以更快的速度和国际接轨。因而，尽快建立统一、公平、有序的市场体系，提高会议市场的透明度和规范度，是我国会议业亟待解决的问题。

会议策划的规范性原则要求，首先，必须遵守法律的原则，在不违反法律条规的前提下展开会议策划。我国会展方面的法律规范主要包括国务院颁布的行政法规和其他一些规范性文件。其次，必须遵守伦理道德，在不违背人们的价值观念、宗教信仰、图腾禁忌、风俗习惯下进行策划。

规范性还要求会议策划必须遵循行业规范，做到管理规范、程序合理、操作有方、竞争有序，在深刻把握会议经济内在规律的基础上完成策划。

二、会议策划的内容

【案例】 **邀请的参会人员不肯赏光**

昨天是某公司新研发产品发布的日子，公司特意组织了一场新产品发布会。但在董事长的脸上却难见笑颜，原因在于：会议预定在 9：30 开始，可已经 9：20 了，到场的参会者还寥寥无几。是邀请的客人不肯赏光？还是某一接待环节出了纰漏？

一问到场的来宾，原来是请柬上将公司所在位置标错了，会务人员在距离公司 500 米之内的路旁只设置了 3 个不起眼的指示牌，若不放慢车速不容易看到。

问题：

1. 如果你是公司的会议策划者，在确定会议地点后，还应该做什么？
2. 在策划会议地点时，要注意哪些地方？
3. 会议策划的内容有哪些？

会议策划的内容包含确定会议目标和主题(why)，确定会议规模(who)，确定会议形式(what)，确定会议时间(when)，确定会议地点(where)，确定会议议程(how)，确定会议预算(budget)，确定会务工作(others)。以上可以总结为：5W、1H、1B、1O。

(一)确定会议目标和主题(why)

即为什么开会？会议的目标是什么？会议的主题是什么？会议的目标是会议组织者的期望所在，是会议所要完成的具体任务。召开会议就是为了达到某种目的或完成某项任务。确定会议目标、明确会议主题，就是要解决为什么开会这一基本问题。只有目标清晰、任务明确，会议才能发挥应有的作用。

(二)确定会议规模(who)

主要指参会的人都是“谁”，会议组织者希望哪些人来参加。对于会议组织者而言，通常在策划会议时首先要考虑确定会议目标和主题，然后就要确定参会者。参会者是会议策划的重要内容，包括“谁来开会”和“多少人参加”(参会者数量决定会议规模)。

根据会议内容，考虑是否邀请不同类型的嘉宾，如政府官员、行业主管或中外专家学者等，这些人员的参加将有助于提升会议的级别和层次。

(三)确定会议形式(what)

一般来讲，各种形式的会议有自己的模式和程序。会议性质、会议目的以及参会人员身份决定了会议的形式。

首先，不同性质的会议，应采取不同的会议形式。如法定性会议、决策性会议，这种会议严肃而庄重，一般采取程序严格、场面庄重的会议形式。

其次，会议形式取决于会议目的。作出决策的会议，要采取便于议决事项程序化的方式；征询研讨的会议，采用便于发表意见、可以充分讨论、开放的形式；宣传教育的会议，考虑采用增强宣传效果的方式；传达精神的会议，则要考虑扩大传达面的形式。

最后，参会人员身份不同，可以采取不同的会议方式。较高层级的领导人会议，要采取便于集中、就地召开的形式；不同单位、不同系统人员参加的会议，应采取座谈、会商的形式进行。

（四）确定会议时间(when)

会议时间主要包括会议召开时间及会期长短两方面。会议时间依照会议类型有所不同，一般情况下，2 天的会议最为常见，极少数会议会期为 1 天或超过 5 天以上。一般情况下，9:00—11:30，15:00—17:30 是人们精力最旺盛、思维能力及记忆力最佳的时机。要注意将全体会议安排在上午、下午分组讨论，晚上则安排一些文娱活动。

同时，会期确定也同样重要。会期确定原则包括：依实际需要定，要考虑议程能否完成；参会者能否充分表达意见；是否留机动时间；在满足需要的前提下，合理压缩会议时间。

（五）确定会议地点(where)

会议地点的重要性不容置疑。一般情况下，会议组织者将直接参与会议选址工作，也可以交由第三方会务公司完成。会议地点的确立，主要包括了会议空间策划，即在何地开会，并按会议主题、规模等要素选择合适的地方和场所。会议选址要根据会议规模、档次、参会人员身份，并结合会议内容来考虑，也可以根据会议对周边环境的要求，确定具体举办地点。

（六）确定会议议程(how)

议程是会议所要通过文件、解决问题的概略安排，用简练文字逐项写出即可。顾名思义，议程即会议的程序表，它所涵盖的内容除了足以实现会议目标的各种议案，如主题规则等，还包括发言人姓名、会议时间及地点等。

一般来讲，不同形式的会议，议程不一样，要根据具体会议而定。例如，工作研讨会的议程大致可以包括：(1)会议主持人开场白，介绍会议的目的；(2)主要领导发言；(3)参会者自由发言、讨论问题等。而一些大型会议的议程通常为：(1)开幕式，致欢迎辞；(2)领导讲话；(3)嘉宾演讲；(4)闭幕式，闭幕致谢等。

【小资料 2-2】 某校家长会会议议程

1. 贯校长结合本校情况作介绍
2. 学生代表发言
3. 各主科老师发言
4. 班主任介绍本班情况
5. 教师、家长互动交流

（七）确定会议预算（budget）

会议的成本预算策划，一般包括以下两个部分。

1. 显性成本

显性成本即会议明显的耗费，如场地费、设备租赁费、住宿费、餐饮费、服务费、杂费等。

2. 隐性成本

隐性成本即参会者因参加会议而损失的劳动价值，一般是不为人所关注的成本。例如，会议服务人员筹备时间，参会人员的路途时间等。

（八）确定会务工作（others）

在会前要成立会议筹备组，具体处理会务工作。会务工作分为会前准备、会中协调、会后结束工作。

会前工作包括了设计并安排好会场、会场布置、调试音响设备、准备所需文件材料、做好参会者的接洽工作等；会中工作包括会议签到、会议记录、会议服务等；会后工作包括整理会议资料、检查会场等。

【小资料 2-3】 后内容时代的会议该怎么策划

第四节　会议产品

一、产品

产品是指能够提供给市场，被人们使用和消费，并能满足人们某种需求的任何东西，包括有形的物品、无形的服务、组织、观念或它们的组合。狭义上的产品是指被生产出的物品。

产品一般可以分为三个层次，即核心产品、形式产品、延伸产品。核心产品是指整体产品提供给购买者的直接利益和效用；形式产品是指产品在市场上出现的物质实体外形，包括产品的品质、特征、造型、商标和包装等；延伸产品是指整体产品提供给顾客的一系列附加利益，包括运送、安装、维修、保证等在消费领域给予消费者的好处。

二、会议产品的内涵

（一）会议产品的含义

在会议运营和服务过程中，既要用到各种设施、设备等实物用品，又需要会议场所等空间和场地设施，还需要交通、食宿、娱乐、旅游、金融、通信等相关机构的有力配合。由此可见，会议是由有形产品和无形服务构成，制造出来以满足客户需求的综合型服务产品。

会议产品有以下三个层次。

(1)核心产品层次，即产品核心。在该层次上，会议组织者为参会者提供整个会议经历，包括会议活动策划、会议实体、会议内容，以及会议过程等。这是参会者在整个会议过程中得到的核心收益，也是参会者参加会议、会议组织者组织会议的首要目的。

(2)形式产品层次，即产品形体。在该层次上，会议组织者为参会者提供举办会议的场所，以及各种会议设施，餐饮、住宿、交通设施等；同时，参会者通过以上有形产品设施来获得核心产品的价值体验。

(3)延伸产品层次。在该层次上，会议组织者为参会者提供娱乐、表演、休闲、旅游等各种配套服务，以使参会者得到更好的会议体验为目的，这是参会者通过参加会议得到的延伸收益。

（二）会议产品的特点

1. 会议产品的价值

(1)核心价值：会议提供信息交流平台，信息质量决定了会议产品的核心价值。会议的本质属性是信息的交流，会议策划的核心是能否找到人们最感兴趣的信息。

(2)形式价值：有助于会议产品推向市场的价值，例如会议品牌、检索系统和学分。

(3)延伸价值：有别于上两项价值之外的，如旅游资源、奖励和职称评定。

2. 会议产品的构成要素

(1)内涵要素：

- 会议的主题和议题 ——核心价值
- 会议特邀报告人 ——核心价值
- 会议专业活动 ——形式价值
- 学术访问安排 ——形式价值
- 会议附设展览 ——形式价值
- 社会活动(开幕式) ——形式价值

(2)外延要素：

- 餐饮活动
- 会议举办地
- 会议场地和会议室
- 住宿安排
- 会务安排
- 会议通知

(三)会议产品的范围

(1)针对参会者的产品；

(2)针对随行人员的产品；

(3)针对参展商的产品；

(4)针对广告商、赞助商的产品(含指定礼品、指定用车等)；

(5)针对合作伙伴的产品(如媒体、境内外其他行业协会等合作伙伴的产品)。

会议产品的无形，并不是说没有任何有形产品。相反，极个别的有形产品可能包含在会议产品中，如T恤、帽子、会议礼品袋、论文集或图书等。

三、会议产品的卖点

经过详细的策划，会议产品形成了，具有了很多的吸引力要素，也可以说是“卖点”。会议产品的卖点如下。

(一)会议的主题、议程及其他活动项目

会议的主题是体现会议目标的实质性要素，主题要鲜明、独特、富有吸引力。会议议程在内容、方式和期限上因会议而异。总的来说，议程要安排得妥当、丰富、衔接自然，紧紧围绕主题。据《国际专业会议组织者协会通讯》报道，对于国际性协会的科学会议，会议内容是增加参会人数的一个最为重要的因素。

（二）会议举办地

在挑选会议场所时，较之其他方面的单项标准，会议组织者更为重视会议的所在地。会议在哪个国家哪座城市举办？地理位置和交通状况如何？天气怎样？城市环境和基础设施如何？有什么著名景点？这些都是影响整个会议吸引力的重要因素。

（三）会议地点

会议地点是指会议的具体举办地点。会议地点主要包括酒店、专门的会议中心、学术机构的会议地点以及市政会议地点等。会议地点的吸引力要素比较复杂，既包括会议室条件、客房条件、视听设备等硬件要素，也包括服务质量、接待会议经验等软件要素。

（四）演讲人和嘉宾

演讲人的专业水平和嘉宾的档次在很大程度上决定着会议信息交流的质量和会议的影响度。选择好演讲人和分组讨论的主持人，是保障会议成功举办的重要因素。一般邀请政府相关要员、行业协会人员、行业杂志的编辑、大学教授等。

（五）人际交流氛围

参会者选择参会，不仅仅是因为在会议的正式议题之中能够享受到和学习到东西，还因为会议能够为参会人员提供非正式的人际关系网络以及社会交往的机会。因此，会议要给参会者留下难忘的记忆。

（六）各项专业活动

专业活动一般包括大会特邀报告、分组会报告会和张贴报告。

特邀报告人一般是该学科领域中最著名的学者，主持人一般也是由该领域中有声望的前辈学者担任。通常报告时间为 25 分钟，回答提问时间为 5 分钟。

分组会报告会具有灵活性的特点，参会者可以选择自己感兴趣的报告去听。报告时间一般是 10～15 分钟，主持人一般也是要有一定学术地位的。

张贴报告一般是论文质量不高的一些口头发言有困难的人的论文。

【小资料 2-4】 第六届中国会议产业大会“四位一体”模式

第六届中国会议产业大会于 2013 年 12 月 2—4 日在北京国家会议中心举行。本次大会上，来自 20 个国家和地区的约 1 700 名代表与嘉宾，就“新探索、新机遇、会议产业新未来”为主题，展开深入的研讨和广泛的交流。

2013 年根据会议产业的特点推出“会议＋展览＋洽谈＋培训”四位一体的运作方式，为会议产业链各方提供了全方位的行业平台，充满着专业性和务实性。

在专业研讨方面，大会从产业链不同侧面设置了十多个专业论坛和研讨会，包括首次推出的“中国会奖旅游发展论坛”“会议与传播论坛”“会议与展览论坛”“会议产业领袖圆桌会议”“中国高校会议教育论坛”等。

在合作洽谈方面，大会推出了预约洽谈、现场洽谈的双重洽谈模式。

在专业培训方面，由人力资源和社会保障部颁发权威证书的“会议运营管理师(CCMP)”培训项目首度亮相。

在交流活动方面，除了继续举办“北京高端旅游与会议产业联盟年会”之外，增设的还有中国12家会奖旅游城市再度聚首CMIC的“中国会奖旅游城市联盟年会”“境外办会交流咨询会”“会议运营管理师(CCMP)联谊会年会”等。CMIC通过“四位一体”的办会模式，争取让每一位参会者都能有更大收获。

（七）住宿和餐饮安排

住宿和餐饮安排是影响会议成功的重要因素之一。

住宿安排的基本原则是把参会者尽可能地安排在一起，或者是距离会议地点最近，尽可能地安排在一家宾馆。在安排住房时要准备住房表，便于查找参会者房间号码或传递信息。

餐饮关系参会人数。尤其是国际会议，很多人对中国的饮食感兴趣，同时这是一个很好的相互交流的机会，因为在进餐时，人是最没有戒心的，能够放下思想上的包袱，能够真心地交往。

餐饮的安排包括餐饮的种类，主要包括早餐、茶歇、午餐、宴会和晚餐。早餐多由宾馆免费提供，茶歇可提供茶或咖啡，有时还可提供点心。午餐一般统一安排，通常不提供含酒精的饮料。晚宴若是主题宴会，一般采用圆桌围坐形式进行。

餐饮活动安排要遵循以下基本原则：一是要严格预算。因为餐饮在经费开支上最具伸缩性，一不留神，就会超支。二是责任要明确。由谁负责哪一项具体工作，要明确分工，责任到人。三是落实每个细节。日程、时间、场地、形式、价格、菜单、酒水、预订人数、主桌、音响设备、付款方式、签字负责人等，一个都不能少。

（八）会议附设展览

此类展览往往是专业性会议的有机组成部分，而且是一个多赢的举措，既能够让会议主办方增加收入，也能够让参会者享受到丰富多彩的会议内容。例如，看到很多新产品，能够货比三家为今后购买同类产品做参考；对参展商有好处，主要是直接接触目标市场，潜在地增加客户，为参展企业的发展与调整提供决策的依据。

附设展览的主题务必与会议的主题相一致，不可喧宾夺主。规模可大可小，不可一味贪大。事实上，很多会议附设展览是规模不大影响大，这与会议本身的规格、会议主办者在该领域的地位与身份是分不开的。

作为会议主办者，如果会议要设置附设展览，在没有经验的前提下，最好将展览工作交由PEO去办理，自己专注做好会议工作。不要一味地贪大求全，什么事情都自己去做，俗话说，贪多嚼不烂，与其如此，还不如专注做好一件事。

【复习与思考】

一、本章精要

•广义上，会议策划是对会议进行管理和决策的一种程序，它是一种对会议活动的进程以及会议活动的总体战略进行前瞻性的规划活动；狭义上，指会议召开之前，会议的主办者或是承办者根据会议目标，对一个具体会议的形式、会议的规模、会议的地点、会议的时间、会场的布置、会议的议程、组织参会人员、合理安排会间活动、会议的财务开支等做出构想和设计，形成系统、完整的会议活动方案。

•一份完整的会议策划基本包括会议策划目标、策划主体、策划对象、策划依据、策划方案、策划效果评估等核心要素。

•一项完整的会议策划活动一般要经过会前调研、会前策划、会议筹备、会议执行、会议评估等阶段。

•会议策划的方法主要有头脑风暴法、KJ法、纸牌法、排除法、决策树法。

•会议策划内容可以概括为5W、1H、1B、1O，具体包含：确定会议目标和主题(why)，确定会议规模(who)，确定会议形式(what)，确定会议时间(when)，确定会议地点(where)，确定会议议程(how)，确定会议预算(budget)，确定会务工作(others)。

•会议产品包括三个层次，即核心产品层次，这是参会者在整个会议过程中得到的核心收益，也是参会者参加会议、会议组织者组织会议的首要目的；形式产品层次，参会者通过有形产品设施来获得核心产品的价值体验；延伸产品层次，这是参会者通过参加会议得到的延伸收益。

•会议产品的卖点包括：会议的主题、议程及其他活动项目；会议举办地；会议地点；演讲人和嘉宾；人际交流氛围；各项专业活动；住宿和餐饮安排；会议附设展览等。

二、重点概念

会议策划　　会议策划要素　　会议策划方法
会议策划的原则　　会议策划内容　　会议产品
会议产品的卖点

三、思考讨论题

1. 会议策划的含义、特点、构成要素分别是什么？
2. 会议策划的流程有哪些？
3. 会议策划的方法有哪些？
4. 会议策划的内容具体包括哪些方面？
5. 会议产品包含哪几个层次？会议产品的卖点是什么？

【综合案例分析】 “时装秀”方案

××服装集团为了开拓夏季服装市场，拟召开一个服装展示会，推出一批夏季新款时装。产品部策划助理小李拟了一个方案，内容如下。

1. 会议名称：“2021××服装集团夏季时装秀”。

2. 参加会议人员：上级主管部门领导2人，行业协会代表3人，全国大中型商场总经理或业务经理以及其他客户约150人，主办方领导及工作人员20名。另请模特公司服装表演队若干人。

3. 会议主持人：××集团公司负责销售工作的副总经理。

4. 会议时间：2021年4月18日上午9:30—11:00。

5. 会议程序：

(1)来宾签到，发调查表。

(2)展示会开幕、上级领导讲话。

(3)时装表演。

(4)展示活动闭幕，收调查表，发纪念品。

6. 会议文件：会议通知、邀请函、请柬、签到表、产品意见调查表、服装集团产品介绍资料、订货意向书、购销合同。

7. 会址：服装集团小礼堂。

8. 会场布置：蓝色背景帷幕，中心挂服装品牌标识，上方挂展示会标题横幅。搭设T型服装表演台，安排来宾围绕就座。会场外悬挂大型彩色气球及广告条幅。

9. 会议用品：纸、笔等文具，饮料，照明灯、音响设备、背景音乐资料，足够的椅子，纪念品(每人发××服装集团生产的T恤衫1件)。

10. 会务工作：安排提前来的外地来宾在市中心花园大酒店报到、住宿，安排交通车接送来宾，展示会后安排工作午餐。

案例分析讨论：

1. 该会议策划方案选址是否合理？

2. 该会议策划方案会议用品准备是否齐全？

3. 该会议策划方案是否还有其他需要完善的地方？

第三章　会前策划阶段

本章知识逻辑图

【学习目的】

通过本章学习，应熟悉会前策划阶段的主要工作，能撰写出符合要求的会议策划方案，掌握会议主题确定的途径，熟悉不同的会议形式，理解合作单位如何选择，掌握会议选时与选址的方法；理解制订媒体推广计划的主要内容；了解资金来源及预算计划，做好会前策划工作。

【重点内容】

- 会议策划方案的主要框架
- 会议主题和议题的区别
- 会议合作单位
- 会议选时与选址
- 制订媒介推广计划
- 制订预算计划

大型国际会议筹备至少需要6个月时间，以会议召开当日为标准，往前倒推5～6个月即为策划阶段。一般商务会议筹备至少需要2～3个月时间，往前倒推2～3个月即为策划阶段。

第一节　拟写会议策划方案

一个成功高效会议的举办，离不开周密完善的策划，“有备无患，未雨绸缪”，只有充分完整的策划准备与彻底灵活的实施执行，才能打造一流的会议。

一、成立策划小组

会议策划的首要工作就是成立会议小组，然后由会议小组拟定具体的策划方案。为了保证会议的顺利进行，会务人员要进行分工，既各负其责，又相互配合，共同完成会议准备工作。小型会议只需设立会务组，选派专人进行会议的筹划、组织、安排、协调等工作；大中型会议，则要建立完善的会议组织机构，将各项工作任务细分到各小组，各小组在统一指挥下，分工合作，共同承担会务工作。

策划小组的工作包括以下几方面。

（一）制定目标

策划小组要有一个具体的目标，并且要以文字形式落实在书面上，要明确策划小组与承办单位之间的关系，明确其具体职责，以及何时结束任务。

（二）确定人选

即确定策划小组成员的来源，是内部选取还是外部指派。

（三）具体运作

策划小组要有预算，要对会场进行实地考察，定期聚会。

【小资料 3-1】 2008 年奥运组委会成立，奥运准备工作启动

第 29 届奥运会组委会 2001 年 12 月 13 日在京成立，2008 年北京奥运会筹办工作由此正式启动。

北京奥运会组委会主席仍由北京市市长刘淇担任，国家体育总局局长、中国奥委会主席袁伟民任执行主席，北京市副市长刘敬民为常务副主席，国家体育总局党组书记、副局长李志坚、国家体育总局副局长于再清、北京市委常委、宣传部长蒋效愚和北京市副市长张茅等为副主席。

组委会主席、北京市市长刘淇在成立仪式上表示，北京奥运会组委会是组织、管理、实施第二十九届奥运会筹备工作的专门机构，其成员包括北京市政府、国家体育总局、中国奥委会的官员，中国的国际奥委会委员和优秀运动员代表。

二、会议策划方案的内涵

（一）会议策划方案的含义

习惯上，人们将策划书又称为“预案”或“筹备方案”。其实，它们之间是有差别的：有法定程序的会议，研究探讨的工作性会议一般用“预案”或“筹备方案”，而需要在某些方面有所创新的会议则使用“策划书”。比较重要的会议，会务工作机构都应事先根据领导者的意图和指示制订出周密详尽的策划方案，经领导者审核批准后由会务工作机构具体实施。

会议策划方案是会议活动各项策划意图的书面形态，是会务工作机构根据上级的意图和指示制订的详细周密的书面方案。它是会议筹备工作的依据，经上级审核批准后由会务工作机构具体实施。

(二)会议策划方案的特点

1. 可行性

因在会议事前制订，对此次会议举办的原因、组织方式、效果评估，都应该根据实际情况和先前经验周密、细致地进行设想和安排，形成系统的、具体的可行性方案。

2. 程序性

根据会议固定、半固定或不固定的程序，结合其特点要求，进行妥善的安排部署。

3. 请示性

就会议规模、程序、经费使用、可行性等请示上级主管部门或相关领导审查批准。

三、会议策划方案的框架

(一)会议策划方案的一般框架

1. 会议概要

如会议主题、会议时间、地点、参会人员等。

在此部分，一定要明确会议主题。会议主题应与会议目标一致，且具有号召力，能引起注意力和共鸣。例如，区域合作：展望未来。又如，公司年会：营销整合，提升绩效。

2. 会议日程及相关事务

它是会议方案的主体部分，常由时间和事件组成的表格来体现。

会议日程中，需要考虑：参会者到达和离开的时间；每一时段的活动安排；会议主题内容；活动地点；参会者用餐、参观、娱乐和中间休息等会外内容。

3. 会议预算以及其他需要说明的事项

会议预算要从实际出发，预算会议所需要的交通费用、餐宿费、场地租用费、会议资料等一些固定支出。

(二)商务会议策划方案的主要框架

从我国目前会议市场上的会议类型占比来看，公司会议占比最多。政府会议、事业单位会议多为内部办公性质的会议，会议策划方案较为简单。因此，本教材将重点放在面向市场、需要吸引参会者参加的商务会议上。以下是商务会议策划方案的主要框架内容。

1. 会议背景

会议背景又可称之为方案创意构思，主要表达召开会议的缘由、目的、宗旨与意义等。会议项目的产生来源于策划人员长期的积累和创造的灵感，立项策划必须要有创意、有亮点，没有创意就不能称其为策划，会议项目也就没有灵魂。

会议背景资料的收集、整理、使用过程就是会议策划的调研过程，是会议策划工作的基础，也是会议组织决策层和相关单位决定是否举办会议或者协办会议的参考依据。

会议背景资料一般是概括性的，文字简明扼要。如果篇幅大、内容详尽，可以作为策划方案的附件，而在正文只体现背景的核心要点。

【小资料 3-2】　第十届会议产业大会背景

中国会议产业大会(CMIC)是由北京会链接网络科技有限公司发起的，北京市旅游发展委员会、中国会展经济研究会联合主办的中国会议与奖励旅游产业最具规模和影响力的年度盛会，是会奖产业链各方观点交流与业务合作的高层次平台。CMIC 的参会者几乎囊括了中国会奖产业链当中的所有重要机构：近 40 家政府机构，包括旅游局、会奖局、会展办公室等；近 300 家专业会议公司(PCO)；约 400 家目的地管理公司(DMC)；超过 1 000 家全国性协会；500 家各种类型的企业；400 家会议酒店、会议中心等。中国会议产业大会每年第四季度在北京举行，至今已成功举办过九届。

第十届中国会议产业大会(CMIC2017)于 2017 年 10 月 22—24 日举行，来自境内外会议与奖励旅游产业链的近 3 000 人与会，会议期间举办超过 30 项活动。CMIC 主要聚焦在业务对接、培训、观点分享、社交、激励等几个方面，其中会议与奖励旅游产业链之间的业务合作是核心。

中国会议产业大会(CMIC)整合国际国内会奖资源，通过展览会、专场洽谈会、推介会、论坛等环节加强会议采购各方的互动与交流，促进项目合作落地。会议期间，为全方位展现云南作为国际会议目的地的优势，让更多的会议采购人、会议策划人了解云南会议资源与设施，中国会议产业大会(CMIC)通过大会平台全方位为云南提供展示形象、扩展市场更灵活多样的舞台，进而推动云南会展业向更高、更深层次发展。

2. 会议市场信息分析

主要包括会议主题所在行业、产业发展状况，行业供求关系分析，目标参会者信息分析，与同类会议的竞争力等。一般可以从宏观环境、微观环境入手分析，也可以从政治、经济、社会、科技(PEST)等入手分析。

3. 会议基本框架

主要包括会议名称、会议时间、会议地点、会议主承办机构、会议合作单位、会议规模、会议定位、会议形式等。

其中，会议定位应考虑：预设会议的规模目标、参会者的行业类别、重点行业类别、预计或设定参会者的层次定位等。

会议形式应考虑：研究同类会议或总结历史会议的规律；会议的讨论形式及数量(主旨演讲、主题演讲、对话、圆桌讨论、专业培训、小组讨论)；演讲嘉宾的招募形式、数量，境内外嘉宾的初步人选和比例；是否有展示、附设展览以及文化体验活动、颁奖晚宴活动以及特殊活动安排等。

4. 会议日程及子活动安排

这是会议策划方案的重点和难点，也是吸引参会者付费参加会议的最重要的内容之一。日程安排是否合理，议题选择是否恰当，能否引起参会者的兴趣，将在很大程度上影响参会者到会的可能性。

主要考虑以下几方面。

(1)编排会议日程要充分考虑会期、会议议程以及拟采取的选举方式等情况，一般可根据会议日程将会议划分为几个阶段，对每个阶段的议程及主要活动做出初步规划，然后设立具体的日期安排。

(2)根据议程的具体内容、要求，合理安排日程。程序性较强的应安排得紧凑些，使其有条不紊，环环相扣；反之，则应尽可能把时间安排得充裕一些。

(3)会议日程的编排要明确具体，一目了然。其内容一般应包括时间、会议内容、地点、主持人等。

5. 会议宣传推广

主要考虑以下几方面。

(1)媒体合作：确定媒体合作方案；联系媒体，签订合约；软文投放及新闻发布等。

(2)媒体邀请：确定媒体邀请名单；媒体邀请函及发送；新增媒体人更新并入库。

(3)媒体接待：确定媒体接待人员及相关事宜；新闻稿撰写、细化及修改、翻译；新闻预热及发布；新闻稿发布、报送及打印；现场媒体室、摄影区配置。

(4)媒体监测及报告：收集媒体发布新闻集锦；存档并总结。

(5)宣传分期：会议宣传推广应大致细分为几个宣传阶段，每个阶段应考虑宣传的重点，主要宣传何种媒体推广，推广会议的哪些内容，以及每个阶段的推广预算等。

6. 演讲嘉宾及贵宾管理

主要考虑以下几方面。

(1)会议前期演讲嘉宾及贵宾的接待安排。包括：演讲嘉宾、贵宾行程的确定；机票预订(自行预订或委托旅行社预订)；与演讲嘉宾、贵宾沟通住宿要求；预订酒店住宿；接送机安排(委托旅行社、请示中心领导安排接待)；告知演讲嘉宾 PPT 收集时间；演讲人 PPT 模板；演讲嘉宾 AV 需求确认；告知演讲嘉宾参会具体着装要求、旅行安全等注意事项。

(2)会议前期准备。包括：讲课费预支及签收表制作；礼品的确认、购买；礼品发放名单的确认及签收表制作。

(3)会议现场演讲嘉宾及贵宾的协调管理。包括：演讲嘉宾、贵宾入住办理、费用说明(信用卡担保、杂费自理)；演讲嘉宾 PPT 的最终收集、播放调试；指导演讲嘉宾使用激光笔并演示；演讲嘉宾讲课费签收；演讲嘉宾、贵宾礼品签收；送机信息的安排确认。

(4)会议后期演讲嘉宾及贵宾的沟通与反馈。感谢信发送；照片分类归档；照片、会后资料、新闻等发送给演讲人。

在该部分的会议策划方案中，应明确体现拟邀请嘉宾和贵宾名录、拟邀请嘉宾演讲题目，并体现出在会议不同阶段，如何给拟邀请嘉宾和贵宾提供优质良好的服务。

7. 会议供应商管理

主要考虑以下几方面。

(1)会议需求确认。包括：会议场地需求确认；会议会场、摆位图要求确认；会场、活动搭建需求确认；会场、活动 AV 音响设备需求确认；同传设备、译员需求确认；会议胸卡、设备租赁需求确认；会议嘉宾接送机、转场交通、会后考察交通需求确认；会议平面设计需求确认等。

(2)会议供应商选择与洽谈。包括：主要供应商筛选；供应商场地考察(AV)；供应商场地考察(搭建及同传)；供应商报价；供应商报价评定及预算控制；确认供应商。

(3)合同签订。包括：供应商提供合同；核实合同内容的准确及规范性；合同呈报及签订；合同扫描存档。

(4)向供应商付款。包括：验收相关活动服务效果；与供应商核对账户信息；财务付款至供应商；发票管理。

在该部分的会议策划方案中，应明确体现为成功举行会议所需的各类人力、物料、设备需求，每种需求的名称、数量、预估价格，以及分别由哪些供应商提供等。

8. 会议赞助管理

主要考虑以下几方面。

(1)赞助计划设定。包括：根据会议的营收指标确定会议赞助目标；确定赞助项目和赞助方式；确定赞助方案书并确认。

(2)赞助销售。包括：确定潜在的赞助商；邮寄或发送赞助商函；电话销售或销售拜访；商谈和合同签订；款项和发票跟进。

在该部分的会议策划方案中，应明确体现赞助项目、赞助方式和赞助回报。

9. 会议形象设计

主要考虑以下几方面。

(1)平面设计内容。包括：会议主形象(会议名称、会徽、吉祥物等)；会议信封、纸袋、包装；会议宣传折页(第一次、第二次)；会刊排版及会刊封面设计；胸卡底图；易拉宝形象；餐券设计；会议议程小折页；会议邀请函；车头牌等。

(2)会议主形象应用范围。包括：会场背景板或 LED 主形象；会刊封面；易拉宝底图；主题活动主背景；会议流程 PPT 背景等。

10. 会议进程管理

主要考虑以下几方面。

(1)制定项目进程表。包括：确定项目工作成员；确定任务特性和重点；项目编号、立项、预算三单制作。

(2)阶段工作会议。包括：召开启动会议，进行任务分工；召开专项会议和汇报；召开进场会议；召开现场当天总结会议。

(3)现场工作人员分工。

①工作人员管理。包括：成立项目小组和人员分工；制定岗位说明和分工表；工作人员注意事项，包括服装要求、到岗时间、收工指令；工作人员餐饮安排(包括外部工作人员)；工作人员住宿安排等。

②摄影摄像人员。包括：确定摄影摄像工作需求书；邀请摄影摄像；摄影摄像岗前培训，注意事项，拍摄要求等。

③供应商(搭建、AV、同传)工作人员管理。包括：外部工作人员分工与需求；外部工作人员进场通知；外部工作人员岗前培训；外部工作人员负责人，汇报机制，验收人员等。

④志愿者管理。包括：编制招募说明书；制定志愿者工作岗位和说明；志愿者招募；志愿者岗前培训，安排培训人员；志愿者签到及费用发放等。

(4)现场注册管理。

①注册台搭建。包括：注册台搭建时间确认；注册台搭建区域、位置确认；注册台搭建需求确认(几张桌子，几把椅子，桌套，电源插座，椅套)；注册区域台卡摆放；注册台开放时间确认等。

②注册区域分工。包括：前期注册代表注册区域(准备参会代表名录)；VIP/演讲嘉宾注册区域；媒体签到/现场代表注册区域；财务管理区域；资料发放区域/胸卡现场打印区域；注册流程确认；员工、志愿者培训等。

③注册流程管理。包括：前期代表注册(网上注册代表名录)；现场代表注册(现场填写表格、胸卡打印、付款)；VIP/演讲嘉宾签到；发票签收(提前发票装袋、签收表格)；会议资料发放等。

11. 会议预算管理

主要考虑以下几方面。

(1)确定营收目标和收入来源。包括：确定会议的财务目标(盈利、非盈利、纯投入)；确定注册费收入和预计付费人数；开通在线、微信注册，支付接口对接；预估赞助目标，确定现金赞助收入；确定联合(支持)单位的出资比例；确定非资金赞助的项目(场地、媒体合作、实物、人员等)。

(2)确定预算支出。包括：确定能承受的总预算支出；确定会议的预计最多总人数(包括免费的代表和演讲嘉宾)；确定会议的演讲嘉宾的人数、国际国内比例、差旅费、演讲费和礼品方案；根据会议方案确定各项可变成本；根据会议方案确定会议的固定开支。

(3)预算表制定及调整。包括：制定初步预算；预算调整，设定定期回顾机制；根据会议注册人数、现场人数调整会议支出(餐饮、交通等)。

(4)台账管理。包括：设定台账；收入监测登记、发票管理；支出监测登记、发票管理等。

(5)结算。包括：确定收入到账；支付渠道结算、在线注册费和手续费；确定付款、支付尾款；结算表。

12. 会议风险管理

主要考虑以下几方面。

(1)风险分析，确定重点风险。包括：风险评估；风险预案；购买保险或者风险演练/培训等。

(2)制作现场工作人员紧急联络表和工作职责简表；包括工作组、搭建商、酒店、供应商、表演人员、演讲嘉宾等；确定总联络人/联席会议等。

(3)各类常见风险控制。包括：演讲人员风险；合同风险；场地风险；设备风险；交通风险；注册风险；预算风险；印刷品风险等。

13. 会议总结与评估

主要交代会议如何进行收尾、总结，本次会议能够为下次会议举办提供何种借鉴参考。

主要考虑以下几方面。

(1)会后服务。包括：参会者服务；嘉宾服务；赞助商服务；主办方服务；供应商服务等。

(2)编制会后总结报告。包括：会议总体总结报告；满意度报告；投诉处理报告；资料归档。

(3)开展会后评估。包括：会议评估对象确定；评估时间与方法；评估内容。

以上所介绍的主要框架普适性较强，基本上涵盖了一个会议活动的前中后所涉及的大部分的工作，适合会议主办方会议组织者(俗称甲方)、会议服务方(专业会议组织者)、专业或临时性的会议组织者。同时，本策划方案主要框架不仅适合学术会议、商务会议，也适合企业年会等。

在此需要特别强调的是，此处所介绍的会议策划方案框架并非一成不变，不需要所有会议策划方案均要按照此框架进行撰写。只要策划方案能概括会议策划的要素，能体现会议策划方案的一般内容，框架均可以灵活设置。

第二节　确定会议主题和形式

会议主题是会议要探讨的最核心和最实质的问题，主题是会议目的的反映和表达，不仅有利于参会者对会议目的的理解，也有利于会议宣传。会议主题确定后，应对会议形式进行选择，即确定会议将组织几场全体会议、几个平行会议及其相应的活动。

一、确定会议主题

（一）会议主题的含义

会议主题(theme)是会议主要内容和实质问题的高度概括，使会议潜在参与者通过它可以了解会议的大体内容。

一般情况下，大中型会议才确定会议主题，且一个会议只能有一个主题，而小型会议或日常会议只需确定会议议题。为了使参会者对会议主题有更深入的了解，主办方会围绕会议主题，精心设置多个具体讨论的话题，这些拟讨论的话题即是会议议题，是对会议主题的具体化。2017 杭州 G20 峰会的主题“构建创新、活力、联动、包容的世界经济”，即希望推动各方共同构建创新(innovative)、活力(invigorated)、联动(interconnected)、包容(inclusive)的世界经济。

会议主题的确定，有助于使会议具有号召力、引人注目，是会前策划的一项重要任务。例如，2008 年北京奥运会的主题：绿色奥运、科技奥运、人文奥运。该主题突出体现了中国人民建设和谐社会、实现和谐发展的梦想和追求。确定主题后，一般来说，还需要策划出响亮的口号，以扩大宣传，提高知名度。例如，2008 年北京奥运会的口号：“One World，One Dream”。

（二）会议主题的特点

不同的会议有不同的主题，显示了会议的个性。概括起来，会议主题具有以下共性。

1. 独特性

会议主题策划必须富有创意。策划的内容必须新颖、奇特、扣人心弦，使人产生新鲜、有趣的感觉。现代交通、通信和网络的快速发展，使人们对许多新鲜事物司空见惯，很难提起兴趣。因此，会议的主题必须新颖独特，才会吸引参会者的眼球。

2. 时效性

时效性即“抢眼”。会议的主题要与行业发展、时局发展紧密结合，才能吸引参会者的眼球。人云亦云，超过时效性的内容不应成为会议主题，否则会降低人们参加会议的吸引力。

3. 通俗性

将策划概念经过提炼加工成会议主题，使之通俗易懂，能够为广大传媒和会议受众接受。“凡大道至简至易”，最简单的东西其实最深刻地反映事物的本质。会议主题也是如此，简单明快，受众易于接受理解，会得到广泛传播。

4. 刺激性

会议主题能够激发潜在参会者的参会欲望。会议主题应具备一定的冲击力、震撼力，使参会者产生强烈共鸣。

（三）会议主题与议题的关系

1. 会议主题≠会议议题≠会议名称

会议主题不等同于会议议题，也不等同于会议的名称或者会标，三者不能等同。

2. 会议主题包含会议议题

如第一章所述，会议议题(topic)是围绕会议主题而设立的一个个拟讨论的问题，是会议主题的具体化，即会议期间每个时间段具体讨论什么内容。会议议题是对会议主题的进一步阐释，是围绕会议主题来确定的，每一个议题都是主题的构成要素。在一个会议中，会议主题只能有一个，而会议议题可以有多个。

【小资料 3-3】　2017 博鳌亚洲论坛年会主题与议题

博鳌亚洲论坛 2017 年年会于 3 月 23—26 日在海南博鳌举行，来自全球 48 个国家和地区的 1 823 名代表参会。本届论坛将主题确定为“直面全球化和自由贸易的未来”。

本届年会的各项议题主要围绕全球化、增长、改革、新经济四大板块，设置 42 场分论坛，12 场闭门对话，形式多样，内容丰富，议题广泛。2017 年海南继续在紧扣论坛年会主题议题、立足海南优势与特色的基础上，加大利用论坛平台和资源的力度，将推出 13 项海南主题活动。

全球化相关议题有：“一带一路”仍是重点。年会安排了沿线国家领导人和政府高官间的对话。

增长相关议题有：全球经济亚健康、货币政策的极限、财政政策再发力、紧缩与增长重振民间投资等。

改革相关议题为：供给侧改革、劳动力市场改革、医改、土地制度改革、资本市场和房地产市场去泡沫、资产证券化、去杠杆等。

创业、创新与新经济相关议题包括：人工智能、虚拟现实、大数据、数字货币与区块链、金融科技、创业与资本、互联网汽车、直播经济等。

在 2017 博鳌亚洲论坛中，主题仅有一个，即“直面全球化和自由贸易的未来”。该主题是对 2017 年博鳌亚洲论坛主要内容和实质问题的高度概括，文字非常凝练。如果让参会者就这个主题展开讨论，一定会存在观点发散，不知道从何谈起。因此，主办方围绕这个主题，从全球化、增长、改革、新经济四大板块入手，精心设置了多个议题，每个拟讨论的议题均是对主题的回应和主题的具体化。

（四）会议主题策划的构成要素

主题是会议的旗帜，也是会议的核心，会议组织者需真正了解目标参会者的新需求，量身定做，进行有创意而合理的主题策划。主题一旦确定，其策划和实施就应保持一致性，通过会前邮件、会场布置、会议资料分发、会议视觉材料设计等传播手段影响目标参会者，使核心信息得以传达，使主题策划作为整个会议市场计划和品牌发展计划的一部分，真正起到提升会议品牌的作用。

会议主题策划由以下三个要素构成。

1. 策划目标

会议主题策划的目标是根据会议策划人员所代表组织的宗旨、行动方式、社会角色设定因素来综合确定的。会议项目主题只有服从和协同于该目标，策划和执行才不至于无的放矢。会议主题策划目标要符合可行性和会议可持续发展的原则。

2. 个性信息

只有科学地演绎和表达了会议主题的个性信息，使其区别于同类其他会议，并能引起参会者的共鸣和兴趣，才能更好地树立会议的品牌形象，获得会议成长性的发展空间和市场空间。

3. 参会者的心理需求

成功的会议主题策划能够迎合和满足参会者的心理需求，引发有效的心理共鸣和预期的会议目标，使会议的项目管理和执行过程得以顺利进行。

（五）确定会议主题的途径

一个好的主题，能让会议成为稀缺产品，从而吸引众多的目光和关注。那么，如何找准并确定一个好的会议主题呢？

1. 邀请专家，指导讲座

会议在举办之前，通常已经确定了一个大的话题范围，可是如何抓住行业热点、前沿话题，并能满足各方需求，使会议所谈内容落到实处？我们建议在会前策划阶段邀请行业内的专家、学者为策划团队进行一次或多次的专题讲座，解读学界、业界热点；如有可能，需约见业界人士，听听他们的意见。专家和业界人士的意见可由专门的工作人员记录整理，为策划团队日后做出决策提供不同角度的参考。

在选择专家的时候，可以从一个领域的不同研究方向去寻找，以确保观点的多样性。选择业界人士的时候，可以考虑从产业的上、中、下游各方选取，以确保会议主题的实际价值。

2. 头脑风暴，群策群力

所谓头脑风暴就是整个会议策划团队，根据专家学者、业界人士提供的线索，共同讨论，缩小范围，最后确定主题，这种方式的特点就是不受任何拘束，每个人都可以自由发挥、独立思考，往往在思想的碰撞中会产生更多的具有创造力的想法。把每种想法都记录在案，最后再共同探讨想法的可行性。

在头脑风暴中，以下问题可供参考。

(1)当前社会热点议题或事件是什么？会议所涉及领域的热点话题是什么？当前社会存在争议的问题是什么？最新的思潮或理念是什么？

(2)行业内共同关心或存在争议的问题是什么？

(3)所选的主题是否有必要？是否有吸引力？

(4)会议目标群体最感兴趣的是什么？他们想要得到什么信息？这些信息能否作为会议主题？

(5)同质化分析：是否有举办？若有，能否找不同或找差异并定位？

3. 确定会议主题

在最终确定会议主题前，还要再考虑以下问题：一是会议主题要能够反映出学界、业界的热点或政府关心的问题；二是主题所传达的会议内涵要能得到参会者的认同；三是主题要有延伸性、开放性和吸引力；四是主题要有前瞻性。如确定主题时，应考虑它能否带动产业发展、能否促进会议各合作单位之间共赢、能否吸引媒体主动报道。

主题确定后，还要确定若干议题，以便从内容、功能等拆分整个会议，使会议照顾到方方面面，也便于组织嘉宾讨论。

4. 把握会议整体风格

对于已经多次举办的会议，应根据常年积累的风格和基调来确定会议风格。如果是首次举办会议，可从会议的专业角度着手，选定会议基调。同时，也可从会议举办方角度来确定会议风格。如果是政府部门参与的官方会议，那么会议一定是严肃、正式的；如果是一个交流性质的会议，则可以采取轻松活泼的风格。

具体要考虑到以下三方面：一是环境方面，应考虑会场的选择和布置；二是气氛方面，应考虑整个会议营造的某种氛围；三是情感方面，应注意嘉宾体会到的会议感受。

二、选择会议形式

如前文所述，会议主题是会议主要内容和实质问题的高度概括，会议议题是会议主题的表现形式。会议议题主要解决讲什么的问题，而选择会议形式则是要解决如何讲的问题。

一般而言，会议形式通常包括全体会议、平行或分组会议等。

(一)全体会议

全体会议，即由全体参会者参加的大会，一般包括开幕式和闭幕式、主题演讲、演讲、互动性讨论等多种形式。

可以根据会议的整体时间安排，在会议期间安排一次或多次全体会议。例如，组织两天的会议时，可以安排一个半天或两个半天的全体会议，其余时间安排平行会议；或者每天先安排1～2小时的全体会议，然后再组织平行会议或分组会议；也可以在大会的开始或者结束时安排全体会议，全体时间安排平行会议或分组会议。具体如何安排则主要取决于会议的议题、时间、场地和费用等相关因素。

1. 开幕式和闭幕式

会议开幕式时通常会安排会议主办和支持方领导及其邀请的贵宾或者嘉宾上主席台

或在观众席前排就座，由主办方领导或者主办方邀请的贵宾致开幕词。开幕式发言人安排可根据会议邀请嘉宾情况决定，一般发言人数在 2～4 人，每人欢迎致辞时间不超过 15 分钟为宜。开幕式上也可安排嘉宾作主题演讲，发言时间最长不宜超过 40 分钟。

闭幕式上通常由主办方或者其他相关人员对会议的情况加以总结、通报会议达成的成果。例如，通过的宣言、达成的共识、拟成立的相应机构或宣布下届会议的时间和地点。

在实践中，没有严格规定会议必须举行开幕式和闭幕式，可只举行开幕式，也可不举行开幕式，直接进入议题环节。

2. 主题演讲

会议组织者可以邀请一名重要或知名的人士围绕会议主题在全体会议上作主题演讲，其演讲的题目通常是全体参会者都普遍关注的话题。主题演讲的时间可以安排在会议开幕式上，也可以安排在全体会议、会议的午宴或晚宴上。此外，会议组织者还需要邀请若干演讲人围绕会议的议题进行演讲。

3. 互动性讨论

在全体会议上除安排主题演讲和演讲外，还可以安排一些互动性的讨论，有多种方式可供选择。一是安排一组会议代表(通常 3～5 人)坐在台上，由其向演讲者提出一些听众关心的问题；二是安排一组专家，由其从不同的角度讨论某个问题并回答听众的提问；三是安排一组专家和一组参会者，共同围绕一个话题进行讨论和辩论；四是由会议主持人或一组人对演讲者提问；五是由两个人或两组人就一个议题以正反方各自的立场进行辩论。

(二)平行或分组会议

除全体会议外，还可根据不同的会议议题安排若干平行或分组会议，即在不同的场地同时组织若干不同题目的研讨会或专题讨论会，使参会者可以根据其兴趣点的不同与相应的演讲人有机会进行深入的沟通和交流。

平行或分组会议一般安排在全体会议之后，根据议题和会场情况可以同时安排 2～3 个或者更多的平行或分组会议。每个平行或分组会议可以安排半天时间，或者分成不同主题的节会议在同个会场举行，每节会议可安排 1～1.5 小时。

平行或分组会议形式除采用与上述全体会议相同的形式外，还可以采用下面的形式。

1. 圆桌会议

由会议主持人引导少量参会者就一个或多个题目进行讨论，圆桌会议的参加人数不宜过多。

2. 小组讨论会

全体参会者被分成若干小组，各自讨论不同的议题。小组讨论会的参加人数也不宜过多，并邀请参会者更多地参加会议议题的讨论。

第三节　确定合作单位

举办会议需要由主办方和合作单位共同完成，合作方式不同，对应的职责和效果也不同。为扩大会议的影响和便于更广泛地吸引潜在参会者，需要邀请相关的政府部门或机构参与共同主办，或者作为会议的支持、协办单位及其他类型的合作方。

一、合作单位的构成

常见的会议合作单位构成，主要有以下五种情况，分别为主办单位、承办单位、协办单位、支持单位、赞助单位。

（一）主办单位

主办单位一般是指会议活动的发起单位，可以是一家，也可以由多家联合主办。主办单位主要确定会议的主题和方向，监督会议筹备及执行过程中是否偏离方向，对会议承担主要法律责任，并在法律上拥有会议的所有权。主办单位主要包括各级政府、各级贸易促进机构、各类行业协会、商会以及部分规模较大的企业、事业单位。

（二）承办单位

承办单位是指直接负责会议的策划、组织、执行，并对会议承担主要财务责任的具体实施单位。承办单位一般为企业法人、行业协会/主办单位下属机构或内部部门，负责会议的具体运作以及运作过程中的具体事务，如落实场地、邀请发言人、布置会场、安保、广告宣传、现场活动、安排食宿交通、办理相关手续、收取费用等。

（三）协办单位

协办单位是指会议运作过程中协助主办或承办单位或提供赞助的一方。协办单位可以理解为是主办方的协助单位，相当于和承办单位合作举办，但协办单位没有决定权，要根据承办单位的要求来执行。协办单位与执行单位在级别上差别不大，只是出力多少、参与多少的差别。可以根据协办单位性质的不同加以细化，如分为单位协办和媒体协办等类别，也可以根据情况将媒体列为支持单位。

（四）支持单位

支持单位是指为会议提供帮助或服务的单位，对会议的举办给予名义上或实际上的支持，而不参加会议的具体组织工作。所谓支持，一般是以市场价格方式体现，可不收取费用或少收费用。例如，网站刊发支持、场地支持、物品支持等。

（五）赞助单位

赞助单位是指提供资金、有形物品支持的单位，如为会议提供筹备资金或会议场地、宴会酒水、名贵家具等单位。

会议主办方应根据会议的需求来设定会议的合作单位，并明确各参与方的责、权、利。例如支持方，除名义上支持外，届时开会时是否邀请其参会、邀请几名参会人员。协办方需要在哪些方面提供协助，其提供协助是否有回报的条件、具体要求如何，需要其他合作伙伴提供哪些方面的支持。

总体来说，主办单位是为某会议项目牵头，不做具体事宜；承办单位是具体的实施单位，要对主办单位负责，特别是具体的财务方面要负责；协办单位是提供协助或支持，支持单位和赞助单位是提供一定的物力、人力或财力等方面的支持。

合作单位举例：

1. 2015 中国(上海)会议与旅游产业发展论坛(2015-04-16)

主办单位：上海市旅游局、北京市旅游发展委员会

承办单位：上海旅游会展推广中心

2. 2016 中国区域经济学年会(2016-10-29)

主办单位：中国区域经济学会
中国工业经济杂志社
福建师范大学

承办单位：福建师范大学经济学院

3. 2014 第 13 届区域经济可持续发展高峰论坛(2014-06)

主办单位：亚洲城市品牌研究会
中国城市投资发展协会
中国新型城镇化发展促进会
联合国人居环境发展研究会
中国品牌建设协会
品牌资讯报社

承办单位：中品天下(北京)信息技术研究院
北京企促联合文化传媒有限公司

执行单位：亚星国际(会展)集团

4. 2016 移动开发者大会(2016-09-23—2016-09-24)

主办单位：CSDN(全球最大中文 IT 技术社区)
创新工场(李开复创办的投资机构)

协办单位：《程序员》杂志
CODN(CSDN 旗下社交编程平台)
CMDN(CSDN 移动开发服务平台)
玩客互娱(北京)网络科技有限公司

支持单位：搜狗、百度、SONY、腾讯开发平台……

二、合作单位选择的原则与步骤

（一）选择的原则

1. 受益原则

根据所选话题，寻找最能从话题中受益的机构或单位。

2. 共赢原则

合作双方或多方都能通过会议或活动的举办，有所收获，各取所需。

（二）选择的步骤

1. 分析市场竞争环境(需求、必要性)

建立基于信任、合作、开放性交流的长期合作关系，必须首先分析市场竞争环境。会议组织者应掌握会议产品的需求、会议产品的类型和特征，以确认参会者的参会需求，确认是否有建立合作关系的必要。

2. 确立合作单位选择目标

会议组织者必须确定合作单位评价程序如何实施、信息流程如何运作、谁负责，而且必须建立实质性、实际的目标。其中，双方受益、共赢是合作的主要目标之一。

3. 制定合作单位评价标准

合作单位综合评价的指标体系是会议组织者对合作单位进行综合评价的依据和标准。不同行业、企业、产品需求，不同环境下的合作单位评价应是不一样的。但不外乎都涉及合作单位的业绩、设备管理、人力资源开发、质量控制、成本控制、技术开发、用户满意度、交货协议等可能影响合作关系的方面。

4. 成立评价小组

会议组织者必须建立一个小组以控制和实施合作单位评价。组员必须有团队合作精神、具有一定的专业技能。评价小组必须同时得到会议组织单位和合作单位领导层的支持。

5. 合作单位参与

一旦会议组织者决定进行合作单位评价，评价小组必须与初步选定的合作单位取得联系，以确认他们是否愿意与会议组织者建立合作关系，是否有获得更高业绩水平的愿望。会议组织者应尽可能早地让合作单位参与到评价的设计过程中来。因为筹备会议的资源和人力有限，会议组织单位只能与少数的、关键的合作单位保持紧密合作，所以参与的合作单位不能太多。

6. 评价合作单位

评价合作单位的一个主要工作是调查、收集有关合作单位的生产运作、服务提供、服务满意、服务补救等全方面的信息。在收集合作单位信息的基础上，就可以利用一定的工具和技术方法进行合作单位的评价。如果选择成功，则可开始实施合作关系；如果没有合适合作单位可选，则返回步骤 2 重新开始评价选择。

7. 实施合作关系

在实施合作关系的过程中，参会者需求、会议外部环境以及不确定因素将不断变化，可以根据实际情况的需要及时修改合作单位评价标准，或重新开始合作单位评价选择。在重新选择合作单位时，应给予旧合作单位以足够的时间适应变化。

三、合作时应注意的问题

(一)单位级别对等匹配

设立主办单位、承办单位时要考虑合作范围的级别是否对等。例如，教育部直属的某高校与地方政府合作举办一次国际会议，那么以地方政府名义主办还是以地方政府下属的某部门的名义主办呢？这要看大学的级别和地方政府的行政级别。我国的大学都有一定的行政级别，如副部级、局级等；而地方政府及其所属各部门亦有相应行政级别。级别对等是基本的处理原则。

错误举例：

1. 某会议组织机构情况

主办：成都市人民政府

重庆市人民政府

承办：重庆市文化和旅游发展委员会

2. 某会议组织机构情况

主办：四川省人民政府

承办：四川省商务厅

成都青羊区商务局

(二)机构名称准确无误

在呈现主办、承办各方的名称时，要与各组织机构沟通协商，确保名称的准确性，不能想当然，也不要凭记忆和想象，一定要让对方确认无误。尤其是在涉及政府部门名称时，要反复核实，并且还要对英文名进行核实并反复检查。

(三)合作各方排名仔细斟酌

在有政府参与的情况下，要按照行政级别排名。如果合作方都是政府机构，则中央政府排在前面，地方政府排在后面。如果没有政府部门的参与，只是学界、业界参与的会议，要找到一个大家都接受的标准，如按所在单位级别排名，也可以注明“按首字母顺序排名”或“排名不分先后等多种方式”。

有时，按照主(主办方)客(协办方)体的划分，出于对客体协助的尊重，会把协办方的名称放在前面。在实际操作过程中，因为单位排名出现的问题比较多，最好的办法是与各合作方反复核实并得到他们的确认。

举例：2013第三届重庆高校会展专业技能大赛组织机构

主办单位：重庆市人民政府会展办公室
重庆市会展行业协会

承办单位：重庆第二师范学院

协办单位：重庆文理学院
重庆工商大学
重庆财经职业学院
重庆城市管理职业学院
西南大学育才学院
重庆工商大学融智学院
重庆工商职业学院

第四节　会议选址与选时

一、会议选址

会议选址又可称为“勘察”，俗称踩点，是会前必须要做的基础性工作。会议地点的策划包括两方面的含义：一是选择合适的地方，如会议要考虑选择在哪个地区以及哪个城市举行(大地点)；二是选择合适的会址，即会址在城市具体哪个位置，应选择合适的场馆(包括会场、住宿的宾馆饭店等)(小地点)。

会议选址主要是根据会议的内容、性质、规模和预算情况而定的。

(一)会议选址的意义

1. 产生良好的政治影响和经济效果

随着世界政治经济的发展，会议的地点选择已经超越了会议本身的意义，而越来越具有浓厚的政治和经济色彩。在国际上，一些重大的国际会议往往会给主办者带来巨大的政治利益甚至经济利益，提高主办者的国际地位。正因为如此，许多国家都积极申办一些重要的国际性会议，从某种意义上说，国际会议的申办已经成为国际政治较量和经济竞争的焦点之一。

从国内情况来看，越来越多的政府机关和企业在确定一些重要会议的地点时，更加关注能否推动举办地的政治、经济、文化等方面的发展，是否能从举办地获得最佳的政治、经济和社会效益。

2. 突出会议的主题

会议地点的选择不仅要考虑是否能够容纳会议的人数这些简单的问题，更重要的是要考虑这一地点能否突出会议的主题、提高会议的效果并有利于实现会议的目标。

3. 吸引更多参会者

参会者大多有猎奇的心理。选择富有吸引力的会议地点或者去不同的地方参会，总是有一种新鲜感和满足感。许多以本地客人为主的会议，其举办地点倾向于城郊会议酒店，参会者既能在空气清新、环境优雅的会议酒店参加会议，又能释放城市工作压力，如医药类产品推广会议、留学推介会等，而学术类会议大多是高校内及其附近的酒店具有优势。在参会之余，参会者还可以品尝当地风味小吃，领略地方独特风光，了解地方风土人情。

【小资料 3-4】 为什么选择黄山作为会议举办地

1. 作为中国优秀旅游城市，黄山位于中国华东地区中部，民航班机连接全国各主要城市，铁路交通贯通南北，杭徽高速公路、合铜黄高速、黄塔高速(连接江西婺源、浙江衢州)的兴建，使黄山与杭州的汽车运行时间缩短为2小时，至合肥、南京3.5小时，至上海仅4.5小时，交通十分便利。

2. 黄山市是中国唯一一个拥有两处世界遗产的地级市，其中黄山风景区是世界文化、自然遗产，皖南古民居——西递、宏村是世界文化遗产，并且拥有中国四大道教名山——齐云山，世界第九大奇迹“花山迷窟”等著名景点。

3. 黄山古为徽州地区，是纵横中国数百年的徽商的发源地，这里文风鼎盛，人民纯朴，安全问题可以保障。

4. 黄山物产丰富，消费水平低，物价便宜，特产众多。

5. 黄山市旅游服务业发达，拥有众多高星级酒店，会议设施完善，价格实惠。

人们对黄山的评价：五岳归来不看山，黄山归来不看岳!

五岳：东岳泰山(位于山东)、西岳华山(位于陕西)、北岳恒山(位于山西)、中岳嵩山(位于河南)、南岳衡山(位于湖南)，其中泰山居首。

（二）会议选址应考虑的因素

1. 会议类型

一般来说，大型会议会选择在大都市举办，主要是便于安排食宿；举办培训活动的最佳环境是专业培训中心或旅游胜地的培训点，在这里通常能提供专门服务人员和设施；研究和开发会议需要有利于沉思默想、灵感涌现的环境，因此需要比较安静的场所，一般选择郊区酒店为多；企业经销商年会或其他性质的年会，其会议地点一般将根据会员的品位选择一些风景名胜区；而一些重大的奖励、表彰会议则会选择有较高知名度的会场举行(如人民大会堂)，以显示其非凡的意义。

2. 会议举办地

如果仔细观察和分析可以发现，国内选择频率高的会议举办地往往是知名度高的旅游地或都市，这与国内参会者的个体行为有关。国内的参会者费用一般由所在单位支付，他们可以通过参会获得免费旅游的机会，因此在选择上会更加趋向于知名度较高的旅游地或都市。很多年会之所以每年在不同的地方举办，也是为了满足会员们的旅游需求。

3. 会议预算

会议通常可以分为营利性和非营利性两类。营利性会议是指通过会议的举办，主办方直接从会议中获取一定的利润；非营利性会议则不以会议营利作为直接目的。对于非营利性会议，会议策划者将在会议主办方的总体预算的基础上决定与预算相当的举办地。营利性会议的策划者则要充分考虑潜在参会人员的可接受费用预算，并据此选择合适的会议举办地。

同样，在考虑会议举办地时，会议策划者也会将交通、安全、会议设施、服务质量等因素考虑在内，但对食品、客房及结账程序的效率等考虑得较少。

【小资料 3-5】　2013 第十二届财富全球论坛选址成都

2013 年 6 月 6—8 日，第十二届财富全球论坛在中国成都举行，主题为“中国的新未来”。会议在成都锦江河畔世纪城新会展中心和香格里拉大酒店分别举行。6 月 7 日晚，承载着老成都记忆的城市会客厅宽窄巷子，两扇印着“财富之城，成功之都”的大门徐徐打开，四川省、成都市在此举行招待晚宴，热忱款待出席 2013 成都财富全球论坛 700 余名嘉宾。中国的西部发展是这一届财富全球论坛的重要议题，参会嘉宾分散到 15 个不同的主题院落，通过品尝风情晚宴的方式让中外嘉宾感受到舌尖上的四川，更了解巴蜀的历史底蕴。

成都市宽窄巷子历史文化街区，由宽巷子、窄巷子和井巷子三条老式街道及院落群组成，是较成规模的清朝古街道。这里既有康熙时期的传统文化，又有清末民国初期的西方文明元素，更有成都人“逍遥自在，行云流水般，安逸神仙似”的生活痕迹。如今的宽窄巷子逐渐形成中餐、西餐、会所、主题文化等和谐共存的商业特色，那些极富中国传统审美的“商业门脸”不仅扮靓街区，更给游人留下难忘的印象。这次会议的选址，对于营造良好的会议气氛无疑具有深刻的影响。

（三）会议选址的原则

1. 市场推广可行性

会议选址所在城市应首选区域经济发展较好，具有较强的集聚效应的城市，且该城市的服务业对周边地区的服务程度比较高，产业间的配套联系比较紧密。

2. 参会者可达性

(1)会议地点与会议举办者及参会者所在地的距离。会议有全国性和地方性之分。

距离的适中不仅是地点的问题，还涉及交通成本的问题，从节约的原则出发，应考虑尽可能减少交通费用。

(2)会议地点与会议前后的旅行有何关系。会议前后的旅行通常不在会议承办者的考虑范围之内，因此很容易在选择会议地点的时候被忽略。首要的问题在于是否要让参会者进行这些旅行。如果是要他们进行这些旅行，那么会议地点就应该临近主要机场。

3. 举办地的会议历史

(1)主办者是否曾在这个地点举办过会议。从前会议的记录在回答这个问题的时候十分有用。不论内部承办者还是外部承办者，都应该清楚会议的主办者以前是否使用过这个会议地点。如果曾经用过，那么过去的经历如何？对其是否满意？参会者是否就会议地点有过任何反馈？

(2)他人以前是否在这个地点举办过会议。即使你或会议的主办者从前使用过某个会议地点，征求一下他人的意见也是有好处的。他人的意见对你的判断有帮助，但不能被当作精确的数据来参考。他们的经历无论好坏都可能反映出个人的特点、具体的会议策划和其他一些类似的因素，这些可能与你的情况并不相同。

4. 会议地点的服务设施条件

(1)考虑停车场容量。在市区内举办的一日会议应特别注意会址是否有足够的停车位，若是涉及外地嘉宾参会的情况，应考虑大巴的停车位。

(2)会议地点是否有商店。大多数会议地点都有商店，出售一些基本的日用品，如盥洗用具、全国性报刊及其他读物、小食品。此外，那里通常还设有美容院和理发店等。

5. 综合费用情况

(1)会议地点的收费情况是怎样的。会场的收费有不同的形式，会议组织者应该在各个具体的会议地点详细了解那里的收费方式。

(2)会议地点的收费是否有淡季折扣。会议地点通常在每年的业务淡季将价格下调，成为淡季价格。例如在美国，夏季是佛罗里达和夏威夷的淡季；而冬季则是一些北方会议地点的淡季(但对那些滑雪胜地来说不是)。如果会议对某个会议地点或某个地区特别感兴趣，可以考虑把会议安排在那里的淡季举行。

(3)会议地点对附加收费有哪些规定。如果所有方面都进行了有效的协商，那么应该没有任何附加收费的问题。但是，有时会议地点以为承办者知道有些服务、设备或空间是要额外付费的，但实际上他们不知道。一个解决办法是双方将所有的收费项目开列出来，并商定没有任何附加费用。

6. 餐饮、住宿、安保条件

(1)考虑餐饮情况。例如：考虑就餐地方与会场是否在同一会址，若是分散进行会增加办会单位的交通成本；此外，还应考虑餐厅面积及设施，能同时容纳多少人就餐，以及是否提供自助餐服务。

(2)考虑住宿情况。若会议期间需要住宿，应考虑房间数量，包括普通单床、双床房间数量，以及房间内提供常备酒店服务设施。

(3)考虑会场安保条件。如会场是否配备有灭火器、是否配备有安保队伍，以及就近的医疗救护中心位置。

7. 会议地点附近的景点状况

(1)当地的景点是否在会议地点附近。许多会议地点的附近都有一些当地的名胜。会议承办者应该留意到这些名胜，向会议地点的工作人员、当地历史协会或其他一些民间组织咨询相关的信息。

(2)参会者是否会对这些景点感兴趣。不同性质的会议和参会者对不同的景点感兴趣。公众大会的主办者和公司雇主通常不太重视会议当地的名胜。当地景点只对那些激励性的会议比较重要，因为这些会议将对参会者进行回报。协会组织在主办会议的时候会特别注意将当地名胜作为会议的一个特色，并以此来吸引参会者参加。如果参会者对会议当地的名胜感兴趣，承办者就要在会议日程中安排一些时间让参会者参观这些名胜。

【小资料 3-6】 澳大利亚成商务会奖旅游的首选地

近年来，澳大利亚迅速成为北亚区商务会奖活动首选目的地，尤其是来自中国的大型团体数量，一直保持着持续增长。根据澳大利亚旅游业2020进度报告，截至2013年9月的过去一年中，全球因商务会奖赴澳人数总计达到893 000人次，产业总消费额达130亿澳元。其中来自中国的商务会奖访客约86 000人次，总消费额约2.84亿澳元。

澳大利亚旅游局局长暨行政总裁欧肃文(John O'Sullivan)先生表示，澳大利亚拥有优质的商务设施、杰出的美酒佳肴、天然纯净的自然环境，以及为任何规模的会奖团队提供世界一流服务的能力，这些优势的有机结合，正是吸引中国访客的关键所在。

欧肃文先生说道："去年澳大利亚接待了两个来自中国的大型会奖团队，其中悉尼接待了完美中国的3 000多名代表，而黄金海岸接待了来自康宝莱中国的1 000多名代表。丰富多样的商务会议安排，置身世界级的自然美景，并与野生动物互动，这些体验为他们的会奖活动带来多重惊喜。"

"我们预计中国会奖旅游的赴澳数量在2014—2015年还将继续攀升，"欧肃文先生指出，"今年澳大利亚将举办来自中国制药、保险、保健等行业的大规模商务会奖活动。包括宝健中国将集聚6 000多名商务代表在悉尼参与为期五天的会议，仅这一活动就将为新南威尔士州带来约2 250万澳元(约合1 990万美元)的经济收入。"

资料来源：中奢网，2015-01-13。

【小资料 3-7】　严禁到风景区开会断了景区“公款奶”

2014 年 9 月，中共中央办公厅、国务院办公厅印发了《关于严禁党政机关到风景名胜区开会的通知》，坚决杜绝以会议名义到风景名胜区公款旅游等违规行为。通知要求，各级党政机关一律不得到八达岭—十三陵、承德避暑山庄外八庙、五台山、太湖、普陀山、黄山、九华山、武夷山、庐山、泰山、嵩山、武当山、武陵源(张家界)、白云山、桂林漓江、三亚热带海滨、峨眉山—乐山大佛、九寨沟—黄龙、黄果树、西双版纳、华山 21 个风景名胜区召开会议，禁止召开会议的区域范围以风景名胜区总体规划确定的核心景区地域范围为准。

中央两办下发文件重申“严禁党政机关到风景名胜区开会”，并将此前的 12 个景区扩大到 21 个，是遏制三公经费浪费的又一着力之举，除了对各级党政机关和各级党员干部的作风转变产生重大影响之外，对于景区景点，尤其是名胜景区景点经营收入的影响也将是直接的。有关资料显示，每年全国公务接待经费(包括公务培训、会议经费)不低于 3 000 亿元，而用在景区景点等场所的培训和会议稳居该项费用的“大头”。

中央提倡反腐倡廉、勤俭节约的风潮不仅冲击了高端餐饮、高端白酒等行业，对演出市场的影响也在进一步发酵。有业内资深人士告诉记者，数月来，演出行业内很多公司直接倒闭关门，不少大型演出要么被叫停，要么缩减费用，行业形势严峻。

靠“吃公款”的市场经营者深感生存压力，长期以来靠“公款奶”过日子的景区恐也不乐观。就如上述列为“公款会议禁区”的承德避暑山庄外八庙、庐山等地，打着市场幌子行“财政养人”之实的“官办”培训中心比比皆是，这些景区景点的“官办培训机构”必然迎来“寒冬”。因此，导致景区景点消费受到波及和影响，造成收入的直接萎缩也将是必然的。景区景点的生存压力必然大大增加，如何顺应市场谋求出路值得考量。这对于广大景区景点未必不是一个改良运行模式的契机。

资料来源：北京晨报，2014-10-03。

(四)选址举例

1. 管理者办公室

优点：你的全部参考资料在手边；你的权威性可能得到加强。

缺点：可能会有电话干扰，或者有人打扰。

2. 下级的办公室

优点：可能提高一位下属的地位和士气。

缺点：若工作处狭小，会使双方不适。

3. 单位会议室

优点：避免由于使用个人办公室而引起的公司等级问题。

缺点：外人可能同参会者接触而打扰会议。

4. 外面会议室

优点：保证没有任何一方占地主优势；如果会议对保密性要求较高，则这类会议室很有用。

缺点：可能昂贵，并且每个人都不熟悉。

5. 会议中心

优点：具有开大会的设备；需要时能够提供技术支持和安全保卫。

缺点：可能缺少非正式的小规模聚会的机会。

6. 城外的会议场所

优点：适用于参会者来自外单位的情况。

缺点：旅途、时间和食宿花费较多；增加会议预算。

（五）国内会议选址实践

1. 各区域的会议占比

从我国七大地理区域举办会议的数量看，华东和华南地区一直是举办会议数量较多的地理区域。会议产业是典型的城市经济指向型产业，一个地区和城市的经济越发达，该地的会议产业也越活跃。我国区域会议占比数量情况，如表3-1所示。

表3-1　2011—2018年我国七大区域会议占比

序号	地理区域	2011年	2012年	2013年	2014年	2015年	2016年	2017年	2018年
1	华东	44.9	43.4	37.0	43.6	36.5	35.5	40.1	34.1
2	华南	14.1	15.4	17.7	17.8	25.0	26.3	28.7	28.8
3	西南	5.3	8.2	7.2	8.8	11.3	11.6	10.5	10.6
4	华中	10.3	10.2	15.4	7.9	10.4	13.4	8.8	10.0
5	华北	15.8	12.6	17.1	13.7	7.5	5.4	5.3	6.9
6	西北	7.7	7.1	3.6	2.4	5.6	4.1	3.4	3.9
7	东北	1.9	3.1	2.0	5.8	3.7	3.7	3.1	5.7

从表3-1可以看出，华东、华南是经济最发达和产业最活跃的地区，这两个地区也是会议最多的地区。

表3-1中的数据显示，排名第一的是华东地区。长江三角洲地区一直是我国会议产业最活跃的集聚区，会议数量最多是理所当然的。华南地区排名第二，珠江三角洲地区也是我国公认的会展集聚区。2016年华中地区超过西南地区，排名首次进入前三名，主要得益于高铁的开通和主要城市，如长沙、郑州和武汉等城市对会议的奖励政策，吸引了更多会议到这些城市举办。西南的昆明、贵阳、重庆和成都等几个重要会议城市，由

于最近两年缺乏对会议明确的政策支持，相比海口和长沙对会议的吸引力反而偏弱了。东北、西北、华北这三北地区的会议市场排在后三位，市场份额都小于10%，仍是我国举办会议最少的地区。

2. 主要省份的会议占比

《中国会议统计分析报告》中会议样本的采集涵盖了我国大陆31个省、市、自治区，以近八年的统计分析，可以看出会议数量最多的省份往往也是经济比较发达的省份，如表3-2所示。

表3-2　2011—2018年我国会议数量最多的省份

序号	2011年		2012年		2013年		2014年		2015年		2016年		2017年		2018年	
	省份	数量	省份	数量	省份	数量	省份	数量	省份	数量	省份	数量	省份	数量	省份	数量
1	浙江	2 131	浙江	3 649	江苏	2 028	浙江	2 085	江苏	2 825	江苏	2 866	江苏	3 586	江苏	3 326
2	广东	2 038	北京	3 059	浙江	1 929	北京	1 651	广东	2 468	广东	2 251	山东	3042	海南	2 035
3	北京	1 738	广东	2 951	北京	1 691	江苏	1 644	浙江	1 714	浙江	2 047	广东	2 934	广东	1 915
4	山东	1 710	江苏	2 814	广东	1 681	山东	1 590	福建	1 481	福建	1 652	海南	2 039	浙江	1 771
5	江苏	1 628	上海	1 770	湖北	782	广东	1 508	山东	1 188	安徽	1 505	安徽	1 654	福建	1 618
6	安徽	1 074	新疆	1 632	河南	647	福建	939	安徽	925	北京	1 473	云南	1 504	安徽	1 325
7	陕西	806	安徽	1 530	安徽	633	安徽	864	北京	922	湖北	1 460	福建	1 355	湖北	1 210
8	湖北	652	山东	1 283	福建	601	辽宁	854	湖南	917	湖南	1 343	湖北	1 135	北京	1 170
9	上海	631	河南	958	湖南	587	云南	603	云南	847	海南	1 333	浙江	1 086	湖南	912
10	河南	629	重庆	824	云南	493	湖北	601	广西	767	云南	1 302	湖南	815	云南	895
前10	13 037		20 470		11 072		12 339		14 054		17 232		19 150		16 177	
总数	15 980		25 598		14 350		15 048		19 063		21 994		23 943		21 521	
比例	81.6%		80.0%		77.2%		82.0%		73.7%		78.3%		80%		75%	

江苏、浙江、广东和安徽连续八年进入前十名的行列；云南、福建连续六年进入前十位的行列，海南、湖北连续三年进入前十名的行列。

3. 主要城市的会议占比

从采集的会议样本所在城市统计分析可以看出，近八年我国举办会议最多的城市大多数是一线省会城市，如表3-3所示。

表3-3　2011—2018年我国举办会议最多的城市

序号	2011年		2012年		2013年		2014年		2015年		2016年		2017年		2018年	
	城市	数量	城市	数量	城市	数量	城市	数量	城市	数量	城市	数量	城市	数量	城市	数量
1	北京	1 738	北京	3 059	北京	1 691	北京	1 652	杭州	1 229	杭州	1 486	南京	1 971	南京	2 197
2	济南	1 172	杭州	2 040	杭州	1 030	杭州	836	南京	1 197	北京	1 473	海口	1 148	武汉	1 210
3	杭州	1 124	上海	1 770	南京	768	厦门	672	北京	922	南京	1 421	昆明	1 119	北京	1 168

续表

序号	2011年		2012年		2013年		2014年		2015年		2016年		2017年		2018年	
	城市	数量	城市	数量	城市	数量	城市	数量	城市	数量	城市	数量	城市	数量	城市	数量
4	西安	806	南京	1 135	广州	498	南京	667	厦门	831	武汉	1117	武汉	905	海口	1 145
5	上海	631	济南	1 031	长沙	449	重庆	498	长沙	817	长沙	1015	杭州	875	杭州	1133
6	南京	520	广州	870	重庆	444	济南	467	济南	734	海口	842	北京	785	厦门	1124
7	合肥	419	重庆	815	天津	440	昆明	430	重庆	701	福州	802	长沙	714	成都	884
8	郑州	391	乌市	710	昆明	422	合肥	390	昆明	545	厦门	745	济南	693	苏州	738
9	佛山	366	苏州	654	苏州	421	上海	375	广州	518	昆明	735	广州	669	昆明	694
10	昆明	349	长沙	574	上海	368	宁波	348	合肥	445	重庆	730	福州	630	长春	667
前10	7 516		12 658		6 531		6 335		7 939		10 366		9 509		10 960	
总数	15 980		25 598		14 350		15 048		19 063		21 994		23 943		21 521	
比例	47.0%		49.4%		45.5%		42.1%		41.6%		47.1%		39.7%		50.9%	

北京、杭州、南京连续八年进入前十名，重庆连续五年进入前十名，上海连续四年进入前十名。

近八年我国举办国际会议最多的城市如表3-4所示。

表3-4 2011—2018年我国举办国际会议最多的城市

序号	2011年		2012年		2013年		2014年		2015年		2016年		2017年		2018年	
	城市	数量	城市	数量	城市	数量	城市	数量	城市	数量	城市	数量	城市	数量	城市	数量
1	北京	107	北京	113	北京	68	北京	36	北京	43	北京	49	北京	45	北京	42
2	上海	83	上海	50	上海	33	上海	26	上海	33	上海	40	上海	28	上海	29
3	大连	47	杭州	33	南京	32	西安	11	杭州	22	南京	19	广州	19	杭州	25
4	西安	19	南京	31	广州	9	杭州	10	南京	19	杭州	15	南京	19	苏州	20
5	南京	18	广州	16	西安	8	南京	7	昆明	15	广州	12	重庆	10	广州	12
6	成都	12	西安	12	杭州	7	青岛	5	广州	13	昆明	9	西安	9	武汉	11
7	昆明	12	济南	11	苏州	3	昆明	4	西安	12	济南	9	大连	8	南京	8
8	杭州	9	大连	7	南宁	3	重庆	4	重庆	8	义乌	9	连云港	8	西安	8
9	武汉	7	苏州	7	重庆	2	广州	3	苏州	8	海口	8	长沙	7	厦门	5
10	长沙	7	长沙	6	武汉	2	贵阳	1	义乌	6	厦门	8	昆明	6	贵阳	3

表3-4给出了2011—2018年连续八年在我国举办国际会议最多的十个城市。北京和

上海举办国际会议的数量已经连续八年在统计中排名第一和第二。南京连续八年进入排名前十位的城市，广州连续七年进入我国举办国际会议最多的前十名城市的行列。这些城市一方面会议设施良好、旅游资源丰富、交通方便、政府的支持力度大；另一方面都具有雄厚的产业基础，丰富的科技、文化与教育资源，因而得到了国际会议组织者的青睐。

4. 举办场地的会议占比

从《中国会议统计分析报告》采集的会议样本可以看出，在会议选址中，绝大多数会议都选择在会议型酒店举办，而在度假酒店和会议中心举办的会议占比较少。近八年会议举办场地占比如图 3-1 所示。

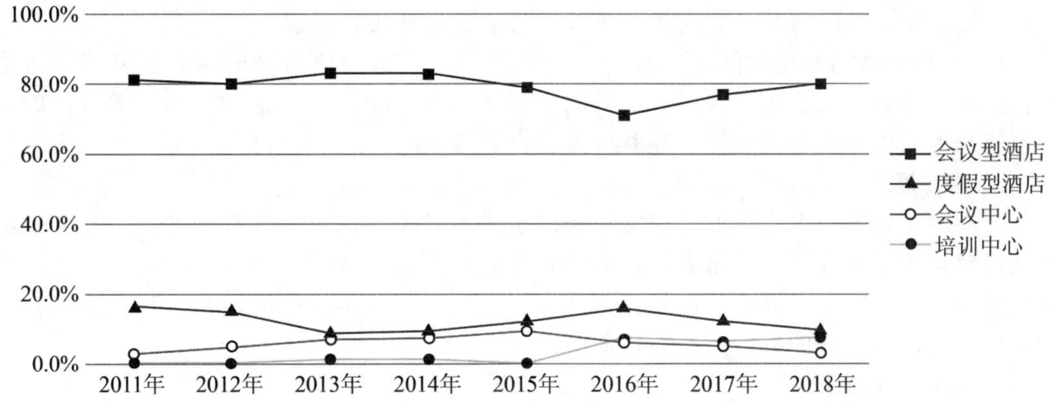

图 3-1　2011—2018 年国内会议举办场地分类统计

二、会议选时

会议选时的策划涉及两个方面内容：一是什么时候召开会议最为合适；二是会期的长短。总体来讲，会议选时同样可以概括为“大时间、小时间”。大时间，是指会议何时召开，一般在节假日、双休日不安排会议。小时间，则是指会期长短，当日具体的时间段，应考虑会议举办的时间与工作日上下班时间一致。

(一)会议选时应考虑的因素

(1)会议的主要领导人、嘉宾、演讲者是否能在这一时间参加会议。

(2)学术性会议、招标性会议、论证会、听证会等，参会者是否有足够的时间准备提交相关文件或发言材料。

(3)会议的各项组织和准备工作是否能够完成。

(4)会议的具体日期一定要考虑周到，如是否与参会者的民族风俗不符或有可能伤害参会者的宗教情感。

（二）会议选时的原则

1. 时机原则

会议的策划首先应准确把握会议召开的时机，具体包含以下三方面的含义。

（1）解决问题的时机必须成熟。如果说会议的目的是为了解决问题，那么解决这些问题的时机，则是会议的组织者在确定会议时间时必须首先考虑的因素。只有当解决问题的条件充分具备，时机完全成熟时，适时召开会议，才能水到渠成，瓜熟蒂落。时机未到，条件不具备，宁可推迟会议，否则，会议的效果就得不到保证，甚至还会适得其反。

（2）时机成熟的会议应当及时召开。问题迫切需要解决，条件也已具备，时机已经成熟，则会议应及时召开。如若拖而不议，将会错失良机，贻误工作。

（3）选择合适的会议时间。合适的会议时间，一是指会议召开的时间富有意义，能烘托会议的主题；二是指会议召开的时间有利于推动工作；三是指举行会议的具体时间应当符合人的生理和心理规律，注意劳逸结合。

2. 需要原则

会期的长短要依据会议的实际需要来确定。一般要考虑以下几个问题：一是会议的各项议程是否能够完成；二是会议的发言是否充分，参会者能否充分表达意见；三是会议中是否会有临时动议提出，如果提出动议，大致需要花多少时间进行讨论和表决；四是是否需要留出一定的机动时间，以应不测。

3. 成本和效率原则

会议时间的长短与会议的成本和效率密切相关，一般情况下，会议的时间越简短，成本越低，效率越高。因此，在满足需要原则的前提下，适当、合理地压缩会议的时间，是降低会议成本、提高会议效率的有效手段。

4. 协调原则

会议往往是领导人的主要活动形式，安排会议，特别需要注意协调领导人之间参加会议的时间，以免相互冲突。如果是多边会议、联席会议，或者会议是共同主办的，还应当与其他方面协商确定举行会议的具体时间。

5. 合法合规原则

由法律法规以及组织章程或议事规则明确规定会期的，应当严格按规定的会期召开，非特殊情况不得提前或推迟。

（三）会议时间安排规范

8:00—9:00 发言的欲望没有被唤醒，不宜让参会者对提议有太多的回应或进行业务分析。

9:00—10:00 适合 1 对 1 会谈，也是进行业务会谈的最佳时机。

10:00—12:00 或 15:00—17:00，适合集思广益。

此外，还应注意以下几方面。

(1)员工上班的第一小时不适合开会，因为员工还需要一段时间才能进入工作状态(早会例外)。

(2)上班1小时后是进入会议的最佳时机。

(3)吃饭前适合开短、平、快的会议。

(4)吃饭后大脑处于缺氧状态，不太适合开集思广益的会议。

(5)在午后1～3小时之间最适合调动员工集思广益。

(四)国内会议选时实践

《2018中国会议统计分析报告》统计发现，国内会议按举办月份统计，总体呈现出每年1月会议最多，2月会议最少，且全年无明显的淡旺季之分的特点，如图3-2所示。

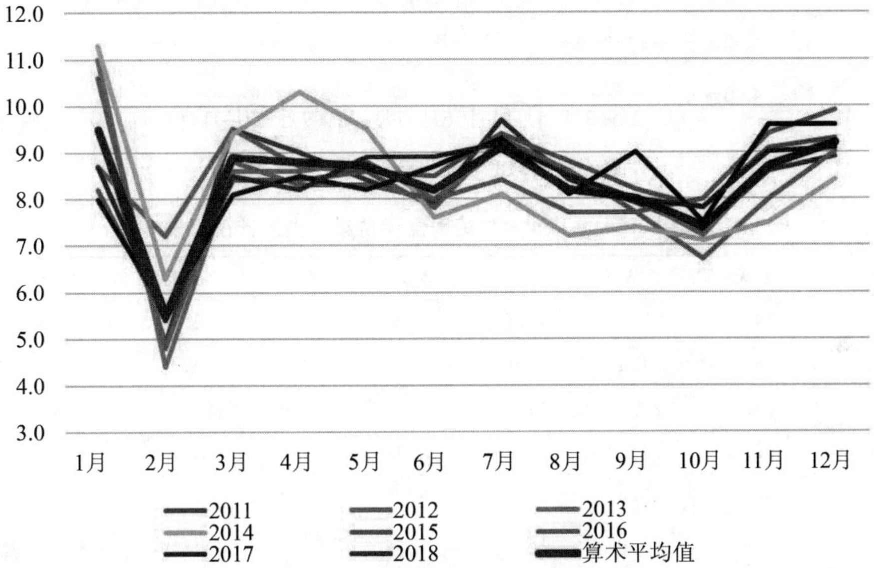

图 3-2　2011—2018 年国内会议各月占比图

图3-2是2011—2018年我国按月份举办会议数量的曲线图。图中的粗线是八年的均线。从均线中可以很明显地看出，每年形成1个峰值和2个低谷。每年1月的峰值最高，总结会、表彰会大多在该月份举办。两个低谷分别是每年的2月和10月。2月是最深的低谷，春节大多数在这个月份。第二个低谷在10月，“黄金周”使得会议数量减少，说明“黄金周”对国内会议市场的影响较明显。

由于西南地区举办的会议逐渐增多，以往淡季的11月和12月也成为全年举办会议最多的月份之一。全年举办会议最多的月份是7月，这是由于企业半年总结会议和一些商业会议通常利用假期举办。从全年来看，除了春节较为特殊外，其他月份举办会议的比例较为均衡，这跟全国各地气候差异较大、旅游资源各有各的吸引力以及当地政府的支持奖励政策有关(2018 年国内会议各月份占比见图 3-3)。

从会期上看，《中国会议统计分析报告》指出，持续 1 天的会议数量最多，持续 2 天的会议数量其次，持续 6 天的会议占比最小，如表 3-5 所示。

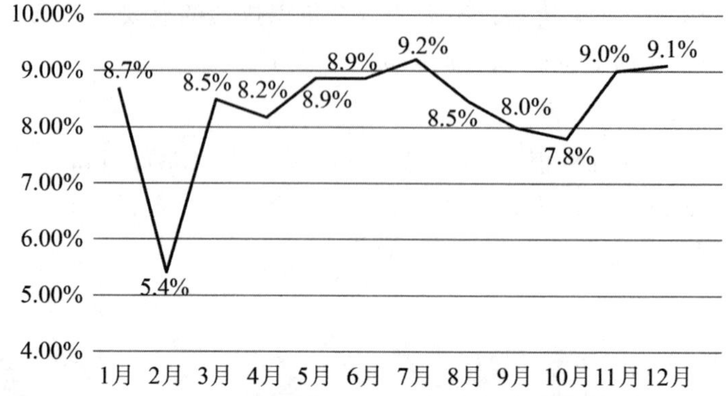

图 3-3　2018 年国内会议各月占比图

表 3-5　2011—2018 年国内会议持续天数统计占比表　单位：%

年份	1 天	2 天	3 天	4 天	5 天	6 天	>6 天	合计
2011	44.8	25.4	15.6	6.8	3.4	1.6	2.4	100.0
2012	56.8	21.1	10.9	5.3	2.8	1.1	2.0	100.0
2013	53.2	23.3	11.9	5.3	2.9	1.1	2.3	100.0
2014	55.1	22.0	12.3	5.1	2.4	1.2	1.9	100.0
2015	48.3	25.4	14.8	5.7	2.9	1.3	1.6	100.0
2016	50.3	25.3	14.2	4.8	2.1	1.3	2.0	100.0
2017	49.1	25.3	14.0	5.5	3.0	1.3	1.8	100.0
2018	32.2	28.3	19.5	8.9	4.8	3.7	2.6	100.0

近八年数据显示，国内按会议持续天数举办会议数量与会期一直呈现反比例规律，即会议持续天数越长，会议数量越少，所占比例也无明显的变化。八年来持续 1 天的会议基本占据半壁江山。持续 2～3 天会议的占比都能达到两位数的市场份额；而持续 4～6 天会议的占比都是个位数的市场份额，且天数越多会议数量越少；而持续 6 天以上会议所占的市场份额反而比 6 天有所增加。

第五节　媒介推广计划

媒介推广，如同一张传单，用于传递信息、促进了解、扩大知名度，并且还能吸引更多感兴趣的人士关注。媒介推广就是利用电视、网络、报纸、新媒体等传播媒介进行推广、宣传的一种方式。媒介计划就是选择广告所使用的媒体和媒体组合、拟定出稿日程方案的计划。

媒介推广一定要由专业人士负责，负责人要熟悉媒体运作的特点，能够进行精准的受众分析，制定出最现实的、最易达成目标的传播策略。同时，还要具有超强的沟通能力，能够找到合适的媒体并与媒体进行有效的沟通。

一、媒介推广的目的

媒介推广最积极、最主要的因素是广告推广。大规模广告推广实际是在展现企业的实力、知名度和业绩。但是，广告推广对参会者来说是一种单向交流，缺少像人员推广那样的说服力，而且其代价往往也是高昂的。这就要求会议组织者必须了解广告推广所能起到的作用、广告推广的原则和方法，只有这样，方能有效运用广告进行市场推广。

(一)传递会议信息，刺激参会需求

媒介推广可以把会议的产品或服务信息准确及时地传递给潜在参会者或目标参会者，让他们了解到会议产品的质量、特色、服务项目和方式等，提高参会者对会议产品或服务的兴趣，刺激参会者参加会议的欲望。

(二)吸引受众注意，增强会议竞争

媒介推广是会议组织者开展宣传和竞争的重要手段，其独特、有新意而又系统周全的竞争方案，极大地提高了会议产品的竞争优势。经过精心周密的广告推广策划，能对会议产品和服务的相对优势有意识地进行强调，而且通过高强度、有吸引力的广告推广将潜在参会者的注意力吸引过来，从而达到增强同类会议竞争的目的。

(三)扩散传播效果，塑造城市形象

由官方机构或半官方组织主办或承办的高规格的会议(尤其是国际性会议)，一般是出于这样的目的。如中国政府承办的“世界妇女大会”“万国邮联大会”，上海市政府承办的“亚太经合组织(APEC)会议”，杭州市政府承办的“世界休闲大会”等主要是出于这样的目的。

一个成功的会议活动可以迅速提高城市的知名度，会议活动是最有意义的城市广告，它能够向世界各地的参会人员宣传一个城市的经济发展实力和科学技术发展水平，向人们展示城市的精神风貌，扩大城市影响，提高城市在国际上的知名度和美誉度。同时，城市知名度和美誉度的提高反过来又会吸引投资、促进旅游发展，从而推动城市经济的发展。

二、媒介推广的原则

会议媒介推广必须遵守如下原则，才能发挥积极作用。

(一)规律性原则

这里所讲的规律性，是指人们的认识规律，会议媒介推广内容的安排只有遵循人们的认识规律才会起到效果。

首先，并非所有类型的会议都需要面向社会公众进行媒介推广。政府单位、事业单位等组织内部常规的办公性质会议、传达精神的工作会议是不需要进行媒介推广的；同样，一个专业的行业会议、某一领域的会议，也不需要面向社会大众进行推广，仅需要通过行业媒体，以及行业内部沟通渠道，如会议组织官方网站、会议通知、发布邀请函、行业QQ群、行业微信群面向该行业、该领域的专业受众进行会议信息宣传。

其次，在推广的内容安排上面，推广内容安排要顺应人的认知顺序，应突出推广的主题，强调会议能给潜在参会者带来何种价值和收益。

(二)真实性原则

会议媒介推广的目的是说服潜在参会者，但说服不等于欺骗，欺骗反而会导致说而不服。大量宣传推广实践表明，诚实是最好的策略。会议媒介推广的真实性包括以下几方面的要求：一是宣传的内容要真实；二是广告推广阐述的形式要真实；三是广告推广的传达要真实；四是广告推广给予人们的总体印象要真实。

会议媒介推广的真实性要讲究方法，如在推广内容设计中可以采用行业专家、政府主管部门、已往参会者的鉴定、推荐来证明会议值得参加。

三、媒介推广的内容

根据话题、出席的领导、嘉宾和希望达到的效果、覆盖范围来拟定不同层次的计划，包括新闻、专访、消息、综述(各种媒体类型、级别以及覆盖范围)。完整的媒介计划应该包括以下几方面。

(一)分析会议定位

分析会议定位是媒介宣传推广成功的开始，明确的会议定位分析有助于扩展一系列的会议产品和服务，进而制定相应的推广策略。

不同的会议定位不同，其宣传推广的范围和层次也就不同。

首先，应分析本会议与同类会议相比的竞争优势在哪儿？潜在参会者和目标参会者的欲望满足程度如何？本会议给参会者带来的核心价值是什么？

其次，应分析会议影响力辐射范围。若是单位内部的会议，仅需要通过单位内部通知或口头、电话通知等形式进行；若是面向外部整个行业、某个专业领域的会议，则需要借助一定的宣传推广手段。

最后，可结合会议功能、地点、交通、设施等要素定位。会议组织者应从自身出发，考虑地点、交通、设施配置等因素进行宣传推广。如拉斯维加斯不仅是博彩业发达的国际城市，也是国际会议举办较多的城市。当地成功地将自己定位于优越的综合交通和配套设施，形成核心竞争优势，并通过系列宣传推广措施，吸引了众多的国际会议在当地举办。

（二）分析会议受众

会议受众，又称为会议的客源市场。

首先，根据客源市场找到潜在或目标参会者。会议客源市场总体上可以分为国际和国内市场，国内市场又可以分为本地和外地。根据客源市场不同，选择不同地域、不同影响力的媒体进行会议宣传推广。

其次，对会议受众进行结构划分。主要包括两方面内容：一是某一媒体其接触者都由哪些人构成，如年龄、性别、收入、职业、受教育程度等；二是该媒体的不同材料（如报纸的不同版面、电台电视的不同节目、杂志的不同栏目、网站的不同板块等）主要是哪些媒体接触者感兴趣。

最后，对会议受众进行行业细分。目前国内会议市场占比最多的公司会议，多数是面向某个行业、某个领域吸引参会者付费参加。会议组织者应根据会议主题所覆盖的行业，将潜在参会者和目标参会者进行行业细分，使前期会议邀请工作做到有的放矢。

【小资料 3-8】

"上海会议与旅游产业发展论坛"由上海市旅游局和北京市旅游发展委员会联合举办，上海旅游会展推广中心承办。组织者对会议受众进行了以下较为细致的行业细分，可供参考。

（1）国际会议与大会协会（ICCA）中国以及亚太区会员。

（2）专业会议公司和从事会奖旅游的旅行社高级从业人员。

（3）会议型酒店、会议中心和会展场地中高层代表。

（4）旅游业和会展业政府代表。

（5）高校会展专业代表。

（6）商业会议公司、协会、市场策划人员。

（三）选择匹配媒体

选择媒体对象的第一步，就是对广告目标和策略做全面的分析和评价，以便按照广告目标和广告策略的要求，选择最合适的媒体对象。

广告目标的不同影响着具体媒体对象的选择。例如，如果会议的宣传推广目标是要在国内不同的地区市场扩大知名度和吸引更多的参会者，那么，就需要既选择全国性媒体，同时还要选择地方性媒体；如果会议的宣传推广目标在于提升会议知名度或办会城市形象或者城市品牌形象，那么，就要选择能与其形象、地位相匹配的媒体；如果会议宣传推广的目标在于能够直接促使参会者采取购买行动，就要考虑能达到此目的的媒体。

同时，媒体宣传推广策略的不同也影响着媒体的选择。例如，低价渗透策略往往需要选择接触人数众多、传播面广的媒体；而以声望定价的产品，往往需要在高品位的媒体上发布，以树立其高价位的品牌形象。因此，会议组织者对会议宣传推广的目标、营销策略了解得越多，媒体选择就会越准确。

【小资料 3-9】　不同媒体的传播特点(见表 3-6)

表 3-6　不同媒体的传播特点

类别		媒体	传播优势	传播劣势	传播策略
传统媒体	电波媒体	电视	视听合一，生动形象，时效性强，受众范围广	信息保存性差，不适合表现过于复杂的内容，干扰信息多，传播成本高	适用于展示、告知，可在较大范围、较短时间内提升品牌知名度或塑造品牌形象
		广播	时效性强，不受时空，听众阶层限制，传播成本较低	只诉诸听觉，信息保存性差，时间短暂，不易记忆	具有较强的即时劝服效应，承载的品牌信息往往针对当时市场，并且被越来越多的用于出租车司机、私家车主等移动人群互动
	平面媒体	报纸	具有权威性，适合传达深度伪信息，信息保存性强，可重复阅读和传阅，读者群明晰，且信息接触主动性高	只诉诸视觉，感染力较弱，间隔出版，不利于记忆的强化、受众范围有限	适用于解释说明，通常作为电视媒体品牌信息的补充传播渠道
		杂志	有固定读者群，信息可以长时间保存，反复暴露，印刷质量高	只诉诸视觉，出版周期长	利用杂志色彩丰富、质地精美的特征，展示品牌形象，且适合与杂志内容进行深度融合，进行植入式品牌传播
		直邮	受众指向性强，信息设计灵活自由	传播费用较高	适合于针对性传播，最大限度地利用数据库，根据目标受众的不同需求采取不同的传播策略和服务方式
	户外媒体	路牌、灯箱、交通工具等	容易形成视觉冲击，信息存在时间长，便于反复记忆	承载信息量、信息表现方式都受到严格限制	适用于展示品牌形象

续表

类别		媒体	传播优势	传播劣势	传播策略
新媒体	网络媒体	电子杂志、网络视频、博客、播客、社区、微博等	集文字、图片、视频、音频于一体，受众主动接触信息，互动性极强，传播成本较低	信息接触存在一定门槛，受众范围有限，信息庞杂，广告信息容易被刻意忽略	适合受众参与、互动，应充分利用网络口碑传播的影响力，有针对性地进行某项品牌传播活动
	数字媒体	数字电视、数字广播	受众定制信息，互动性强，精准到达目标人群	传播内容受到付费定制的限制	需要创新广告形式，积极通过植入等方式融入内容，传达品牌信息
	移动媒体	手机	互动性强，信息承载方式多样，有利于个性化信息的传达	传播效果受到信号质量、屏幕大小及分辨率的限制	利用新颖丰富的形式，例如手机视频、手机电视、彩信等制作具有娱乐性的信息内容
	楼宇媒体	车载电视，公交电视	吸引乘车人群的注意，是封闭的环境中最便利的消遣节目	传播环境嘈杂，传播效果难以保证	增加电视广告片的播放频次
		电梯、楼宇电视	传播环境良好，噪音干扰小，准确覆盖目标人群	关注度低，信息整体性因受众行程而受到影响	传达品牌最新信息，配合其他媒体广告，增加消费者对品牌的接触次数

（四）设定传播主线及传播主题

传播主线可以理解为会议向参会者或利益相关者传递有关会议的核心价值，或重点想给参会者或利益相关者传递何种信息。在设定传播主线时，应围绕会议主题、会议核心价值、会议宗旨、会议受众的需求进行；同时，传播主线不可太多，围绕1～2条主线精心设计具体传播内容。

传播主题也称会议的广告宣传语或宣传口号。传播主题可从会议的目标、主题创意、会议议程、会议形式、会议风格、会议产品及会议品牌的特色等方面去提炼。

（五）确定传播策略

传播策略是指在综合了解传播对象的内容、特点以及传播受众的心理特点、情况之后，运用多种媒介方式，多管齐下，各有侧重，最终在传播过程完成对传播对象的形象塑造，使得传播受众对传播形象形成预期的传播形象概念。

在确定传播策略时，会议核心价值是塑造会议品牌的终极追求，是一个会议媒介推广活动的原点，即会议媒介推广的一切传播活动都要围绕会议核心价值而展开。

应根据不同阶段的媒体目标合理制定媒体传播策略，然后按照其重要性对传播策略的实施步骤进行排序，根据实际制定出传播策略的优先顺序。

（六）撰写媒体执行方案

媒体执行方案的主要框架如下，仅供参考。

1. 基本信息

主要包括标题、摘要和前言。其中，摘要就是媒体执行方案的内容提要，也是对整个媒体执行方案的概述，它有助于审阅人员在短时间内把握方案的全貌。前言是对媒体执行方案的基本策略和要素进行简要评述。

2. 背景分析

从宏观和微观角度分析会议项目所处环境及自身情况，分析会议产品的营销计划和广告计划，总结出这些因素对媒体执行方案的影响和制约。

3. 媒体目标阐述

根据上述分析制定出媒体目标，即对媒体执行所将达成的目的或目标作出明确与可行动的宣告，这个目标应该是具体的、详细的、可测量的、有可能完成的。

4. 媒体策略

这一部分是媒体计划的核心，需要详细阐述。应阐述怎样从媒体选择、媒体配合、宣传推广日程频次安排、费用分配等方面达成媒体宣传推广目标。阐述围绕怎样达成媒体目标展开，每一个策略必须陈述其产生的原理、使用的标准、与产品的适宜性等。阐述的过程最好用数据、图表等直观形式对策略加以解释，增加分析的科学性与可信性。

5. 媒体计划细节和说明

这一部分主要使用数据证明媒体计划的科学性，阐述媒体计划的执行要素，所考虑选择各种策略及媒体的理由。例如，用数据证明所选媒体及媒体组合是符合媒体选择标准和预算控制要求的；用数据表明媒体组合所达到的净到达率、接触频次、频次分布、总接触人次；计算出所选择的全部媒体的千人成本；计算出每种媒体每月使用的次数、花费；以及其他对制订执行计划有用的数据。

【小资料 3-10】　千人成本法

千人成本法是指在同类媒体上将同样数量的信息传播到一千个人所花费的成本。计算公式为

千人成本＝(该媒体广告收费÷该媒体接触者总人数)×1 000

由于各类媒体广告收费的计价方式不同，具体计算也有所不同。例如，报纸、杂志通常以广告面积大小收费，而电台、电视通常以广告播放时间长短和次数收费，在运用时应该将公式稍做修正。

例如，A 报纸第一版 48 厘米×35 厘米（全版）套红广告收费为 50 000 元，订户为 100 000 户；B 报纸第一版 48 厘米×35 厘米（全版）套红广告收费为 70 000 元，订户为 200 000 户。

按千人成本法计算：A 报纸广告千人成本＝（50 000 元÷100 000 户）×1 000＝500 元/千人，B 报纸广告千人成本＝（70 000 元÷200 000 户）×1 000＝350 元/千人。经过计算可以看到，尽管 A 报纸广告收费比 B 报纸便宜，但实际的千人成本要比 B 报纸贵。

6. 传播流程图和刊播日程表

依据媒体策略编制出在一段时间内可操作的刊播日程表。

【小资料 3-11】　“业主自治”模式研讨会媒体推广方案

四、制订媒介计划应考虑的问题

（一）总体方面

1. 媒介计划应分阶段

某活动宣传推广，划分了前、中、后三个阶段，每个阶段的推广策略、内容、形式、达成效果一目了然，如表 3-7 所示。

表 3-7　某活动宣传推广分期

	第一阶段	第二阶段	第三阶段
推广策略	前期引导＋参与	中期强化互动	后期巩固
推广内容	社区活动	校园活动	商圈活动
推广形式	社区活动＋媒体报道＋微博话题讨论	校园推广＋论坛爆料＋微博/微信互动	商圈活动＋内部促销
达成效果	吸引用户群体，了解企业产品	继续扩大用户，内部活动结合，提升用户满意度	商家入驻，形成初步本土化 O2O 商圈

当然，除了前、中、后三个阶段划分，根据需要，媒介计划也可以划分为四个阶段，如市场预热期、宣传黄金期、媒体造势期、会后余热期等。需要划分几个阶段，可以根据会议宣传推广的实际需求来决定，没有严格统一的要求。

2. 每阶段应有推广重点

会议媒介推广不能一拥而上，要注意各阶段应有推广重点。表3-8是某论坛的宣传推广阶段重点划分。

表3-8　某会议宣传推广阶段重点

阶段	时间	宣传推广方式	宣传重点
市场预热期	2016.12	软文推广＋人员专访＋公关活动配合	发布论坛消息，预热话题
宣传黄金期	2017.1—2017.2	相关人气活动＋大众媒体＋轰炸式宣传	在行业范围内对产业上下游普及论坛信息，升温话题
媒体造势期	2017.3—2017.4	公关宣传＋新闻发布会＋重要客户跟踪拜访	会议议程及相关子活动、会议亮点
会后余热期	2017.5	合作报纸与网站的报道＋专业杂志总结评估	会议回顾、追踪报道、会议成果

3. 每阶段重点选择何种媒体

不同媒体的阶段选择有所不同。一般情况下，会议召开前期适合选择网络媒体报道、召开新闻发布会宣传；会议召开期间适合选择电视媒体、纸媒报道；会后可综合采用多种媒体。

(二)预算方面

首先，争取合理分配有限预算，在保证投放效果的同时，力争少花钱。

其次，应明确每阶段大致费用分配。每个会议组织者在宣传方面的预算是不同的，有的可能高达上万元，有的可能一分没有，只能寻求商业赞助，这就决定了会议组织者必须根据自己的宣传预算来合理地选择媒体，以达到最佳的宣传推广效果。

对于会议组织者而言，宣传推广是一项既有益又昂贵的投资，会议组织者应对每个阶段媒体的选择要量力而行，量体裁衣。这就要求会议组织者在媒体投放之前，必须对要选择的媒体的价格合理性进行大致甚至较为精确的测算。

(三)媒体方面

(1)你希望媒体报道什么信息？

(2)报道的核心点是什么？媒体的兴趣点是什么？

(3)何时何地需要媒体介入？

(4)媒体以何种身份参会，是邀请宾客还是支持单位？

(5)提前举办新闻发布会还是单独安排媒体采访？

五、媒介推广计划范例

以下选择了两个会议项目的宣传推广计划部分内容，前者是某校会展专业学生撰写的方案，后者是实际落地的会议方案，仅供读者参考。

(一)厦门海上休闲旅游论坛宣传推广计划

厦门海上休闲旅游论坛宣传推广计划

一、宣传推广的目标

1. 传递海上休闲论坛的基本信息；

2. 扩大海上休闲论坛的认知度和影响力，吸引更多的参展商和专业观众；

3. 树立海上休闲论坛的品牌形象，为后续发展做好准备工作；

4. 宣传展示厦门的形象，做好厦门城市与论坛的综合推广；

5. 吸引更多的旅游机构、投资机构关注海上休闲产业开发，提高开发海上休闲资源的积极性；

6. 唤起广大市民对论坛以及厦门的兴趣，关注并参与到海上休闲产业开发中来。

提示：该方案的宣传推广目标太多，实际工作中很难量化和完成，应归纳整理为三个主要目标。

二、宣传推广目标受众

1. 各海滨旅游景区、度假村、主题酒店；

2. 国内外从事旅游业务的旅行社；

3. 旅游商品、旅游纪念品设计机构、生产销售厂商；

4. 国内各海滨娱乐场所的管理者、休闲产业开发的高成长性企业；

5. 投资公司、资产管理公司；

6. 文化传媒机构；

7. 海上运动项目俱乐部(游艇、帆船等)；

8. 旅游地产开发商等；

9. 海上休闲产业发展相关学者、研究机构。

提示：上面的受众划分比较笼统，建议受众应归类，如行业、企业、研究机构、院校等。

三、宣传推广的途径与方式

(一)综合宣传与推广思路

1. 宣传主线

论坛形象、城市形象综合宣传—招商宣传—活动宣传—论坛现场宣传—论坛成果及后续报道。

2. 宣传策略

整个媒介投放策略贯彻“高到达、强频次、广覆盖”的广告宣传宗旨，在宣传中合理运用电视、电台、报纸、网络媒体的有效整合，将论坛的信息从国家级到省级再到地方级全面渗透。论坛前期以每周一篇的频率进行新闻撰稿。同时为了增强新闻性和可读性，吸引更多的专业观众，除了直接反映论坛的价值定位外，考虑从多角度出发，对必要的参会企业进行专访，提高论坛和参展单位在厦门的知名度。从名人、政府官员和社会评价，间接体会本届论坛的主题和特色。

提示：并非所有的会议宣传策略都一定是“高到达、强频次、广覆盖”。宣传策略一定要找准宣传受众，面向受众进行精准宣传和推广。若该会议社会影响力和行业影响力较大，可以采取广覆盖的策略；若该会议仅面向某一行业或某一领域，应针对本领域或本行业的受众进行宣传，争取覆盖到会议细分受众。

(二)推广媒介选择

1. 主流报纸

以中国旅游报、福州晚报、厦门晚报、海峡都市报、海峡导报、厦门商报、厦门日报为广告发布的主要载体，投放广告宣传，推出论坛系列新闻报道，对论坛前期的相关活动进行跟踪新闻报道。在论坛开幕临近之际，投放整版的预祝广告，论坛期间，每天在报刊的显要位置报道论坛的最新情况。

2. 专业杂志

例如，中国旅游地理、旅游休闲、时尚旅游、中国会展等杂志。专业期刊上刊登广告持续宣传，介绍论坛信息。在招展阶段，对论坛进行专访，详细介绍论坛举办的意义和论坛提供的机会平台。在论坛开幕前，投放预祝广告。论坛结束之后，做论坛的总结评估。

3. 电视广播媒体

利用电视媒体(福建电视台、东南电视台、海峡卫视、都市时尚台等电视媒体)，福建广播电台广播媒体。在论坛前期筹办阶段和开幕式进行新闻报道，在论坛期间对论坛的成交量的成果进行报道。

4. 网络宣传

新浪、腾讯、政府官网、中国会展网、各类旅游网站等为网络支持媒体，制作论坛专题，建立专门网站广泛发布论坛的信息并在官网上投放调查问卷，注册官方微博公布动态，在各类论坛以及厦门城市宣传片分享素材。

5. 邮件投递

向相关企业投放邮件，配合电话营销，直接对企业进行宣传推广。

6. 城市广告宣传

自 2 月中旬起利用灯箱广告牌位发布论坛宣传广告，分别在公交车站、地铁站、轻轨站发放该广告。

7. 活动宣传

开展沙滩认领、微电影征集、微博互动等子活动，利用网上评比的环节，展示厦门城市风貌，宣传推广中国(厦门)海上休闲旅游产业发展论坛。

(三)宣传推广进度安排

表3-9是本论坛的宣传推广进度安排表。

表3-9　论坛宣传推广进度安排表

阶段	时间	方式	宣传重点	预算费用
第一阶段	2016.12	主要以软文推广为主以及公关活动配合	进行论坛的市场预热，从全国性主流媒体出发，打响宣传的第一枪。宣传内容主要是介绍整个论坛的具体形式和筹办情况，在全国范围内对企业、投资商及广大民众普及海上休闲论坛的信息	略
第二阶段	2017.1—2017.3	轰炸式投放方式	招展的黄金时期，重点在东部沿海地区等经济科技发达地区进行轰炸式宣传，主力培养该区域的招商招展资源，结合诸多专业论坛和人气活动，进行论坛现场观众的召集	略
第三阶段	2017.4.20	官方权威发布	召开新闻发布会，将论坛即将开幕的消息告知大众，在展前作最后一次密度宣传。宣传内容主要是论坛形式和配套活动的具体行程及相关规范等	略
第四阶段	2017.5—2017.6	软性推广为主	论坛结束后至半个月内仍进行集中性的后续报道，从论坛的专业性角度及论坛对区域经济的影响和带动为主轴，全面打造品牌效应，增强政府和民众对海上休闲旅游产业发展的信心，吸引更多资金、技术投入到海洋休闲旅游产业发展中去	略

四、宣传效果分析

论坛的宣传方式主要是大众媒体方面的宣传，包括电视、杂志、报纸、广播、网络等，还有一些其他方式的宣传，如短信宣传、发放调查问卷等。这些都是最常见、效果最好的宣传方式，通过这些宣传，可以覆盖整个厦门的宣传，图3-4为预测宣传效果。

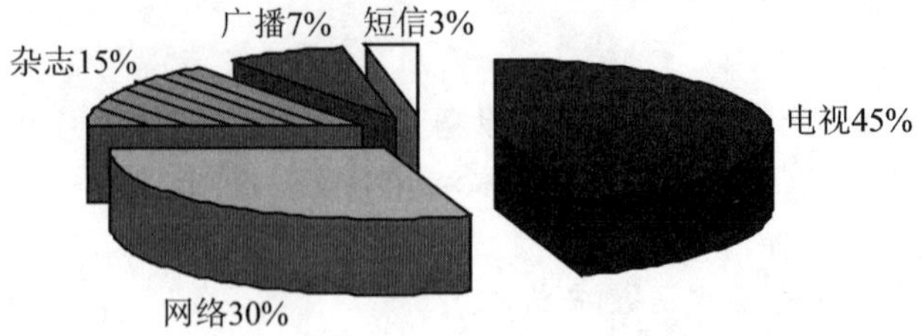

图 3-4 宣传效果分析图

(二)2008 第六届亚洲传媒论坛媒介推广计划

第六届亚洲传媒论坛媒介推广计划

一、宣传基调

此次会议是各国传播学、国际公关、国家形象研究学者为主体，传媒机构、国家相关部门共同参与的学术性会议。

因此，在媒介选择与执行方面，应以学术型媒体为主要阵地，以参会者所在单位涉及媒体为依托平台，并惠及大众，引起社会共鸣，最终达到体现学界的社会责任与人文关怀，扩大论坛及相关主办单位在学界及业内的知名度和影响力的效果。

二、媒体选择范围

可供选择的媒体主要分为以下几种。

(一)报纸

在北京有影响力的主流报纸(如《新京报》)、在全国有影响力的主流报纸(如《南方周末》)。

(二)大众杂志

有选题、有深度的杂志(如《新周刊》《三联生活周刊》)。

(三)专业杂志

学术刊物(如《现代传播》)、专业杂志(如《国际广告》)。

(四)网络媒体

传媒专业网站(如中华传媒网)、公共关系专业网站(如中国公关网)、门户网站(如搜狐)。

(五)数据库

会议论文集、中国重要会议论文全文书籍库。

(六)博客

工作人员和专家的博客。

(七)电视

可与具有公信力的电视台开展栏目合作。

(八)自有媒体

中国传媒大学主页、亚洲传媒研究中心主页、公关舆情研究所主页、其他合作机构网站、校园平面媒体(海报、宣传栏等)、校园电视台广播台。

三、媒体分期

此次的媒介计划分为四个阶段：会议信息发布阶段、媒体前期造势阶段、会议报道阶段、议题整理阶段。

(一)会议信息发布阶段

此阶段主要发布以会议通知为背景的征稿启事，目的是进一步扩大学者的邀请范围，收集高质量的论文，引起学界的注意和参与，如表 3-10 所示。

表 3-10　会议信息发布阶段工作

时间	媒体名称	发布内容	备注
6 月 10—20 日	中国传媒大学主页 亚洲传媒研究中心主页 公关舆情研究所主页 合作单位主页(外文局) 韩国高等教育财团主页 中华传媒网 紫金网 中国公关网 和讯传媒	以会议通知为背景的征稿启事	与校外单位建立合作意向，为日后的信息发布和合作打基础

(二)媒体前期造势阶段

1. 话题预热

利用国庆节前后媒体和民众多国家和民族的高度关注，以及高涨的爱国热情，设置议题，引发讨论，为论坛预热，如表 3-11 所示。

表 3-11　话题预热工作

时间	媒体名称	形式	内容	备注
9 月 25 日—10 月 10 日	搜狐 新浪 网易	在国庆专区设立国家形象传播主题板块	总结奥运会期间的国家形象传播； 迎接国庆； 专家论坛(会议受邀专家精彩言论)	由论坛组委会为网络媒体提供文字内容和专家资源； 前期沟通从 8 月底开始

2. 话题升温

面向大众，为论坛搭建网络宣传平台，提供全面、及时的信息，提高全民的关注度，引发主题讨论，为迎接论坛拉开序幕。面向学界，实时跟进论坛进展情况，使“第六届亚洲传媒论坛：国家形象传播”这一学界热点全面升温，吸引广泛关注，聚拢人气，提升学界的影响力，如表 3-12 所示。

表 3-12　话题升温工作

时间	媒体	形式	内容	备注
10 月 11 日—11 月 14 日	搜狐 新浪	设立“第六届亚洲传媒论坛：国家形象传播专属网页”	论坛介绍、专家风采 精彩言论、历届回顾 机构链接、互动论坛等	由论坛组委会为网络媒体提供文字内容和专家资源； 前期沟通从 8 月底开始
	网易 中国传媒大学主页	设立“第六届亚洲传媒论坛：国家形象传播”专题模块	论坛介绍、活动预告 专家风采、学术观点 科研成果、互动板块 历届回顾、机构链接等	

（三）会议报道阶段

媒体邀请名单，拟邀请 30 家媒体，如表 3-13 所示。

表 3-13　会议报道工作

类别	媒体名称	媒体性质	备注
报纸	中国青年报	日报	
	参考消息	日报	
	21 世纪经济报道	每周五期	
	南方周末	周报	
	环球时报	日报	
	人民日报	日报	
	北京日报	日报	
	北京晚报	日报	
	北京青年报	日报	
	新京报	日报	
	京华日报	日报	
	光明日报	日报	

续表

类别	媒体名称	媒体性质	备注
杂志	中国新闻周刊	周刊	提供通稿和会议资料，对会议内容进行报道； 与记者约定专访
	凤凰周刊	每月三期	
	新周刊	双周刊	
	南风窗	月刊	
	瞭望	周刊	
	三联生活周刊	周刊	
	南方人物周刊	周刊	
网络	中国网		
	人民网		
	新华网		
	搜狐		
	新浪		
	腾讯		
	和讯		
	网易		

为期一个月的校园后续活动宣传如表3-14所示。

表3-14　后续宣传工作

时间	媒体	形式	内容	效果	预算
每个讲座3～5天	学校网站 亚洲传媒中心网站 公关舆情研究所网站	信息通知	讲座和专家信息，以及“亚洲传媒论坛”的简单介绍	告知讲座时间，方便同学来参加讲座	海报制作费
	校园宣传栏	海报			

（四）议题整理阶段

1. 参与电视访谈节目

时间：论坛期间或结束后几天内，如11月15日—11月25日（保证专家在节目录制地点）。

方式：隐性植入。

与著名电视台的访谈节目合作，以“国家形象”为话题，并邀请参加本届“亚洲传媒论坛”的专家(包括国内和国外的)作为节目的嘉宾参与节目的录制。

目的：扩大论坛的社会影响力。

借助电视媒体在大众中的广泛影响力，以及著名专家学者的权威性，使“国家形象”这一话题受到更多人的关注，同时通过在节目中的隐性植入论坛信息，使人对“国家形象”话题的关注转嫁到对本届论坛的关注上来，从而达到扩大论坛社会影响力的目的。

可以选择合作的节目(根据具体情况，选择1～2个节目)如下。

(1)CCTV经济频道：××。××是CCTV经济频道的龙头栏目，也是中央电视台目前播出时间最长的严肃节目，每次节目由突发事件、热门人物、热门话题或某一经济现象导入，捕捉鲜活经济事件、探讨新潮理念、演绎故事冲突、着重突出思想的交锋与智慧的碰撞。关注经济的社会热点问题，如近期播出的“和日本制造对话”“火炬传递什么”“相约博鳌”等，并邀请一些相关的高端嘉宾来参与讨论，节目理性而客观，因而深受都市高端人群喜爱。

节目录制地点：北京

(2)凤凰卫视：××××××。××××××节目是凤凰卫视最近很受关注的一档公众辩论秀节目，获得2007中国电视节目榜“年度电视节目”，每周萃取在社会、文化等各方面发生的重大事件、焦点或热门话题，请来当事人或各界学者、专家名人担任嘉宾发表意见或精辟见解。节目以讨论形式进行，实话实说，直话直说。节目在网络上下载量高，在网民中有很好的口碑和影响力。

节目录制地点：北京

(3)东方卫视：××××××。××××××是由零点研究咨询集团董事长兼总裁袁岳主持的一个谈话节目，由热门事件、焦点人物、社会现象作为导入，探讨新潮经营理念，捕捉鲜活管理实例，演绎企业得失故事，嘉宾为国内外顶级企业总裁层经济人物。目标受众为关注财经界动态、关注前沿思想，并具有管理和决策精神的社会精英人士。节目在全国范围，特别是在上海有很大影响力。

由于《××××××》的话题以财经类为主，因而合作的突破在于找到“国家形象”与经济发展的结合点。

节目录制地点：上海(可以让来自上海的参会专家，如孟建教授等参加)

(4)贵州卫视：××。××是贵州卫视2007年新开办的一档谈话类节目，主持人既是发表观点的嘉宾，也是引导其他嘉宾发表观点的嘉宾主持。每期同时邀请一位嘉宾就相关话题展开讨论。节目的影响力相对来说较小，但由于是与我校合办的栏目，所以合作的机会较大。

节目录制地点：北京

2. 与深度报道媒体开展选题合作

在年末，与《新周刊》开展选题合作，做一年来国家形象的盘点以及深入分析。利用会议为记者提供便利的采访条件和选题角度，利用占有资源为媒体提供新闻材料。媒体给予会议和研究中心一定版面的报道，并开展长期合作。

四、媒介预算

表 3-15 是本论坛的媒介预算表。

表 3-15　媒介预算表

项目	单价	数目	费用总计
媒体车马费			
材料费			
沟通费			
海报制作费			
电视节目合作费			
杂志合作费			
合计			

五、其他

重要学术期刊的沟通应在 10 月完成，校内媒体要参与全程的报道。

第六节　资金来源及预算计划

一、资金的筹备渠道

明确会议可用的资金额度十分重要，预先明确可使用的经费额度，就能依据额度制订出全盘计划，如可邀请的嘉宾数量、可使用的会务材料等。

资金来源依据：政府财政拨款、企事业单位规划的预算、其他机构资助。

二、制订预算计划

在确定经费额度后就应该制订一个严谨的预算计划，以确保与会议相关的各项活动顺利进行。预算计划不是孤立的，应与会议的整体需求和目标保持一致。

完整的会议预算计划应包括以下几方面。

(一)固定费用

无论会议的参加者有多少人，固定费用总是不变的。简言之，不因人数变动而变动的费用称为固定费用，它包括会议场地租金、嘉宾邀请费用、演讲者酬劳、会议材料设计制作、设备租赁使用，以及其他可能需要的开支。

（二）可变费用

会议参加者的数目会影响可变费用，因为它是以人头数来计算的。包括食宿、交通、现场资料、茶歇、小费以及货币兑换费用等。要注意货币的兑换率是每天都在变动的。此外，还要注意货币贬值或者是通货膨胀现象，任何一种情况都会使预算计划受到影响。

（三）间接费用

主要包括与会议有关的行政管理费用，如员工补贴、办公费用、办公设备使用费用等。

（四）不可预计费用

无论预算计划多么完美，不可预知费用总会突然出现，主要包括税收、超时场租费用、夜间运货费用等。要为这些没有预料到的、未计划的费用做好准备，这些费用加起来也可能是一个相当大的数目。

【小资料 3-12】 会议预算的主要内容

文件资料费：包括文件资料的制作、印刷费，文件袋，证件票卡的制作、印刷费用等开支。

邮电通信费用：如发会议通知，则有会议事项发电报、传真、电传或打电话进行联络等费用；若召开电视、电话等远程会议，则使用有关会议设备系统的费用也应计算在内。

会议设备和用品费：如各种会议设备的购置和租用费。

会议场所租用费：如会议室、大会会场的租金，以及其他会议活动场所的租金。

会议办公费：如会议所需办公用品的支出费用，会场布置等所需要的费用。

会议宣传交际费：如现场录像的费用，与有关协作各方交际的费用。

会议住宿补贴费：一般情况下，住宿费是由参会人员自理一部分，由会议主办者补贴一部分。也有主办单位全部承担的情况。如果无住宿要求，应明确参会人员完全自理这一部分，则预算中可不列此项。

会议伙食补贴：通常由主办单位对会议伙食补贴一部分，由参会者承担一部分。

会议交通费：参会人员交通往返的费用，如果由会议主办单位承担，则应列入预算；会议期间的各项活动如需使用车辆等交通工具，其费用也应列入预算。

其他开支：包括各种不可预见的临时性开支。

三、实地询价

为制订一个较为确切的预算计划，要对会议各项花费的价格标准有所了解，即为询价。询价时，首先应明确调查的项目，说明需求的数量、要求的内容，多对比，进行最优选择。询价的范围即以上提到的各项费用，需要制作报价单。

四、编制预算表

采用 Excel 制表记录预算各项内容，使预算模块化，并及时更新。

常见的错误有以下几方面：

1. 询价不到位

不同地区，不同工种价格不同，不要以普遍价格为准。

2. 翻译费用

各语种翻译价位不同，不要想当然认为每个语种价位都一样，影响预算。

3. 交通住宿费用

分为淡季和旺季，价格有差别，要区分对待。

4. 启动资金

大多考虑政府拨款，而且数目不小，应多考虑商业赞助。

实例：某会议预算表(见表 3-16)

表 3-16 某会议预算表

序号	项目名称	单价	数量	金额	备注
1	嘉宾往返机票				经济舱
2	接机及交通费				
3	住宿费				
4	会场布置费				海报、易拉宝、会标、背板、横幅等
5	会刊制作费				
6	宣传手册制作费				
7	论文集及资料册制作费				
8	礼品费				
9	招待费				开幕晚宴
10	宣传推广费				
11	会务人员劳务费				
12	参会人员会务用品费				

续表

序号	项目名称	单价	数量	金额	备注
13	办公用品费				
14	通信费				快递费、工作人员通信费
15	设备维护费				电脑、打印机维护费
16	文化考察费				
	小计				
17	不可预计支出				占总额的百分比　　%
	合计				

五、审核预算

要让起草人员将部分费用的细目表一并附上。如计算设备租用费时，应了解：都租用了哪些设备？设备租用的行情是怎样的？不同型号、功能的费用差距有多大？主审秘书对这些都应了然于胸。

对经费的把关，不可太松，否则会造成浪费；也不可太紧，否则会影响到会议质量。

会议经费预算示例：

某公司新产品发布会经费预算

公司定于2021年3月2日在金隅大厦一楼会议室召开新产品发布会。参会人员预计200人，现就会议所需各项经费提出预算。预算表如表3-17所示。

表3-17　新产品发布会预算

序号	项目名称	单价	数量	金额	备注
1	场地租金	5 000	2	10 000	金隅大厦一楼会议室2天
2	专家邀请	5 000	2	10 000	2人
3	摄像服务	2 000	2	4 000	2台
4	宴请招待	2 000	20	40 000	10人/桌，2顿晚宴
5	交通费用	500	4	2 000	2辆旅行车2天接送
6	会议资料	5	2 000	10 000	
7	媒体纪念品	480	50	24 000	
	合计			100 000	

表 3-17 的预算提交总经理办公会审查批准。

会议筹备小组

2021 年 1 月 10 日

【复习与思考】

一、本章精要

• 会议策划的首要工作就是成立会议小组，然后由会议小组拟定具体的策划方案。策划小组的工作主要包括制定目标、确定人选、具体运作。

• 会议策划方案是会议活动各项策划意图的书面形态，是会务工作机构根据上级的意图和指示制订的详细周密的书面方案。

• 会议策划方案一般包括会议概要、会议日程及相关事务、会议预算以及其他需要说明的事项等内容。

• 从我国目前会议市场上会议类型占比来看，公司会议占比最多。商务会议策划方案的主要框架内容：(1)会议背景；(2)会议市场信息分析；(3)会议基本框架；(4)会议日程及子活动安排；(5)会议宣传推广；(6)演讲嘉宾及贵宾管理；(7)会议供应商管理；(8)会议赞助管理；(9)会议形象设计；(10)会议进程管理；(11)会议预算管理；(12)会议风险管理；(13)会议总结与评估。只要策划方案能概括会议策划的要素，能体现会议策划方案的一般内容，框架均可以灵活设置。

• 会议主题是会议主要内容和实质问题的高度概括，使会议潜在参与者通过它可以了解会议的大体内容。会议主题≠会议议题≠会议名称，会议主题包含会议议题。

• 会议形式通常包括全体会议、平行或分组会议等，主要有主题演讲、演讲、互动交流、圆桌会议、分组讨论等。

• 常见的会议合作单位构成主要有以下五种情况，分别为主办单位、承办单位、协办单位、支持单位、赞助单位。合作单位应根据受益原则和共赢原则进行选择。

• 会议地点的策划包括两方面的含义：一是选择合适的地方，如会议要考虑选择在哪个地区以及哪个城市举行(大地点)；二是选择合适的会址，即会址在城市具体哪个位置，应选择合适的场馆(包括会场、住宿的宾馆饭店等)(小地点)。

• 会议时间的策划涉及两个方面的问题：一是指什么时候召开会议最为合适；二是指会期的长短。总体来讲，会议选时也同样可以概括为“大时间、小时间”。大时间，是指会议何时召开，一般在节假日、双休日不安排会议。小时间，则是指会期长短，当日具体的时间段，应考虑会议举办的时间与工作日上下班时间一致。

• 媒介推广就是利用电视、网络、报纸、新媒体等传播媒介进行推广、宣传的一种方式。媒体计划就是选择广告所使用的媒体和媒体组合、拟定出稿日程方案的计划。

• 完整的媒介计划应该包括：(1)分析会议定位；(2)分析会议受众；(3)选择匹配媒体；(4)设定传播主线及传播主题；(5)确定传播策略；(6)撰写媒体执行方案。

• 完整的会议预算计划应包括：(1)固定费用；(2)可变费用；(3)间接费用；(4)不可预计费用。

二、重点概念

会议策划小组	会议策划方案	会议主题
会议合作单位	会议选时	会议选址
会议媒介推广	会议预算计划	

三、思考讨论题

1. 会议策划小组的工作有哪些？
2. 会议策划方案的框架是什么？
3. 会议主题的构成要素以及与会议议题的关系有哪些？
4. 合作单位选择的步骤有哪些？
5. 会议选址应考虑的因素和原则有哪些？
6. 会议选时应考虑的原则和时间安排规范有哪些？
7. 制订媒介推广计划的内容及应考虑的问题有哪些？
8. 制订预算计划的内容有哪些？

【综合案例分析】　会议的地点到底在哪儿

A公司原定于2017年12月25日上午在某酒店会议室召开表彰大会，发了请柬邀请有关部门的领导光临，请柬上时间、地点一清二楚。

开会当天，有好几位领导提前到会，却看到会标有误，标注为B公司的报告会，经问酒店经理才知道，A公司表彰会改地点了。这几位领导感到莫名其妙，立即与A公司领导联系。

对方回答说，因会务人员工作粗心，在发请柬前，尚未与该酒店负责人联系过租用会议室之事。等到开会前一天联系时，会议室已租给别的单位，结果只能临时改在C会场。但由于邀请单位较多，时间紧急，来不及一一通知，只好请大家原谅，立即到C会场来参加会议。这几位领导听了非常不快，纷纷批评A公司关于会议地点确定工作不到位，管理混乱。

案例分析讨论：

1. 如果你是A公司的会议管理部门，在会议召开前你会做些什么？
2. 会议选址应注意哪些问题？

第四章　会议前期筹备阶段

本章知识逻辑图

【学习目的】

通过本章学习，应熟悉会议前期筹备阶段的主要工作内容，理解会议报备的具体内容和材料，能组建合理的会务工作机构，掌握会场选择的具体内容及方法，理解筹备文化体验活动的具体内容，掌握发言人、嘉宾、参会者选择的要求，学会撰写嘉宾邀请函，掌握执行媒介计划的主要内容，熟悉会议前期接待工作的主要内容，做好会议前期筹备阶段工作。

【重点内容】

- 会议报备的具体内容
- 会务工作的机构设置及人员分工
- 会场选择的具体内容及标准
- 筹备文化体验活动的具体内容
- 发言人、嘉宾、参会者的选择
- 撰写会议邀请函
- 执行媒介计划

前期筹备是在确定会议主题、会议规模、邀请嘉宾等程序后，进入具体的会议准备和会议推进这个阶段。一般以会议召开当日为准，往前倒推 3 个月即为前期筹备阶段。一般商务会议，往前倒推 1 个月即为前期筹备阶段。

第一节　会议报备

会议策划完成后，需要进行会议的报备工作，可分为会议的内部立项、对外协调和外部审批三方面。

一、内部立项

(一)立项内容

会议组织方负责人员起草举办会议的请示文件，提供会议策划中已确定的基本内容，主要包括会议背景、目的、主题、名称、议题、时间和地点；拟邀请的参会人员和规模，拟联系的主办、支持和协办单位及会议经费的初步安排。

（二）内部报批

如果立项申请部门需要就会议举办相关事项与主办单位内部的相关部门进行协调或需要其他单位协助或支持时，需要将会议的请示件抄送给协调会签单位进行审核，听取其有关会议组织的建议和意见，然后提交给主办单位的主要领导进行审批。

二、对外协调

对外协调主要包括邀请会议主办、支持或协办单位和组委会人员两部分工作。

（一）合作单位邀请

希望邀请其他单位作为会议的主办、支持或协办单位时，需要行文征求其同意。商函中要提供会议举办的背景情况、目的、时间和地点、会议主题、拟邀请参加会议的潜在人员和规模，并提出具体的合作建议。例如，明确提出希望其作为主办单位还是支持或协办单位，请其以书面方式予以回复。此外，附上会议筹备机构草案及会议情况的简单介绍，同时附上主办单位联系人员的名称及电话，以便于对方联系。

在对外联系中，除正式发商函外，也要通过电话或其他方式，如拜会等方式进行及时和细致的前期沟通，随时解答对方有关会议情况的询问并了解对方的合作意向。

在联系相关单位作为会议的合作成员单位时，应注意以下问题。

(1)邀请函签发的名义，注意各单位间的匹配性，即以同一级别的单位名义发函。

(2)发送的对象和方式。应根据不同情况，以适当的方式将邀请函发送到适当的机构或人员。

(3)各合作单位间的关系协调。主要包括排名的先后次序、是否为独家合作方等问题。例如独家媒体支持、独家赞助商等。在最初策划会议时就要将这些问题考虑清楚，在宣传资料发送出去后最好不要轻易予以调整，以免失信于人或引起不必要的矛盾。在对合作方作出承诺前，也要权衡是否能够兑现自己的承诺。

(4)明确权责利。对于合作单位的权责利要事先有所明确和约束，不要等发生问题后再互相推诿。

【小资料 4-1】 **关于邀请中国蔬菜流通协会作为首届中华芋头交流大会主办单位的函**

中国蔬菜流通协会：

泰州市地处江苏省中部，长江下游北岸，位于沿海与长江 T 型产业带结合部，东西承接上海、南京两大经济圈，南北联接苏南、苏北两大经济板块，区位优势明显。泰州不仅经济、外贸繁荣，传统特色农业也很发达，主要农作物生产水平处于江苏省前列，常年蔬菜种植面积 120 万亩，年产各类蔬菜 300 万吨。

泰州境内水网密布、土壤肥沃、四季分明，得天独厚的自然、地理条件使得泰州成为最适合芋头生长的地区之一，相较其他地区的芋头，泰州芋头更具口感细腻，营养丰富，具有淀粉含量高、粗蛋白含量好的特点，完全符合现代人的营养需求和饮食口味。2012年，央视《舌尖上的中国》播出“我们的田野”。一夜之间，我市兴化龙香芋成为国内外众多“吃货”的“新贵”，但对泰州芋头而言，央视节目仅仅揭开了浅浅一角，除兴化龙香芋外，我市靖江香沙芋、泰兴香荷芋、姜堰紫荷芋，每一品种都独具特色、让人垂涎。

一直以来，泰州芋头属于“养在深闺人不识”，产业发展起步较晚。2012年，泰州获批国家现代农业示范区，同年6月，江苏省委、省政府正式确定泰州为全省转型升级综合改革试点，泰州迎来了现代农业跨越式发展的“黄金期”。为抢抓机遇，发展现代农业经济，打造特色芋头产业，泰州市委、市政府作出推进芋头产业发展的重大决策部署，泰州市芋头产业发展协会应运成立，全市芋头产业走向加速发展快车道，芋头区域化产业布局基本形成，规模化种植取得突破，2013年全市芋头种植面积达到10万亩。

为打通芋头流通渠道，发展泰州芋头产业，使泰州芋头走出江苏、走向全国，我们拟于9月28—30日举办首届中华芋头交流大会。诚挚邀请贵会作为首届中华芋头交流大会主办单位，并请确定1名领导同志担任组委会主任，出席首届中华芋头交流大会各项活动；确定1名工作人员协助参会单位邀请事宜。本周内贵会可否派员来泰商谈具体合作事宜，或我们去京亦可。

特此函邀，请予支持。

【小资料4-2】 关于诚邀担任“2015中国互联网＋创新大会内蒙古峰会”协办单位的函

致贵单位：

为贯彻落实《政府工作报告》精神和内蒙古自治区人民政府出台的《关于加快推进“互联网＋”工作的指导意见》，加快推进实施“互联网＋”行动计划，新华网拟定于9月16日在呼和浩特市香格里拉酒店举办“2015中国‘互联网＋’创新大会·内蒙古峰会”。活动的主题为“变革的力量”。

本次峰会将举办“互联网＋”政务、“互联网＋”金融等多个专题峰会，邀请政府领导、专家学者以及行业主管部门负责人和相关企业负责人，共同研讨内蒙古如何充分发挥互联网在稳增长、调结构、转方式和惠民生中的作用。

为使这次峰会能办出影响、办出质量，新华网诚恳邀请贵单位作为协办方之一，参与“2015中国‘互联网+’创新大会·内蒙古峰会”的组织开展工作，共同为推动内蒙古互联网经济健康快速发展做出贡献。

诚邀！盼复！

新华网股份有限公司内蒙古分公司

2015年8月14日

（二）组委会

根据已确定的组委会拟邀请人员名单来分别邀请组委会成员。要根据不同的情况来邀请相关人员。如拟邀请某个非常有声望的人士来担任组委会的名誉主任或主任一职，那么就要通过相应的渠道发送以主办单位或主办单位领导名义起草的邀请函，事先最好能够通过电话或拜访的方式进行前期沟通，使其对会议的情况有初步了解。

如果邀请其他主办单位或支持单位领导担任组委会委员，一般要先征得相关单位同意作为会议的主办或支持单位，由其指定相应的人员担任组委会委员。可以在联系主办或支持单位的邀请函提及如其作为会议的主办或支持单位，请指定相应人员担任组委会委员一事，请其回复时加以明确。

如果邀请相关学者或咨询顾问人员担任委员，也要起草邀请函，并由专人负责与其沟通，解答有关会议组织的相关问题。

在邀请组委会相关人员的过程中，应注意以下几点。

(1)署名是否妥当。邀请单位或邀请人的署名是否妥当，例如邀请部委一级的人员，如果不用主办单位而用承办单位的名义去邀请则不妥当。

(2)邀请函发送对象。在发邀请函前要了解清楚应该把邀请函发送给谁，可视具体情况发给某单位的办公室或负责业务的具体部门或直接发给本人，总之要发对地方、发对对象，以免在不必要的环节中中转。

(3)邀请函发送渠道。在单位内部，一般可通过内部渠道交换，也可视情况通过邮件、邮寄、传真或专人递送。

(4)专人负责。应保持邀请联系人的连贯性，即专人负责联系邀请事宜，及时解答被邀请人提出的相关问题，并对联系进展情况心中有数。

(5)及时告知。负责邀请的专人应及时告知被邀请人会议的筹备进展情况，使其了解何时需要其参加何种活动，并提早做好日程安排。

三、外部审批

（一）会议报备的对象

根据相关规定，组织大型国际会议，会议主办方需要向政府主办部门进行报批或备案，得到批准后方可开始筹备。

1. 向国家主管部门申报

(1)在华举办的各类国际会议。

(2)无论规模大小，涉及敏感问题、意识形态或邀请敏感人士参会的国际会议。

2. 会议审批

若是在国内举办大型国际会议，主要依据《外国人入境出境管理法》。其中，涉及涉外会议的规定主要有“外国人持有效的签证或者居留证件，可以前往中国政府规定的对外国人开放的地区旅行(《外国人入境出境管理法》第四章第二十条)”(由于国外嘉宾参会时间较短，并且办理会议签证耗时较长，因此一般情况办理旅游签证即可)。

在华举办国际会议，实行国务院和省级两级审批制度，举办方不得自行审批。以国际大型学术会议为例，需要教育部审批，同时也可能报国务院或国家其他部委审批。

(二)会议报备的内容

会议报备主要是对会议的以下几个主要问题作出规定，提交上级主管部门审批。

(1)限定会议种类。

(2)限定会议次数。

(3)限定会期。

(4)限定会议地点。

(5)限定会议规模。

(6)限定参会领导及约请领导参会联系方式。

(7)限定会议经费。

(8)会务人员。

(9)会议伙食标准。

(10)会议住宿标准。

(三)会议报备所需材料

1. 申请报告

通常，报上级单位的申请报告内容应包括以下几方面。

(1)会议名称，如果是国际会议，还应提供英文名称。

(2)举办会议的由来、背景(历届举办情况)和必要性。

(3)会议的性质、宗旨和意义。

(4)会议的基本信息：一是会议主办、承办、协办及合办单位介绍；二是会议主题、议题；三是会议时间、地点；四是会议规模、范围、总人数。

(5)嘉宾邀请。首先，如果有境外嘉宾，应提供境外嘉宾名单，包括姓名、国别、出生日期、工作单位、联系方式等。其次，是否邀请党和国家领导人以及境外地区政要或前政要出席会议(如邀请，需注明另行报批)。

(6)经费预算。详细列出会议预算、经费来源及开支情况。

(7)其他。有关国际组织情况，并附上相关详细背景材料。

2. 与会境外专家名单

包括姓名、国别、出生日期、工作单位、联系方式。

3. 经费预算

详细列出会议预算、经费来源及开支情况。

四、填报审批表

会议报备审批表常见的有《会议申报表》《会议经费预算表》。《会议申报表》如表 4-1 所示。

表 4-1　会议申报表

申报时间	
主办单位	
协办单位	
主办单位领导签字	
会议名称	
同类会议当年次数	
申报理由	
规模(人数)	
会期	
会议通知发出时间	
参会对象	
会议地点	地名：　宾馆名：　星级：
申请经费总额	
邀请参会领导(职务)	
办公部门审查意见(签字)	
批准领导意见(签字)	

表 4-2 给出了某单位会议经费预算表，仅供参考。

表 4-2 会议经费预算表

会议名称	
会议主办单位	
会议主办单位领导签字	
会议发出通知计划日期	
会议规模(人数)	
会议申请经费总额	
1. 住宿标准	A类：人 元/日；B类：人 元/日
2. 伙食标准	
3. 会场租金	
4. 会场标语宣传费	
5. 会议标牌、文件印刷费	
6. 会议用车费	
7. 会议娱乐费	
8. 外请专家费	
9. 摄影、摄像费	
10. 杂费	
会议奖励费(出处、数额)	
审查意见	
部门签字(章) 办公部门　　　　监察部门 财务部门　　　　审计部门	

第二节 组建工作团队

一、会务工作机构的设置

会务工作应按照会议的实际需要进行明确的分工协作，组建好工作团队，并设立若干不同种类的工作小组来实现。以大中型会议为例，其工作机构与职责分工如下。

◆ 一般设秘书处，在会议主席团领导下开展工作。

◆ 秘书处通常可设秘书组、组织组、宣传组、会务组、后勤组、安保组。秘书处下设各组的任务，可根据具体情况确定，如图 4-1 所示。

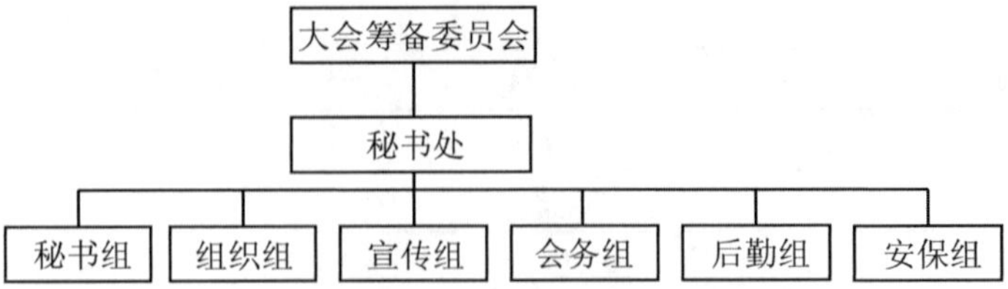

图 4-1　会议常见机构设置图

（一）秘书组

（1）负责会议报告、讲话及其他重要文件的起草、修改、印刷、发送等工作。

（2）联络参会者，了解并掌握会议全体讨论、分组讨论情况，进行汇总，并及时向秘书长、大会主席团报告。

（3）编发大会简报、快报。

（二）组织组

组织组一般在政务会议设置中较为常见，商务会议可以不设置。

（1）承办参会者资格审查方面的事宜，包括提出参会者资格审查意见，起草参会者资格审查报告等；负责编制参会者名册。

（2）承办选举方面的事宜，负责汇总各分组讨论酝酿、讨论候选人及选举事项的意见。

（3）承办会议秘书处交办的有关事项。

（4）负责会议秘书处交办的各项工作。

（三）宣传组

（1）承办新闻发布和宣传报道方面的事宜。

（2）组织、安排、协调记者的采访活动。

（3）负责音像资料的录制、管理工作。

（4）负责会议秘书处交办的各项工作。

（四）会务组

会务组是整个会议工作团队中，事情最多、最琐碎的部门。如果存在某项工作无法明确归属到哪个部门的现象，一般情况均可由会务组完成。

（1）承办会议活动方面的有关事宜，包括编发会议通知、安排布置会场、协调会议活动等。

（2）负责会议证件的制发和文件材料的印发、清退工作。

(3)负责会议的值班、联络、来信来访和保密工作。

(4)负责会议秘书处交办的各项工作。

(五)后勤组

(1)编制会议预算，负责会议财务管理。

(2)负责大会的食宿、车辆、医疗以及其他生活服务工作。

(3)组织、安排会议的其他活动。

(4)负责参会者及嘉宾的迎送工作。

若参会者人数众多，后勤组的接待工作可独立出来，单独设立接待组，主要负责参会嘉宾的接待工作。若会议秘书处不设后勤组的，后勤组的工作一般由会务组负责。

(六)安保组

(1)承担安全保卫方面的事宜，包括各个会场、参会者驻地以及参会者集体外出活动的安全保卫、警卫工作。

(2)负责会场和参会者驻地车辆疏导。

(3)协助会务组做好证件的查验工作。

注意：并非所有的会议都需要设置安保组，若会议中邀请了重要领导人、政府主要官员、明星、年纪较长者等情况则可以设置安保组；一般情况下，会议多数在酒店、会议中心召开，这些场馆本身就配有安保人员，则不需要重复设置。同时，不同档次、规模的会议分组不同，主要根据会务工作的内容进行分工。

二、组委会人员的确定及分工

一个较为完整的会议组委会人员构成如下。

(一)自有人员

1. 秘书长

主要负责整个会议的策划、运营和监管，以及协调各部门人员及工作。

2. 文案

负责会议文案、邀请函、会议手册等所有文字性工作。

3. 嘉宾接待

负责嘉宾邀请、与嘉宾实时沟通以及嘉宾接待。

4. 会务

负责会议执行阶段的会场工作。

5. 物料管理

负责会议所有物料，包括手册、文具的制作和管理。

6. 媒体推广

负责媒体的筛选、联系及采访对接。

7. 财务

负责整个会议的预算以及嘉宾机票、食宿报销等相关事宜。

（二）可外包人员

1. 设计

负责会议手册、背板、胸卡等所有视觉材料的设计。

2. 翻译

负责会议材料的翻译、会议现场的同声传译工作。

3. 志愿者

负责参会者引导、资料发放、接送机工作，可灵活安排。

三、各合作方人员的对接

（一）与主办方对接

主办方一般只负责会议的发起、主持和审批，具体事宜并不会亲自处理。因此，会议承办方需要按照一定的周期将会议进度上报给主办单位，以汇报工作情况，并明确信息出口。同时，也可及时了解主办单位对会议筹备的意见和建议，有利于下一步会议准备工作的顺利开展。另外，在确定发言稿、预算等报批时，及时与主办单位对接沟通是十分必要的。

（二）执行单位之间的对接

执行单位是会议举办的主力军，若涉及两家以上的执行单位，应提前做好分工与协调工作。前期执行单位之间的沟通应包括会议主题、会议宗旨、会场布置、嘉宾阵容、文化体验活动及交通食宿安排等。应尽量从各单位的资源优势出发，明确分工，做到互通有无，相互支持。

（三）与支持单位对接

支持单位一般提供媒体宣传等方面的支持。无论是在会议举办前期的造势，会议举办时的现场报道，还是会后的专题刊发，媒体报道都在一定意义上决定了会议的成功程度。因此，支持单位的作用不可忽视。在与其对接时，应就前期制订的媒介推广方案进行深入讨论，增强可行性，并在可能的情况下寻求支持单位给予媒体方面的具体支持。

（四）与会议供应商的对接

如果会议存在服务外包，会务组在筹备期间就应与其进行必要的沟通和项目说明。会议供应商一般分两种形式：一是整个会议的执行由专业的会展公司或会务公司完成；二是零散的供应商，如摄影服务、翻译服务、同声传译服务、餐饮服务、住宿服务、交通服务等。

在与多方合作中可能涉及多个单位，单位性质不同（如政府、事业单位、国企、高校等)，其内部决策体系和工作流程不同；同时，各单位对举办会议的目的和期望不一样，加之不同的工作人员性格、行为方式各异，使得多方合作中不可避免会产生摩擦和误会。在此情况下，相关负责人需要根据合作单位的性质在沟通环节给予其充分的准备时间，同时做好团结和协调工作，不能因个别工作人员的小摩擦而影响整体合作。此外，应在坚持必要原则的同时，多站在对方的角度和立场进行思考，以宽容的态度去化解矛盾、解决问题，最终共同将会议顺利举办。

第三节　会场选择

如第三章第四节所述，会议选址包括大地点、小地点。在确定好会议所在哪个城市举办之后，接下来应着手考虑具体的会场，即小地点的选择。不同类型的会议，其选择的场地风格也不一致。在前期策划阶段确定会议举办城市或地区后，应着手选择具体的会场。

一般而言，对于学术型的会议，高校学术报告厅、酒店或会展中心是理想选择。以本地客人为主的会议，城郊的会议酒店是举办会议的理想选择。

一、会场选择的要求

会场条件是否完善直接影响到会议的有序组织和顺利开展。会议组织者需要对多个场地进行综合比较，以便掌握较多的会场情况以及详细的会场设施及服务信息。一般而言，在选择会场时，应重点考虑以下内容。

(一)会场种类

根据场地使用功能不同，会议场地可以分为以下几类。

1. 会议场地

即用来召开全体会议、平行会议、专题讨论会或研讨会、圆桌会议等所使用的场地。

2. 活动场地

即组织附设展览和洽谈会等会议配套的业务活动所需要的场地。

3. 接待场地

主要用来接待参会人员、贵宾和发言人员并为其提供服务，主要包括注册台、咨询台、贵宾室、发言人准备室、记者接待处等。

4. 交流场地

用于和参会者进行沟通和交流，主要包括资料台、赞助商台和新闻采访室等。

5. 餐饮场地

用来组织招待酒会、欢迎或告别宴会、午餐或晚餐会以及供参会者休息的茶歇区。

6. 办公场地

供会议组织者在会议期间设立秘书处或临时办公室，以及用来储存会议设备或资料的设备室或储藏室。

7. 其他场地

如安保、急救、存放衣物、文艺演出或体育活动所需场地，以及工作人员或参会者所需要的临时性住宿用房等。

(二)会场功能

会场的功能是否可以满足会议活动的要求，会场周边交通、停车场容量、餐饮服务、住宿服务、灯光、音响等辅助功能应尽可能齐全。

(三)会场布局

会场的布局要适合会议的组织和管理，既能举行全体大会，又能同时进行多个分组讨论，并且与会议规模相适应。

(四)会场区位

会场在城市的位置较为方便，离机场、车站等枢纽距离适中，到达会场的通达性较好，出入较为方便。

(五)会场应急

会场在处理火灾、断电等意外事故方面有必要的应对措施。

二、会场选择的具体内容

在对会场进行初步选择之后，下一步工作应开展实地考察。在现场考察时应注意：一是会见能做决策的人，这样有利于以后解决可能出现的问题；二是以普通参会者的身份，考察会场的服务设施及服务水平能否满足会议要求；三是选定几家场地作为备选，以便出现特殊情况时能灵活调整。具体而言，会场选择主要包括以下内容。

(一)基础设施

硬件设施是选择会场必须考察的内容，如会场容量是否与会议规模相称。会场的选择一定要大小适中，所选择的会场要保证能容纳预计的全体参会者、工作人员以及媒体记者等。会场太大，不仅造成浪费，而且会让人觉得会场空旷、缺少气氛；会场太小，不仅拥挤，还会给人压抑感。

如果会议议程安排了不同的议题同时进行，则应安排两个及以上的会场，且各会场应相邻，方便参会者根据自己感兴趣的议题选择会场。对于有领导出席的会议，需要安排一间大小适中的贵宾会见室，而且会见室到会场的距离不宜太远。

(二)服务设施

会场的服务设施考察内容主要有：抵达会场是否有方便快捷的交通工具；是否有种

类齐全的娱乐设施；停车场的位置与容量；会场本身或附近是否有商店；电梯、公共卫生间及其他公共区域是否干净整洁等。

此外，还应考察是否有会议所需的各类器材，是否有齐备的照明、音响、灯光、投影仪、LED屏、视听设备等设施。必要时，也可以要求对方提供备用设备。

（三）住宿服务

如果会议持续时间超过一天，还需要对会场或附近的住宿设施情况进行详细考察。主要包括客房数量、房型、客房到会场的距离与方便性、网络覆盖、入住与退房、发票出具等相关规定、客房条件与安全设施等。

（四）餐饮服务

考察会场的餐饮服务能力非常重要，因为餐饮往往会影响参会者对会场的整体评价。考察的主要内容包括：公共区域外观是否清洁；餐品的卫生状况是否良好；餐厅工作人员的态度是否热情，能否提供有效、快速的服务；餐饮价格是否合理；菜系类别是否齐全多样；能否提供独特的茶点及参会者特殊要求的食物；是否具有举办宴会的能力等。

（五）会场工作人员

会场工作人员也是重要的考察对象。主要内容有：现有服务人员是否需要因会议安排进行特殊培训指导；安保人员与服务人员是否友好；前厅接待的人力是否足够；服务人员的服务态度是否热情主动，是否明确其责，能否各司其职，服务效率如何等。

（六）会场安全

会场的安全性包括政治安全和环境安全。前者是指防止出现危及领导者或参会者的人为因素，后者是指会场是否有安全隐患，电器、电路是否可靠，是否设置火灾报警系统，是否配备灭火器，是否公开了撤退程序，消防设施是否齐全，消防通道是否畅通；安保能力是否充足等。

（七）费用收取

主要包括考察会场的各类收费标准及收费方式，工作日与周末的收费标准、淡季与旺季的收费标准是否不同；是否可以提供免费使用的工作房间；是否需要缴纳定金，缴纳多少，是否可以刷卡结算，能否出具发票等。

三、会场选择的渠道

无论是公司年会、联欢会、新闻发布会、高峰论坛还是产品推介会，会场选择都是重要的一环。会议组织者或会务公司应确立一套较为系统的会场选择标准。一套严谨的会场选择规范和服务模式，通常需要经过实地考察，依照会场的信息收集标准逐项记录，并收录到专业的数据库中，场地数据信息的详细性甚至超过会场本身。具体而言，会场选择的渠道可以从以下几个方面入手。

（一）一手的场地信息

可以通过实地考察，填写场地调查表。尤其是当进行多个会场的考察和比较时，场地调查表能将各会场的基本情况一目了然地呈现在决策者面前。场地调查表的主要内容如表 4-3 所示。

表 4-3　会场考察情况记录表

会场名称：______________　　　　会场地址：______________

会场主管：______________　　　　联系电话：______________

考察人：____________________　　考察时间：______________

考察项目		情况记录	其他情况说明
会场内信息	场地尺寸	长____宽____高____	
	场地空间	□有柱　□无柱	
	可用场地	面积______结构______	
	会场设备	□齐全　□一般　□较差	
	配套设施	□齐全　□一般　□较差	
	会场租金	□昂贵　□适中　□便宜	
	餐饮服务	□提供　□不提供	
	茶歇服务	□提供　□不提供	
	住宿服务	□提供　□不提供	
	会场服务水平	□好　□中　□差	
会场周边信息	会场交通	□便利　□一般　□不便	
	停车场容量	□有(□充足　□一般　□紧张) □无	
	酒店	名称：__________________ 地址：__________________ 简介：__________________	
	餐厅	名称：__________________ 地址：__________________ 简介：__________________	
	机场/火车站	距离：	

（二）良好的场地关系

通过项目合作与日常场地考察，可以积累大量的会议场地资料，以备全面满足会议组织者和参会者的场地需求。与会场建立良好的合作关系，不但可以为会议提供良好的场地支持服务，也有利于为会议组织者节省一定的场地租赁费用。

（三）在线预订会场

线下实地考察有一定使用限制。当会议准备在异地举办时，实地考察成本较高。随着"互联网＋"的普及，越来越多的会议组织将目光转向了专注于场地搜索、场地预订的在线服务平台。目前，我国会议市场新兴客户正在迅速崛起。互联网行业成为线上预订成交金额最多、办会频次最多和增速最快的行业，堪称会议消费新贵。其中，为企业服务的互联网公司的增速最为迅猛，教育培训行业、金融行业、医疗行业位列其后。下面介绍国内会议市场较为主流的几家在线预订服务平台。

1. 会小二

网址：www. huixiaoer. com

(1)网站简介。会小二隶属于北京云动数字媒体技术有限公司，是国内领先的会议活动服务平台。会小二提供中国 50 万个酒店场地精准数据查询，超过 1.2 万家深度合作酒店在线提供实时档期与价格。包括联想、微软、中国工商银行、诺华制药等在内的大型企业用户，及数以万计的中小企业，每日通过会小二平台，更简便、轻松地完成会场及其他会议活动资源的采购。会小二网站主页如图 4-2 所示。

图 4-2　会小二网站主页

(2)网站特点。

①海量数据、精准信息。会小二提供国内 90 000 多个场地的海量、精准数据，是国内最大的场地资源数据库之一，并根据客户需求和所处地理位置，为客户提供特价场地、活动会议套餐等会议产品精准推荐，如图 4-3 所示。

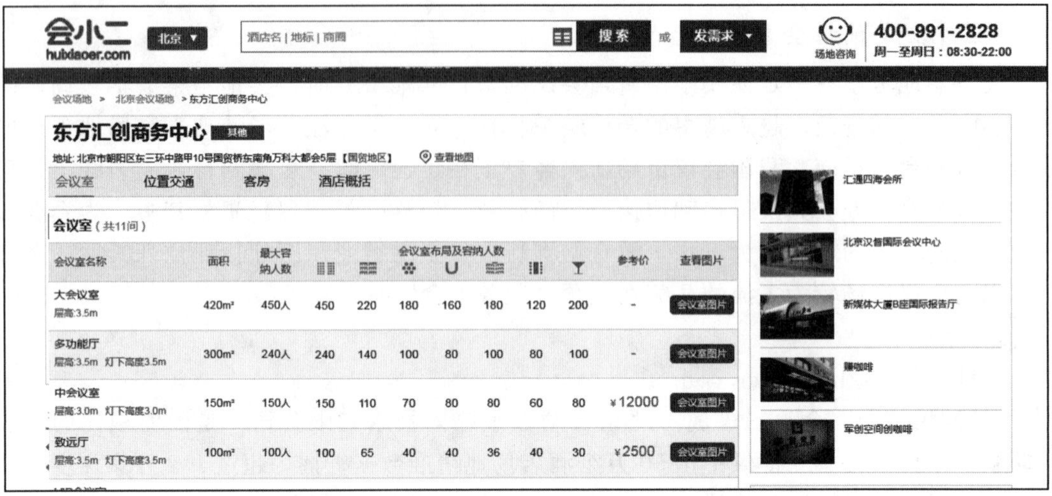

图 4-3　会小二网站上某酒店场地的数据

②快速搜索，轻松对比。会小二搜索引擎，为用户提供最方便的场地数据查询、对比和预订；

③帮忙砍价，帮忙选优。从场地获得第一手折后价格信息，以海量数据库价格作对比，帮客户砍到优惠价，并提供优质备选方案。

客户在会小二网站提交需求后，网站会在 15 分钟内快速响应并致电客户，同时在 2～5 小时内出方案，直接推送到客户的微信账号。若客户的会议在一周内，会小二将启用紧急受理通道，为客户急事急办，并只推荐服务记录优良的供应商，为会议组织者节省 30％～50％的采购成本。

会小二网站还有较为完善的会议配套服务，如场地搭建、音响灯光、视频投影、摄影摄像等，为会议组织者提供了便利，如图 4-4 所示。

2. 会唐网

网址：www. eventown. com. cn

(1)网站简介。会唐网隶属“会唐集团”旗下“北京会唐世纪科技有限公司”，成立于 2007 年，是中国首家及最大的在线会议资源集采平台。会唐的场地资源覆盖了全国 301 个城市的 6 万多个会议及活动场地，涉及酒店、会所、文化古建等二十多种类型，全国 90％的线上场地查询预订业务都通过会唐网完成。会唐网主页如图 4-5 所示。

图 4-4 会小二的配套服务

图 4-5 会唐网主页

(2)网站业务模式。会唐网通过互联网构筑业务平台，实现线上技术和线下资源的管理经验进行互动整合，连接行业上下游产业链，实现 O2O 盈利模式。一方面，会唐网为活动主办方提供场地查询和活动方案策划；另一方面，会唐网还提供场地以外的线下增值服务，这是与其他在线场地搜索网站最大的不同。会唐网上某酒店场地的数据，如图 4-6 和图 4-7 所示。

图 4-6 会唐网上某酒店场地的数据(一)

酒店简介

重庆希尔顿酒店酒店是国际希尔顿集团在中国管理的第五家酒店。酒店位于市中心的政府机关区，距重庆市商业及娱乐中心解放碑仅4公里，从酒店至机场仅需35分钟车程；毗邻著名的大田湾体育场。酒店的客房、餐饮、娱乐、运动设施均按照国际5星级标准设计建造。

会场详情 客房报价

会议室名称/详情							参考价(每天)
缙乐殿宴会厅 面积 551㎡ 层高7米 无立柱 最多容纳：500 人	500	350	100	150	300	--	¥16000
宴会厅B 面积 295㎡ 层高7米 无立柱 最多容纳：260 人	260	150	80	40	150	--	¥12000
宴会厅A 面积 256㎡ 层高7米 无立柱 最多容纳：200 人	200	120	60	40	100	--	¥10240
C+D 面积 160㎡ 层高3.2米 无立柱 最多容纳：100 人	100	54	32	40	70	--	¥6400
走廊 面积 150㎡ 层高7米 无立柱 最多容纳：100 人	--	--	--	--	100	--	¥6000
A+B 面积 104㎡ 层高3.2米 无立柱 最多容纳：40 人	30	30	--	--	40	--	¥4000
鸿运厅 面积 100㎡ 层高3.2米 无立柱 最多容纳：28 人	--	--	--	--	28	--	¥1200

图 4-7 会唐网上某酒店场地的数据(二)

(3)网站产品。

2016 年，会唐网开通了会议商旅直采与管理系统。通过该平台，场地类、会议商旅类等资源服务提供商可以实现自主开店、自主接单的商铺经营模式，而采购用户可以实现查询、询单、在线合同生成、支付、申请金融垫款等一站式服务。也就是说，酒店方可在会唐网上创建、装修自己的店面，展示、发布及售卖自己的场地、客房、餐饮商品及服务套餐，并可做实时更新，还可通过会唐网配置的即时响应系统，在 PC 端、手机端接收来自全国会议采购方的询价，之后完成订单的在线管理及在线收款。这种模式类似于 B2B 的天猫商城，酒店方可自建、运营电商旗舰店。同时，平台在未来将有更多的商旅业态，但不限于餐饮、交通、门票、机票、商旅出行、会务搭建、会议衍生服务等单项及套餐服务商品。

会唐网还推出在线演艺预订、婚礼、方案下载、会议支持软件、移动 APP 等相关会议服务产品。会唐网正在通过互联网及移动互联网技术覆盖活动、公关、会展、演艺等传统行业的运营模式。

3. 酒店哥哥

网址：www. hotelgg. com

(1)网站简介。酒店哥哥网是国内专业的会场搜索、比价、预订平台，免费提供数万个优质会议场地。酒店哥哥网主页如图 4-8 所示。

图 4-8　酒店哥哥的主页

截至 2017 年 3 月，酒店哥哥已经覆盖了全国 325 个城市、8 万多家优质场地资源，包括高档星级酒店、中档优质酒店、度假村、特色会所、会议中心等，月均处理超过 40 000 个会议订单，年度交易规模超过 50 亿元。目前已有超过 3 万知名企业注册用户在日常组织会议活动工作时使用酒店哥哥。

(2)网站特点。一是免费获得 15 000 家以上优质会议酒店资源，如图 4-9 所示；二是免费查看全国 30 000 家酒店销售的联系方式；三是举办会议可获全国 50 城市专业顾问的落地支持；四是找酒店拿报价可以获得一手低价；五是可享受来自高星酒店的独家特惠资讯和积分好礼。

会议厅名称	面积	最多可容纳人数							市场参考价	VIP会员参考价
逸林大宴会厅	600m²	640人	640	360	200	150	160	300	¥75000/全天 ¥45000/半天	查看
逸林宴会厅A	300m²	270人	270	150	80	100	99	120	¥38000/全天 ¥22000/半天	查看
逸林宴会厅B	300m²	270人	270	150	80	100	100	120	¥38000/全天 ¥22000/半天	查看

图 4-9　酒店哥哥网上某酒店场地的数据及报价

(3)网站产品。

①酒店哥哥网站、APP、微信端，适用于中小企业客户，可以帮找场地，也可以自己找场地、寻求报价，3 分钟内响应用户需求。用户在该网站搜索场地时，可以直接找到目标酒店会议产品销售人的联系方式，用户既可以自行与酒店联系，也可以通过酒店哥哥联系，如图 4-10 所示。

图 4-10　酒店哥哥网上某酒店会议销售人员的信息

②Meetingbest。适用于 KA 企业客户，为有大量会议需求的大企业用户提供 SAAS 服务，从下单到结算的每个环节在线上都留有记录，保证会议的合规、透明，一站式大客户解决方案。

③MMS 会议管理系统。适用于酒店/场地销售，专业的酒店会场库存和订单管理系统。

④酒店销售助手。有 PC 端和 APP 端，接收订单或维护酒店数据。

⑤百格活动。酒店哥哥战略投资的产品，适用于活动主办方/会议组织者，用于活动报名、活动推广、参会人员管理、活动会议现场服务以及会后统计。

(4)业务模式。

首先，为高频大企业客户提供 SaaS 会议预订系统。酒店哥哥推出 SaaS 企业采购系统，到目前已经为 80 多家 500 强企业开通了这款采购系统。这类企业客户的特点是，年度的小型会议比较多，酒店哥哥的系统旨在帮助他们管理好这些会议的全流程，让业务人员和采购合规团队双方提高效率。

其次，为中小企业客户提供招标单，类似“滴滴模式”的抢单制。中小企业在平台上面发布会务需求，则有酒店销售抢单联系，酒店哥哥不参与服务过程，也不从中赚取差价。因为中小企业不比 500 强公司的经济实力，一年下来会务开展数量并不多，这些企业希望能够快速获得(低价)报价，并且特别厌恶被赚差价或佣金。所以在一开始，酒店哥哥就没打算从中小企业商家手中获利。

最后，为 VIP 企业客户提供专人服务。VIP 服务在 2013 年年底推出，到目前为止酒店哥哥的 VIP 企业客户数量超过 6 000 家。这些会议企业的特点在于，希望能有专人帮助快速匹配价格合适、有档期的场地资源，而不想有场地销售直接联系他们。

以上仅选择了具有代表性的三个在线场地搜索预订网站，还有更多类似网站，由于篇幅关系不能一一展开。会小二、会唐网、酒店哥哥网三个网站的分析如表 4-4 所示。

表 4-4　三个网站比较表

比较项目	网站名称		
	会小二	会唐网	酒店哥哥网
总部	北京	北京	上海
覆盖城市数量	20 个	301 个	325 个
产品种类	单一	多元	多元
运营模式	线上	线上＋线下	线上
会场价格公开	是	是	是
会场联系人公开	否	否	是
会议配套服务	线下会议服务	线下会议执行 会议商旅直采与管理系统	会议管理系统

四、洽商签约

（一）价格洽商

在选择和考察场地的基础上，与场地供应方就场地需求进行进一步沟通，逐一明确会议对场地和餐饮的具体需求，包括需要多大、多少场地、预期使用人数、场地的具体布置要求、需要提供的餐饮服务以及需要提供的其他服务，在明确总体需求的基础上，协商所需的相关费用。

会议场地可依据已商定的场地租金预订，也可按照场地提供方规定的每位参会者收费标准(例如每人每天收费××元，包括场地、餐饮等)乘总人数的方式预订。

（二）签署合同

在协商一致的基础上，要与场地提供方签订正式的合同。如无正式的合同，届时场地无法得以保证。

在场地预订合同中应标明以下几方面。

1. 费用

列明场地使用时间及其租金、使用人数、食品、饮品和茶歇费用的具体标准。

2. 付款方式

标明付款的开户名、银行账号、开户银行及银行地址。

3. 预订金

列明预订金的数额、结算方式。

4. 违约金

列明违约时应承担的责任。

5. 会议/宴会的具体要求

列明摆台方式、菜单、饮品种类、指示牌、台卡等。

6. 布置和拆除

列明设备安装的相关要求，明确进场的相关时间以及对外部供应商的要求。

7. 签字

合同只有经双方代表签字后才能生效。

第四节　筹备文化体验活动

会议是参会者觅得灵感、接受教育和建立关系的源泉。会议的文化体验，是为参会者提供一个与他人相互观察、聆听和交流的机会，并因此收获更高层次的知识或技能，着重在于文化与会议体验相结合。

一、文化体验活动的内涵

（一）含义

所谓会议文化体验，即针对会议主题和参会者的心理，在会议各阶段运用文化造势，让参会者在参会的同时，还能获得一种文化感受和精神上的满足。

会议文化体验可以理解为参会者通过感官、情感甚至心灵感悟，对会议主体活动及子活动进行由表及里、由浅入深的体验和理解。构成文化体验需要有两大要素，分别是会议所传递出的文化内涵一定要丰富与深刻，参会者感受深层次文化的途径是参与和互动，以达到欣赏、学习、交流的目的。

（二）常见的表现形式

1. 民俗风情体验

民风民俗是特定社会文化区域内历代人们共同遵守的行为模式或规范。人们往往将由自然条件的不同而造成的行为规范差异，称之为“风”；而将由社会文化的差异所造成的行为规则的不同，称之为“俗”。所谓“百里不同风，千里不同俗”正恰当地反映了风俗因地而异的特点。

【小资料 4-3】 2013 重庆第九届会展经济国际论坛(CEFCO)国博文化体验

2013 年 1 月 17—19 日，第九届中国会展经济国际合作论坛(2013CEFCO)在重庆隆重举行。刚刚落成的西部最大展馆——重庆国际博览中心在本届 CEFCO 论坛上成功亮相，给所有嘉宾留下了深刻印象。

18 日下午的“悦来之行——巴渝风情体验之旅”环节中，近 400 名中外嘉宾前往博览中心，在展馆里体验了火锅、剪纸、面人、糖人等充满巴渝风情的春节习俗，并对展馆的各项基础设施有了更深入的了解，如图 4-11 所示。各位嘉宾对博览中心给予高度评价，并表示将帮助博览中心引入展会，提高展馆的使用率。

（a）　　（b）

图 4-11　2013CEFCO 论坛现场体验活动

(c) (d) (e) (f)

图 4-11　2013CEFCO 论坛现场体验活动(续)

【小资料 4-4】　2013 成都全球财富论坛巴渝文化体验

2013 年 6 月 7 日晚，承载着老成都记忆的城市会客厅宽窄巷子，两扇印着“财富之城，成功之都”的大门徐徐打开，四川省成都市在此举行招待晚宴，热忱款待出席 2013 成都财富全球论坛的嘉宾。

所有参会嘉宾被分散在宽窄巷子 16 个不同的院落，每个院落的主题不尽相同，让参会嘉宾深切感受着当地精彩纷呈的民俗文化，如图 4-12 所示。

(a) (b)

图 4-12　2013 成都全球财富论坛现场体验活动

2. 自然景观体验

广义的自然景观是指只受到人类间接、轻微或偶尔影响，自然面貌未发生明显变化的天然景观，如高山、极地、热带雨林及某些自然保护区等。狭义的自然景观是指由自然要素，如山川、水域、动物、植物构成的景观。自然景观资源可以分为山岳风景、水域景观、海滨风景、森林风景、草原风景、地质风景、气候风景等。

【小资料 4-5】 第 53 届世界风景园林师联合会大会设计的考察活动

第 53 届世界风景园林师联合会大会(IFLA)在美丽的意大利都灵举行。本次大会的形式丰富多样，收录了来自世界各地学者的 342 篇论文，邀请了 12 位建筑师/风景园林师做主旨报告。大会开幕式还颁发了风景园林学界最高荣誉杰里夫杰里科奖，在欢迎晚宴上颁布了大学生设计竞赛奖。会后，组委会还组织了都灵市区历史公园和现当代公园的技术考察，以及会后的米兰世博考察，参会者可自行选择。

3. 人文景观体验

人文景观，又称文化景观，是指旅游资源所特有的地方特色、民族风情和历史、文化等价值，是人们在日常生活中，为了满足一些物质和精神等方面的需要，在自然景观的基础上，叠加了文化特质而构成的景观。人文景观包括的范围很广，涉及面很宽，类型多样，主要包括历史古迹、古典园林、宗教文化、文学与艺术、城镇与产业观光等类型。

【小资料 4-6】 2015 第四届世界佛教论坛举办主题禅修体验

2015 年 10 月 24 日，第四届佛教论坛在江苏无锡正式开幕。第四届世界佛教论坛以“同愿同行交流互鉴”为主题，探讨佛教在化解人类生存发展中所面临的问题与困境的积极作用，集中体现东方文化和佛教智慧的精神理念。

世界佛教论坛于 2005 年由海峡两岸及香港、澳门佛教界共同发起，其宗旨是为世界佛教徒搭建一个交流、合作、对话的机制性的长效高层次平台，为中华佛教界提供一个宽阔的舞台，更为海峡两岸佛教交流提供契机。

本届论坛的亮点主要包括：八场紧扣佛教自身发展建设与对外合作沟通的主题分论坛、三场紧扣时代与社会热点的新媒体论坛、三场充满精彩跨界交流的电视论坛，以及一系列异彩纷呈的佛教文化艺术展览和相关活动。

在相关活动中，论坛举办了主题禅修体验活动。10 月 24 日晚间，逾千人参加了“禅在当下”的主题禅修体验活动，参加了禅坐和放灯等活动。禅修体验活动集中展示了茶道、花道、香道、琴道等富有传统文化魅力的生活情境，以及宜兴紫砂、惠山泥人手工制作等无锡当地珍贵文化遗存，展示了抄经、打坐、托钵、经行等禅意生活方式，如图 4-13 所示。

本次禅修体验活动融合了观赏、互动、体验、巡游、参与等于一体，邀请参会者、嘉宾以及灵山小镇·拈花湾全体居民一起完成这项活动。参会者既是欣赏者，亦是体验者，还是共同完成一件禅意作品的参与者。

在体验活动尾声，5 000 只彩球冉冉升空，如同盏盏心灯，照亮当地夜空，如图 4-13 所示。

图 4-13　佛教论坛开幕式

（三）安排文化体验活动的意义

1. 丰富会议内容

举办会议期间一般会安排发言、讨论、交流等内容，文化体验活动是对上述内容的丰富和拓展，有助于吸引参会者的兴趣。

【小资料 4-7】　2013 中国会展教育十年论坛“时空之旅”

为总结中国会展教育十年来的发展历程和所取得的成绩，加强全国会展院校之间的交流，促进会展院校和产业之间的对话与合作，1 月 12 日至 13 日，由教育部工商管理教学指导委员会旅游与会展学科组和上海师范大学联合主办的“中国会展教育发展十年论坛暨首届全国会展专业负责人、系主任及学科带头人会议”在上师大举行。来自全国开设会展专业的兄弟院校、会展企业、行业协会等百余名代表参加了会议。

会议间隙，主办方邀请参会代表一同观赏了上海马戏城“ERA 时空之旅”。“ERA 时空之旅”融杂技、舞蹈、戏剧、音乐和世界一流多媒体技术于一体，中国元素、国际制作，打造全新舞台艺术样式，原创音乐、现场演奏、电子投影、数字舞台、超大水幕、巨型镜墙，如梦似幻……感人、神奇、震撼，给人以超凡享受，堪称“中国娱乐第一秀”。

“ERA时空之旅”运用高科技手段打造充满惊奇和魔幻的神奇效果，ERA采用特殊装置以及声、光、电、水幕、烟雾、特效等现代化手段，ERA使舞台立体化、多维化，其独创的大型水幕、全息投影、多媒体应用等将带给观众穿越时空的独特经历，唯美，浪漫，娱乐，惊险，ERA在匪夷所思中感悟博大精深的中华文化，感悟豪迈奋进的中华未来。

在100分钟的演出中，始终让观众全神贯注，不断有悬念，不断有感悟，不断有惊奇，不断有参与感、愉悦感。超级多媒体梦幻剧“ERA时空之旅”，深入挖掘和利用中国，特别是江南特有的民族艺术元素，综合杂技、音乐、现场乐队、舞蹈、武术等，以时空交错为表现手法，艺术地展现昨天、今天、明天，展示中华民族悠悠历史、灿烂文明，ERA展示迈向伟大复兴的中华民族精神风貌，ERA展示上海人民全力推进小康社会建设的都市风情，如图4-14所示。

(a)

(b)

图4-14　“时空之旅”表演现场

2. 增加参会者对当地的直观认识

参会者一般从各个地方汇集于会议所在地，主要活动轨迹大多为酒店或会议中心。安排文化体验活动，有助于增加参会者对会议所在地的直观认识，提升参会者对会议城市的兴趣。

3. 展示推介办会城市

会议受众一般面向有档次、有身份的商务人士。在举办会议期间，会有来自不同城市、不同单位的参会人士云集。设计富有特色的文化体验活动，是办会城市展示自身形象和推介自身资源的难得机会。

【小资料4-8】　2014上海会议与旅游产业发展论坛京沪之夜推广活动

2014年4月17日至18日，由北京市旅游发展委员会与上海市旅游局联合举办的“2014中国(上海)会议与旅游发展论坛暨‘京沪之夜’高端旅游推介活动”在上海成功召开。来自国内外高端旅游、会议产业界的嘉宾和200余名业内专业人士参加了论坛和推介活动，并就会议与旅游产业的发展进行了深入研究与探讨。

在“京沪之夜”高端旅游推介活动上，通过旅游资源宣传片、旅游资源场所展示，借戏曲文化、民俗文化、饮食文化等北京风情体验活动，成功推介了北京高端旅游资源，推介活动受到参会人士的欢迎，如图4-15所示。推介活动达到了预期效果，取得了成功。

(a) (b)

图 4-15 “京沪之夜”推广现场

二、文化体验活动筹备的具体内容

一次活动的成功与否，除了富有创意又合乎实际的策划之外，其具体的实施安排也非常重要。会议期间的文化体验活动主要安排的事宜如下。

(一)设计文化体验活动线路

【小资料 4-9】 第 9 届亚洲传媒论坛文化体验线路安排

第9届亚洲传媒论坛文化体验线路安排如表4-5所示。

表 4-5 第 9 届亚洲传媒论坛文化体验线路安排

时间	行程内容	体验时间
9:00—9:45	酒店乘车前往成都大熊猫繁育基地	100分钟
11:25—12:30	抵达成都宽窄巷子并用餐	90分钟
14:00—16:00	饭后步行体验老成都街区宽窄巷子	120分钟
16:00—17:00	乘车前往东区音乐公园	90分钟
18:30—20:00	东区音乐公园食堂晚餐	90分钟
20:00—21:00	返回酒店	

【小资料 4-10】 2016 杭州 G20 夫人团考察线路

2016 杭州 G20 峰会期间，组委会为使外方代表团团长夫人的考察活动力求精确精美，针对杭州提炼了 13 条考察线路，前后 80 余次调整，形成 100 多套方案，形成各类工作方案 120 余套，汇报幻灯片材料 22 稿，印刷汇报手册 16 稿，视频汇报材料 3 套，最终敲定了浙江大学、中国美术学院、楼外楼三条线路。

9 月 5 日上午 10:00，在浙江大学，嘉宾出席了“艾滋病防治宣传校园行——走进浙江大学”活动。活动最后，嘉宾们在签名板上贴上红丝带，共同表达对防治和抗击艾滋病的坚定支持和共同期待。

上午 11:30 左右，嘉宾莅临中国美术学院。嘉宾们观看了“雨过天青”青瓷艺术展，欣赏了南宋青瓷文物龙泉官窑鱼耳瓶和琮式瓶，近距离观看和感受近年该校师生作品，体会端庄秀美的中国青瓷的独特韵味，一齐领略了青瓷、书画、丝绸等中国传统文化艺术魅力。在观看“意象中国”书画展时，中外嘉宾一起用毛笔书写汉字“和”。

在楼外楼，嘉宾一起享用午宴。楼外楼经过半年多时间的改建，窗外的青山舟影、画桥烟柳与室内的中国文化浑然一体。现场精美的餐具和盘中美食与窗外的西湖美景，淋漓尽致地描摹了天堂杭州独特的城市韵味。夫人团在午宴的同时，观看了一台充满江南韵味的中国传统戏曲文艺演出。

此外，组委会还充分考虑了元首夫人个性化行程。通过整合不同的杭州文化元素，制订了 30 余条个性化行程方案，涵盖美食、购物、观光、文化体验等要素，成为各国元首夫人在峰会期间的旅游体验线路。

（二）确定活动参加人数

一般而言，文化体验活动作为会议的子活动，多在会议间歇或会后举行，并非所有的参会者都能如期参加。因此，在举行文化体验活动之前，应提前做好人数统计工作，根据报名人数提前安排好场地、车辆、票证、餐饮等服务。

（三）安排陪同人员

根据文化体验活动的内容、形式安排陪同人员。陪同人员一般包括：与参会者身份、职位相当的对等领导、解说员、摄影摄像人员、引导员或导游人员、随车人员等。如果有外宾参加，还应包括现场翻译人员。在出发之前，各陪同人员应做好相应准备，应对各种可能出现的问题。

三、文化体验活动应考虑的因素

（一）契合会议主题

无论采取何种形式，文化体验均要与会议主题相契合。会议主题是整个会议的核心，所有的会议活动均要围绕会议主题有序展开。

（二）地方城市、合作单位的承受能力和诉求

主办方一般负责会议当天的策划组织，对于文化体验活动多通过与地方政府、组织合作或完全委托的形式进行，需要考虑到地方城市或者单位的承受能力。同时，文化体验活动应与会议主旨内容一致，体现会议主办方、参会者的利益诉求。

（三）体验时间应合理

通常文化体验活动的持续时间多为半天或一天，会议组织者在进行安排时要严格根据时间来调整行程，并考虑到道路拥堵可能用掉的时间，至少做出一套备选方案。同时，应尽量避免走马观花式的体验。

【小资料 4-11】 第十三届中国国际会展文化节临沂会展业考察

2017 年 8 月 16 日至 19 日在山东临沂举办的 2017 第十三届中国国际会展文化节中，主办方在议程安排上策划了针对会议举办地——山东临沂的城市会展业考察。在会议开幕首日下午，前半段安排了中国会展文化研讨会、中国会展大讲堂、全国会展业标准化专题研讨会等多个 6 个并行分论坛。在后半段中，即 16:30—18:00 则安排了临沂市会展业参观考察。考察路线为：临沂市城市规划馆→临沂市博物馆→临沂书法广场→临沂教育用品采购基地→临沂金兰物流园→临沂国际博览中心→临沂国际会展中心。

主要内容：根据习总书记 2013 年临沂考察路线为参考，特制定此项考察，让参会嘉宾近距离地了解临沂会展城市发展状况，更深入地了解大美新临沂的发展历程。

（四）考虑交通

如果文化体验活动举办地或者路线不在嘉宾、参会者住宿的酒店举行，那么则要考虑交通问题。

(1)交通方式应方便快捷。根据嘉宾住宿地与文化体验活动的具体地点或路线，选择最方便快捷的交通方式。同时，尽量选择便于组织管理的交通工具，如大中型客车。

(2)交通时间要控制。提前与当地有经验的司机咨询活动当天各时段道路拥堵情况，争取制定最为准确的时间表。

（五）考虑住宿

若文化体验活动持续一天以上且活动举办地离嘉宾住宿酒店较远，应提前考虑住宿安排。根据文化体验活动安排进度表，在举办地或者路线景点周围联系合适的酒店宾馆，提前预约，务必使参与者在一天的体验结束之后就能尽快休息。

（六）考虑天气

对于在室外举行的文化体验活动，应考虑到天气情况。若活动当天有雨，应提前告

知嘉宾注意保暖，且备足雨衣或雨伞。

（七）考虑多条线路选择

由于每位参会者的喜好不同，关注点也不一致，如果可能应事先准备多条参观路线，以供参会者选择。在制定到达线路时，尽量不要只考虑一条路线，特别是城市道路交通易堵塞路段，应考虑多条备选路线。

【小资料 4-12】　第十三届中国国际会展文化节文化体验活动线路

由山东省临沂市人民政府与中国会展杂志社联合主办的第十三届中国国际会展文化节于2017年8月16日至19日在临沂市隆重举办。本届活动主题：“一带一路”合作与会展文化。在8月19日安排的考察中，主办方策划了以下两条线路供参会者选择。

路线一：

早7点酒店集合→乘坐豪华大巴→天蒙山景区东门→搭乘索道上山→天蒙山西门下山→午餐→酒店。

费用：300元/位(包含：上行索道，景点门票，来回路费，全程导游，旅游保险，午餐)。

银座天蒙景区简介：

地处沂蒙山山脉东段，是沂蒙山旅游、临沂旅游的核心体验地，沂蒙山旅游区天蒙山总面积约240平方千米，核心片区96平方千米，旅游资源丰富，集山岳景观、森林景观、瀑布景观、人文景观于一体。

路线二：

早7点酒店集合→豪华大巴→竹泉村→红石寨→午餐→酒店

费用：200元/位(包含：上行索道，景点门票，来回路费，全程导游，旅游保险，午餐)。

竹泉村/红石寨景区简介：竹泉村背倚玉皇山，中有石龙山，左有凤凰岭，右有香山河，前有千顷良田。因村中有一清泉，泉边多竹，得名竹泉村。竹泉村的竹林、泉水、古村落的自然形态和各种民俗项目的展示保护是当下中国美丽乡村建设的典范。

第五节　人员邀请

邀请参会的人员，主要分为发言人、嘉宾以及参会者三类。广义上，嘉宾既可以是应参会的嘉宾，也可以是专门邀请参会的嘉宾，也可将普通参会者称为嘉宾。嘉宾在会议中的角色根据会议议程安排和主办方期望来决定。嘉宾既可以发言，也可以只出席会议不发言。狭义上，嘉宾不包括普通参会者。以下将分别从发言人、嘉宾、普通参会者展开。

一、发言人选择

（一）发言人类别

发言人主要包括主持人、致辞人和演讲人三种类型。在发言人选择阶段需要确定发言人的数量、选择的条件、渠道、相关费用的考虑及其工作进程安排。

1. 主持人

主持人分为两类：一类是负责主持全体会议、研讨会和活动；另一类负责主持小组论坛。前者主要负责介绍到会发言的致辞人和演讲人，后者又可称为协调人，除负责介绍小组论坛的成员外，还要负责主持现场的讨论和回答。

2. 致辞人

致辞人主要是在会议开幕式上、欢迎酒会或欢迎宴会上代表主办国家或机构对参会者前来参加会议或活动表示欢迎，一般可选择会议主办单位的负责人、某个政府部门领导或行业著名人士担任。

3. 演讲人

演讲人则分为主题演讲人、演讲人和小组论坛演讲人三类。主题演讲人一般为相关领域的知名人士，其演讲通常可安排在会议的开幕式或全体会议上进行，半天的会议安排1～2位主题演讲人为宜，主题演讲人发言时间最长不宜超过40分钟；演讲人可在全体会议、专题研讨会等会议上围绕不同的议题进行演讲，演讲人发言时间最长不宜超过30分钟；小组论坛的演讲人一般是在同一时段与几个人一同参加某一议题的演讲和讨论，演讲的时间比较少，一般为15～20分钟，有时甚至没有个人演讲的时间，主要以现场对话为主。

在对演讲者发出邀请的时候，应该向对方介绍会议的目的。一些演讲者可能准备了很精彩的发言，但是却与会议的主题不符。演讲者对会议目的了解得越多，他们的演讲就越能与会议联系得越紧密。

要明确演讲者的演讲主题，是会议组织者提供，还是自选，这要考虑话题和演讲者哪一个更重要。如果演讲者占据首要地位，那么他就有选择话题或至少提出相关建议的权利。当然，在选题方面不能给演讲者全部的自由，因为有的话题可能不适合该会议。而演讲者并不知道哪些题目不适合参会者，因为会议组织者应该负责提供这方面的信息。但要意识到演讲者可能在听说所有这些禁忌后将决定不接受会议的邀请。另一方面，通过讨论，会议组织者也可提出一个该发言人从前没有涉及过的有趣话题。

也可以先确定话题，由会议组织者拟定发言的内容和方式。在这种情况下，会议组织者应该向候选演讲者说明其发出邀请的原因。

（二）发言人数量

1. 确定主持人的数量

根据会议的日程来确定需要的主持人数量。在举行会议开幕式时，如果有重要贵宾到会致辞，应选职务相适宜的主持人。开幕式结束后，开始正式会议时可以再换一个主持人。平行会议或专题研讨会，可选择该领域的相关人士作为会议的主持人。

2. 确定致辞人的数量

一般而言，会议致辞人的数量比较少，通常在开幕式时会安排会办单位或会议举办地所在城市政府机构的人员作为致辞人，或邀请相关嘉宾作为致辞人。

3. 确定演讲人的数量

可基于初步会议日程来确定会议的演讲人数量。例如，半天的会议按 3 小时计算，每个人安排 35 分钟的演讲时间，5 分钟提问时间，20 分钟的茶歇，那么就可以邀请 4 个演讲人。依此类推，可以估算出整个会议期间需要邀请的演讲人数量。但如果安排小组论坛，每个论坛可以邀请 3～4 人同时参加，总的演讲人数量也要相应增加。

（三）发言人选择条件

发言人所承担的角色不同，选择的标准也不尽相同，其中致辞人的选择以其身份和知名度为选择的首要因素，而演讲人和主持人的选择相比之下要考虑的因素就比较多。

1. 主持人选择条件

主持人是主办单位的代表或者是某一领域的专家，应该对会议主办单位或会议涉及领域比较熟悉，并且具有主持会议的经验。大型会议的主持人还要考虑相关的语言需求。小组论坛的主持人应该熟悉所探讨的问题，具有现场协调演讲人和观众对话的能力，并能对所讨论的问题进行总结和提炼。在举行欢迎晚宴时，一般需要男女两位主持人，多由电台、电视台节目主持人担当。

2. 致辞人选择条件

致辞人通常是主办单位的领导，或者是政府部门的负责人员以及相关领域的专家、学者。

3. 演讲人选择条件

演讲人可以是某个问题的专家，也可以是一个与会议主题相关的特别代表。不论出于何种原因，都必须让会议组织单位的每一个人都清楚选择的标准。

首先要根据会议的目的和主题来选择合适的演讲人；其次要考虑演讲人的代表性问题，即其在会议相关领域是否享有一定的知名度，其演讲的内容是否新颖、独特，是否能够代表该领域的最新发展趋势和技术水平或能够给参会者以启迪，同时要考虑演讲人的语言表达能力如何，是否能够以清晰、生动的方式表述自己的观点。

（四）时间安排

在邀请发言人时要考虑其届时能否有机会前来参加会议。例如，拟邀请国家或政府部门的领导人出席某个重要的大型会议，要在会议方案报批时与相关部门进行协调，探讨邀请其出席的可能性并相应调整会议的举办时间。与国外机构组织会议时，也要一并探讨届时可能邀请哪些嘉宾参加会议并演讲。

同时，会议顺利的举办必须协调好演讲者的时间安排。首先，应提前告知演讲者会议举办时间，希望演讲者提前预留好时间档期；其次，与演讲者商定演讲的具体时间段安排。一般是根据会议议题的内容和顺序、演讲人身份等因素来对演讲人演讲顺序排序。

（五）发言人选择渠道

1. 主持人选择渠道

主持人可以从会议的主办单位、支持单位、协办单位或主要赞助商中寻找，也可以从与会议议题相关的行业、学术演讲机构中选择。

2. 致辞人选择渠道

主要包括会议主办单位的领导、国内或国际相关机构或部门的领导、相关领域的知名专家或学者。

3. 演讲人选择渠道

可通过会议主办方、合作方、商会、协会、研究机构和其他类似会议的主办方等多种渠道进行寻找，或由演讲人毛遂自荐后加以挑选。如经其他人推荐时，要了解该演讲人的背景、上次演讲的题目及参会者的反应等。

（六）相关费用考虑

1. 主持人

通常由会议主办方承担主持人出席会议的部分费用。例如，免除其会议注册费及其会议期间的餐饮费。会议相关的交通和住宿等费用将根据会议的经费情况考虑。如果请著名人士前来主持会议，有时不仅需要承担其参加会议的食宿、交通等费用，还需要支付相应的劳务费。

2. 致辞人

一般而言，致辞人参加会议的会议注册费及会议期间的餐饮费均由会议主办方承担。交通和住宿费将视会议的不同情况而定。

3. 演讲人

演讲人的费用承担情况视不同的会议而有所不同。在确定演讲人数量时要考虑相关费用问题。例如，是否免除演讲人的注册费、会议期间的餐饮费、交通费和食宿费等。如果需要免除，那么要计算需要有多少预算可用于支付此项费用。预算多则可以多邀请，预算少则少邀请。

（七）需要注意的问题

会议演讲人往往比主持人、致辞人沟通次数较多，一般而言，针对会议演讲人，需要注意以下三方面问题。

1. 是否同意录音

并非所有的会议都需要录音，但是给会议录音现在正在成为一种潮流。根据法律规定，在进行会议录音之前必须得到相关演讲人签字同意的协议。

2. 是否需要特殊的设备

会议组织者有必要确认演讲人需要哪些特殊设备，这些信息可以通过建议表来收集。值得注意的是，该建议表通常在确定演讲者人选的几个月前就收集上来了，而在这个过程中演讲人可能又有了新的需求。为规范管理，会议组织者可以要求所有的演讲人在一个规定日期前提出对设备的需求，明确在该时限之后，这类需求只能在特殊的情况下才能被接受。

3. 最终确认

会议组织者对演讲人发出邀请后，在发出邀请和接受邀请之间一般会有一段时间差。会议组织者应该安排专门人手来确定演讲者是否对参加会议感兴趣，以及是否有时间参加。很多会议组织者往往都一厢情愿地认为只要自己邀请演讲者参加会议，对方就会准时出席。显然，比较好的做法是与演讲人确认一下他们是否确定行程以及时间安排和演讲内容。

二、嘉宾选择

（一）嘉宾类别

如本节开篇所述，嘉宾主要包括应参会嘉宾和特邀参会嘉宾两类。其中，应参会的嘉宾包括：国际组织负责人、国际学术权威、东道主组织负责人等；特邀参会嘉宾包括：政府部门领导、主题演讲人、行业人士、学术专家、主赞助商代表、协办单位负责人等，以及对于会议的举办给予协助的相关单位代表。

（二）嘉宾数量

嘉宾邀请的数量根据会议的目的和定位，并视会议组织所涉及的合作单位数量和会议经费预算确定。如果预算有限，应适当控制嘉宾的参会人数。

（三）嘉宾选择条件及渠道

嘉宾的选择主要考虑会议的举办目的和定位，并依据某些条件来选择拟邀请参会的嘉宾。例如，可以考虑邀请会议内容相关的指导部门、会议主办单位、支持单位的领导，行业和学术领域的知名人士或主赞助商代表，协办单位相关负责人员出席会议的开幕式、闭幕式、全体大会、欢迎晚宴及其他活动。

（四）嘉宾相关费用考虑

嘉宾参加会议一般免交会议注册费，有时还需要会议主办方提供相关的食宿、交通和安全保卫等相关费用。

(五)沟通技巧

1. 尊重第一

不管是邮件联系还是电话沟通，首先最重要的就是让对方能时刻感受到对他(她)的尊重。与嘉宾对接人员在前期电话沟通时，应注意保持微笑，使在电话那边的人一定能感受到。

2. 细节为大

会议没有高、大、深的理论，只强调精细化的细节服务。嘉宾邀请是一件琐碎的事情，需要提前预约、确定空闲时间、确定发言题目、预订往返机票、嘉宾接待等。因此，应提前做好准备。建议嘉宾联系人也提前建立一个数据库，专人对接，不可多人对接一人；同时，应将每人的邀请联系进度、反馈情况详细记录，随时更新。这样既可以保证头脑清晰，也有利于把握工作进度。

3. 沟通适度

一般情况下，嘉宾不喜欢被过分打扰。因此，在与其进行沟通，尤其是电话沟通的时候，应提前将所要商量的事宜详细列出，尽量以最少的次数解决所有问题。涉及非会议要求的个人信息时，不能强加追问。同时，在与国外嘉宾电话联系时，应掌握好时差，不可在休息时间打扰对方。

三、参会者选择

(一)参会者类别

广义的参会者包括嘉宾和普通参会者，此处仅指狭义的普通参会者。

从注册参加会议的时间长短划分，参会者可分为参加全部会议或活动、部分会议或活动的参会者两大类。

从参会者来源渠道划分，参会者可分为主协办单位、行业人士、主管部门、学术研究机构、协会社团等若干类别。

从是否收取会议注册费划分，参会者可分为缴费或免费参会者。

从国内外角度划分，参会者可分为国外参会者和国内参会者。

参会者划分的标准因会议不同而异，但从便于会议管理的角度而言，建议将国内和国外参会者分开来邀请、联系和管理。

(二)邀请范围及其数量

参会者的邀请数量受会议规模、预算和场地等多种因素限制。若是举办大型国际会议，还应考虑国内外参会者比例的因素。

在会前策划阶段已经确定了会议的举办目的、主题、演讲题目并对潜在参会者进行初步分析，在此基础上要进一步明确参会者的构成。例如，主要邀请哪些行业或机构的人员参加、主办方和协办方邀请的参会者比例、中外方参会者的比例、企业与研究机构的参会者比例、会场具体可容纳的人数、免费及其付费参会者的比例等，然后根据会议拟邀请的各类参会者人数确定邀请的具体范围和数量。

（三）相关费用考虑

一般而言，普通参会者通常需要缴纳会议注册费，但有些会议出于宣传的考虑或者已经通过赞助等方式解决了会议组织所需要的经费，因此可能会免费邀请参会者参加会议。此外，嘉宾、发言人通常是应邀免费参加会议。

四、撰写会议邀请函

邀请参会人员的首要工作即撰写邀请函。一份简洁得体的邀请函在很大程度上可以提高人员邀请的成功机会，给其留下良好的第一印象。

（一）会议邀请函的含义

会议邀请函是专门用于邀请特定单位或人士参加会议，并且具有礼仪和告知的双重作用的会议文书。

邀请函用于会议活动时，与会议通知的不同之处在于以下几方面。

首先，邀请函主要运用于横向性的会议活动，发送对象是不受本机关职权所制约的单位和个人，也不属于本组织的成员，一般不具有法定的参会权利或义务，是否参加会议由对象自行决定。举行学术研讨会、咨询论证会、技术鉴定会、贸易洽谈会、产品发布会等，以发邀请函为宜。

其次，会议通知用于具有纵向关系（即主办方与参会者存在隶属关系或工作上的管理关系）性质的会议，或者参会者本身具有参会的法定权利和义务的会议。如人民代表大会、董事会会议等。对于这些会议的对象来说，参加会议是一种责任，因此只能发会议通知，不能用邀请函。学术性团体举行年会或专题研讨会时，要区别成员与非成员。对于团体成员应当发会议通知，而邀请非团体成员参加则应当用邀请函。

（二）会议邀请函的基本内容

会议邀请函的基本内容与会议通知一致，主要内容如下。

(1)会议背景、目的和名称。

(2)组织机构。

(3)会议形式。

(4)参加对象。

(5)会议日程安排。

(6)会议时间、地点。

(7)组委会联络方式。

(8)其他需要说明的事项等。

（三）会议邀请函的结构

若为国际会议至少应准备中、英两种邀请函。邀请函常见结构如下。

1. 标题

由会议名称和“邀请函”组成，一般可不写主办机关名称和“关于举办”的字样，如《中国企业领袖年会邀请函》。“邀请函”三字是完整的文种名称，与公文中的“函”是两种不同的文种，因此不宜拆开写成“关于邀请出席××会议的函”。

2. 称呼

邀请函的发送对象有以下三类情况。

(1)发送到单位的邀请函，应当填写单位名称。由于邀请函是一种礼仪性文书，称呼中要用单称的写法，不宜用泛称(统称)，以示礼貌和尊重。

(2)邀请函直接发给个人的，应当写个人姓名，前冠“尊敬的”敬语词，后缀“先生”“女士”“同志”等。

(3)网上或报刊上公开发布的邀请函，由于对象不确定，可省略称呼，或以“敬启者”统称。

3. 正文

正文应逐项载明具体内容。开头部分写明举办会议的背景和目的，用“特邀请您出席”照应称呼，再用过渡句转入下文；主体部分可采用序号加小标题的形式写明具体事项；最后写明联系联络信息和联络方式。结尾处也可写“此致”，再换行顶格写“商祺/文祺”，亦可省略。

4. 落款

因邀请函的标题一般不标注主办单位名称，因此落款处应当署主办单位名称并盖章，并写具体的发文时间。发文时间用阿拉伯数字将年、月、日标全，年份应标全称，月、日不编虚位(即 1 不编为 01)。

5. 附件

可附带会议发言要求、嘉宾信息回执等。

（四）会议邀请函的设计

会议邀请函设计要与会议基调一致，或严谨规整，或轻松活泼，但一般应以简洁大方为宜。邀请函最终可采取以下两种形式。

(1)纸质版(见图 4-16)。可采用高档纸张(如铜版纸)印制，通过邮寄形式发放。对于会议拟邀请的重要嘉宾或重要领导，若有必要，应亲自上门发放邀请。

(2)电子版(见图 4-17)。通过电子邮箱、网站发布，或当前较为流行的 H5 形式发布。就目前而言，电子邀请函以其方便、快捷、环保越来越受到人们青睐。

图 4-16　纸质版邀请函

图 4-17　H5 形式会议邀请函

五、会议邀请函范例

(一)2011 中国企业领袖高峰论坛邀请函

尊敬的________先生/女士：

您好！

转型已经不是一个话题，而是一个时代。

当今，还在成长的中国企业被社会期许越来越多的重任。我们清醒地认识到，在一个复杂性、脆弱性以及全球产业化程度都达到前所未有高度的世界，仅通过政府、企业或民间团体的单独作用已不能应对这些全球性的挑战和责任；我们也清醒地认识到，中国在成为世界第二大经济体后，传统经济优势面临巨大挑战，从国家十二五规划到方兴未艾的新技术崛起正推动着中国企业的转型趋势。而对中国企业转型的探索与实现，则是在时代背景下对中国管理模式的再一次完善和发展。

在这一历史性的进程中，“转型，中国企业新使命”高峰论坛将于 4 月 21 日在北京稻香湖景酒店举行。我们诚挚邀请您出席本次活动并参与研讨沙龙，期待您的精彩分享！

顺颂商祺！

中国管理模式杰出奖遴选理事会

2011 年 4 月

（二）2014 上海会议与旅游产业发展论坛

尊敬的各位会展业界同仁们：

继去年 2013 中国（上海）会议与旅游产业发展论坛在上海成功举办之后，由上海市旅游局和北京市旅游发展委员会联合举办，上海旅游会展推广中心承办的“2014 中国（上海）会议与旅游产业发展论坛”将于 2014 年 4 月 17—18 日在上海世茂皇家艾美酒店举行。

作为每年“上海会议周”的重要活动，论坛旨在深入探讨会议与旅游业面临的变革，加强会议旅游产业领域的交流和合作，分享国际、国内会议与旅游产业的现状与发展趋势，提高会议旅游从业人员的专业水准。

主要参会代表有：

1. 国际会议与大会协会（ICCA）中国以及亚太区会员。
2. 专业会议公司和从事会奖旅游的旅行社高级从业人员。
3. 会议型酒店、会议中心和会展场地中高层代表。
4. 旅游业和会展业政府代表。
5. 高校会展专业代表。
6. 商业会议公司、协会、公司市场或策划人员。

本次论坛是会议与旅游业界人士同行业专家进行交流和学习的绝佳平台，将进一步推动中国的会议市场与旅游市场的发展。

具体大会信息和在线注册，请登录 www. cimcf. org。

参与大会的赞助、合作、演讲及媒体报道，请联系论坛组委会秘书处。

2014 中国（上海）会议与旅游产业发展论坛期待您的参与！

2014 中国（上海）会议与旅游产业发展论坛组委会

（三）2012 中国·重庆会展教育论坛

尊敬的________先生/女士：

为加快长江上游会展之都建设，努力为重庆会展业的发展提供高素质人才，经重庆市人民政府会展办公室批准，将举行 2012 年中国·重庆会展教育论坛暨重庆市第二届高校会展专业技能大赛。

我们热忱邀请您莅临指导本届会展教育论坛暨第二届高校会展专业技能大赛决赛，届时恭候您的光临。

此致

敬礼

第二届高校会展专业技能大赛组委会

2012 年 12 月 12 日

（四）2011 第五届世界大学女校长论坛邀请函

尊敬的________先生/女士：

诚挚邀请您出席第五届世界大学女校长论坛。

本次论坛由中国教育国际交流协会、厦门大学、中国传媒大学共同举办，定于2011 年 11 月 4—6 日在中国厦门举行，论坛主题为：文化和教育的包容性发展——大学女校长的使命与作为。

当今世界正处在大发展、大变革、大调整时期，在世界多极化、经济全球化深入发展的形势下，文化和教育的创新发展日益成为社会进步的驱动力，成为国家竞争力的核心要素。大学女校长作为高等教育领域的精英群体，应充分发挥自身优势，开放包容、兼容并蓄，审慎思考面临全新挑战的使命与作为。

“世界大学女校长论坛”由中国传媒大学于 2001 年发起，旨在汇聚世界各国大学女校长力量，搭建交流合作的国际平台，先后在北京、南京成功举办了四届，来自 52 个国家 500 余位大学女校长参会。论坛得到联合国教科文组织、各国政要及主要媒体的重视，是目前世界范围内以及大学女校长为主体的品牌论坛。

论坛举办地厦门大学位于中国海上花园城市厦门，学校有着 90 年的历史，是中国著名的高水平研究型大学，校园依山傍水、风景秀丽。期待 2011 年 11 月初在美丽的厦门与您聚首，分享智慧，畅叙友情。

世界大学女校长论坛组委会

2011 年 10 月

（五）2017 第十三届中国国际会展文化节邀请函

尊敬的________先生/女士：

由临沂市人民政府与中国会展杂志社联合主办的第十三届中国国际会展文化节将于 2017 年 8 月 16 日至 19 日在临沂市隆重举办。

中国国际会展文化节是由中国会展杂志社和全国重要会展城市人民政府联合主办，至今已经成功举办十二届，被誉为“会展人的节日”。作为会展业的年度品牌盛会，自 2005 年创办以来，先后走过了郑州、长春、深圳、长沙、成都、义乌、武汉、海口 8 座城市，在这些会展城市中得到了业界广泛关注和充分肯定。十二年来，100 多位部委领导到会指导，800 位知名专家激荡智慧，2 000 位重要组展商寻找商机，超过 10 000 位行业精英交流分享，有力地推动了中国会展行业的繁荣与发展。截至目前，已完成现场洽谈项目 467 个，意向签约项目 192 个，意向签约金额突破 3.8 亿元。

第十三届中国国际会展文化节以“一带一路”合作与会展文化为主题在临沂继续召开，将使会展人美丽的“中国梦”在这里得以更快、更好的实现。

山东临沂地处东南沿海，是国务院批复确定的鲁东南地区中心城市，拥有得天独厚的地理优势。随着国家"一带一路"战略的实施，为临沂市会展业发展提供了重要保障。近年来，临沂会展场馆及相关配套设施得到进一步完善，大型展会的举办也进一步提升了临沂会展业的名气。与此同时，临沂充分借助国内外知名品牌展会、高端会展论坛等平台，积极和国内外知名办展办会机构、企业建立联系，通过培育和引进品牌会展项目，加快形成特色鲜明、可持续发展能力强的会展产业体系。此外，临沂凭借得天独厚的自然风光已被授予"国家环境保护模范城市"。这座水城商都融合了天时、地利、人和，见证历史，记录现在，承载未来。

我们诚挚地邀请海内外会展行业从业者在2017年8月16—19日齐聚临沂，共谋会展业发展的美好明天！

特致此函，诚挚邀约。

中国会展文化节组委会
2017年6月30日

第六节　执行媒介计划

所谓媒介计划就是选择广告所使用的媒体和媒体组合、拟定出稿日程方案的计划。媒介计划确定后，就需要开始筛选媒体、联系媒体，做好前期预热工作；同时，准备大量的新闻稿件，为后续工作打好基础。

一、筛选媒体

（一）选择媒体类别

例如，根据广告作品的特征和媒体的物理特性，究竟应该选择印刷媒体还是视听媒体。

（二）列出主要媒体名单

选择媒体的重点在于其定位和栏目诉求，可以针对不同媒体，确定不同的报道角度。

根据策划阶段制定的媒介推广目标，首先列出中央级媒体、会议举办地的地方媒体，按照电视、报纸、杂志、网络等媒体类型进行分类。

对于电视广播媒体，包括电视台或广播电台的名称、节目种类、时间带；对于报纸杂志媒体，则包括报纸杂志名称、日报、晚报、周报等。例如经过研究，决定在报纸媒体上做广告，然而在报纸媒体中，究竟是选择《人民日报》《南方日报》这样的党报，还是选择《北京晨报》《羊城晚报》这样的大众社会民生类报纸，这就是媒体名称的选择问题。

【小资料 4-13】　2017 第十六届中国互联网大会战略合作媒体

网络媒体：人民网、新华网、中国新闻网、新浪科技、51CTO、263 云通信、Donews 社区、呱呱软件、ZAKER 移动资讯软件、金融界

平面媒体：中国日报、人民邮电报

电视媒体：中央电视台、北京卫视

【小资料 4-14】

2014 第七届中国环境产业大会的合作媒体如图 4-18 所示。

图 4-18　中国环境产业大会合作媒体

（三）选择广告单位

所谓广告单位，对于电视广播媒体是指广告播放的时间长度，在节目内的位置或插

播范围内的位置。例如18:30的新闻报道30秒广播广告；对于报纸杂志媒体是指广告的大小，在报纸杂志内的位置、版面、彩色、黑白等。

（四）筛选出合适的媒体

会议的媒介推广，不能强求在所有的媒体上进行报道和宣传，既不现实，也是不必要的重复和浪费。

首先，应根据现有资源筛选出与受众相符、与会议主题相契合的媒体。

其次，根据媒介计划中所要覆盖的受众范围等目标，将不同类型的媒体进行合理的排期，以最为精简的媒体阵容达到最好的宣传效果。

最后，具体到媒体人员。根据筛选出来的媒体名单，列出每家媒体相关负责人、记者的名单和联系方式，制作媒体联系表。

（五）出稿日期拟定

媒体和媒体组合选择一经决定，下一步就是选择出稿时期（广告活动开始至结束的日期）、出稿形式的选择（广告活动期间内，出稿如何配置的问题，如集中、分散、后部增加、平均等）、出稿日程的拟定（各种媒体的出稿日程）。

二、联系媒体

媒体筛选出来后，负责媒体联系的人员就应该开始根据名单进行具体的联系，做好对接工作。

（一）联系媒体负责人和记者

通常，如果所选媒体中有之前合作过的记者，那么可以直接与其取得联系，并交代采访报道工作；如果是第一次合作的媒体，那么最好先与其主要负责人进行联系和沟通，然后再进一步联系负责人所指定的记者。

在联系记者时，一定要做到礼貌得体，对其采访和报道任务也要进行详细到位的交代。切忌记者的一篇文章很可能对会议产生巨大的影响，因此一定要做好与记者等媒体人员的关系维护工作。

（二）安排记者的行程与食宿

在联系到具体的记者并商定采访事宜后，需要与赴会议现场的记者进行沟通，安排其在会议期间的行程、采访任务以及机票预订和食宿问题，确保会议举办期间媒体采访万无一失。

三、前期预热

要想会议取得良好的传播效果，前期的预热和造势必不可少。在该阶段可以利用网络等新媒体启动宣传攻势。网络具有表现形式多样、制作投放成本低、速度快、更改灵活等优点，这一优势十分适合会议前期预热阶段宣传。网络预热阶段可以开展的方式主要包括以下几种。

(1)与相关领域的专业网站或门户网站进行合作，开辟会议专题网页。

(2)通过制造微博事件、微博热门话题和开办官方微博、微信的形式进行预热。

(3)建设会议官方网页进行宣传。

(4)在会议召开前夕，召开新闻发布会，并在网络上发布预热稿，公布会议基本信息。

四、准备稿件

在本阶段，应提前准备好稿件素材，拟定新闻标题，针对不同媒体安排不同的采访角度。同时，媒体报道的数量尤为重要。具体需要准备以下几方面。

(一)通稿

会议主办方对外发布新闻时，为统一宣传口径，用统一的稿件方式提供给需要的新闻媒体。

(二)网络专题

在内容上对某一主题作较全面、详尽、深入的反映，在形式上可以集网络媒体的各种表现手法。

(三)专访

专访是记者请新闻人物就专门性的问题进行解答的一种方式，是记者带着意向对有关人士进行专门的采访。它比一般报道要详尽生动，其特点在一个“专”字，重点在一个“访”字。

五、需要避免的问题

(一)策略安排不当

媒体推广有预热、开端、高潮、收尾等阶段，各阶段必须重点突出，做好每一阶段的工作，不可主次颠倒，影响传播效果。

(二)媒体选择未能有效触及目标受众

不同媒体有不同的受众群体和覆盖范围，应仔细划分会议的目标受众，并据此选择相符的媒体进行新闻发布。

(三)采访流程安排混乱

会议当天要协调好采访活动，若记者未能采访到预定嘉宾，则可以采取会后电话或采访其他嘉宾的形式解决。

（四）提问引起尴尬

记者对嘉宾背景、专业经历不熟悉，提问可能涉及隐私或嘉宾不了解的，由此造成场面尴尬。因此，主办方媒体负责人可提问其他更为通用的问题或转移话题，扭转尴尬气氛。

第七节　前期接待安排

在确定到会的嘉宾和媒体记者等人员之后，就要着手安排其交通和食宿事宜。会议组织者应该从嘉宾的角度出发，设身处地为他们考虑，尽最大可能为其提供最方便舒适的出行和食宿服务，以使所有的参会人员能够以良好的精神状态参加会议，从而取得会议的圆满成功。

一、机票预订

组委会特邀致辞嘉宾、演讲嘉宾的差旅费通常由组委会承担。

在给国外嘉宾预订机票时，须向航空公司准确提供嘉宾准确的姓名、出生日期、护照号等信息，这些信息不能有一点偏差，因此可以要求国外嘉宾把护照首页传真或扫描给会务组，订票时可以直接以护照为依据，避免因工作人员的打字错误，影响嘉宾登机。

二、用餐安排

（一）确定用餐人数

提前与参会者进行联系，确认其是否参加会议用餐或宴会，统计出具体的人数，以方便安排餐食服务。

（二）确定就餐方式

1. 主要的会议用餐方式

（1）围餐式。即参会者以餐桌为中心围坐就餐，由服务员按预定的菜谱上菜。如果参会人数较多，需要预先安排桌位和座次。

（2）自助式。即服务人员事先将各种菜肴、主食、酒水、饮料集中放在餐厅的一边或两边，由参会者自行选取，自行寻找空位就餐。也有自助餐不提供座位，由参会者端盘站立进餐，便于与其他参会者交流。

（3）半自助式。该用餐方式介于围餐式和自助式之间，一般设座位，由服务人员按菜单上部分菜肴，而大部分食物则放在餐厅一边的餐桌上，让参会者自由取食。

（4）分餐式。即由服务人员事先将食物、菜肴按人头分装在每个人的盘中，上菜时直接端给各位坐好的就餐者。西餐一般采取分餐式。

(5)餐券购餐式。即会议接待人员事先将固定金额的餐券发给参会者，参会者到指定的餐厅各个供餐口凭餐券购买。这种方式适宜于追求经济实惠，且同一会议就餐人数多、就餐时间不统一的会议。

2. 会议用餐方式选择

会议用餐方式需要会议组织者根据午餐、晚餐的不同加以安排。一般而言，早餐不由会议组织者提供，由参会者所入住的宾馆或酒店提供。

在半天内可以结束的会议，一般只需要提供精致的茶歇点心即可。但对于大型国际会议或国内协会会议、商务会议，会期通常在两天或两天以上，这就需要安排嘉宾的午、晚餐。午餐一般是在会场及附近用餐，常见为自助餐式、半自助式或工作餐形式；晚餐也可安排自助餐，若涉及欢迎仪式、表彰环节等，可以考虑设置欢迎晚宴，以围餐形式进行。

所有餐食的安排一定要以预算可承受的限度为准，建议在确定就餐方式前与餐食服务商提前进行沟通，选择最为合理的类型。

(三)确定餐标

应根据会议预算来制定用餐标准，分为桌餐餐标、自助餐餐标，还要考虑是否包含酒水、饮料等。酒店一般可以与之商量自带酒水，节省一部分费用。

(四)照顾特殊用餐需求

每个参会者都是独立的个体，其饮食习惯、个人背景等都不尽相同。会务组需要根据特殊情况进行安排，千万不能出现提供肉食给素食主义者，或者给穆斯林吃猪肉、给犹太教徒吃虾的尴尬场面。所以，在前期与参会者沟通过程中，应尽量了解他们的宗教信仰或特殊的饮食习惯。在安排餐食时，为他们准备适合的食物和服务，避免不愉快和尴尬的发生。

三、住宿安排

对于外地参会人员较多的会议，提供住宿服务是会议组织者的重要工作之一。

(一)考察备选住宿供应机构

1. 筛选本地住宿供应机构

会议组织者应根据会议类型、参会者层次、议题的重要性等，合理确定不同参会人员的住宿标准和接待规格。一般而言，普通参会者的住宿费用由参会者本人承担或参会者凭住宿发票回单位报销，而会议邀请嘉宾的住宿费用则由会议组织者承担。因此，应综合考虑参会人员的承受能力和会议总体预算的许可范围。筛选住宿机构主要考虑的因素如下。

(1)实际接待能力及服务水平。

(2)品牌与口碑。

(3)周边环境。

(4)与会场的距离、交通。

(5)房间总数、房间类型及设施。

(6)就餐场所及环境。

(7)安全条件。

对本地住宿供应机构，如酒店、宾馆、饭店、招待所进行初步筛选后，最后圈定几家符合基本条件的住宿供应机构，以备进一步考察。一般情况下，应尽量安排与会场距离最近、交通最为方便的酒店或宾馆，最理想的情况是住宿地与会场在同一酒店内。

(二)预订会议住宿房间

一旦住宿供应机构确定，会议组织者就要为参会者预订住宿房间。应做好以下几方面工作。

1. 与住宿供应机构签订预订合约

会议报到前，无法确定准确的客房数量及房型。因此，会议组织者应通过以往会议住宿记录和会议人数预估情况与住宿供应机构签订客房预订合约。合约中应明确预订的客房数量、类型、协议价格；入住率不够的情况如何处理与经济责任；参会者预订的截止日期以及对参会者预订的确认由会议组织者还是由住宿供应机构作出等内容。

2. 寄送住宿回执

对于中小型会议，对参会者的住宿安排比较简单，在会议邀请函或会议通知上直接说明为其预订了住宿房间，等参会者报到时再告知具体情况。对于一些参会者人数众多的会议，会议组织者需要在会议邀请函或会议通知中附带住宿回执表，根据回执表提供相应的住宿服务。会议住宿回执表应注明酒店名称、预订房间、入住天数、预订价格等内容，如表 4-6 所示。

表 4-6　2017 中国会展经济研究会年会回执表

<table>
<tr><td>单位名称</td><td colspan="5"></td></tr>
<tr><td>单位地址</td><td colspan="2"></td><td>单位电话</td><td colspan="2"></td></tr>
<tr><td>姓　名</td><td>职　位</td><td>性　别</td><td>手　机</td><td>邮　箱</td><td></td></tr>
<tr><td></td><td></td><td></td><td></td><td></td><td></td></tr>
<tr><td></td><td></td><td></td><td></td><td></td><td></td></tr>
<tr><td></td><td></td><td></td><td></td><td></td><td></td></tr>
<tr><td>参会须知</td><td colspan="5">1. 每人参会费用 2 000 元(包括会议资料、证件)等
2. 报到时间：2017 年 4 月 21 日 09:00—23:00
3. 报到地点：海口星海湾豪生大酒店
4. 来宾着正装出席
5. 请您带名片，参加互动交流活动</td></tr>
</table>

续表

酒店住宿	■海口星海湾豪生大酒店(____间) 住宿时间：□4 月 21 日　□4 月 22 日　□4 月 23 日 房型/价格：□双人间　500 元/间·天(含双早) ■金海岸罗顿大酒店(____间) 住宿时间：□4 月 21 日　□4 月 22 日　□4 月 23 日 房型/价格：□大床房　330 元/间·天(含早) □双人间　350 元/间·天(含双早) ■海南新燕泰大酒店(____间) 住宿时间：□4 月 21 日　□4 月 22 日　□4 月 23 日 房型/价格：□大床房　370 元/间·天(含早) 备注(其他相关需求)：________________
账户信息	户　名：中国会展经济研究会 开户行：中国建设银行北京地坛支行 账　号：略

3. 回复确认住宿回执

在收到参会者的住宿回执表后，会议组织者或住宿供应机构应及时为其预订房间，并将房间住宿确认以邮件或电话形式回复给参会者。若住宿机构回复确认较晚，会议组织者应催促，或亲自通知参会者已收到回执表，将尽快告知房间预订成功。

4. 预订特殊客房

(1)预订重要领导、贵宾的特殊客房。确定参会的重要领导、贵宾、特邀媒体等重要人员名单后，在为其安排特殊客房前，可先发送一份住宿登记表，了解对方是否有特殊需求。在收到登记表后，将详细信息告知住宿供应机构，让住宿供应机构为其提供贴近对方要求的特殊客房。目前，住宿供应机构的房型一般为单间、标准间。对于会议邀请的重要领导、贵宾，一般应考虑提供单人间。为谨慎起见，在重要领导、贵宾入住前，应对每一间客房进行检查，以保证房间物品齐全。为避免重要领导、贵宾丢失会议材料和发放时的混乱，可将会议材料提前放入嘉宾的房间。

(2)预订会务工作人员的房间。为方便会务工作，应预留少量房间供会务工作人员使用。

(3)预留机动房间。为解决人员超出问题，需预留 2～3 个房间以备用，机动房间由住宿负责人负责调配。

四、交通安排

会议前后的迎接和欢送、会议期间的日常用车、会议集体活动，都需要会议组织者提供交通服务。会议交通服务的主要内容包括筹备、调配、停放车辆。

(一)确定会议用车类型、数量

会议用车的类型、数量应根据参会人员的多少、级别来确定，同时会议车辆的准备要严格遵循一定的原则。根据国家规定，大巴车的配备按参会人员平均40人/辆计算，小轿车根据会议的规格和实际需要从严掌握，做到既保证会议用车，又符合节俭原则。车辆的配备，应明确其类型、状况、容量等具体情况。用车之前，应对所配车辆进行严格车辆检查，确保其正常、安全。

(二)会议租车

如果会议组织者的车辆不够，可向其他单位或车辆租赁公司租赁。租车时应注意以下几方面。

(1)预订车辆最好提前三天，预订周末的车辆需要提前一周。

(2)用车天数应定为最少天数，若不够用，应提前在还车时间之前续租。

(3)签署车辆租用合同前应仔细浏览合同的内容后再签字。

(4)在发车、还车、验车时应仔细查看，确认无误后再签署单据。

(5)若发生事故，应尽快通知相关部门，一定要有交警的事故判定书证明，这是保险理赔所必需的证明。

(三)合理配置会议用车

会议用车要做到合理配置。对每类车的用途、接载对象都要明确，用车能固定的尽可能予以固定。例如，确定某一小组乘几号车，哪几个人合乘一辆小轿车等，既可以防止差错，也方便参会者。

(四)会议车辆的停放

大、中型会议应准备足够的停车场地。根据会议性质和规模安排停车，应尽量为参会者争取免费停车证。如果会议参会人数较多，或会场的停车场比较拥挤，会议组织者要安排专门的交通人员来指挥交通，以避免混乱的现象。如果参会领导者级别较高，或嘉宾中有受大众追捧的明星类人物，为维持交通秩序，还应请公安部门予以协助。

五、医疗卫生安排

会议的卫生保健，直接关系到参会者的身体健康，必须建立各项医疗卫生制度。会议医疗卫生保障制度主要内容包括疾病医疗、食品卫生、饮水卫生、会场卫生、住宿卫生、个人卫生和环境卫生制度等。各种大中型会议都必须配备必要的专职或兼职医生，或指定就诊医院；对流行性疾病，必须免疫预防；对年老体弱者、急重病人，必须给予特别照顾。

给参会者的所有食品，都要符合国家食品卫生法的规定。必要时，会场工作人员应当采取抽样检查或全部检查的办法，严格进行检验，以免发生食品中毒事件。

六、通信保障安排

会议通信保障工作的基本要求是迅速、准确、稳定、保密。会议组织者应事先和电信部门联系、商洽，建立和利用纵横交贯的通信联系网络，保证会议使用的电话、电传、电子邮件、数据通信电路等畅通无阻。必要时，可装设热线电话。当然，在保证通信畅通无阻时，要注意保密，防止有关领导或嘉宾的通话或重要保密部门的通信被人所窃听，造成泄密的严重后果。

【复习与思考】

一、本章精要

• 会议前期筹备是以会议召开当日为准，往前倒推 3 个月即为前期筹备阶段。一般商务会议，往前倒推 1 个月即为前期筹备阶段。

• 会议报备程序的对象主要有向国家主管部门申报、向单位主管或上级部门申报。会议报备所需材料包括申请报告、填报审批表。

• 会务工作应按照会议的实际需要进行明确的分工协作，一般设秘书处，在会议主席团领导下开展工作。秘书处通常可设秘书组、组织组、宣传组、会务组、后勤组、保卫组。秘书处下设各组的任务，可根据具体情况确定。

• 一个较完整的会议组委会人员构成主要包括自有人员和可外包人员两类。前者主要有秘书长、文案、嘉宾接待、会务、物料管理、媒体推广、财务等人员，后者主要有设计、翻译、志愿者等人员。会议组委会应做好与主办方、执行单位之间、与支持单位、与会议供应商的对接工作。

• 会场选择应注意考虑会场功能、会场布局、会场区位、会场应急等要求；会场选择的具体内容包括基础设施、服务设施、住宿服务、餐饮服务、会场工作人员、会场安全、费用收取等内容；会场可以通过实地勘察获取一手信息、良好的合作关系筛选，也可以通过在线会场预订搜索网站获取，如会小二、会唐网、酒店哥哥网等。

• 在与场地供应方洽谈好后，应签订正式的合同，保证届时正常租用会场。

• 文化体验，是针对会议主题和参会者的心理，在会议各阶段运用文化造势，让参会者在参会的同时，还能获得一种文化感受和精神上的满足。文化体验常见的有民俗风情体验、自然景观体验、人文景观体验三种表现形式；会议文化体验活动筹备的具体内容包括设计线路和拟定时间、确定活动参加人数、安排陪同人员等；在筹备文化体验活动时，应综合考虑契合会议主题，考虑地方城市、合作单位的承受能力和诉求，体验时间，交通，住宿，天气，线路选择等因素。

• 邀请参会的人员，主要分为发言人、嘉宾以及参会者。发言人主要包括主持人、致辞人和演讲人三大类。在发言人选择阶段需要确定发言人的数量、选择的条件、渠道、相关费用的考虑及其工作进程安排。

• 嘉宾主要包括应参会嘉宾(国际组织负责人、国际学术权威、东道主组织负责人等)和特邀参会嘉宾(政府部门领导、主题演讲人、行业人士、学术专家、主赞助商代表、协办单位负责人等)两类。

• 参会者的邀请数量受会议规模、预算和场地等多种因素限制。若是举办大型国际会议，还应考虑国内外参会者比例的因素。

• 会议人员邀请的首要工作即撰写邀请函；会议邀请函是专门用于邀请特定单位或人士参加会议，并且具有礼仪和告知的双重作用的会议文书。会议邀请函设计要与会议基调一致，但一般应以简洁大方为宜。邀请函可采取纸质版、电子版两种形式发放，其中电子版最为常见。

• 媒介计划就是选择广告所使用的媒体和媒体组合、拟定出稿日程方案的计划。媒介计划主要工作包括筛选媒体、联系媒体、前期预热、准备稿件。

• 会议前期接待安排的主要工作有机票预订、用餐安排、住宿安排、交通安排、医疗卫生安排和通信保障安排。

二、重点概念

会议报备	会议申请报告	会务工作机构
会场选择	文化体验	嘉宾邀请函
媒介计划	媒体类别	前期接待安排

三、思考讨论题

1. 在国内举办国际会议、国内会议如何报备？
2. 简述会议申办报告的主要框架。
3. 常见的会务工作机构如何设置？
4. 会场选择的具体内容和标准有哪些？如何利用网络在线搜索会场信息？
5. 筹备文化体验活动的原因有哪些？如何结合会议主题筹备文化体验活动？
6. 邀请函和会议通知的区别有哪些？邀请函的主要框架包括哪些内容？
7. 媒介计划包括哪些内容？
8. 会议前期接待安排的主要工作包括哪些？

【综合案例分析】　会议定点资源将全国共享

今后，我国各省(区、市)财政部门将统一负责本地区党政机关会议定点管理工作，各地区采购的会议定点场所在全国范围内实行资源共享，由各级党政机关举办会议共同使用，执行统一的会议定点场所目录和相同的协议价格。这是财政部日前出台的《党政机关会议定点管理办法》(以下简称《办法》)做出的新规定。

财政部行政政法司有关负责人表示，与以往相比，新《办法》进一步强调规范和效率原则。此次财政部改变了以往党政机关会议定点场所分级制定管理办法、分级招标采购的做法，制定了全国统一的管理办法，确立了统一规范、属地管理、资源共享的管理体制。这不仅让地方对各级会议定点场所的管理走向简化和统一，有利于节约会议费支出，降低行政运行成本，也将给定点场所的经营带来规模效益。

为适应中央“八项规定”实施以来部门开短会、不安排就餐或住宿等要求，《办法》增加了采购专业会议场所的有关规定，同时明确，各级党政机关举办的会议，除采用电视电话、网络视频方式以及在本单位或本系统内部会议室、礼堂、宾馆、招待所、培训(会议)中心等举办的外，应当在会议定点场所召开；会议定点场所政府采购的内容包括住宿房间价格、会议室租金和伙食费。住宿房间价格按标准间、单人间和普通套房三种类型确定，会议室租金按大会议室、中会议室、小会议室三种类型确定。

同时，考虑实际工作中只用会议室而不需安排食宿等情况较为普遍，同时社会上具备提供会议服务条件的一些专业会议场所和单位礼堂也有参加党政机关会议定点政府采购的要求，《办法》将会议定点场所的范围扩大到宾馆饭店和专业会议场所。这样的共享资源，为行政管理部门、使用者以及企业都带来便利。

为避免一些单位在执行中将会议费中的其他经费用于伙食开支，《办法》在采购住宿费和会议室租金的基础上，将伙食费也纳入采购范围，规定伙食费标准按每人每天确定或明细到单餐。

根据《办法》，会议定点场所依然实行动态管理，两年调整一次。《办法》还进一步明确了定点管理各方的权利义务，细化和加大了对会议定点场所违约行为的监督问责。

资料来源：中国财经报网，2015-02-13。

案例分析讨论：

1. 会议定点资源共享对非定点的会议场所是否会带来冲击？

2. 结合案例分析，举办商务会议是否可以参考会议定点资源指定的会议场所？是否还有其他渠道选择会场？

3. 案例中所反映的内容，对我国政务会议会带来何种影响？

第五章　会议中期筹备阶段

本章知识逻辑图

【学习目的】

通过本章学习，应熟悉会议中期筹备阶段的时间划分和本阶段主要工作内容，能对会议部分工作采取外包，掌握会议议程、日程、程序的内涵和区别，掌握会议通知的内容，熟悉常见的会议视觉材料种类，理解会议礼品如何选择及禁忌，掌握讲话稿的书面结构，做好会议中期筹备阶段工作。

【重点内容】

- 服务外包审核
- 会议议程、会议日程
- 会议通知
- 会议视觉材料类型
- 会议礼品选择
- 草拟领导讲话稿

在进行一系列的策划、考察、分工、联系等工作后，会议项目就进入了一些实质性的文字、视觉包装、会议信息整理分发工作阶段。本阶段既是会议策划方案的具体落实，又为会议的正常举办奠定良好的基础。以会议召开当时为标准，国际会议往前倒推30天即为中期筹备阶段，一般性的会议往前倒推15天即为中期筹备阶段。

第一节　服务外包及其审核

一、服务外包的含义

（一）外包含义

国际上对外包的一般定义认为，外包是授权一家合作伙伴管理自己的部分业务或服务。通俗地说，就是“做你认为最好的，而把其他非核心的业务及服务交给更专业的公司去做。”

外包，又称“外部资源利用”或“资源外取”，指企业生产或经营环节中某一个或几个环节(非核心业务)交由其他(专门)公司来完成，从而达到整合资源，提高资源效率，增强竞争力和应变能力的目的。

（二）服务外包的含义

服务外包，是指依据协议，将某项服务的持续管理或开发责任委托授权给第三者执行，利用外部优秀的专业化团队来承接其业务，从而使其专注核心业务，达到降低成本、提高效率、增强企业核心竞争力和对环境应变能力等目的的一种管理模式。

（三）常见的服务外包内容

会议的媒体推广、设计、同声传译、翻译、速记、摄影、摄像、餐饮、交通等。

二、服务外包的特点

（一）业务专业化，服务水平更高

服务项目外包，客户的初期目标是降低成本，而随着专业服务外包企业在业务流程的优化、创新方面的开发逐步完善和用户业务流程成熟后，质量、效率、可依赖性成为客户追求的目标。承接服务外包的服务商往往是某个领域的专家级接包商，不仅具备业务专业化的优势，而且服务水平也更高。

（二）附加值更高，高增值产业

与制造业相比，服务外包项目几乎没有进项原材料支出，项目的成本组成为：物业租金、电脑折旧、水电费用、人力成本。收入约等于增值。

IBM公司的调查数据显示，制造业来料加工的增值部分大约都是总规模的2%～3%，最高不超过5%，而服务外包的增值几乎是100%。而从收益上，同样金额的出口，服务外包对中国经济的贡献是来料加工的20倍以上。显而易见，服务外包的高附加值性，对接包商来说，其目标就是同样的投入获得更多的利益，加入服务外包市场无疑是好的选择。同时，相关产业带动高税收。由于进入服务外包行业的员工属于智力密集型劳动，其平均收入远高于制造业。

（三）知识密集型，对人力资源要求很高

服务外包以人力资源为核心。接受过高等教育的人力资源是产业的核心，服务外包企业价值与人员规模成正比。服务外包属于知识密集型产业，很多业务都需要从业人员有相关的培训教育经历和丰富的实践经验，并非像制造业一样，只要是对工人进行简单的技能培训就可以进行生产。因此，对人力资源的要求很高。

（四）绿色产业，低消耗，无污染

服务外包不用进行实物生产，多数是依赖IT设备，对于资源的消耗比制造业低了很多，也没有废弃物的排放，是非常环保的产业。

（五）不受地域限制

服务的接包商可以在本国也可以在世界上任何一个角落，发包方不用担心对方在哪里，只要能提供高水平的服务，无论在哪里，都可以进行合作。

三、服务外包的审核

为了保证会议举办期间各项工作顺利开展，建议在会前对服务外包进行验收和审核。针对常见的服务外包，其审核的主要内容有以下几方面。

（一）媒体推广

审核媒体推广的计划是否合理，对方能够提供哪些媒体资源、媒体推广的经验是否丰富等。

（二）同声传译

提前面试或电话面试，模拟会议当天的情境，考察译员翻译的准确度和反应的灵活度。同时，参考市场价格，与其商定同传设备和同传服务的价格。

（三）速记

与其商定合适价格并提前测试。也可使用录音笔，会后整理。

（四）摄影

会议摄影分为合影、会议新闻摄影。提前要求摄影师提供其拍摄经历及作品。

（五）摄像

会议摄像分为固定机位的会议现场全程摄像和为制作宣传片、新闻等拍摄的片段摄像。前者要求摄像师具备良好的现场录像执行及应变能力。后者要求提前与其沟通拍摄脚本，保证采集到的信息能制作出优良的宣传片或新闻。

（六）设计

包含会议背板、手册、请柬等。

【小资料 5-1】　国际会议选择当地供应商时必问的 10 个问题

四、服务外包的评价方法

评价服务外包的方法，要根据具体情况采用适当的方法。常用的方法有以下几种。

（一）主观经验法

1. 直观判断法

直观判断法属于定性选择方法。主要根据征询和调查所得的资料，并结合个人的分析判断，对服务外包单位即供应商进行分析、评价的一种方法。这种方法主要是倾听和采纳有经验的采购人员意见，或者直接由采购人员凭经验做出判断。常用于选择会议项目非主要原材料的供应商。

2. 招标评价法

当采购数量大、供应商竞争激烈时，可采用招标评价法来选择合适的供应商。通常的做法是，会议组织者/主办方（招标人）在一定范围内公开货物、工程或服务采购的条件和要求，邀请众多投标人参加投标，并按照规定程序从中选择交易对象的一种市场交易行为。

一个完整的招标采购过程，基本上可以分为五个阶段，如图 5-1 所示。

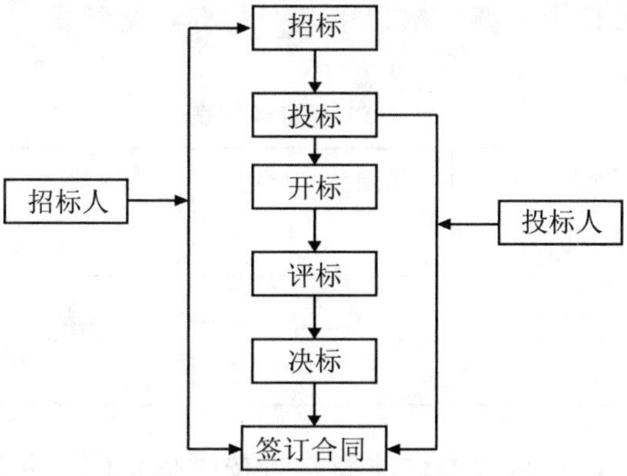

图 5-1　招标采购过程图

以上是一般情况下的招标采购的全过程。在特殊的场合，招标的步骤和方式也可能有一些变化。

3. 协商选择法

由会议主办方先选出供应条件较为有利的几个供应商，同他们分别进行协商，再确定适当的供应商。与招标法相比，协商法由于供需双方能充分协商，在物资质量、交货日期和售后服务等方面较有保证。

（二）数学计算方法

1. 采购成本比较法

对质量和交货期都能满足要求的供应商，则需要通过计算采购成本来进行比较分析。采购成本一般包括售价、采购费用、运输费用等各项支出的总和。

2. 线性权重法

线性权重法是目前供应商定量选择最常使用的方法，其基本原理是给每个选择标准分配一个权重，每个合作伙伴的定量选择结果为该供应商各项准则的得分和相应准则的权重的乘积的和。

线性权重法举例，如表 5-1 所示。

表 5-1　各要素的重要分类

评价要素	加权比例(%)	结果(%)
质量	W_1	50
交货	W_2	40
服务	W_3	10
合计	100	100

(1)质量评定。质量评定主要考察以下几个指标：交货量、质量残次、残次比例和合格率，如表 5-2 所示。

表 5-2　质量评定表

合作伙伴	交货量(个)	质量残次(个)	残次比例(%)	合格率(%)
A	150	30	20	80
B	200	50	25	75
C	175	25	14	86

(2)交货评定。交货评定是考察供应商是否按时提供的重要因素，主要通过对延期天数进行考察。在考察前，可对供应商延期交货的天数进行加权考虑，如表 5-3 所示。

表 5-3　交货评定表

延期交货的天数	加权(延期内按每日计)
1～10	1
11～20	2
21～25	3
25 以上	4

假设每个供应商都有四个订单，如表 5-4 所示。

表 5-4　订单分析表

订单数	供应商 A		供应商 B		供应商 C	
	延期天数	延期加权	延期天数	延期加权	延期天数	延期加权
1	4	4×1=4	15	10×1=10 5×2=10	7	7×1=7
2	13	10×1=10 3×2=6	8	8×1=8	4	4×1=4
3	9	9×1=9	18	10×1=10 8×2=16	23	10×1=10 10×2=20 3×3=9
4	16	10×1=10 6×2=12	10	10×1=10	12	10×1=10 2×2=4
综合延期加权		51		64		64
每单平均值		12.8		16		16

(3)服务等级评定。合作伙伴的服务等级是衡量合作伙伴服务水平的重要标志，主要从以下几个指标进行考察：合作程度、文件的精确性、响应速度、售后服务，如表 5-5 所示。

表 5-5　服务等级评定指标

		得分(10 分满分)			加权得分		
评定项目	加 权	A	B	C	A	B	C
合作程度	2	8	9	7	16	18	14
文件的精确性	2	7	8	8	14	16	16
响应速度	2	7	8	7	14	16	14
售后服务	4	8	9	8	32	36	32
合计	10	30	34	30	76	86	76

(4)评定结果如表 5-6 所示。

表 5-6　评定结果表

	加权(%)	A	B	C
质量	50	0.5×80=40	0.5×75=37.5	0.5×87=43.5

续表

	加权(%)	A	B	C
交货	40	0.4×87=34.8	0.4×84=33.6	0.4×84=33.6
服务	10	0.1×76=7.6	0.1×86=8.6	0.1×76=7.6
合计	100	82.4	79.7	84.7

第二节　拟定会议议程和日程

一、会议议程

(一)会议议程的含义

会议议程是会议要解决的问题、拟讨论内容的概略安排。它是对会议活动议题性内容的程序化，针对的是会议讨论或解决的具体问题以及围绕各项议题展开的报告、讨论、审议、选举和表决等活动，不包括非议题性活动、仪式性活动、辅助性活动。

会议议程仅适用于狭义的会议，如各级党政机关、企事业单位的办公会议与专题会议、各级人代会、职代会、教代会等。

会议议题一般由动宾结构构成，如听取政府工作报告、审议政府工作报告、表决关于政府工作报告的决议草案、选举最高人民法院院长等。会议议程仅列出议题及讨论次序，不作时间或其他安排。

凡属重要的大会，议程通常是由领导机关提出，由会议领导班子(如主席团)讨论和决定的。一般单位的例会常由秘书部门根据领导交代、部门要求和自己掌握的情况，对议题进行筛选后向领导提出建议。

(二)会议议程的作用

议程所涵盖的除了足以实现会议目标的各种议案，如主题规则等之外，还包括参会者姓名、会议时间及会议地点等项目。让参会者明确会议目标的最好方法是预先发给他们一份明确的议程。大多数会议并没有正式的议程，那是因为人们认为它不重要或不需要。但是，一份清晰的议程能够规范和控制会议内容，约束沟通的次序和节奏，提升会议的效率，有助于会议目标的顺利达成。书面的议程还会使会议目标具体化，议程就能使会议按照既定的轨道进行。

(三)会议议程的确定原则

1. 顺序要正确

议程的先后顺序非常重要，切不可前后倒置或杂乱无章。这就要求组织者会前进行周密细致的安排，重要的议程还要事先进行预演和排练，防止出错。会议过程中如因组织不周出现差错或失误，轻则影响领导机关的威信，重则造成工作的被动或失误。

2. 多少要适度

一次会议议程既不能安排过多，也不能太少。议程过多，因参会人员的精力和时间所限，可能议得不深不透，从而难以统一思想认识，议而不决，使会议收不到应有的效果，议程太少，会议过于松散，浪费时间。此外，还应考虑到会议的性质、内容、方法、目的和要求的不同。议程应逐项、逐段周密细致地安排，确保不错、不漏、不互相冲突。

3. 操作性要强

议程是具体、详细、实际的活动内容。议程明确具体，参会人员才能集中精力围绕议程开展活动，发言讨论才能抓住中心和重点，才能避免不着边际离题万里。在具体安排上，要注意将同类性质的议题集中排列在一起，以便引起参会者的高度重视，起到强化、深化的作用，以便使会议讨论透彻。在时间上要把保密性强、涉及人员范围小的议题排在后面，以便无关人员届时退席。

4. 主次要分清

当会议议程较多时，要注意分清主次、轻重缓急。一般情况下，重要的、急需解决的问题，可安排在前面，一般性问题可放在后面。因为会议前期人们的精力比较充沛，议事效率较高，把重要的、急需解决的问题放在前面，便于集中精力研究解决。有时虽然有些议题很重要，但议决的难度较大，可按先易后难的原则，把它放在后面，而先议比较容易解决的问题，以提高议事效率。

5. 要留有余地

做任何工作都要留有余地，以应付临时出现的各种情况，安排会议议程亦应注意这个问题。如果时间安排得过紧过满，一旦出现临时情况就无法应对。因此，时间安排要留有余地。机动余地大小视会议规模而定，时间较长的会议一般留半天至一天左右的机动时间。

（四）会议议程的内容

1. 开场：开幕式

主持人的开场白是会议开始后首先需要进行的部分。开场白的内容包括：必要的参会者介绍，此次会议所要解决的问题，问题的有关背景，此次会议的目标等各方面的内容，甚至有时还要透露主持人或召集者的态度。开场白的内容范围由会议召集者来恰当把握，但具体内容应由主持人本人来控制。

2. 基本情况介绍：嘉宾作主题演讲

在主持人的开场白中提出问题后，应设计由几位参会者介绍他们对这个问题所掌握的情况，这样可以让其他参会者对这个问题有一个初步的概念，并且可以以这些基本的情况为出发点进行思考，为之后的讨论做铺垫。

这里有两点需要注意：第一，介绍者应是提前指定并对问题有了一定研究的人，他们介绍的情况应当是可靠的；第二，介绍者的发言应简练扼要，重点突出，不需要介绍更多细节方面的问题。因为即使介绍了，其他参会者也不一定能记得下来，至于一些细节问题，可以在讨论阶段再详细介绍说明。

3. 自由发言讨论问题

虽然是自由发言，但实际上仍应提前拟定一个大致的顺序，这个顺序可以让一些反应较快、性格外向的参会者首先发言，再让一些思考时间较长、较深入的参会者接着发言，这样可以避免出现无人发言的尴尬场面，并且可以使整个讨论逐步深入，从而调动和活跃大家的思维。

在差不多每个人都表明了自己的观点之后，会议的讨论就该进入更激烈的阶段了，这时参会者极容易分为几派，并且有些参会者会彼此针锋相对，虽然场面可能会有些混乱，但这时正是问题讨论最深入的时候，可以令所有的矛盾都自行充分暴露出来，为后面作出的决议做准备。

4. 结论

在充分讨论之后，需要逐步地进行意见整合，找到共同点，在分歧上相互妥协。这时，主持人应处在主导地位，促成参会者们的意见相互配合，达成一致，最后以一定的形式表述出来，提交上级或传达下级。

5. 会议结束：闭幕式

会议达成决议后，还没有正式结束，会议主持人或是会议组织者一般都需要对会后的工作进行简单的安排，或明确地向参会者布置任务。

会议议程除应包括以上内容外，还可以根据实际需要而对会议的议程进行添加删减，例如，有的会议结束时可能需要领导发言，有的会议的议题情况介绍由主持人代为进行等。这些都要视具体会议的情况而定。大中型的会议议程基本就是以上五个流程，主要针对于一场会议的整体流程。

（五）会议议程的书面结构

1. 标题

由会议名称加上“议程”二字组成。

2. 题注

法定性会议议程应当在标题下方说明该议程通过的日期、会议名称，并用圆括号括入，例如，（2017 年 3 月 15 日第十二届全国人民代表大会第五次会议通过）。一般性会议议程注明会议的起讫日期，例如，（2017 年 4 月 1 日—2017 年 4 月 2 日）。

3. 正文

简要概括地说明会议每项议题和活动的顺序，用序号标注，句末一般不用标点。

【小资料 5-2】 某公司 2020 年第四季度第二次总经理办公会议议程

一、听取并审议销售部本年度商品促销活动的报告
二、听取并审议安全生产部明年安全生产工作计划
三、听取并审议财务部关于春节慰问老职工费用额度的报告
四、听取并审议人力资源部关于部门主管人员调整问题的报告
五、研究并决定总经理助理的人选

公司总经理办公室
2020 年 12 月 4 日

小资料 5-2 中的会议议题排序问题，第一个议题放在最前面，一方面说明其重要，另一方面是考虑到该议题适宜范围较广的人员参加，可集思广益、科学决策，而后面的议题不必参加的对象可以提前离开，便于对会议进行有效管理。此外，一般会议将涉密的议题安排在最后，第四和第五个议题就是基于该因素排列的。

二、会议日程

会议日程是会议议程的具体体现，会议议程是会议日程的一部分。

（一）会议日程的含义

会议日程是以“天”为单位，根据会议计划和进程，对会议各项活动按单位时间予以落实的具体安排，类似于会议的作息时间表。会议日程对狭义的会议和广义的会议都适用。会议日程的内容可以包括全部会议性活动，即议题性活动、非议题性活动、仪式性活动及辅助性活动都可列入会议日程。会议日程对会期有要求，会期满一天（两个时间单位）的会议都应制定会议日程。

会议日程一般采用简短表格形式表达，将会议期间每天上午、下午及晚上的活动列出即可。会议日程一般要面向参会者公布，并制成书面形式，于报到时随同会议材料一起发出，以便参会人员了解和遵守。

（二）会议日程的作用

日程是表明会议发展的进程，同时也是对完成各项议程需要时间的预测和必要的限制，以提高会议的效率。会议日程也是会议组织者对会议实施组织、参会者参加会议和人们了解会议情况的重要依据。具体来讲，主要包括：一是保证会议议程的具体实施；二是方便参会者熟悉会议内容；三是有助于提高会议效率。如日程表中的各项安排一般不轻易调整或拖延进行。

（三）会议日程安排的要求

1. 会期满一天的会议应制定

日程不仅要将全部议程加以细化，而且还要反映会议过程中其他的辅助活动。会议日程的安排既要贯彻精简、高效的原则，又要科学、合理，做到紧中有松，劳逸结合，符合人体生理和心理活动的规律，以提高会议活动的质量。

2. 安排重要活动的最佳时段

心理学家的试验表明，人的精力、体力每天呈规律性变化，高峰出现在10：00时和16：00时左右，这时，人的思维最清晰、情绪最饱满、精力最充沛、注意力最集中，是安排重要会议活动的最佳时段。

3. 合理分配会议时段

在确定会议的时间总长度后，接下来要确定全体会议、平行会议及相关活动的时间段，要做到合理分配每个会议时间段。下面是一个会期为2天的会议，给出了会议时段的分配参考，如表5-7所示。

表5-7　会议时段分配参考

日期	时间	内容
注册日	13:00—20:00	会议注册
第一天	9:00—12:00	开幕式及全体大会
	12:00—13:30	午宴及午休
	13:30—17:00	平行或分组会议
	18:00—20:00	欢迎晚宴及颁奖仪式
第二天	9:00—12:00	平行或分组会议
	12:00—13:30	午宴及午休
	13:30—17:00	平行或分组会议

在会期每个半天的活动时间里，应安排15～20分钟的茶歇时间。不同会议议题间需要换若干演讲嘉宾时，也可安排10分钟左右的间歇，方便参会者休息，以便组织者在间隙时间调换主席台上的演讲人的座签、茶水、座椅等，或者便于相关贵宾退场。

（四）会议日程的书面结构

1. 标题

由会议名称加上“日程”或“日程表”，组成其标题。

2. 题注

标明活动的具体日期、地点、主题、主办单位等信息，以便于散发或刊登宣传。

（标题中已显示的信息可以省去）

3. 正文

（1）文字式。即用汉字或阿拉伯数字标引各项具体活动的名称、内容，列出相应的活动步骤和细节，要求详细、明确。

（2）表格式。表格式以会议各项活动举办的先后时间为基础，将会议各项活动以较为精确的时间排列出来，其优点是容易控制各项活动的时间，保证整个会议按预定时间进行。为使读者能够清晰理解会议中各项活动的时间安排，推荐选择表格式来呈现会议日程（见表5-7）。

【小资料5-3】　第二届中国文旅大消费创新峰会首日日程

2017年6月13—14日，2017第二届中国文旅大消费创新峰会在北京国际会议中心举办。本届峰会围绕“破局·立势”的主题，汇聚了1 200^{+}位文旅行业领袖、文旅跨界、文旅创新、投资机构、研究机构等一同参与，通过旅游全产业链视角从“资源、产品、渠道、营销、互联网、用户、资本”7大维度，来深度挖掘文旅创新，捕捉行业发展风向标。会期共两天，以下选取了会议首日的议程安排，如表5-8所示。

表5-8　第二届中国文旅大消费创新峰会首日日程

时间	内容	议题
08:00—09:00		注册签到，领取资料
09:00—09:15	领导致辞	尚国治 中国旅游协会副秘书长
09:15—09:30	开幕致辞	消费升级下，文旅大消费赛道如何创新？ 刘照慧 执惠创始人兼CEO
09:30—09:45	主题演讲	城市投资竞争力分析报告 吴必虎 博士、北京大学教授
09:45—10:00	主题演讲	休闲度假模式创新 于敦德 途牛创始人兼CEO
10:00—10:15	主题演讲	老旅游死，新旅游生 陈罡 蚂蜂窝旅行网联合创始人、CEO
10:15—10:30	主题演讲	内容为王的旅游产品新时代 胡伟东 左驭创始人兼CEO
10:30—10:45	主题演讲	分享住宿如何创新旅游产品与服务？ 罗军 途家联合创始人兼CEO

续表

时间	内容	议题
10:45—11:00	主题演讲	全域时代旅游供给端创新的若干思考 李丹 景域集团董事、副总裁
11:00—11:50	圆桌论坛	新产业格局下，旅游的破局与创新之道
11:50—13:30		抽奖 & 午餐
13:30—13:45	仪式发布	大地云游旅游大数据平台“数据派”上线仪式
13:45—14:00	主题演讲	海外分享住宿产业创新突破点在哪儿? 郭骁 住百家副总裁兼 CTO
14:00—14:15	主题演讲	从支付破局到互联网思维下的产业转型 韩棋 易宝支付航旅事业部总经理兼行业群总经理
14:15—15:05	圆桌论坛	“旅游+”的创新与产业新格局
15:05—15:20	主题演讲	“旅游+”如何玩转海外目的地? 汪洋 途风旅游网联合创始人兼 CEO
15:20—15:35	主题演讲	中国住宿分享的革命之路 陈驰 小猪联合创始人兼 CEO
15:35—15:50	主题演讲	人工智能如何解决出境游痛点 关磊 分音塔科技 CEO
15:50—16:00	茶歇	
16:00—16:50	圆桌论坛	消费升级下的旅游新零售如何创新?
16:50—17:00		抽奖

三、会议程序

(一)会议程序的含义

会议程序是一次单元性会议活动或单独的仪式性活动的详细顺序和步骤，具有详尽性、明确性和可操作性的特点。狭义的会议和广义的会议中相关的活动均适用。

(二)会议程序的适用范围

以下两类活动需要制定程序。

1. 议题性活动

议题性活动中围绕各项议题展开的选举、表决等会议活动。

需要注意的是围绕各项议题展开的选举、表决等，如果强调会议具体讨论或解决的问题时，应作为议题列入会议议程；如果强调的是具体的活动过程，则需制定程序以确保活动顺利有序进行。

2. 仪式性活动

如开幕式、闭幕式、颁奖、授勋、签字、揭幕、剪彩、奠基、升旗等程式性较强的活动应制定相应的程序。

（三）会议程序的作用

会议程序要比会议议程和日程更具体，可对每项发言、每项活动细节的名称、主持或发言人的身份以及发言限定的时间都做出明确规定。

（四）会议程序的书面结构

1. 标题

由活动名称（全称或规范化简称）加上“程序”或“顺序表”组成。

2. 题注

标明活动的具体日期、地点、主题、主办单位等信息（标题中已显示的信息可省去）。

3. 正文

（1）序号式：用汉字或阿拉伯数字标引各项具体活动，列出相应的活动步骤和细节，详细、明确。

（2）时间序列式：把各项会议活动以较为精确的时间先后排列，其优点是容易控制各项活动的时间。

4. 落款

一般写秘书处，亦可省去。

四、会议议程、日程和程序的区别与联系

（一）区别

会议议程是整个会议议题性活动顺序的总体安排，不包括非议题性活动、仪式性活动及辅助性活动。凡有2项以上议题的会议，都应当事先制定议程，主要适用于狭义的会议。

会议日程是把每天的各项会议活动按单位时间予以落实的具体安排，狭义和广义的会议都适用。会议日程的内容可涵盖议题性活动、非议题性活动、仪式性活动及辅助性活动。凡会期满1天的会议都应当制订会议日程。

程序是一次单元性会议活动或单独的仪式性活动的详细顺序和步骤，狭义和广义的

会议中相关的活动均适用，其内容可以是议题性活动中的选举、表决等具体活动，也可以是开幕式、闭幕式、颁奖、授勋、签字、揭幕等仪式性活动。

议程、日程在会前发给参会人员；程序只供领导主持会议时参考，不发给其他参会者。

（二）联系

(1)三者都是关于会议活动先后顺序的安排。

(2)规模较大、活动较多、会期较长的会议，往往同时制定会议的议程、日程和程序，以适应不同的需要。

(3)会期较短、议题较少，并且较为灵活的会议只需制定一份会议议程即可。

(4)会议议程、日程可以用一个日程表将二者统一体现，也可以根据会期较长情况将议程、日程分开单列，没有统一规定。

第三节　拟发会议通知

一、会议通知的内涵

（一）会议通知的含义

会议通知是告知参会者有关事项的会议文书，是传递召开会议信息的载体，是会议组织者同参会者之间会前沟通的重要渠道。在《党政机关公文处理工作条例》(以下简称《条例》)中规定，通知“适用于发布、传达要求下级机关执行和有关单位周知或者执行的事项，批转、转发公文”。

（二）会议通知的作用

1. 传递会议信息

会议通知可以传递有关会议的内容、性质、方式、时间、地点、演讲嘉宾等基本信息，以便参会者做好充分准备，按时赴会。

2. 收集信息

收集参会者提出的议题、对会议议程的意见、提交的论文或报告以及其他需要在会议上进行交流的文件，以便进一步完善议题议程，审定或筛选论文、报告和其他交流性文件。

3. 反馈信息

向会议组织者反馈参会者的有关信息，如姓名、职务、参会人数、是否需要预订住宿等，为会议的接待工作做好准备。

4. 履行相关义务

在一些法定性会议中，正式成员具有出席会议的法定权利，向他们发出会议通知是会务工作机构的法定义务，同时也是对参会者权利的尊重。在商务性会议中，参会者往往需要通过付费才能参加会议活动，享有注册会员的权利。参会者根据会议通知所提供的信息，提前或现场做好付费参会的准备。

（三）会议通知的种类

1. 预先通知

在发出正式通知之前，为了让参会人员做好充分准备，提前发出的预告性通知。

预先通知先于正式通知，其目的主要是请参会者事先做好参加会议的准备。凡事先征求参会者的意见，或者需要参会者事先提交论文、报告、答辩和汇报材料，或者先报名然后确定参会者资格的会议，应当先发预先通知。待会议议程、时间、地点以及参会资格正式确定后，再发正式通知。

2. 正式通知

会议前期筹备工作就绪后，若没有大的变动，会议主办方可向参会者发出正式的会议通知。

二、会议通知的内容

（一）告知会议背景、目的

在会议背景中，应告知参会者举办会议的缘由、目的、宗旨与意义等。

（二）告知会议基本信息

1. 会议名称

会议名称应写全称。若会议名称字数较长，在首次出现时一定是用全称体现，通知其他地方出现时，可用规范化的简称或统称代替。

2. 主办单位和组织机构

联合主办的会议，要写明每一主办单位名称。如成立组织委员会、筹备委员会、指导委员会、学术委员会等会议组织机构的，要写清机构名称、人员组成情况等。

3. 会议内容和形式

如会议的主题、议题、讨论的提纲、议程安排等。报告会应当写明报告人姓名、身份和报告主题、配套活动的形式和内容。

4. 参加对象

如果通知是发给单位的，应当说明参加会议的人员的具体条件，如职务、级别、年龄等。专题工作会议应要求分管领导到会。参加对象如资格不同，通知中应分别用“出席”“列席”“旁听”“特邀”等词语来对应，不能搞错。参加对象需要逐级推荐的，要说明推荐的程序。有的会议为了达到一定的规模，通知中还规定每个单位参加会议的人数。

5. 会议的时间

包括报到时间、注册时间、正式开始时间和会期、闭会时间。

6. 会议的地点

应具体写明会场或酒店所在的地名、路名、门牌号码、楼号、房间号码、会场名称。

7. 联系方式

如主办单位或筹备机构的地址、邮编、银行账号、电话、电子邮箱、网址、联系人姓名等。

(三)告知应做准备事项

主要包括参加会议的费用及支付方式，报名的方式和截止日期，有关论文征集、撰写、打印和提交的要求及截止时间，会议的正式语言和工作语言，入场凭证以及组织者认为必须说明的其他事项。

(四)附带会议回执

会议通知一般应有回执，回执经常作为附件与会议通知一起发送。在拟写带回执的会议通知时，一般有以下几个步骤。

(1)明确回执的基本格式、回执的基本内容等。

(2)明确会议通知主送对象是个人，还是单位或者集体。

(3)回执中一定要注明回执邮寄的地址、联系方式等信息。

(4)如果会议通知有附件，一定要进行说明，在邮寄会议通知时不要将附件遗忘。

带回执的会议通知示例：

会议通知

尊敬的客户/××单位：

为了进一步加强与贵公司的合作关系，听取客户对我公司产品和售后服务的意见和建议，我公司定于2020年10月13—15日，在江鸿国际大饭店召开客户联谊会，请您/贵单位派相关人员参加。会议报到时间10月12日全天。敬请回复及光临。

会议联系人小钟，邮箱：××@163.com 电话：138××××××××

附件：

1. 会议日程及路线图

2. 参加会议注意事项

××公司

××年×月×日

回 执

请于×月×日前将此回执发送到××公司××部小钟的邮箱，××@163.com，电话：138××××××××。

□我公司参加此次会议，参加人数：____。

□我公司不参加此次会议。

××公司

××年×月×日

【案例 5-1】 第三届“高校细胞生物学前沿技术及基础实验示范骨干教师研修班”会议通知

为进一步促进高水平师资队伍建设，提高骨干教师学术及教学水平，加强生命科学各相关单位的交流，受中国细胞生物学学会、教育部高等学校生物科学类专业教学指导委员会和教育部大学生物学课程教学指导委员会委托，由四川大学和四川省细胞生物学会组织承办的第三届“高校细胞生物学前沿技术及基础实验示范骨干教师研修班”定于 2015 年 7 月 20—22 日在四川成都举办。本次研修班由高等教育出版社协办。

会议将邀请细胞生物学科研与教学经验丰富的知名学者和专家作细胞生物学前沿技术专题报告，并为教学一线教师提供跟进学科发展且适合本科实验教学的基础实验示范与操作，还将为细胞生物学实验课程建设、实验教学改革与教学内容等提供交流与研讨的平台，以期提高中青年教师和研究人员对细胞生物学技术飞速发展动向的认识和运用能力，促进细胞生物学理论和实验教学内容的及时更新。现将有关事项通知如下。

一、参会人员

全国高等学校生命科学及医学类专业细胞生物学中青年科研、细胞生物学理论课和实验主讲教师及相关课程任课教师。

二、研讨与实验操作主题

本次研修班仍将遵循往届宗旨，突出两个方面的内容：一是开拓视野、提高综合素质的细胞生物学前沿研究技术以及由此带来的细胞生物学新发现、新突破；二是更新细胞生物学本科实验教学的基础实验案例示范以及参会教师亲自动手实验。

会议以特邀报告、专题报告和基础实验示范及操作等形式，围绕细胞生物学前沿研究技术进展与应用、实验教学目标、实验教学改革、实验教材与内容更新等方面，进行深入研讨与交流。

三、研修班内容

(一)报告

1. 朱学良研究员，中国科学院上海生命科学研究院生化与细胞所

报告题目：尖端荧光光学显微术及其对细胞生物学发展的促进作用

2. 俞立教授，清华大学生命科学学院

报告题目：显微术在自噬及迁移小体发现中的应用

3. 张林教授，美国匹兹堡大学药物与化学生物系

报告题目：癌细胞凋亡的调控机制和潜在应用

4. 王莉副主任，高等教育出版社生命科学与医学出版事业部

报告题目：数字课程定制应用与出版

5. 邹方东教授，四川大学生命科学学院

报告题目：细胞生物学实验教学的内涵及举措

6. 张庆华博士 上海华盈

报告题目：生命科学研究新工具——蛋白芯片技术及其应用

(二)实验示范与操作

1. 细胞自噬的诱导与观察。

2. 细胞核、内质网、高尔基体等细胞器的标记与观察。

3. 细胞周期分析：S期细胞的标记与荧光显微镜分析。

4. 四膜虫鞭毛微管重组装的诱导与观察。

5. 细胞因子的检测。

(三)交流讨论

各兄弟院校细胞生物学实验教材建设、特色内容及实验课开设模式改革等交流。

1. 实验教材建设。

2. 实验教学资源与虚拟仿真实验的建设。

3. 特色实验开设交流。

四、论文征集

本次研讨会将围绕细胞生物学理论课与实验课教学改革及教学资源建设主题开展征文活动，欢迎广大教师踊跃投稿。优秀论文将推荐在《高校生物学教学研究(电子版)》杂志上发表(http://bioteach.hep.com.cn)。论文撰写模板及提交请登录会议网站 http://conference.hep.com.cn 详细了解，投稿截止日期：2015 年 7 月 15 日。

五、会议费用

会议注册费 600 元/人(包括会议资料、实验耗材费和餐费)，报到时统一交纳。参会人员的差旅费和住宿费自理。食宿由会议统一安排。

六、报到时间及地点

报到时间：2015 年 7 月 20 日全天。

报到地点：四川大学科华苑宾馆一楼大厅(成都市科华北路四川大学西大门旁)。

离会时间：2015 年 7 月 23 日。

七、乘车路线

会议不安排接站，请自行前往。

(一)成都火车北站

乘 55 路公交车，到章灵寺站下车后过人行天桥即到。乘出租车到科华苑宾馆约 40 元。或乘坐地铁 1 号线至倪家桥站，从倪家桥出口转乘 79 或 114 路公交车两站后下车，过人行天桥即到科华苑宾馆。

(二)成都火车东站

乘坐出租车大约 13 千米，经中环路(又叫 2.5 环路)到科华北路科华苑宾馆。或乘坐 147 路公交车，在火车南站东路东站下车，转乘坐 55 路(或 112 路、49 路、102 路、6 路)，在章灵寺站下车即到科华苑宾馆。

(三)双流国际机场

乘出租车到科华苑宾馆约 40 元。

八、参会回执

请参加研讨会的人员在 2015 年 6 月 20 日之前登录会议网站 http://conference.hep.com.cn 进行网上参会注册；也可直接下载“研讨会参会回执”，填好后 E-mail 至会务组。根据前两届参会情况，且正值成都旅游旺季，住宿比较紧张，请参会教师及时反馈参会回执。

会务组联系方式：略

附件：参会回执表(略)

中国细胞生物学学会

2015 年 5 月 10 日

【案例 5-2】　旅游管理专业骨干教师专业培训班通知

各有关高校：

根据《教育部财政部关于实施职业院校教师素质提高计划的意见》(教职成〔2011〕14 号)和教育部职业教育与成人教育司 2014 年 4 月 15 日《关于 2014 年度高等职业学校专业骨干教师国家级培训项目公示的通知》文件精神，长沙商贸旅游职业技术学院承担 2014 年教育部高职旅游管理专业骨干教师企业顶岗培训项目。现就有关培训及报到事宜通知如下：

一、培训时间

按照项目建设要求，培训内容 8 周(2 个月，即从 2014 年 7 月 11 日开始，9 月 10 日结束)内完成，分三个阶段实施：第一阶段基本技能模拟训练集中培训，在基地学校进行，为期1周；第二阶段企业顶岗训练，在基地企业进行，为其6周；第三阶段调研总结，在基地学校和与基地学校合作的企业进行，为期1周。

二、报到时间与地点

1. 报到时间：2014年7月11日9:00—12:00。

2. 报到地点：长沙商贸旅游职业技术学院新校区(长沙市雨花区圭白路16号)笃行楼A座南栋402室(旅游管理系会议室)。

3. 开班仪式时间：2014年7月11日15:00—16:00。

4. 开班仪式地点：长沙商贸旅游职业技术学院新校区(长沙市雨花区圭白路16号)敬业楼608会议室。

三、培训费用

依据教育部办公厅财政部办公厅《职业院校教师素质提高计划中等职业学校青年教师企业实践项目管理办法》的有关规定，项目所需经费以中央财政投入为主，费用不足部分由地方财政、职业院校和教师个人负担。培训基地费用包含住宿费、培训期间交通费，不包含往来基地的交通费和伙食费。

参培学员在顶岗实践培训期间，享受国家规定的工资福利待遇和出差补助，差旅费按有关规定回单位报销。

四、相关要求

1. 本次培训将按照《职业院校教师素质提高计划中等职业学校专业骨干教师培训项目管理办法》执行，请各位参训教师严守考勤制度。

2. 参训教师报到时，需携带如下资料及物品。

(1)身份证及同底两寸照片4张。

(2)请备足个人生活用品及衣物。

(3)为方便学习，请自备手提电脑和存储设备。

五、联系方式

略

湖南新康辉国际旅行社有限责任公司
长沙商贸旅游职业技术学院
2014年6月30日

三、会议通知的形式

(一)口头通知

口头通知最突出的优点就是快捷、便利，适合于参会人员较少的小型会议。其缺点就是以声音为媒介，不易保存；若受传者遗忘，则会影响会议顺利进行。

（二）电话通知

以电话为媒介传递信息，快捷、准确、到位，一般情况下，成本较低。需要注意的是，以这种方式传达通知时，会务人员为了明确责任问题和出于有的参会者某些原因没有接到电话的考虑，必须在事后选择合适的时间继续通知，直到他接到电话（传真）或知道了会议通知为止。在传达通知时，要据实填写表 5-9。

表 5-9　会议通知传达情况登记表

项目	通知内容	通知对象	接电话人姓名	通知时间	备注
1					
2					
3					
4					
…					
情况记载					

通知人（签字）：________

年　月　日

（三）书面通知

书面通知是一种传统的方式，它适合邀请外部单位或外部成员参与的会议，一般常用于大、中型会议。由于书面通知在传递的过程中需要一定的时间，因此要提前准备。如果在预定的时间内，对方没有收到，还需要及时采取措施作相应的补发等工作。书面通知的效率比较低，但是，通过书面材料可以将有关事宜交待得清清楚楚，对参会者来说，可提供很大的方便。

（四）电子邮件

电子邮件通知综合了上述三种方式的优点——快捷、准确、低成本，而且内容清楚，一目了然。但是，由于群发邮件过多，可能会存在接收者邮箱服务器屏蔽电子邮件的情况。因此，在发送电子邮件通知后，应辅以电话通知提醒接收者查收并及时反馈参会意愿。

第四节　设计会议视觉材料

举办一次会议，其实相当于一次会议品牌的展示，统一的会议视觉符号不仅能展示出会议组织单位的正规、严谨，而且还能给参会者留下深刻的印象，有利于会议品牌的统一和延续。因此，对会议进行视觉包装非常有必要。

一、会议视觉材料的风格与颜色

需要注意的是，国际大型会议的性质决定了会议视觉材料的设计风格应尽量国际化、严谨但不失特色。通常，深蓝色和暗红色是比较常见的会议用色，当然也可以进行适当的创新和发挥。风格一致的视觉材料，会给人一种整齐、高端的感觉。通常情况下，如果会议本身拥有自己的标志(LOGO)，那么其他视觉材料可以在 LOGO 基础上进行相应的设计。如果会议无特定 LOGO，则可以根据会议背板的设计风格，延伸设计出其他的会议视觉材料，使人更易于识别。

二、会议视觉材料的主要类型

(一)会议背板

会议背板是指安装在会议现场的背景板，用以确定会议基调，展示会议主题、主办单位等信息。会议背板的框架材质一般是木质或桁架，表面覆盖喷绘布。目前，LED 电子显示屏(俗称大屏幕)作为会议背板也常见于会议现场。

会议背板上应体现有关会议的内容，主要包括：一是会议的会徽和有关组织的徽章；二是会议的名称、缩写和举办时间和地点；三是会议的主办单位。

会议背板设计应符合会议性质，不可过于沉闷，但也不能过分夸张、花哨，总体上应遵循严谨、高端的原则。设计内容应简洁，色调应统一。此外还应注意色彩明快。例如，红色象征热烈喜庆，适用于重大的集会；蓝色象征柔和宁静，适用于各类工作会议。以下选取了 2017 中国会展经济研究会海口年会的会议背板效果图，仅供参考，如图 5-2～图 5-4 所示。

图 5-2　论坛主背景(宽 12 米×高 4 米)

图 5-3　子活动：会展教育论坛背景(宽 12 米×高 4 米)

图 5-4　平行活动背景(宽 3 米×高 2 米)

(二)易拉宝

易拉宝又称 H 展架，因其展示的画面可以自由伸缩、方便携带得名。易拉宝构造是一个座地的卷轴，由地面向上是一支伸缩柱，柱顶有一个扣，使用时由卷轴拉出一幅直立式的海报，吸引路人的注意。易拉宝适用于会议、展览、销售宣传等场合，主要起背板补充、议程展示、采访背景或路线指示牌等作用，是使用频率最高，也最常见的便携展具之一，如图 5-5 所示。

图 5-5　易拉宝

（三）胸卡

胸卡，又称证件，是在胸前以示工作身份的卡片。胸卡的设计格调要与会议性质和氛围相适应。例如：庆祝会、代表大会的胸卡可以采用红色衬底，以体现喜庆的氛围；学术性、商务性会议可采用蓝色衬底；涉外会议，胸卡应同时注明中文和外文，外文排在中文下方。

在会议活动中，常见有以下几类证件，各类型证件应以不同颜色区分：一是证明参会人员身份：出席证、列席证、嘉宾证、参会证。二是标明工作人员身份：工作证、记者证、志愿者证。三是车证和司机证：准入证。图 5-6 是会议证件的参考图。

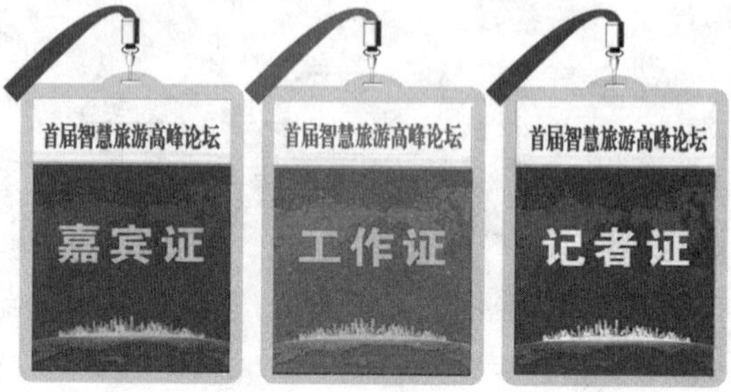

图 5-6　某会议证件

（四）记事本、笔

记事本和笔的类型非常丰富。会议组织者可以根据会议的基调、规模、预算等因素进行选择。如果需要，也可以自行设计，将会议 LOGO 或会议主办方的 LOGO 等标志印在记事本上。

（五）资料袋

通常，会议资料包含会议手册、记事本、笔、宣传册、光盘、礼品等。会议资料袋的材质有纸质和亚麻材质两种。建议制作亚麻材质的布袋，既环保又可反复使用，如图 5-7 所示。

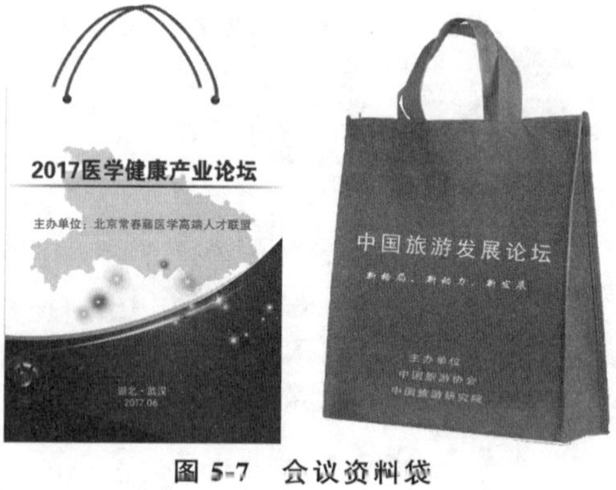

图 5-7　会议资料袋

三、厂商联系与沟通

建议选择长期合作、配合比较默契的制作厂家；若没有此类合作伙伴，应选择信誉好、有口碑的厂家联系。

在任何会议视觉材料进行制作前，都应与厂家相关负责人进行当面沟通，向其详细说明所需材质、纸张类型、所需效果等，并一定要求打样，经过审核之后再大批量制作、印刷。

第五节　选择会议礼品

现代社会各种会议种类繁多，但是，如何给参会者送出满意的会议礼品，也是令会议举办方越来越头疼的一个题目。通常，会议主办方会赠送参会人员礼品或纪念品，以表示对参会者赴会、演讲的感谢和敬意。我们主张会议礼品的选择要因会而“异”、因人而异，不能千篇一律，更不能几年一贯制。一件合适的礼品会加深参会者对会议的良好印象；不合适的礼品也会引起不必要的尴尬和不满。

一、会议礼品的类型

（一）交际性礼品

这是我们常说的狭义的商务礼品。主要用于日常的各种商务交际场合，用来提升送礼人与受赠者关系和情感的商务礼品，受赠者主要为商务合作伙伴。定做这类礼品要侧重表达对受赠者的尊重与关爱，重点考虑受赠者对礼品个体需求，较为雅致又具有实用性的礼品一般都会受到欢迎，如红酒、紫砂壶、茶叶、字画等。

（二）商务性礼品

商务性礼品是指企业或团体对外进行商务交流活动、加强协作和联系时使用的礼品。商务性礼品的受赠者多为外部企业或团体和个人，以互助、合作、共赢为目标，因此价值和文化特色的需求比较明显。

（三）标志性礼品

标志性礼品主要用于品牌形象的展示和宣传，重大对外活动的商务礼品也可以作为标志性礼品。标志性商务礼品的定制一般不需要考虑受赠者的礼品需求，而要考虑突出鲜明的企业或产品特色。例如，企业某款特色产品的金质模型、刻有某团体标志的玉质印章等。

二、会议礼品选择的考虑因素

（一）与会议性质相符

会议主办单位不同，会议礼品的选择也会不同。由于会议礼品除了承载其本身的商品价值，更重要的是起到传播主办方价值理念和形象、品牌宣传的作用，会议礼品的选择应根据会议的主办单位性质考虑。

1. 政府会议

政府会议多为规格、档次较高的会议。因为主办者的身份特殊，会议礼品也应选择品质、品位均较高的礼品，这样才能符合主办者的特殊身份。另外，会议礼品的选择上要能够凸起地域或行业特色，例如，苏州市政府主办的会议可以选择苏绣制品作为会议礼品；国家自然资源部主办的会议可以选择有代表性的矿石品质样本制成礼品赠予。

2. 企事业单位会议

企业单位会议大多以商务型会议为主，会议礼品也是传递企业形象和价值观、传播企业品牌的重要媒介。会议礼品一般应以定制为主，除了考虑在礼品上印上企业的 LOGO、会议名称的简朴做法外，还应考虑所选择的会议礼品应与企业所处的行业以及所出产的产品有一定联系关系性，凸显企业文化、特点、品牌和理念。例如，家具生产企业可以用加工剩下的木材边角废物压制成设计精美、巧妙的相框，企业 LOGO 也用压制的方法制出，既有立体感又不破坏礼品的整体美感，在适当的位置还可以刻上一句温馨的话语，体现企业的环保意识和关爱精神。再如，高科技企业选择会议礼品时要充分体现出礼品的技术含量和立异意识，用思维的价值带给受礼者一份意想不到的冲击，从而给其留下深刻的印象。

3. 社团会议

社团会议在选择会议礼品时应注重传达社团组织的积极奋进精神和凝聚力。

（二）与会议目的相符

1. 以纪念为主要目的的庆典会议和表彰会议

礼品选择的最佳尺度：要考虑礼品的纪念意义。礼品要有纪念价值和珍藏价值，保留时间长，适合在办公桌上或墙上进行陈列，有一定的观赏价值或使用价值。最好有一定的象征与联系关系意义，可以选择有象征意义的奖杯或奖台，有一定象征意义适合桌子上摆设的工艺品，如具有吸附室内甲醛功能的炭雕摆件、金箔画等。

2. 以培训、交流为目的的会议

这类会议包括带有培训性质的研修班、培训班等，以有实用价值、使用时间长、会议参加者喜欢为主要尺度。办公礼品、书写礼品、文化用品实用性强，既有纪念意义又有宣传意义，是会议礼品的首选。

3. 年终会议

礼品选择的最佳尺度是有一定价值，适合家庭和个人使用，最好是家庭和个人需要而没有的耐用礼品。例如家庭药箱、空气加湿器(北方冬天适合)、电子血压计、健康体重称等。

4. 针对公司重要客户的会议

在选择会议礼品的时候要考虑礼品的价值、礼品的纪念意义和宣传效果。针对这样的会议可以选择高档品牌礼品、具有纪念意义的文化礼品；对于外事会议可以选择具有中国特色的礼品，如真丝织锦、珍贵字画等。这类会议礼品具有体积小、重量轻、便于携带的特点，实用且富有特色，能融合企业文化内涵。

5. 福利、节假日慰问的会议

在这类会议中，礼品的实用性是首要考虑的因素。适合家庭和个人需要的耐用礼品，高档保健家纺礼品等是福利品的首选，例如床上四件套、手织布床上用品、保健枕都是不错的选择。还有适合全家人使用的保健经络仪、电子血压计也是这类会议礼品的佳选。

(三)与会议主题相符

在选择礼品时，建议尽量选择那些与会议主题相符的礼品。如果所举办的会议是关于环境保护的，那么礼品最好是使用环保材料制作的，同时也要注意包装材料的环保简洁，使之与会议主题相符。

(四)与地方特色相符

在全球化时代，商品在全世界市场中流通，同质化现象较为严重。人们通常会喜欢那些比较特别的、有浓厚地方特色的东西，因为那不仅代表了一个国家或城市最具魅力的元素，也具有一定的收藏保存价值。

(五)考虑受赠对象心理

参会人群的职业背景与生活习惯也决定了礼品定位方向。作为馈赠品，只有得到受赠者的认可与喜爱，才能体现其价值。以馈赠方的角度来看，也许采购的礼品经由了精挑细选，涵盖了诸如精美、贴心、实用等各种用意，但只要受赠者不以为然，就可以判断礼品选择为失败行为。

考虑完以上五个因素后，会议礼品方案的雏形基本形成，可选择的礼品也比较集中。如今，会议日趋多元化，也决定了会议礼品的多元化。因此，礼品的分析与定位应建立在对会议的全方位认识上。这样不仅有助于馈赠方对礼品是否合适做出判断，而且能迅速找到哪些适合会议的特定礼品，让所有参会者感到心满意足，起到皆大欢喜的作用。

三、会议礼品选择的禁忌

(一)品质不易控制的不送

无论送什么，礼品的质量可靠性是绝对要保证的，一份质量有瑕疵的会议礼品往往会引起受礼者对主办方自身产品质量的无穷遐想。例如一些易碎、易变质变形的产品最好不作为首选。因为会议上发放礼品数量较多，人多手杂，难免出现一些摔碰现象。如果我们选择的是瓷器等一类礼品，外包装虽然完好，等参会者打开时，里面可能已经面目全非，这肯定不是送礼者愿意看到的。

（二）价值感低的不送

如果送给参会者的礼品，让人感觉是质量粗糙、价格便宜的路边货，这种礼品不仅达不到会议主办方的初衷，甚至还会让参会者心中不痛快，有被怠慢的感受。

（三）体积大、质量大的不送

通常情况下，嘉宾都是从国外或者外地赶来参加会议，体积过大或者太重的礼品都会成为他们的累赘。因此，在准备礼物时，要考虑到能否很容易地放进行李箱并且只占用很小的空间。例如像家用电器、多用途餐具、床上用品、保健器材等，是非常不适合在会议上作为礼品发放的。这类礼品体积较大，携带不方便，重量相对较沉，无形中把礼品变成参会嘉宾的负担，此类产品还是作为公司福利品发放较为合适。

（四）误读中外文化差异的不送

选择礼品要注意避免文化误读。例如，中国人喜欢赠送棺材形状的礼品，寓意祝福对方“升官发财”；赠送对方一把新菜刀，寓意对方“财源滚滚，马上财到”。但这些对于西方人就难以接受。此外，“13”这个数字也不宜出现在给西方人的礼物中，这在他们眼里是非常不吉利的。

第六节　草拟会议讲话稿

在会议筹备阶段，会议组织者需要主动为领导、嘉宾准备讲话稿，包括致辞、主持词、总结讲话、晚宴致辞等。

一、讲话稿的内涵

（一）定义

讲话稿，又称发言稿，是参会者为了在会议上表达自己的意见、看法或汇报思想、工作情况而事先准备好的文稿。讲话稿是会议的主要文件，有些文件不安排会议报告，讲话稿起到报告的作用，成为反映会议精神的最主要的文件。

（二）特点

1. 鲜明性

会议上的发言是议论性的，它不同于总结报告或经验介绍。它主要是表达发言人对问题独特的见解，必须有鲜明的观点，且主题要单一、集中，能给人以鲜明的印象。发言稿中对所讲的问题，是赞成还是反对，是表扬还是批评，不能含糊其词、模棱两可，要旗帜鲜明。

2. 针对性

由于参会的受众一般比较明确，发言稿内容应该集中于听众所关心的问题，所持观点和所依据的材料要能为听众所接受，甚或心悦诚服。

3. 通俗性

会议发言稿是用来讲的，不是拿给人看的，因此一要通俗易懂，让人听得明确。会议发言稿内容要有一定的理论层次，但又不能在理论上兜圈子，要把深奥的道理讲通俗，而不是把简单的道理讲复杂了。通俗，发言稿要口语化，要能“上口入耳”，做到持稿者好讲，听讲者好听。

4. 新颖性

会议发言稿要具有吸引力，很重要的一点是要创新，观点要新、材料要新、结构要新，上述“三新”至少要一新，力避陈词滥调，少说正确的废话；另一方面要选准发言的切入点，不要面面俱到，因为参加会议发言的并非一人。

5. 鼓动性

会议发言是与听众的一种直接互动，所以讲话稿要始终关注听众的听讲情绪。要做到这一点，除了依靠发言稿思想内容的丰富深刻、见解精辟、有独到之处、发人深思等之外，语言表达的形象生动、富有感染力同样非常重要。此外，在讲话稿中如果有意识地插入一些现场互动的内容，如询问、征求意见、即时调查等，则可能更能激发听众的热情。

二、讲话稿的书面结构

会议讲话稿没有固定格式，往往依讲话的内容、场合、目的而定，会议讲话稿一般可以分成以下三个部分。

（一）标题

会议讲话稿的标题有多种写法。一种是由单位名称或讲话人、事由、文种组成；也可由事由加文种组成；也可由讲话的内容确定讲话稿的标题，让人一听就知道讲话的主题。

（二）正文

1. 开头

开头或阐明讲话主题，或交代讲话背景，或提出问题，引起注意。开头要求能用最简洁的语言、最经济的时间，把听众的注意力和兴奋点吸引过来，达到出奇制胜的效果。因此，开头一定要精心推敲和组织，可采用开门见山的单刀直入式，或者说明讲话目的和原因的交代式等。

2. 主体

主体部分或分析问题、解决问题，或总结经验教训，安排新的工作项目。这部分要围绕一个主题有条理地展开，做到言之有物，言之有序。会议讲话稿主体结构常见的形式有以下几种。

(1)开门见山式。即提出本人要谈的问题及对问题的看法，然后说明理由，最后照应开头对全文作简明扼要的总结。

(2)层次表达式。即直接写出要讲的几个问题或几点意见，可用1、2、3等序号表示，问题讲完，即告结束，不写开头和结尾。

(3)内容连贯式。汇报经验、情况的发言或讲话，内容比较系统，它包括情况叙述、经验介绍、体会收获等，这几方面的内容要连贯地写出来，构成一篇比较完整的文章。

（三）结尾

结尾部分一般是对全文的总结概括，同时提出要求、希望等，展望未来，提出号召，催人奋进。结尾要做到简洁有力，给人留有余味。美国作家约翰·沃尔夫说：“演讲最好在听众兴趣到高潮时果断收束，未尽时戛然而止。”这也是讲话稿结尾最为有效的方法。

在讲话处于高潮的时候，听众大脑皮层高度兴奋，注意力和情绪都由此而达到最佳状态，如果在这种状态中突然结束发言，那么保留在听众大脑中的最后印象就特别深刻。讲话稿结尾没有固定的格式，但一般原则是要给听众留下深刻的印象。

三、讲话稿的草拟原则

（一）避免雷同

因为讲话的场合多种多样，在同一个场合可能有不止一位领导针对同一个问题发言，这时如何做好避免讲话内容的雷同，便是起草人员应预先考虑且有所准备的。起草人应尽可能地使领导的讲话既全面又独特，紧紧抓住观众，才能收到好的效果。

一般来说，起草人在草拟讲话稿的过程中要避免雷同，可在以下几个方面下功夫。

(1)根据领导或嘉宾的特定身份就会议的主旨阐发观点，展开议论，这样可以自然而然地成为“一家之言”。

(2)适当变换议题的角度，用独特的角度来看待问题，阐发观点，给听众耳目一新的感觉。

(3)选择那些富有新意的材料来说明问题，不同程度地满足人们审美活动和求异思维的需要，使听众开拓视野，回味无穷。

（二）与会议类型相符

会议的种类很多，有工作会、业务会、座谈会、表彰会、纪念会等。不同类型的会议，不能用一个模式。

工作会要在总结前一阶段工作的基础上，对下一阶段的工作进行部署，涵盖的内容较丰富，标题一般要点明主旨，有的加副标题，正文部分列小标题，有的在小标题下加二级标题、三级标题，语言比较庄重。

业务会是研究某一项业务工作的会议，如会计会、税务会等，专业性强，讲话内容要具体实在、便于操作，语言要朴实，可使用专业术语。

座谈会的任务是对某项工作进行研究、交流和沟通，讲话的格调比较自由，可以讲认识、讲经验，也可以对某项工作提出意见和要求，语言比较轻松活泼。

表彰会是为褒奖先进单位和英模人物而召开的，讲话要对受奖者的先进事迹和先进经验加以肯定和赞扬，并号召大家向他们学习，篇幅一般较短，但要充满激情，能鼓舞士气。

纪念会纪念的是某一历史事件和历史人物，讲话除对历史事件的重大意义和历史人物的丰功伟绩加以肯定和颂扬外，还要立足当前、面向未来，对继承光荣传统、弘扬革命精神提出要求，语言要热情洋溢，催人奋进。

（三）注意语境，脚踏实地

国际会议的嘉宾中有不少外国友人，在会议现场由同声传译解决语言问题。有的参会领导习惯使用官语套话，由同声传译翻译出来后会显得十分官僚且不知所云。因此，在撰写会议讲话稿时，不应使用“有力贯彻、下大力气、亲切接见”等这些无实际意义、指代模糊的官话，一则会降低国际会议的国际感，二则会给国外嘉宾留下官僚的印象。

（四）少用古诗词，多用数字和例子

常见有领导在会议讲话时，喜欢引用古代诗词以表达心情和意境。考虑到翻译的水平和听众的接收效果，建议少用为妙。在撰写会议讲话稿时，建议多用例子、数字这些直观、易懂的方式，不仅增加发言人语言的幽默感，还可以体现发言人严密的逻辑。

（五）主旨鲜明，重点突出

如果一个发言人在台上讲话，讲了很久听众还不知道他究竟要表达什么意思，那么这篇讲话稿肯定是不成功的。会议讲话稿要做到主旨鲜明、重点突出，不需要面面俱到。在大型会议上的讲话，更要注重不要洋洋洒洒没有要点。要从整体结构上进行把控，先针对此次会议对应的行业全局现状，再讲会议的意义和对它的期望等。这样的讲话层次鲜明，时间也易于控制，不至于过分拖沓，重点也易于突出。

四、讲话稿的写作技巧

（一）主题鲜明，重点突出

主题是讲话稿的灵魂，好比人的大脑，可以统帅支配全身。文章的结构、布局，材

料的选择、取舍，语言的运用都要为主题服务，受主题制约。

主题的选择和确定，要根据会议的内容和讲话人扮演的角色来确定。例如，召开农业的会议，就要讲农业问题，不能谈及工业、商业和其他行业的事情。如果有几个领导讲话，最好在讲话前互相通气，分工明确。张三讲什么，李四讲什么，做到讲话既各有特点，又互相补充，互相照应，相得益彰。防止互相矛盾和交叉重复。

一般来说，一篇讲话稿只能有一个主题，集中精力把一个问题说清楚，不能搞多中心。当然题目有大有小，有的比较宽泛，涵盖的内容多；有的比较狭小，涵盖面较小。除了大型的会议工作报告、工作总结和任务部署需要较大的题目外，其他讲话题目都不宜太大，太大了就会把篇幅拉长，容易与工作报告重复，而且缺乏高度和深度。

（二）精心安排，布局合理

写讲话稿最费脑子的还是构思这个环节，有时要提出几个方案，经过比较，确定最佳方案。

一篇讲话稿，大体上分开头、结尾和主体三个部分，开头和结尾都比较短。主体部分一般分几个层次和段落，一要抓住重点，二要突出特点，突出特点就是突出个性。领导讲话，主要用逻辑思维，而不是形象思维，善于用逻辑的力量去吸引人、感染人和说服人。就是要注意整篇文章，整篇讲话的结构，开头、中间、结尾要有一种关系，要有一种内部的联系，不要互相冲突。

讲话稿通常分几个层次，常见的有用“首先”“其次”“第三”或者用“一是”“二是”“三是”来处理。有些讲话稿层次是递进式的，常用的过渡词语有“因此”“而且”“但是”“当然”“应该看到”“应该强调的是”“综上所述”“综而言之”等。也有用一两句承上启下的话加以过渡的。

（三）材料翔实，丰富多彩

材料一般分为理论材料、事实材料、数字材料和会议本身相关的信息四部分。理论材料来源于上级文件和书本，事实材料多来自基层，数字材料一般来自统计、综合部门。会议相关的信息，包括会议的主题、内容、时间、地点、规模、议程及有哪些领导讲话等，这些不必都写进讲话稿，但对增强讲话稿的针对性帮助很大。

运用材料要注意保持观点与材料的统一。观点统领材料，材料说明观点。写讲话稿，首先要有丰富的材料，只有材料丰富，做到肢体丰满，才能确切地表现主题。因此，第一稿尽量多用些材料，以便在修改时有选择余地。使用的材料，既要有说服力，又要有新鲜感；既要有概括性的材料，又要有典型材料。会议讲话稿要具有宏观性、全局性和普遍指导意义，因此，材料要能反映概貌，不能只是枝节末叶。引用的事例内涵不能过分狭小，也不必搞细节的描写和完整的故事性，必要时要引用综合性的数据来表达。在运用典型材料时，要注意贴切、自然，与观点结合紧密，相辅相成。

（四）语言准确，朴实简洁

语言是文章的细胞。发言人不仅要读稿子，而且要用洪亮悦耳的声音、抑扬顿挫的语调、喜怒哀乐的表情和动作相配合。讲话稿的句子不宜太长，多用口语，少用书面语，尤其不能用生僻的字眼。表述方法自由，叙述、议论、说明、描写、抒情等多种方法都可以使用。

一要准确。例如，一项工作只完成了一部分，就不能说“基本上完成”；一项活动只有一部分人参加，就不能说“普遍参加”。另外，公文引用的数据、人名、地名、时间要准确，引文出处要准确。讲话稿有时也要使用比较模糊的语言，如“多数情况下”“有的地方和部门”“比较突出的问题”。在使用带有褒贬感情色彩的用语时，尽量少用“非常”“很”“最”“绝对一流”“绝无仅有”一类的词语。

二要生动。会议讲话稿主要靠修辞来增强文章的感染力，以创造发言时轻松愉快的气氛，增强讲演现场的效果。

三要庄重。对一些重要的工作报告和针对重大事件的讲话，应使用庄重严肃的语言。

五、讲话稿的写作实例

（一）2017“一带一路”国际合作高峰论坛欢迎宴会致辞

2017“一带一路”国际合作高峰论坛欢迎宴会致辞

中华人民共和国主席　习近平

（2017 年 5 月 14 日，北京）

各位国家元首，政府首脑，国际组织负责人，各位来宾，女士们，先生们，朋友们：

大家晚上好！我谨代表中国政府和人民，代表我夫人，并以我个人名义，对大家出席“一带一路”国际合作高峰论坛表示热烈欢迎！

在座的很多朋友对北京并不陌生，也在这里留下了许多回忆。北京是千年古都，见证了历史的沧桑变迁。北京也是一座现代新城，随着中国发展不断展现新的风貌。北京更是一座国际化大都市，东西方不同文明时时刻刻在这里相遇和交融。

在北京，你可以游览古老的故宫、长城、天坛，也可以参观现代派的鸟巢、水立方、国家大剧院。你能听到中国传统的京剧和相声，也能欣赏来自西方的芭蕾舞和交响乐。你会碰到衣着新潮、穿行在世界名品商店里的中国青年，也能遇见操着流利汉语、在老胡同里徜徉的外国友人。

一滴水里观沧海，一粒沙中看世界。北京从历史上的小城，成为今天的国际化大都市，向我们揭示了一个道理：人类生活在共同的家园，拥有共同的命运，人类历史始终在不同民族、不同文化的相遇相知中向前发展。

2 000多年前，我们的先辈们就是怀着友好交往的朴素愿望，开辟了古丝绸之路，开启了人类文明史上的大交流时代。

今天，我们传承古丝绸之路精神。共商“一带一路”建设，是历史潮流的沿续，也是面向未来的正确抉择。

“一带一路”建设承载着我们对文明交流的渴望，将继续担当文明沟通的使者，推动各种文明互学互鉴，让人类文明更加绚烂多彩。

“一带一路”建设承载着我们对和平安宁的期盼，将成为拉近国家间关系的纽带，让各国人民守望相助，各国互尊互信，共同打造和谐家园，建设和平世界。

“一带一路”建设承载着我们对共同发展的追求，将帮助各国打破发展瓶颈，缩小发展差距，共享发展成果，打造甘苦与共、命运相连的发展共同体。

“一带一路”建设承载着我们对美好生活的向往，将把每个国家、每个百姓的梦想凝结为共同愿望，让理想变为现实，让人民幸福安康。

今天，“一带一路”国际合作高峰论坛高级别会议成功举行，大家讨论热烈、成果丰硕。明天，我们将在雁栖湖畔举行圆桌峰会，共同规划“一带一路”建设合作大计。“一带一路”建设正站在新的起点上，开启新的征程。

我们正走在一条充满希望的道路上。我相信，只要我们相向而行，心连心，不后退，不停步，我们终能迎来路路相连、美美与共的那一天。我相信，我们的事业会像古丝绸之路一样流传久远、泽被后代。

现在，我提议，大家共同举杯，为“一带一路”建设美好未来，为各国发展繁荣，为这次高峰论坛圆满成功，为各位嘉宾和家人健康，干杯！

（二）2015陆家嘴论坛开幕式致辞

2015陆家嘴论坛开幕式致辞

上海市市长杨雄

（2015年6月26日，上海）

各位嘉宾，女士们、先生们，朋友们：

大家上午好！

六月的上海，正值初夏，万木葱茏。今天，2015陆家嘴论坛拉开帷幕，各位新老朋友相聚浦江之滨，共话天下金融，共谋创新发展。在此，我代表上海市人民政府，向远道而来的各位领导和中外嘉宾，表示热烈的欢迎！向长期以来关心和支持上海国际金融中心建设的各界人士，表示衷心的感谢！

时光荏苒，今年我们迎来了第七届陆家嘴论坛。八年来，我们共同见证了世界经济复苏的艰难曲折，共同见证了国际金融格局的深刻调整，共同见证了上海国际金融中心建设不断取得新突破。当前的上海，正处在创新驱动发展、经济转型升级的关键时期。近年来，我们坚持以改革创新为动力，以提高经济发展质量和效益为中心，实现了经济社会持续健康发展。经济保持平稳增长，2014 年全市 GDP 达到 2.4 万亿元人民币，比 2013 年增长 7%。产业结构持续优化，2014 年第三产业增加值占全市 GDP 的比重达到 64.8%。开放型经济稳步发展，2014 年实际利用外资 182 亿美元，跨国公司地区总部累计达到 490 家。

未来的上海，将以更加开放的姿态展现在大家面前。我们要当好全国改革开放排头兵、创新发展先行者，到 2020 年基本建成国际经济、金融、贸易、航运中心，必须进一步深化改革、扩大开放，深入实施创新驱动发展战略。这一进程，迫切需要金融发挥更大的作用，迫切需要更多金融界人士积极参与，共同创造更加丰硕的金融发展成果。

女士们、先生们：本届陆家嘴论坛以"新常态下的金融改革与扩大开放"为主题，具有很强的现实意义和鲜明的时代特征。当前，世界经济金融形势正在发生深刻变化，我国经济发展进入新常态，全面深化改革进入深水期、攻坚期，金融改革开放进入新阶段。在这个大背景下，到 2020 年我们要基本建成与我国经济实力以及人民币国际地位相适应的国际金融中心，必须适应大趋势，把握大机遇，迎接大挑战，才能形成大格局。

第一，我们要准确把握金融中心内涵的新变化，加大金融创新的力度。近些年，我们持续推进金融产品创新和金融业务创新，推动金融中心建设不断迈上新台阶(2014 年，上海金融要素市场成交额达到 786 万亿元，主要市场的国际排名不断提升。金融机构达到 1 405 家，金砖国家开发银行落户上海。实现金融业增加值 3 268 亿元，占全市 GDP 比重达到 13.6%)。当前，新技术、新商业模式在金融业中的应用日益广泛，特别是互联网金融等新业态蓬勃兴起(数据显示，2014 年我国第三方互联网支付交易规模突破 8 万亿，同比增长 50.3%；第三方移动支付交易规模近 6 万亿，同比增长 391.3%；P2P 网络借贷交易规模连续 6 年保持 150%速度增长)。这对我们建设金融中心提出了新要求，也为我们提供了又一次重大而难得的发展机遇。在互联网时代，脱离互联网的产业没有大的出路，脱离互联网的金融中心也不会有很强的竞争力。我们要切实增强互联网思维，进一步优化金融生态环境，集聚新型金融人才，以更大的力度支持互联网金融健康发展，为金融中心建设拓展更大的发展空间。

第二，我们要坚持市场化、国际化、法治化的导向，不断把金融中心建设向纵深推进。一方面，要牢牢抓住金融市场体系这个核心，加快金融市场建设。目前，上海已形成了包括股票、债券、货币、外汇、商品期货、金融期货与场外衍生品、黄金等市场在内的全国性金融市场体系，市场种类比较齐全，市场规模不断扩大。下一步，将加快发展多层次金融市场，丰富市场层级，扩大市场覆盖面，优化金融产品和工具，提升金融市场的服务功能。另一方面，要牢牢抓住人民币国际化这一关键，进一步提升上海金融中心的国际化水平。近几年，人民币国际化进程逐步加快，人民币跨境使用的范围和规模不断扩大，人民币作为计价、支付、投资和储备货币的职能不断显现。我们将积极配合国家金融管理部门，稳步推进人民币资本项目可兑换，完善人民币利率、汇率的市场形成机制，努力使上海成为全球人民币基准价格形成中心、资产定价中心和支付清算中心。同时，我们要努力形成一套与国际金融中心相匹配、与国际通行规则相衔接的金融制度，切实做到每一项金融改革创新于法有据。

第三，我们要致力于更好地服务实体经济，进一步推动金融改革开放。特别是要加强金融中心建设与落实国家重大战略的联动，在服务国家战略中实现金融中心的更大发展。要加强与自贸试验区建设的联动。自 2013 年 9 月上海自贸试验区挂牌以来，我们着眼于促进投资贸易便利化，借助自贸试验区这个平台先行先试，以资本项目可兑换和金融服务业开放为目标的金融开放创新有序推进(自由贸易账户、存款利率市场化、支付结算、企业资金管理、对外直接投资等多方面的金融创新业务得到实施或深化，上海金、沪港通等新的金融产品陆续推出)。下一步，我们将根据国家总体部署，进一步加大金融改革创新力度，推动金融服务业开放，扩大人民币跨境使用，建设更多面向国际的金融市场。要加强与科创中心建设的联动。前不久，我们制定了建设具有全球影响力的科技创新中心的 22 条意见。这离不开金融的有力支撑。我们将在国家有关部门的支持指导下，在科技型中小企业上市、金融服务模式创新等方面开展先行探索，加快推动金融与科技的深度融合。要加强与“一带一路”、长江经济带建设的联动，在积极参与和主动服务中为上海国际金融中心建设拓展更加广阔的平台。

女士们、先生们：我们深知，深入推进上海国际金融中心建设，必须具有长远眼光，集中全球智慧。在过去的六届论坛上，各位嘉宾发表了许多颇有见地的意见和建议，为我们拓宽全球视野和战略思维，提供了很大的帮助。我们相信，本届论坛上，各位嘉宾的远见卓识、真知灼见，将再次给予我们深刻的启迪和帮助。最后，预祝本届论坛取得圆满成功！祝各位嘉宾在上海期间身体健康、生活愉快！谢谢大家！

(三)2012 中国·重庆会展教育论坛主办方领导致辞

重庆市第二届高校会展专业技能大赛致辞(代拟稿)

重庆市人民政府会展办公室　张建军处长

(2012 年 12 月 26 日·重庆文理学院)

各位领导、老师们、同学们：

大家好！值此 2012·中国重庆会展教育论坛暨重庆市第二届高校会展专业技能

大赛举办之际，我谨代表重庆市人民政府会展办公室对本次论坛的顺利召开和大赛隆重举办表示热烈的祝贺！向各位老师、各位同学、各位来宾表示亲切的慰问！

会展业作为一个新兴的服务行业，关联度高，影响面广。会展业也逐步发展成为商贸流域一个新的经济增长点。根据国家和重庆市的国民经济战略转型发展，加强会展业的发展，全面提升会展经济的贡献率已经提上了议事日程。

重庆直辖以来，作为国家中心城市，作为中国西部的重要增长极，积极开展长江上游会展之都建设。截至2012年11月底，重庆共举办展览活动502个，展出总面积420.1万平方米，创造直接收入50.2亿元，拉动消费376亿元。会展相关的各项统计指标均名列西部12省区市第一。

会展教育论坛，是会展教育院校之间交流思想、汇聚信息的平台，它不仅是政府部门、企业、协会和研究机构交流行业发展趋势的重要渠道，也是引导重庆会展业未来健康发展的有效平台。本届论坛以“总结会展教育经验，研讨会展教育前景”为主题，旨在以科学发展观为指导，研究分析会展教育面临的新形势，深入探讨会展教育经验与会展教育前景之间的互动关系，促进重庆会展教育实现又快又好地发展。在今天下午举办的重庆市第二届高校会展专业技能大赛中，来自全市各地的会展院校师生，又将带来一批优秀的会展教育成果。下面，我对高校会展教育提出的几点看法和希望：

1. 高度重视会展专业人才培养

会展业是一个涉及多个关联产业的现代服务企业，需要观念先进、思维灵活的专业人才。为此，会展院校应积极探索和建立高素质应用型会展专业人才的培养模式，理论联系实际，提升学生专业能力。而就目前来看，仍然有高校还停留在单一的传统教学模式下，在学生实践动手能力培养方面探索不够、步伐太慢。我衷心地希望重庆会展院校认真规划会展专业人才建设，不断丰富完善学生能力素质培养体系，开展多种形式的行业实践，更多更好地培养出适应行业需要的创新型、应用型会展专业人才。

2. 积极推进政产学研结合的教学改革

会展涉及多个行业，会展活动也是在多种行业的紧密配合下运作的。这就要求院校在教学中要改革教学方法，创新教学思路，多从行业、企业角度思考问题，积极探索与行业、企业实行产学研合作，提升教师的行业实务能力，使学生掌握行业实用的能力。学校要充分注重校企合作，为学生提供多种形式的行业锻炼机会，让学生在实践中深化理论知识，提高专业技能。

3. 丰富完善学生技能培训和竞赛体系

结合会展专业作为典型应用型专业的特点，多方面、深层次地挖掘“应用”二字的含义。从组织学生参加各类各级学科专业技能竞赛、会展活动志愿者顶岗实习、加强学生校内自主办会展能力的培养等实践活动，让学生自己动手动脑，切实提高自身专业技能，并且加强和国内外高校、企业之间的交流和联系，务实推动学生行业实践能力的提高。

4. 努力提高会展专业学生的行业就业率

“术业有专攻”。在座的有会展企业的老总，也有相关行业的代表。希望大家都能够为会展人才的培养提供一些实习实训和就业的机会。让更多的会展专业学生能够到企业来得到锻炼和发展，同时也能够为会展企业储备人才，形成校企“相互支持、健康发展”的良性循环。同时我也希望同学们要继续加强、巩固专业知识的学习。夯实专业基础，充分利用在校期间储备社会需要的理论知识、实践技能。同时，也希望策划出更多更好的方案、项目，并能够真实地落地成为一个个展会，或节事活动，助推经济社会发展。

最后，我真诚地希望，让我们共同携手，努力开创重庆会展业美好的未来，为早日把重庆建设成为长江上游会展之都而共同奋斗！

(四)2012 中国·重庆会展教育论坛承办方领导致辞

重庆市第二届高校会展专业技能大赛致辞

重庆文理学院副校长 漆新贵

（2012 年 12 月 26 日·重庆文理学院）

尊敬的各位领导，各位嘉宾，各位老师和同学们：

今天，我们欢聚重庆文理学院，隆重举行“重庆市第二届高校会展专业技能大赛”。首先，我谨代表重庆文理学院校党委、校行政，向一直以来，关心、支持会展教育的政府主管部门、行业协会、企业界的朋友们表示崇高的敬意和衷心的感谢！向来自重庆地区各高校的老师和同学们表示热烈的欢迎！

会展业作为当今世界范围内发展迅猛的新兴行业，在推动经济社会发展和文化交流等方面作用巨大，会展专业人才的培养工作就显得至关重要。作为一个具有典型应用型特点的专业，为了培养学生的创意思维和创意能力，为会展业的快速健康发展提供高素质专业人才，由重庆市人民政府会展办公室、重庆市会展行业协会共同主办的重庆市第二届高校会展专业技能大赛今天隆重在我校举行。我衷心希望本次大赛，既达到院校之间、同学之间相互交流、相互学习的良好机会，又达到展示重庆市会展教育、提升会展专业人才培养质量的重要舞台，还成为政校、校企沟通、交流的重要渠道。大赛不仅锻炼了学生的专业技能，也让社会各界人士清晰地看到了重庆会展教育的成果。我校十分重视会展专业人才培养，学校、学院每年投入 3 万～5 万元师生参赛经费，基本形成了“以赛促学、以赛促教、以赛促训、以赛促改”

的学生能力素质培养体系，一大批师生在全国各级各类会展专业竞赛中获奖，学校也5次获得全国、1次获得重庆市级会展教育优秀院校称号。

非常高兴地看到，今天来自全市八所高校15支参赛队伍前来我校参加重庆市第二届高校会展专业技能大赛。同时，来自重庆市人民政府会展办公室、重庆市会展行业协会、重庆市主要会展专业的企业家、重庆市的会展教育专家莅临我校指导工作，充分表达了对我们的信任和支持。

我真诚地希望各位参赛选手以饱满的激情，昂扬的斗志，勇于创新的信念，健康向上的精神投入到本次大赛中去，赛出成绩、赛出水平！

最后，预祝第二届重庆市高校会展专业技能大赛总决赛取得圆满成功！祝各位领导、各位专家、各位同学在永川期间新年快乐、万事如意！

【复习与思考】

一、本章精要

• 会议中期筹备是以会议召开当时为标准，国际会议应往前倒推30天即为中期筹备阶段，国内商务会议往前倒推15天即为中期筹备阶段。

• 常见的会议服务外包主要有：会议的媒体推广、设计、同声传译、翻译、速记、摄影、摄像、餐饮、交通等。

• 服务外包评价方法可以通过主观经验法、数学计算方法来实现。

• 会议议程是会议正式所要解决问题、拟讨论内容的概略安排。它是对会议活动议题性内容的程序化，针对的是会议讨论或解决的具体问题，以及围绕各项议题展开的报告、讨论、审议、选举和表决等活动，不包括非议题性活动、仪式性活动、辅助性活动。

• 会议日程是以“天”为单位，根据会议计划和进程，对会议各项活动按单位时间予以落实的具体安排，类似于会议的作息时间表。会期满一天(两个时间单位)的会议都应制定会议日程。

• 会议程序是一次单元性会议活动或单独的仪式性活动的详细顺序和步骤，具有详尽性、明确性和可操作性的特点。

• 会议通知是告知参会者有关事项的会议文书，是传递召开会议信息的载体，是会议组织者同参会者之间会前沟通的重要渠道。会议通知有预先通知和正式通知两种类型；会议通知内容主要包括告知会议背景、目的，告知会议基本信息，告知应做准备事项，附带会议回执等；会议通知分为口头通知、电话通知、书面通知、电子邮件等形式。

• 统一的会议视觉符号不仅能展示出会议组织单位的正规、严谨，而且还能给参会者留下深刻的印象，因此，应做好会议的视觉包装工作。会议视觉材料的设计风格应尽量国际化、严谨，通常选用深蓝色和暗红色；常见的会议视觉材料主要包括会议背板、易拉宝、胸卡、记事本和笔、资料袋。

• 会议礼品分为交际性礼品、商务性礼品、标志性礼品三类；选择会议礼品应考虑的因素主要有：与会议性质相符、与会议目的相符、与会议主题相符、与地方特色相符、考虑受赠对象心理等。

• 讲话稿，又称发言稿，是参会者为了在会议上表达自己意见、看法或汇报思想、工作情况而事先准备好的文稿；讲话稿具有鲜明性、针对性、通俗性、新颖性、鼓动性等特点；会议讲话稿没有固定格式，往往依讲话的内容、场合、目的而定，会议讲话稿一般可以分成标题、正文、结尾三个部分。在讲话稿正文部分，又由开头和主体构成；应注意把握讲话稿草拟原则和写作技巧。

二、重点概念

服务外包	会议议程	会议日程
会议程序	会议通知	会议视觉材料
会议礼品	讲话稿	

三、思考讨论题

1. 会议进行服务外包的缘由。
2. 常见服务外包审核的内容及评价方法。
3. 会议议程和会议日程、程序的区别和联系。
4. 会议通知的内容和形式分别是什么？
5. 常见的会议视觉材料包括哪些内容？设计会议视觉材料的作用有哪些？
6. 会议礼品选择的因素和禁忌有哪些？
7. 领导讲话稿的书面结构有哪些？

【综合案例分析】　近年来国内会议承办机构办会情况

当前，服务贸易在“经济转型和产业调整”中发挥了重要作用，“花钱买服务办会”的理念也不断被会议主办者所认同。以往只有跨国公司的企业会议和大型社团类国际学术会议才交给会议服务机构承办，其他类型的会议则大多由主办机构自己操办。而《2018 年中国会议统计分析报告》显示，已有许多中小型的国内社团类会议交给会议服务机构承办。表 5-10 的数据显示，2018 年占据会议总量 85.6%的会议仍然由主办机构自己操办，但也有 14.4%的会议交给了会议服务机构承办。

表 5-10　2018 年国内会议承办机构数量及占比统计

序号	承办单位	数量(个)	比例(%)
1	主办机构自己操办	18 423	85.6
2	会议服务机构承办	3 098	14.4
	合计	21 521	100.0

表 5-11 给出了按会议承办机构分类的 2011 年至 2018 年的统计结果，从中不难发现，主办单位自己操办会议的比例逐年减少，而交给会议服务机构的会议逐年增加，虽然这个变化趋势非常缓慢，但我国会议市场巨大，从长远分析来看，交给会议服务机构的会议比例会逐年增多。

表 5-11　近八年国内会议承办机构办会占比　　单位：%

序号	承办单位	2011 年	2012 年	2013 年	2014 年	2015 年	2016 年	2017 年	2018 年
1	主办机构自己操办	88.1	87.7	82.8	82.5	79.2	78.7	82.7	85.6
2	会议服务机构承办	11.9	12.3	17.2	17.5	20.8	21.3	17.3	14.4

案例分析讨论：

1. 结合案例分析，花钱买服务办会是否有必要？哪些会议适合交由会议服务机构承办？哪些会议适合主办机构自己操办？

2. 会议服务机构办会比重逐年上升，说明了什么现象？

3. 结合案例数据，预测未来国内会议市场办会的趋势。

第六章　会议倒计时阶段

本章知识逻辑图

【学习目的】

通过本章学习，应熟悉会议倒计时阶段的时间划分和本阶段主要工作内容，能组织会前工作协调会，掌握常见会场布置的五种风格，掌握会议座位安排的具体要求，能制定会议接待准备方案，明确会前检查的内容与方式。

【重点内容】

- 工作协调会
- 会场布置风格：剧院式、课桌式、全围式、半围式、分散式
- 会议座位安排
- 会议接待准备
- 会前检查的内容与方式

以会议召开当日为标准，往前倒推 7 天为倒计时阶段。此阶段会议各项工作应落实到个人，会务组工作地点大部分转移到会议场地内，主要工作为：分工落实、会场布置、会议接待安排、会前检查等。

第一节　召开工作协调会

工作协调会主要是确定会议各部门及工作人员分工，让工作人员明晰自身职责，梳理会议流程，为会议执行工作确立良好的分工协作机制。

一、参会人员的范围

在工作协调会上，工作人员要明确自己的职责和工作流程，同时也要知道自己的合作伙伴和相关工作的负责人。因此，工作协调会尽量让更多的人参加。参会人员一般为组委会秘书长、接待人员、协调人员、物品负责人、各组负责人、酒店或会展中心相关负责人。

在协调会开始前，各工作人员需要提交自己的手机号码，相关人员将联系方式汇总，以方便会议准备和进行中的联系。

二、协调会的内容

协调会一般是梳理从会议准备到会议结束的每个环节，会上要落实接机、会场布置、领导会见、贵宾接待室、送机、物料准备等事项，而且要确定好人员分工，以及工作人员之间的协作方式。

（一）接待

(1)哪些嘉宾需要主办方领导去机场接机或接站。

(2)是否有嘉宾需要使用机场贵宾通道。

(3)是否需要献花、摄像。

(4)是否需要翻译。

(5)汇总参会者飞机抵达航班和时间。

（二）会场内外布置

会场布置工作主要包括会场总体布局、主席台物品摆放、听众区分类、会议注册处、会场签到处等布置。

协调会上，不仅要把每个区域的布置工作落实到个人，还应注意根据实际情况准备物料，如在布置领导会见室时，是否需要横幅、鲜花品种的选择等问题，均应在协调会上落实。

（三）再次梳理会议流程

在协调会上，有必要对会议当天的流程进行全景式的梳理。在梳理过程中，工作人员要在明晰自己的职责基础上注意各相关环节的工作以及环节间的衔接方式。例如，在接机人员接到嘉宾后，如何与酒店注册和接待人员联系，何时联系，以及联系的内容等，在协调会上就应确定下来。

（四）送离

送离是会议流程的收尾环节。主要涉及内容为：一般嘉宾的送离、领导级和重量级嘉宾的送离。尤其是对于领导级和重量级嘉宾，应在工作协调会上确定是否需要主办方领导陪送至机场，并确定具体由谁去送离。

（五）准备物料

为了不在会议当天疲于准备物料，在协调会上就应当由物料负责人汇报准备情况。会议中用的物料种类很多，如会议手册、会刊、餐券、票证、纪念品等，应检查种类和数量是否达到会议要求，同时应预留出备用物料。

（六）制订工作人员的总分工表

由于涉及工作之间的协作，因此在将各项工作落实到个人以后，应制订分工表。要将工作分工落实到个人，分工必须具体，必须详细到责任人，如表 6-1、表 6-2 所示。

表 6-1　某会议任务分工表

任务分工	负责人	联系方式	完成时间	备注
一、前期准备				
(一)前期宣传准备				
1. 会议策划方案				
2. 正式发文				
3. 会议宣传用品设计				
4. 会议背板设计				
5. 制作邀请函				
6. 会议演示文稿设计				
7. 媒体联系				
8. 领导及嘉宾发言稿				
9. 主持稿				
10. 准备拍摄像机、摄影机				
(二)前期物品准备				
1. 水				
2. 灯光、音响等设备				
3. 签到本、中性笔				
4. 会议用花				
5. 礼花炮				
6. 水果盘、水果				
7. 会议桌椅				
8. 参会者安排表制作及张贴				
9. 领导座位签(牌)				
10. 工作餐预订				
11. 会议礼品				
12. 礼仪服				
13. 路标制作及摆放				
(三)前期其他准备				
1. 确定到场领导及嘉宾				

续表

任务分工	负责人	联系方式	完成时间	备注
2. 确定主持人				
3. 借用会议场地				
4. 会议背景音乐、过场音乐				
5. 会议现场保洁				
6. 会议议程				
7. 后勤人员安排				
8. 现场秩序维护人员				
9. 互动环节发问的问题及发问人员的准备				
二、会议现场				
1. 现场停车位安排				
2. 贵宾室				
3. 现场全程拍摄				
4. 签到、礼仪迎接				
5. 领导嘉宾及合影				
6. 现场秩序维持人员				
7. 现场话筒传递				
8. 记者接待				
9. 介绍领导				
10. 标明洗手间的位置				
三、后期工作				
1. 整理会场和物料				
2. 和媒体沟通确认是否报道				
3. 整理照片、录像、新闻报道				
4. 汇报工作				
5. 召开总结大会				
6. 整理文件材料，存档				

表 6-2　某大型活动人员分工安排表

活动名称：________　　　　　　　活动总负责：________

阶段	项目	责任人	联系电话	项目	责任人	联系电话
前期准备	拟定活动方案			申请场地		
	活动人员　请假			系部联络		
	海报宣传			广播宣传		
	评委邀请			嘉宾邀请		
	主持人			礼仪引导		
	节目审核			竞赛内容收集准备		
	赞助经费			奖品、礼品证书准备		
	服装准备			道具准备		
	演练彩排/复赛					
活动现场	场地布置			座位安排		
	音响灯光			仪器设备		
	摄影人员			摄像人员		
	饮水准备			证书、奖品发放(礼仪)		
	计分人员			现场、场外秩序维护		
	卫生清扫			机动人员		
后期工作	归还道具			归还服装		
	撰写新闻			拷贝照片		
	海报宣传			广播宣传		
	汇总资料			上交资料		

注：1. 以上项目非所有活动必须环节。

2. 分工安排只填写项目负责人姓名和电话。

3. 每个项目可设置成员，成员名单由责任人负责，成员为项目具体实施者。

4. 若活动没有的环节，该项目请留白。

第二节　会场布置

会议场地是一场会议的基础硬件之一。一个与会议和活动匹配度高的会议场地，无疑将为会议和活动本身增色不少。而相对于不同的会议形式，会场布置是否合理对于会议能否成功举办具有很大的影响。如，会场的大小和地点是否合适，会场的整体布局是否合理，设备是否齐全，会场营造的气氛与会议主题是否相符，都会对会议的效果产生直接的影响。

一、会场布置风格

会场布局主要根据会议的形式以及会议室大小来决定，常见的布局风格主要有剧院式、课桌式、全围式、半围式、分散式五类。

（一）剧院式

剧院式，又称礼堂式，舞台位于场地一侧的正前方，前一、二排为重点邀约嘉宾坐席区，多采用课桌＋座椅；后排区域为其他邀约参会者坐席，仅摆放座椅。后排区域座椅横向成排，面向主席台。除了横排外，座椅也可变成环形，或跟随焦点形成所需角度。剧院式是最常见的会场布局方式，也是容纳人数最多的会场布局风格，适用于新闻发布会、论坛、辩论会、启动仪式等，参会者作为听众，无需书写。剧院式布置参考图如图 6-1、图 6-2 所示。

图 6-1　剧院式

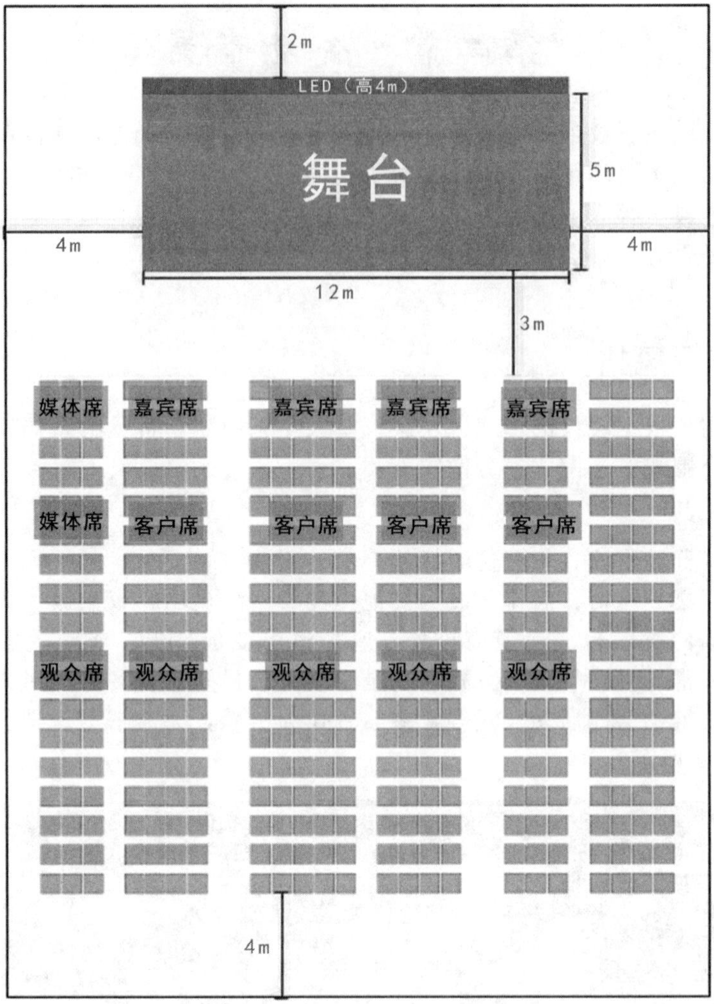

图 6-2　某会议剧院式布局参数

剧院式布局能将空间利用率最大化。但是，该布局风格对培训会议并非理想会场布局，因为参会者无法方便地做笔记、与他人讨论或使用讲义或培训材料。

（二）课桌式

即桌椅横向成排，面向讲台。会场除舞台区域外，其他区域多摆放课桌配座椅。课桌式适用于论坛、研讨会、培训、总结会等时间较长的活动，便于参会者放置资料、记录。课桌式布置参考图如图 6-3、图 6-4 所示。

图 6-3　课桌式

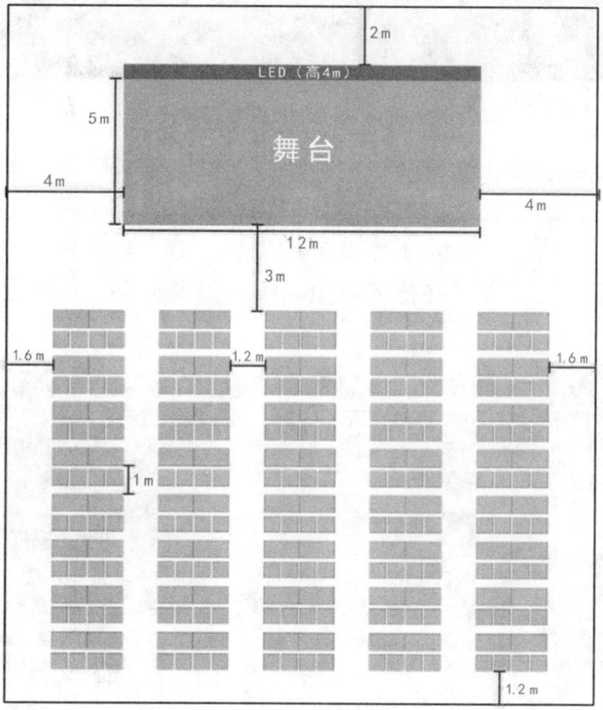

图 6-4　某会议课桌式布局参数

（三）全围式

即不设专门的主席台，会议领导和参会者坐一起，桌子摆成空形，不留缺口，椅子摆在外围。主要适用于召开小型和特小型、座谈性、协商性等类型的会议。全围式具体分为长方形（见图 6-5）、椭圆形（见图 6-6）、圆形（见图 6-7）等。

1. **全围长方形**

图 6-5　全围长方形

适用于内部会议或者双边谈判的现场。

进行内部会议时，职务最高的人应该位于短矩形边的一侧，并且应该面门而坐。

进行双边谈判时，双方可分别坐于桌子长边的两侧。各方职位最高者应在己方居中的位置，职位排在第二位的人坐在他的右边，第三位者坐左边，依次排列。

2. **全围椭圆形**

图 6-6　全围椭圆形

适用于内部会议，职务最高的人应该位于椭圆形会议桌的一头。

3. **全围圆形**

图 6-7　全围圆形

适用于回避座次概念的内部会议或者多边谈判。圆桌会议刻意体现参会人员平等互利的原则，淡化了尊卑概念。

（四）半围式

介于分散式和全围式之间，即在主席台的正面和两侧安排代表席，形成半围的形状，既突出了主席台的地位，又增加了融洽的气氛，适用于中小型的工作会议。分为马蹄形、桥形两种类型。

1. 马蹄形

马蹄形又称为 U 形，将多张会议桌排成 U 形，将桌子连接起摆放成长方形，但空出一个短边，座椅围合于桌后。其优点是方便参会者进行互动，也有利于演讲者播放幻灯片讲解。适合讨论会、头脑风暴、培训会等，如图 6-8 所示。

图 6-8　半围马蹄形

2. 桥形

桥面是主席台或评委席，对面是咨询、述职、考评、听证、面试对象的座位，给对象的心理压力较大。桥形布置参考图如图 6-9、图 6-10 所示。

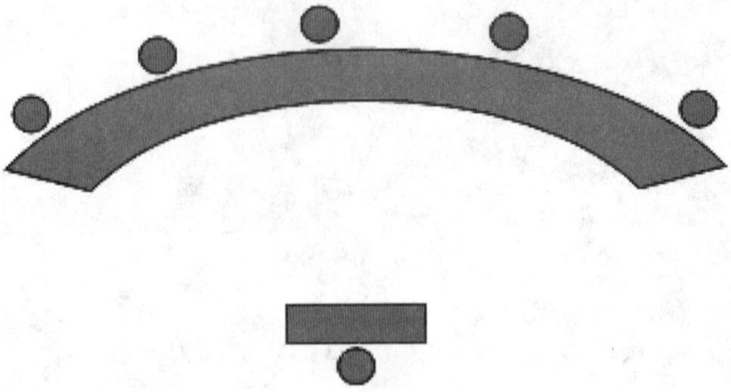

图 6-9　半围桥形简图

图 6-10　半围桥形

（五）分散式

分散式是指把会场分为若干个中心，参会者根据安排就座，其中领导人和会议主席就座的桌席称作“主桌”。这种座位格局既在一定程度上突出了主桌的地位和作用，又给参会者提供了多个交流的中心，使会议的气氛更加轻松。这种布置形式适合召开规模较大的联欢会、茶话会等，如图 6-11 所示。

分散式可以分为方桌形（见图 6-12）、V 字形（见图 6-13）、圆桌形（见图 6-14、图 6-15）等。

图 6-11　分散式

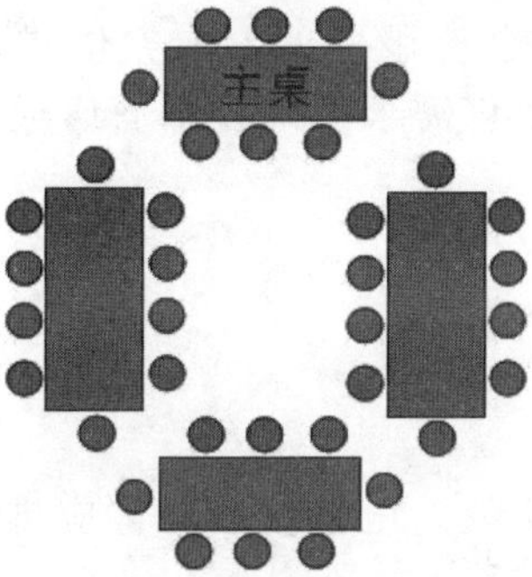

图 6-12　分散式：方桌形

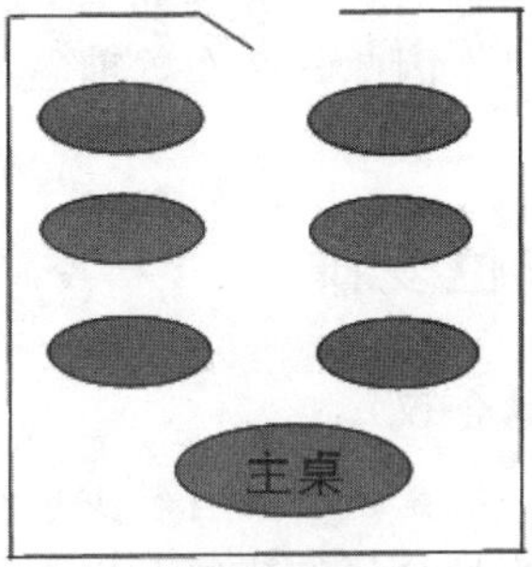

图 6-13　分散式：V 字形

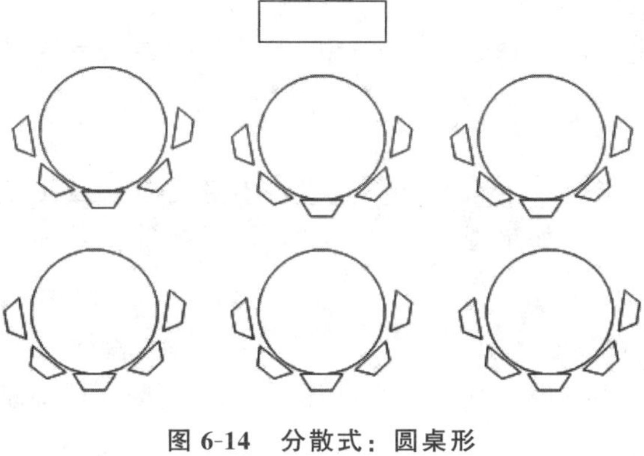

图 6-14　分散式：圆桌形

图 6-15　某单位团拜会现场(分散式)

不管采用何种形式，会场布置的目的都是为会议服务的，或方便进出，或增强沟通，或传递信息。因此，在布置前，会议组织者要将需求明确告知酒店或会议中心的工作人员。

二、会场座位安排

（一）小型会议

小型会议一般是指参加者较少、规模不大的会议。全体参会者都应排座，不设立专用的主席台。小型会议的排座有以下三种形式。

1. 自由择座

即不排定固定的具体座次，而由全体参会者完全自由地选择座位就座。

2. 面门设座

一般以面对会议室正门的是会议主席座位。其他的参会者在其两侧自左而右地依次就座。

3. 依景设座

所谓依景设座，是指会议主席的具体位置，不必面对会议室正门，而是应当背依会议室之内的主要景致所在，如字画、讲台、横幅、徽标等。其他参会者的排座，则略同于前者。

（二）大型会议

大型会议在会场上要分设主席台和观众席。主席台要认真排座，观众席座次可排可不排。

1. 主席台排座

大型会场的主席台，一般面对会场主入口，面对观众席。主席台成员的桌上，要放置正反两面的桌签。国内目前主席台排座有三个基本规则：一是前排高于后排；二是中央高于两侧；三是左侧高于右侧。

主席台布置有两种摆放方式：演讲席＋座位；只设演讲席。

(1)演讲席＋座位。座位按照课桌式摆放，主持人座位最靠近演讲席。在政务会议中，主席台上嘉宾以中间为尊、左尊右卑；在商务会议中，主席台上嘉宾以中间为尊、右尊左卑。

第一，台上人员为单数情况，如图 6-16 所示。

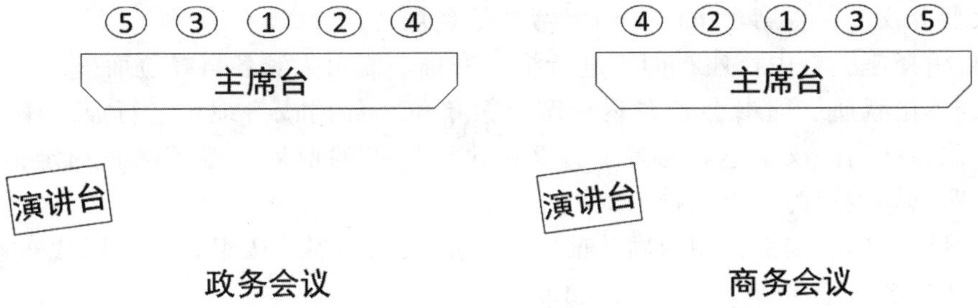

图 6-16　主席台单数排座

第二，台上人员为双数情况，此时，1、2 领导同时放中间。在政务会议中，1 号领导在居中的左边，2 号领导在居中的右边；在商务会议中，1 号领导在居中的右边，2 号领导在居中的左边(见图 6-17)。

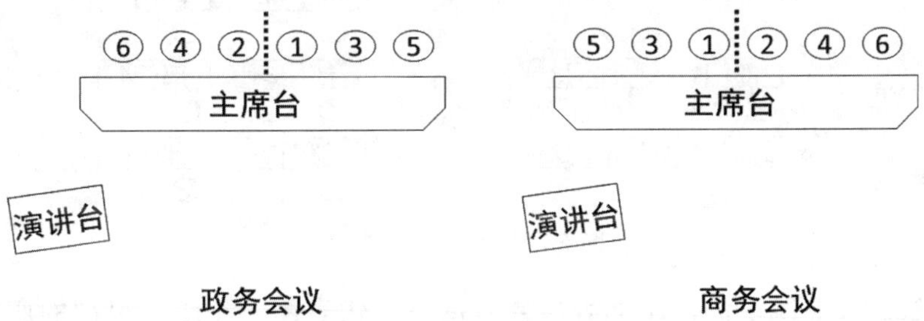

图 6-17　主席台双数排座

(2)只设演讲席。嘉宾在会场前排就座，由主持人按顺序邀请嘉宾上台即可。图 6-18、图 6-19 分别介绍了政务会议、商务会议嘉宾在观众席就座的座次。

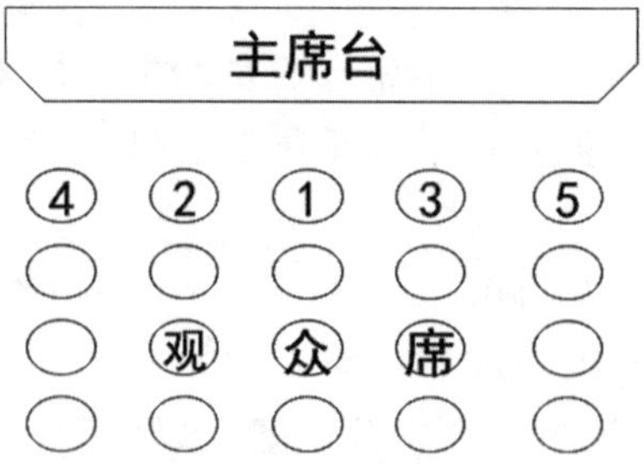

图 6-18　政务会议嘉宾席位

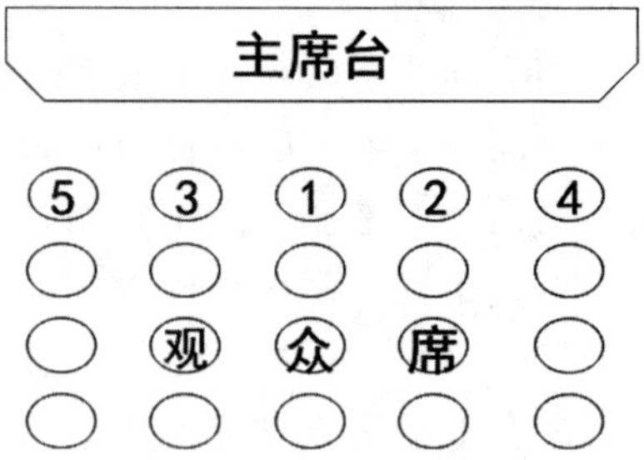

图 6-19　商务会议嘉宾席位

2. 观众席排座

在大型会议上，主席台下的一切座席都是观众席。

(1)自由择座。自由择座，即不进行统一安排，而由大家各自择位而坐。

(2)按单位就座。即参会者在观众席上按单位、部门或者地位、行业就座。可以依据参会单位、部门的汉字笔划的多少、汉语拼音字母的前后，或其平时约定俗成序列。按单位就座具体表现为以下三种形式。

①横排法。横排法是把观众席从前向后排成纵向一列，按组别顺序以代表座席的朝向为准，从左至右横向依次排列，如图 6-20 所示。

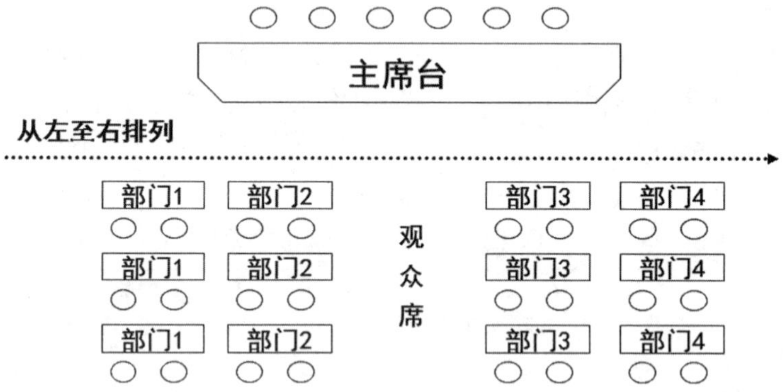

图 6-20　观众席横排法

②竖排法。按照既定的次序把对参会的每一个代表团、小组、单位的座席排成一横行，再按团顺序从前向后依次纵向排列。选择这种方法也应注意将正式代表或成员排在前，职务高者排在前，列席成员、职务低者排在后。大型代表会议采取竖排法比较好，如图 6-21 所示。

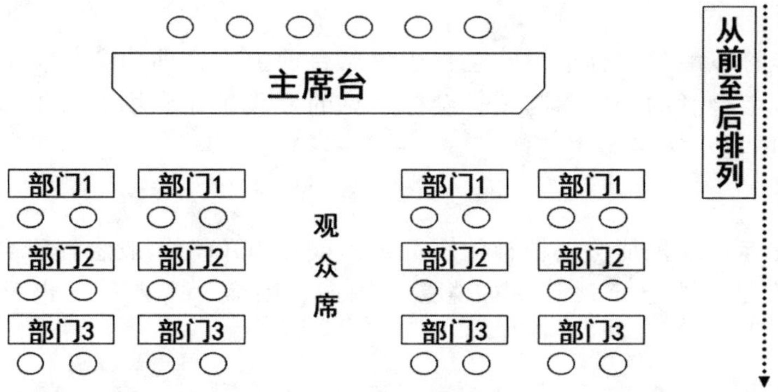

图 6-21　观众席竖排法

③左右排列法。左右排列法把座席安排称纵向的列，再以会场的新中心为基点，将顺序在前的排在中间位置，然后先左后右，一左一右向两侧横向交叉扩展排列座次。选择左右排列法时应注意人数，如图 6-22 所示。

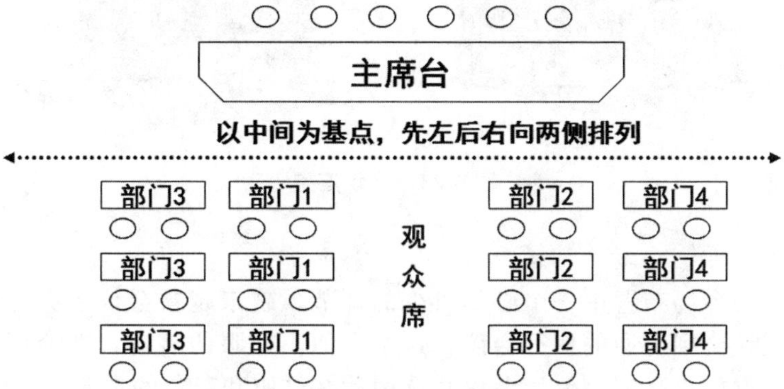

图 6-22　观众席左右排列法图

按单位就座时，如果分为前排、后排，以前排为高，以后排为低；如果分为不同楼层，楼层越高，排序越低。

三、会场氛围营造

会场气氛直接影响到参会者的情绪，关系到会议举办效果。营造良好的会场气氛是会议组织者创造力和想象力的重要表现。不同的会议要求有不同的环境。座谈会会场要求和谐融洽，庆祝大会会场要求喜庆热烈，纪念性会议要求隆重典雅，日常工作会议要求实用简单。

（一）会标

将会议的全称以醒目的标语形式悬挂于主席台前上方，即为会标。会标能体现会议的庄严性，激发参会者的积极参与感。会标常见的形式是在会场舞台上方悬挂一条横幅或以 LED 液晶屏显示文字形式呈现。

（二）会徽

会徽，即能体现或象征会议精神的图案标志或 LOGO，一般悬挂于会场前上方中央位置。会徽可以是组织已定徽标，如党徽、国徽、团徽、警徽等，也可以向社会公开征集。

（三）座签

座签是参会人员身份的标志。既充分体现了对该座人员的尊重，又起到了清点人数的作用。座签一般应当用浅红色纸、黑字打印。应写清该座位人员的姓名(核实无误)或单位名称，如图 6-23 所示。

图 6-23　会议座签

（四）桌布

会议桌布作为会场布置中一个必不可少的环节，越来越被会议主办方看重。从高端的商务峰会、座谈会到普通的例行会议，这个看似不起眼的装备，在会议进行中起着非常关键的作用。例如，高端重要型会议宜选用什么材质和花色的桌布？

1. 桌布色系

会议桌布的色彩在应用上，主要分为蓝色系、绿色系、红色系、香槟黄与迷彩色。

(1)蓝色系，凸显健康，能让人心情愉悦，气氛轻松，适用在产品发布会、读书会、智能产业论坛，甚至是一些比较高端的外交峰会上。蓝色代表着高色温值，这种色彩的桌布有助于提升参会者的注意力。

(2)红色系，庄重，典雅与高贵的代表，但是气氛稍显凝重，适用于政府型会议，以及一些高端商务型会议。除此之外，主席台的桌布色彩一般为红色，主要也是为了突出庄重。

(3)香槟黄，代表高贵与富有，黄色运用得好，还能够与现场灯光相互呼应，使人产生代入感，让参会者迅速融入现场环境中。黄色一般应用在金融性较强的商务会议上。

(4)绿色系，一般来说，绿色桌布较少出现在日常的商务、外交等会议上。这种色彩的桌布一般应用在军事、培训以及讲座等具有浓厚特定领域的会议活动中。

(5)粉色系，在一些非常规的会议活动中，我们也能看到粉色的桌布，这种场合经常是服装鞋帽等轻工业产品的发布会和一些家庭用品的产品推介会。粉色代表着轻松洋溢，更适用于女性为主角的会议。

(6)迷彩色，迷彩色通常应用于与军事有关的相关会议或活动中，户外的居多。

2. 桌布材质

通常使用的桌布材质主要可以根据生产工艺分为塑料类和纺织类。塑料类的桌布包括：PVC 桌布、EVA 桌布、PEVA 桌布、烫花桌布、棉衬底 PVC 桌布、PP 桌布等；纺织类的桌布包括：涤棉针织花边桌布、纯棉丝光网扣桌布、涤丝经编提花桌布、纯棉丝光提花桌布、涤棉平织印花桌布、涤棉平织绣花桌布、亚麻针织花边桌布、涤麻平织补花桌布等。

(1)塑料类桌布。实用性的台布多以 PVC 质地的为主，其中又以棉衬底 PVC 台布的质量最有保障。这种台布底层铺上的一层棉底，使得其柔软易折叠，避免了传统 PVC 台布硬、脆的缺点。同时，这种台布不像传统的塑料台布颜色过于单一、暗沉，颜色和花型多样，易搭配多种装修风格，是软装潢不错的选择。

(2)纺织类桌布。纺织类的桌布多以装饰为主，纺织布艺布的面料同时也是非常健康的，吸湿性好，亲肤爽肤；经预缩处理，手感舒适，织物紧密。这类桌布经过丝光处理，明亮、柔和、色泽鲜艳，是会议中最为常见的一种桌布。其中棉麻桌布是一种不错的面料，质感是相当的好，非常耐磨耐用，这种面料环保健康，追求的是各种天然的东西。而绸缎桌布多用于酒店晚宴、会议、婚庆中。

(五)其他

1. 灯光

要注意灯光的亮度，一般主席台上的灯光要比台下代表席的灯光亮；若主席台布置有 LED 大屏幕，主席台两侧应额外追加两组灯光，以避免出现拍摄的会议照片较暗的情况。

2. 色调

要注意不同色调会给参会者不同的感官刺激，如红、粉、黄、橙亮丽明快，使人感觉热烈辉煌，适合庆典类会议，蓝、绿、紫庄重典雅，使人感觉严肃端正，适合一般工作会议。

3. 旗帜

重要的会议宜在会场内外插一些旗帜以烘托气氛。

4. 标语

简洁明快的标语口号能振奋参会者精神，强化会议主题。

5. 花卉

适当的花卉能给人以清新活泼之感，既能点缀会议氛围，又能减轻参会者长时间的疲劳。

6. 会议摆台

首先，主席台摆放的会议材料，必须由会务人员对其是否齐全、页码、印刷及装订质量等逐一检查，如图 6-24 所示。

图 6-24　某会议摆台

其次，准备好茶水、矿泉水等物品。如会场空间小，可使用饮水机。会场空间大，可逐桌摆放茶水、矿泉水等。如会议规格高，参会人员较少，应由工作人员负责倒水。图 6-25、图 6-26 所示是两种不同的会议用品摆台，仅供参考。

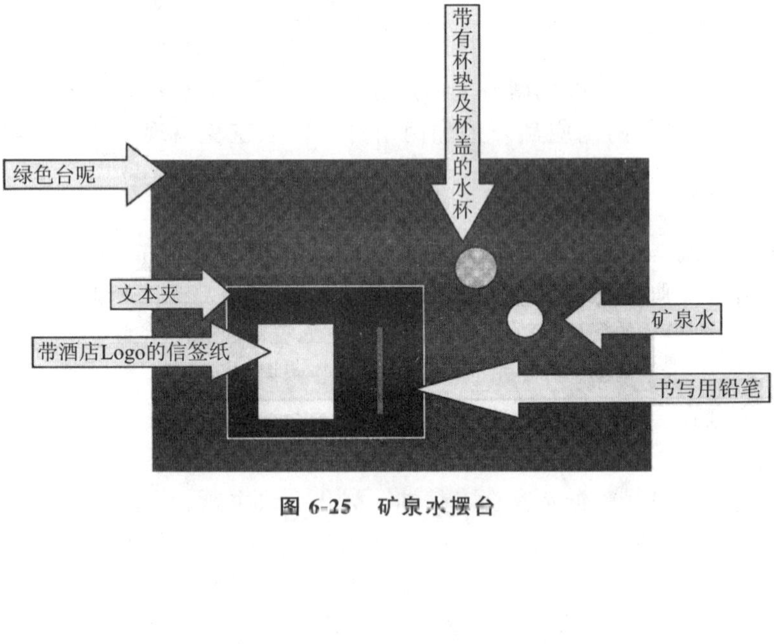

图 6-25　矿泉水摆台

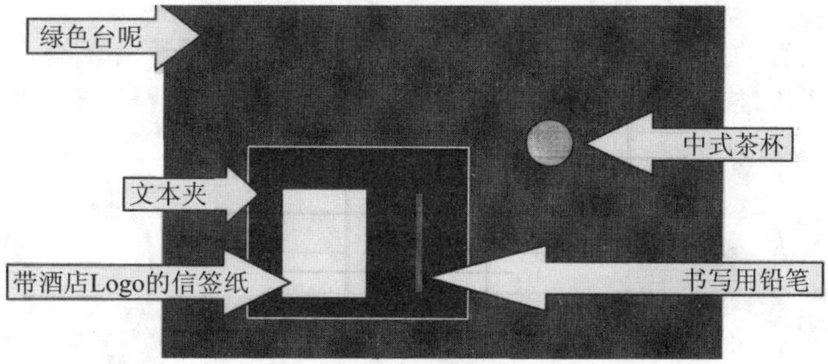

图 6-26　中式茶杯摆台

四、会场设备

会场设备是现代会议活动赖以进行的物质保障。主要有以下几方面的作用：记载表达信息、提供条件保障、营造环境气氛、克服交流障碍、实现远程会议等。

（一）基本设备

主要指满足会议活动基本需要的设施，如讲台、桌椅、话筒、灯具、通风机、卫生用具以及供水供电设施等。

1. 讲台

多用立式讲台：位置一般在主席台右前，如图 6-27 所示。

图 6-27　某论坛讲台

2. 话筒

话筒是嘉宾发言的重要工具，会议开始前要仔细检查。若会议有互动环节，观众需要发言或提问，还应准备备用话筒。会议常见话筒类型有无线话筒、微型话筒、固定立式话筒，如图 6-28 所示。

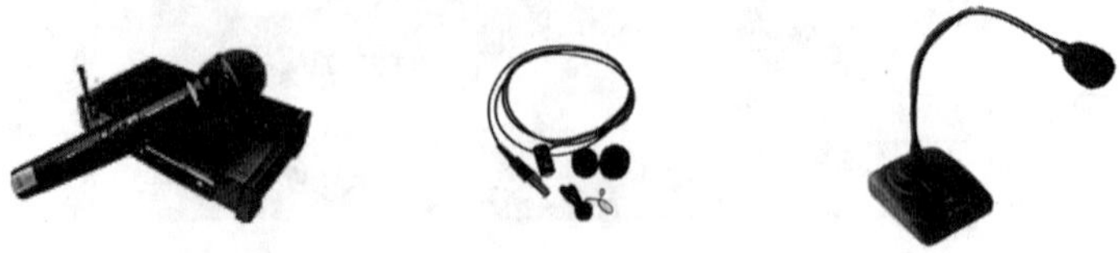

(a)无线话筒　(b)微型话筒　(c)固定立式话筒

图 6-28　会议常见的话筒类型

（二）印刷设备

印刷设备是指印制和复制会议文件的机器设备，如打印机、扫描仪、复印机等。

（三）安全设备

中、大型会议的现场一定要有足够安全的安全通道，配备质量可靠的门禁设备、消防器材和救生用品。

（四）视听设备

如扩音机、投影仪及投影屏幕、音响、白板、LED 屏幕、电子书写板、同声传译系统等。在安放投影屏幕时应注意，安放屏幕的位置、角度要合适，既要保证演讲人不用离开讲桌上的麦克风便能看见屏幕，又要保证屏幕底部距离地面不少于 1.22 米。

（五）通信器材

如举行电视电话会议、网络视频会议所用的电话机、电视机、计算机以及相应的通信网络设施。

第三节　会议接待准备

会议的性质与规模不同，接待的要求、内容也不同。会议接待是指围绕参会人员的迎送、吃、住、行、参观、访问等方面作出的安排，是会议倒计时阶段工作的重要内容和组成部分。

一、会议接待的总体原则

（一）工作制度化

会议组织者应建立健全各项接待工作制度，包括会议接待管理规定、接待信息收集制度、外宣品管理规定、接待人员工作纪律等。制度应有效落实，做到人人落实制度、事事执行制度、时时贯彻制度，形成靠制度管理、按制度办事、用制度管人的良好氛围。

（二）操作流程化

认真执行接待工作流程体系，规范接待工作程序，严格接待标准，强化服务监督，做到工作流程明确、人员操作得当、服务质量到位，各个环节丝丝入扣，不出纰漏。

（三）服务规范化

服务责任明确、服务措施到位，力求以一张笑脸、一份接待服务手册、一张名片、一路激情讲解为主要内容的“四个一”服务模式得到有效落实。

二、制订会议接待工作标准

（一）信息收集

会议接待人员应根据参会者回执内容，及时收集、完善参会嘉宾有关信息，做到及时、迅速、全面、准确、详尽。信息收集的主要内容包括以下几方面。

(1)参会者的基本情况。例如，参会者地区、姓名、性别、年龄、身份、职务、宗教信仰、生活习俗等。

(2)参会目的、意图。参加会议的目的、意图，决定了参会者在会议期间的立场和态度。应通过多种途径和渠道了解和掌握，以便有针对性地做好接待工作。

(3)抵离时间和交通工具。要准确掌握参会者抵达和返离的具体时间和交通工具，以便安排人员和车辆到机场、码头、车站迎接和送别。

（二）接待方案

会议接待方案应做到格式规范、文字简练、内容准确、报批及时，充分体现参会嘉宾和会议主办方的意图，具有会议特色，各项安排合理。具体会议接待方案的内容可见第三部分。

（三）食宿安排

遵循有关规定，控制在会议预算标准和参会者可承受能力范围内，食宿各项安排合情、合理、合时，尽量满足参会嘉宾的需求。

（四）日程安排

应做到接待时间精确、各种安排科学合理、路线选择恰当，达到环节相连、细节相扣的目的。

（五）协调联络

会议组织机构内部与交通、餐饮、食宿供应商等单位主动协调、联络畅通、无缝衔接，做到上下联动、左右联动，形成合力。

（六）服务礼仪

会议接待人员个人形象良好、礼仪运用恰当、服务热情周到。

（七）工作成效

接待服务工作无纰漏、无差错、无失误；参会嘉宾的工作意图圆满实现，达到参会嘉宾满意、会议主办方满意。

三、制订会议接待方案

重要的会议接待，应事先制订接待方案，并提交上级主管部门审批。接待方案批准后，即成为会议接待工作的依据。一般而言，会议接待方案应包括以下内容。

（一）接待方针

接待方针即会议接待工作的总原则和指导思想。接待方针不是一成不变的，而是应当根据会议目标和会议主办方对接待工作的要求以及主要参会对象的具体情况而定。

（二）接待规格

接待规格主要表现在以下几个方面。

(1)迎接、宴请、看望、陪同、送别参加对象时，主办方出面的人员的身份。

(2)会议活动过程中主办方安排宴请、参观、访问、游览、娱乐活动的次数、规模和隆重程度。

(3)主办方确定的参会对象的食宿标准。

（三）接待内容

会议接待的内容包括接站、食宿安排、宴请、看望、翻译服务、观看电影和文艺演出、参观游览、联欢娱乐、返离送别等方面。

（四）接待日程

接待日程安排应当同会议活动日程的整体安排通盘考虑，并在会议日程表中反映出来，便于参会嘉宾了解和掌握。

（五）接待责任

接待责任是指会议活动中各项接待工作的责任部门及人员的具体职责。不同的接待部门(人员）具有不同的职责。例如：

(1)会议组委会：负责总的统筹、协调和联络工作。

(2)秘书组：负责撰写好欢迎词、祝酒词等文稿，并在接待工作结束后，负责相关文件的整理归档。

(3)后勤组：负责按时安排迎客车辆，预先为参会人员准备好客房及膳食，提供票务预订服务。

(4)接待组：负责布置接待环境，迎来送往。

(5)宣传组：负责安排迎送条幅、路标、纪念品的派送及宣传材料的准备。

(6)会务组：负责参会人员的签到、登记。

(7)财务组：负责收取或清退参会者的会费、旅游观光费、住宿餐饮费，开具相关发票，与酒店进行清账结算等。

(六)接待经费

接待经费是整个会议预算的构成部分，主要安排参加对象的餐饮、茶歇、嘉宾住宿和交通费用，有时也包含安排参观、游览、观看文艺演出等支出，涉外会议活动还包括少量的礼品费。

四、培训接待人员

会议接待的对象往往是多方面的。接待对象不同，接待的要求也就不同。因此，会议接待工作人员要根据具体的接待对象学习和掌握有关的接待知识，必要时，对接待工作人员，尤其是志愿者进行培训，使他们熟悉接待对象的基本情况特点，以便有针对性地做好接待工作。

接待人员培训的主要内容有以下几方面。

(一)接待服务礼仪规范

主要包括接待人员个人形象规范(如仪容、仪表、仪态规范)、沟通交流规范、商务礼仪规范等。

(二)会议基本内容

主要包括会议全称、会议背景、会议目的、参会嘉宾类型、参会嘉宾来源、会场区位、会场设施和用品等。

第四节　会前检查

一、会前检查的作用

会前检查是会前各项准备工作的落脚点，是保证会议顺利举行的必要条件。其主要作用有以下两方面。

(一)发现问题，及时纠正

会前筹备工作任务重、头绪多、事务杂，难免出现考虑不周，或有纰漏或差错出现。会前检查可以发现问题，及时加以纠正，有效防止将问题带到会议中。

(二)调整计划，改进提高

会议策划方案是举办会议的设想。即使“完美”的会议策划方案，在会议筹备中也会因情况发生变化而产生新问题。会前检查可以及时调整会议策划方案，使会议各项筹备工作臻于完善。

二、会前检查的内容

会前检查的内容包括会议策划方案中所述的全部项目，其重点检查有以下三个方面。

(一)会议文件准备

会议文件既是会议目标和结果的体现，又是领导和管理会议的依据。会议文件如有差错，小则影响会议进程，大则产生严重的政治后果。因此，要对文件的起草、校对、印制、分装各个环节进行严格检查，严防差错。

(二)物品检查

物品准备齐备后，务必对其进行仔细检查。该项工作通常由各项工作的负责人协同会场负责人进行检查。物品检查的要点是物品种类、数量，在会议中使用是否便利。例如，演讲 PPT 是 2007 版，会议电脑打开慢，导致会议时间隐形延长；会议展示资料是 PDF，但会议电脑未安装；或展示资料有视频、音乐，涉及信号切换问题。此外，应预先制定应急措施，在设备出现问题或物品短缺时，如何在不影响会议进行的情况下补充物品。

(三)会场检查

会场检查的范围包括主会场、分会场以及参会者的驻地。检查内容主要包括以下几方面。

1. 会场基础设施

一般由酒店或会展中心专业的工作人员进行，会务组要给予积极的配合，对出现的问题要及时反馈。主要检查电路状况、桌椅摆放等。

2. 会议设备

如 LED 屏幕、音响、灯光、投影仪、话筒等是否符合会议需要，是否正常工作。

3. 会场软设施

过场音乐、过场视频、过场 PPT 等是否有序衔接等。

三、会前检查的方式

(一)听取汇报

会议组织者领导或负责人听取会议筹备工作机构汇报，然后作出指示，由会务工作机构各小组负责整改。

（二）实地检查

领导或负责人亲自到会场进行实地检查，以便发现问题，及时指出、纠正。

（三）会议彩排

会议彩排，即依据会议流程，在会场内将会议过程中工作人员的工作演习一遍。虽然是彩排，但工作人员需要将其看作真正的会议过程。此时要求各部门工作人员各就各位，如控制PPT的人、控制灯光的人、提醒发言的人、控制音乐的人等。会场负责人应安排工作人员的调动和工作的协调。彩排一般在物品检查完毕后进行，彩排的次数依据效果而定，没有次数规定，一般是直至没有问题出现彩排即可停止。

会议彩排的重点内容一般是开幕式各环节，嘉宾引导，各项仪式活动，如颁奖或签字仪式等。在彩排过程中，应注意保持会场环境卫生和物品的整齐。彩排结束后，所有工作人员应退出会场，以保持会场布置。

【复习与思考】

一、本章精要

• 会议倒计时阶段是以会议召开当日为标准，往前倒推7天。

• 会议倒计时阶段首先应召开工作协调会。工作协调会主要是确定会议各部门及工作人员分工，让工作人员明晰自身职责，梳理会议流程，一般是梳理从会议准备到会议结束的每个环节。

• 会场布局主要根据会议的形式以及会议室大小来决定，常见的布局风格主要有剧院式、课桌式、全围式、半围式、分散式五类。

• 剧院式是最常见的会场布局方式，也是容纳人数最多的会场布局风格，适用于新闻发布会、论坛、辩论会、启动仪式等，参会者作为听众，无需书写。

• 课桌式适用于论坛、研讨会、培训、总结会等时间较长的活动，便于参会者放置资料、记录。

• 全围式即不设专门的主席台，桌子摆成空形，不留缺口，椅子摆在外围。主要适用于召开小型和特小型、座谈性、协商性等类型的会议。全围式具体分为长方形、椭圆形、圆形等。

• 半围式即在主席台的正面和两侧安排代表席，形成半围的形状，既突出了主席台的地位，又增加了融洽的气氛，适用于中小型的工作会议，分为马蹄形、桥形两种类型。

• 分散式把会场分为若干个中心，参会者根据一定的安排就座，其中领导人和会议主席就座的桌席称作“主桌”。分散式适合召开规模较大的联欢会、茶话会等，可以分为方桌形、V字形、圆桌形等。

•小型会议的座位安排没有统一要求，参会者可以自由择座、面门设座、依景设座。

•大型会议的主席台布置有两种摆放方式：演讲席＋座位。在政务会议中，主席台上嘉宾以中间为尊、左尊右卑；在商务会议中，主席台上嘉宾以中间为尊、右尊左卑。观众席可以自由择座或按单位就座。

•会场氛围的营造可以通过会标、会徽、座签，以及灯光、色调、旗帜、标语、花卉、会议摆台等来实现。

•常见的会议设备主要有基本设备(讲台、话筒等)、印刷设备、安全设备、视听设备、通信器材等。

•会议接待是指围绕参会人员的迎送、吃、住、行、参观、访问等方面作出的安排，是会议倒计时阶段工作的重要内容和组成部分。会议的性质与规模不同，接待的要求、内容也不同。

•会议接待总体原则主要包括工作制度化、操作流程化、服务规范化等；会议接待工作标准主要包括信息收集、制订接待方案、食宿安排、日程安排、协调联络、服务礼仪、工作成效七方面内容。

•重要的会议接待，应事先制订接待方案，并提交上级主管部门审批。一般而言，会议接待方案应包括接待方针、接待规格、接待内容、接待日程、接待责任、接待经费等。

•会前检查是会前各项准备工作的落脚点，是保证会议顺利举行的必要条件。会前检查的主要内容有会议文件准备、物品检查、会场检查等；会前检查可以通过听取汇报、实地检查、会议彩排等方式完成。

二、重点概念

工作协调会	会场布置风格	剧院式
课桌式	全围式	半围式
分散式	会议座位安排	会场氛围营造
会议摆台	会场设备	会议接待
会前检查		

三、思考讨论题

1. 如何组织工作协调会？工作协调会应讨论的主要内容是什么？

2. 常见的会场布置风格及其适用范围。

3. 商务会议和政务会议主席台座位安排是否有区别？若有，具体在哪些方面存在区别。

4. 大型会议观众席如何安排座位？

5. 会场氛围营造可以从哪些方面着手？

6. 常见的会场设备有哪些？

7. 会议接待在整个会议组织的作用是什么？如何制订会议接待方案？

8. 会前检查的意义有哪些？会前检查的具体内容与方式分别是什么？

【综合案例分析】　2018 中华医学会第 12 次全国重症医学大会

2018 年，中华医学会重症医学分会在浙江省杭州市召开全国第 12 次重症医学大会，会期为四天。全国从事重症医学、呼吸、麻醉、急诊及相关学科，超过一万人参会。

该会议介绍了重症医学最新进展，讨论了学科前沿问题，重点交流了近年来重症医学领域在临床和科研等方面取得的成果。大会邀请了国内外著名重症医学专家作近 400 个专题报告，10 余场技能专场培训，以及各类颁奖活动，会议还设有主题正反方陈述(Pro & Con)，病例讨论，专家查房，主题辩论，中美、中欧论坛，青年论坛，Workshop，优秀论文宣读与壁报展示等多种的学术交流方式。

案例分析讨论：

1. 假设你是组委会项目组成员，请拟写本次会议的接待方案。

2. 该会议除了全体大会外，还设有技能培训、各类颁奖活动、Workshop 等多种形式，请思考不同的会议形式如何选用会场布局风格。

3. 该会议在会前检查的重要内容有哪些？

第七章　会议执行阶段

本章知识逻辑图

【学习目的】

通过本章学习，应熟悉会议执行阶段的时间划分和本阶段的主要工作内容。熟悉会议接站工作的主要内容，掌握会议不同类型的签到方式，熟悉会议现场服务工作的具体内容，明确会议记录工作的主要内容与技巧。

【重点内容】

- 接站服务
- 会议报到与签到
- 会议影像服务、会议茶歇服务
- 会议记录

执行阶段即为会议召开当天。前期准备的所有工作都是为了会议的成功举办。对于主办方而言，举办阶段的成功很大程度上就意味着会议的成功。

第一节　接站与引导

一、接站服务

接站，即会议组织者安排人员在机场、港口、火车站迎接。确定迎接规格，安排陪同人员。制作引导标识和指示路牌。

会议接待人员应在参会者报到之前预先了解好其所乘的飞机、车、船的班次、车次。如无法了解，应在规定的报到日期内安排好车辆和接站人员。最好在车站、机场设一接待站，制作一块醒目的牌子或横幅，写明“×××会议接待处”等字样，如图 7-1 所示。待参会人员到来，尽快将客人送往会场或会议驻地。这是报到工作的第一步。

图 7-1　会议接站牌效果图

做好接站服务要注意以下几方面。

1. 确定迎接规格

迎接规格主要是指会议接待方派出迎接人员的级别。迎接规格主要依据嘉宾的身份和地位，以及与会议组织方的关系来判断。对于不同身份、不同国籍、不同单位的不同的人，迎接规格要视情况而异，最高级别的迎接规格即迎接外国国家元首、政府首脑。

若参会嘉宾的身份、地位高，那么迎接人员的身份、地位也相应要高，如东道主组织负责人、会议主办方领导，应由会议承办单位的主要负责人出面迎接。若接待方当事人不便出面、临时身体不适或不在当地，可适当灵活变通由职位相当的人士或由副职出面。总之，接待方迎接人员身份应与嘉宾相差不大，同嘉宾对口对等为宜。

对于应邀参会者，无论是官方人士、专业代表团或民间团体、知名人士，在他们抵离时均应安排相应身份人员前往机场、车站、码头迎送。一些重要的迎接，特别是外事活动的迎接还要考虑组织欢迎队伍，举行一定的仪式礼仪，必要时还要进行新闻报道。

在行业会议实践中，也有会议组织者不考虑迎接普通参会者的做法，仅考虑主要演讲人、重要领导的迎接。

2. 竖立接待标志

参会者集中抵达时，应在接站处竖立醒目的接待标志，以便参会者辨识。若接站现场较大，人员环境嘈杂时还应准备好手提式扩音器。个别参会对象接站时，接站人员可以手举欢迎标志，如图 7-2 所示。

图 7-2 个别参会对象接站牌

3. 掌握抵达详情

随时掌握并统计抵达的名单和人数，特别要留意晚点抵达的参会者，以免漏接。同时，要注意那些事先未发回执的参会人员人数，及时与会议接待组负责人联系，帮助参会者补订房间、增补会议资料。

4. 热情介绍，主动握手

参会者到达时，接站人员应主动迎上前去自我介绍，并与其握手表示欢迎。如果领导亲自前去迎接重要参会嘉宾，且双方是初次见面，可由接待人员或翻译人员进行介绍。

5. 陪同乘车

针对普通参会者，常见的是安排大巴车统一将参会对象送达到会场进行注册。大巴车上应安排一名会议接待人员全程陪车。

针对重要参会嘉宾或领导，可为其安排小轿车。会议接待人员与参会嘉宾一同乘小轿车时要注意座位次序。一般而言，小轿车的座位次序通常为“右为上、左为下；后为上、前为下”，即轿车的后排右位为上座，安排坐主宾；后排左位为次座，安排坐主陪领导；接待人员一般坐在司机旁的座位，如图 7-3 所示。

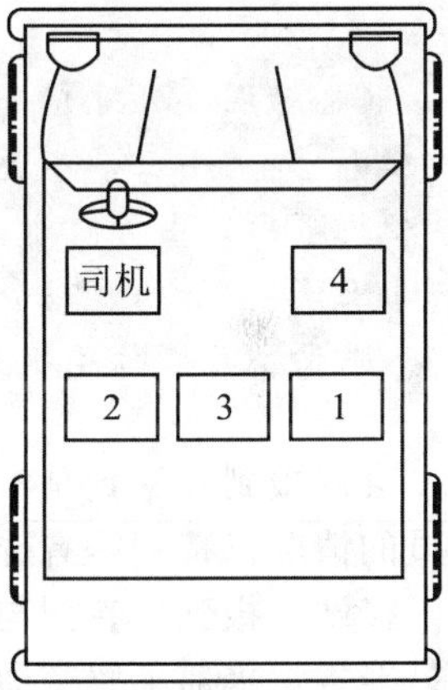

图 7-3 小轿车座次礼仪(司机驾车)

6. 设立接待处

如果参会者抵达时间不集中，且会议组织者不设专车接机/接站，此时可在机场出口处或火车站出站口一侧设立一个接待处，并配置专人解答参会者提出的各种问题。此举有助于给参会者带来帮助，使之对会议产生良好的印象。

二、引导服务

引导服务是指会议期间接待工作人员为参会者指引会场、座位、餐厅、住宿房间以及参会者所要打听的地方的路线、方向、具体位置、交通条件等的服务。

引导虽然看似小事，但能给参会者提供许多方便，也有利于会场内外正常秩序的建立。因此，引导服务应贯穿于整个会议期间。一些大型的或重要会议，均设有专职引导服务人员，即礼仪人员。国际性会议的礼仪人员还要会熟练使用外语。

三、返离服务

返离，即会议闭会后参会者的离会和返回。按照心理学的规律，一项活动留给人的最后印象一般会较深刻地留在人们的脑子里，所以对返离服务切不可疏忽大意。

返离服务的具体内容有：结算费用、检查会场与房间、送行。

第二节　会议报到与签到

【案例 7-1】

（总经理办公室）

李总：“小王，参会代表从今天起就会陆续到达，接站、报到、签到与入场安排等相关事项，由你负责。有什么困难直接向我汇报。”

王俐：“好的，我会尽快落实的。”

思考：如果你是小王，你准备如何落实？

会议报到和签到是参会者在正式开会前所办理的两种手续，其目的是准确掌握参会人员的情况，特别是有选举内容的会议则更为必要。

接站、报到、签到与入场安排是会议工作中的一项重要内容。会议工作人员应提前做好准备，提前了解交通、住宿服务等相关的服务信息。做好接站、报到、签到与入场安排等工作，可以作为考评一个工作人员绩效的依据。

一、报到服务

（一）会议报到的含义

会议报到，是指参会人员从自己的工作单位或驻地到达指定的开会地点，并告知会务组或履行一种登记手续。

（二）材料准备

(1)胸卡：参会者可以凭借证件参加会议的各项活动。

(2)票证：一般是餐券、参观票，或者是领取相关物品的票证等。

(3)通讯录：参会者的通讯录，便于参会者会后联络与交流。

(4)参会证书：仅限于国际会议和各类非固定的培训会议。许多国际会议会给参会者提供参会证书。参会证书制作精美，其上印有会议名称、举办地点、时间和会徽、参会者姓名，以及大会主席亲笔签名，以表示对参会人员的尊重。非固定的培训会议一般是为参会者提供培训的结业证书。除此之外，其他一般性的会议不需要提供参会证书。

（三）主要工作

参会者报到时，会议接待人员要做好以下工作。

1. 查验证件

查验证件的目的是确认参会者的参会资格。需查验的证件包括会议通知、邀请函、单位介绍信和其他相关有效文件。

2. 登录信息

登录信息，即请参会者在登记表上填写个人有关信息，如姓名、性别、单位、职务、职称、联系地址、电话等。会议报到登记表既可以统计参加会议的人数，以便做好会议期间的各项服务工作，又可据此编制参会者通讯录。登录信息也可根据参会者之前反馈的回执信息，提前录入电脑，参会者在现场报到时只需确认对方姓名，随后可现场打印参会者的证件。

3. 接收材料

即会议接待人员统一接收参会者随身带来的需要在会上分发的材料，经审查后再统一分发，以避免自行分发影响会场秩序。

4. 发放会议资料袋

除了提前分发的会议文件外，其他文件应当在参会者报到时一并发放。如第五章第四节所述，会议资料包含会议手册、记事本、笔、宣传册、光盘、礼品等。

5. 预收费用

有些会议需要参会者支付一定费用，如会务费、食宿费、资料费等，这类会议在报到时要安排财会人员现场预收费用并出具费用票据或正式发票。

6. 安排住宿

住宿要根据参会者身份和要求，在现有的条件下尽可能合理安排。住宿安排好后，接待人员应当在登记表上标明每个参会者的房间号码。

【小资料 7-1】　　会议注册报到方式与流程

二、签到服务

（一）会议签到的含义

会议签到，是指在正式开会前，在入场口签名报到，以掌握出席会议确切人数的一项工作。因为会议报到人数并不一定等于实际参会人数。所以在正式开会前还有必要对实际参会人数做最后一次清点统计，以便做好会场的布置和组织工作。尤其是有些会议只有达到法定人数才能召开，否则会议选举和通过的决议无效。可见，会议签到是一项很重要的工作。

一般的小型会议是报到与签到手续合并，并且可以在会议室签到。中型会议的签到是独立的程序。签到时，会议工作人员要根据参会人数的多少提前适当的时间在签到处等候签到。

（二）会议签到方式

1. 传统签到方式

(1)表式签到。即会务组事先准备好表格，供参会者现场签名，以表示到会。小型会议、内部会议常使用此方式，如表 7-1 所示。规模较大、参会人数较多的会议，可按参会部门、参会者身份或地区来源等依据分开签到，稍后统计。

表 7-1　××会议签到表

时间	年　月　日　时　分	
地点		
出席人	单位	签名
张三	生产部	
李四	营销部	
王五	后勤部	
赵六	财务部	
…		

(2)证卡签到。工作人员将印好的签到证事先发给参会人员，参会人员在进入会场时将签到证交给工作人员，表示到会。该方式多适用于人数较多的各类培训会议、内部会议，具有方便、解决入场签到的拥挤等优点，缺点是不便于查找。

(3)座次表签到。会议工作人员事先制定座次表，座次表上每个座位填上参会人员的姓名和座位号，参会人员座次表就座。该方式具有便于查找座位，集中同部门人员的优点，多适用于内部会议，中型会议。

2. 新型签到方式

(1)电脑签到。参会人员进入会场时，只要把特制的卡片放到签到机内，由签到机读取参会者预置的信息，参会人员到会结果由计算机准确、迅速地显示出来，如图 7-4 所示。该方式常适用于大型会议，具有快速、准确、简便的优点，缺点是需要租赁或购买签到仪器设备，对成本有要求。

图 7-4　某会议现场电脑签到

(2)微信签到。在会议现场，让参会者扫描会议主办方提供的二维码，关注公众平台以后发送指定关键词“签到”完成签到上墙，签到结束后所有参与活动的用户可以通过微信头像在大屏幕完成抽奖，如图 7-5 所示。

图 7-5　某会议现场微信签到

微信签到有以下几方面优点。

①操作简便：用户只需要关注公众平台即可参加，回复关键字或者点击自动回复就可以签到。

②附加值高：用户签到的本身就会关注公众平台，会给公众号带来指定行业的用户或者意向客户，而且可以要求用户填写相关信息，便于信息统计。

③使用方便：只需要借助公众号，绑定之后即可使用，不像传统的签到，操作烦琐，流程复杂。

④方式新颖：可用签到人员的头像滚动抽奖，活动方式更加新颖。

⑤省时省力：节省了人力成本和时间成本。

(3)二维码签到。二维码签到代替了传统纸面签到。通过将会议报到信息保存到二维条码中，利用群发彩信或短信技术，预先将信息发送到参会者的手机上。会议工作人员通过扫描参会者的二维码或输入手机号码后四位进行身份验证并签到，如图 7-6 所示。该签到方式的优点是签到速度快、参会人员体验感好、可以实时查看和管理签到数据，可以防止人员混入。

图 7-6　某会议现场二维码签到

(4)身份证签到。身份证签到系统适用于各种会议，如图 7-7 所示。签到现场仅需准备电脑和身份证阅读器，参会者只需要出示个人身份证，读卡器即可对第二代居民身份证内的芯片进行安全认证并且将信息读出，显示并且储存。该签到方式降低了会议组织者的办会预算，提高了方便性和安全性。该签到方式的缺点是，从技术角度讲，直接读写二代身份证，虽然可以将参会者的籍贯、住址、出生年月等状况读取出来，却会让一些参会者感觉被侵犯了隐私。

图 7-7 某会议现场身份证签到

三、报到与签到的区别与联系

报到和签到都是指参会者到达会场所办理的手续。会期较短、无需集中接待的会议，一般只需办理签到手续；若会期较长、具体会议活动较多、需要集中接待的会议，不仅要求参会者签到，而且还要办理报到手续。

二者的区别是：报到是指参会者在到达会场时所办理的登记注册手续，但不一定证明其参加每一次具体的会议活动；签到则是参会者在每一次具体的会议活动的签到簿上签名，证明他参加了这一次具体会议。在一些法定性会议上，签到是一种法律行为。

现在我们一起来解决案例 7-1 中的问题。

小王应立即着手落实以下工作：

1. 安排人员在机场、港口、火车站迎接参会者；设置会议接待处。

2. 设置会议接待大厅，安排服务人员做好签到、登记、验证工作。签到方式采用簿式签到。簿式签到是指参会人员到会时，在签到簿上签上自己的姓名、单位、职务等内容，以表示到会。

3. 给报到者安排住宿，发放文件，预收费用。

参会者食宿问题是会议召开期间会场外服务工作中最重要的工作，因此必须非常重视。虽然在会议召开前，食宿工作都已准备就绪，但参会人员到会后，仍然会对食宿问题提出一些具体的要求和意见。会议接待人员应当虚心听取这些意见，尽可能满足参会者的要求，做到主动热情服务。

例如有的参会者由于种种原因提出调整房间的要求，会议接待人员应尽量协调调换，实在做不到的，也应耐心给予解释，并表示歉意。又如有的参会者可能对饮食不习惯而提出意见，也应尽量改进。总之，合理的意见要求，应尽量采纳予以满足。

4. 会议开始前一小时，安排参会人员入场，入场前先签到，其中嘉宾最后入场。

5. 总结没有按时到达的参会者名单，并做相应的处理。

【案例 7-2】 张家界会议接待成功案例

中国国务院信息研究中心会议

会议主办单位：中国国务院信息研究中心

会议协办单位：湖南张家界国际旅行社

会议名称：中国国务院信息研究中心会议

会议地点：张家界国际大酒店

参会人数：150 人

本次中国国务院信息研究中心会议非常重要，张家界市委对我社接待本次会议也作了重要指示与部署，我社对本次会议更加作了精心策划与安排。为了举办好本次会议，中国国务院信息研究中心领导非常重视，会议前夕还派专员专程前来张家界对我社接待工作进行实地考察，并一再强调此次会议的重要性，要求我社全力确保会议接待成功，同时也对我社接待前期准备工作表示了充分的肯定。

会议期间，因考虑到参会人员情况，我社把接站、接机、代办返程票等工作放置重点，真正让每位参会者轻松抵达，快乐返程。为了营造良好的会议气氛，在本社的筹划下，对会议酒店进行全方位的内外布置，如充气主题拱门、空中彩球、彩旗布置、会议室背景喷绘等，使会议气氛显得既热烈又庄重。会议用餐，我社也是严格把关，针对会议成员的特点，在菜谱及口味方面，力求每位参会人员都能吃得有特色，吃得满意，吃得舒心。在旅游方面，我社调派了 5 台旅游空调大巴及精干导游员，虽然队伍庞大，但在旅游中却秩序井然，真正做到进入景区一个也不少，回到酒店一个也不漏的地步，让他们游得开心，玩得快乐，使他们对张家界流连忘返。整个会议及旅游接待安排总体来说做到了周密妥善，充分得到了参会代表及张家界市委的高度赞赏。

会议安排细节如下。

酒店安排：

酒店报到处，大门上挂横幅一条，门口竖欢迎牌，大堂设签到处指示，电梯口及要道设指示牌，我社提供两名工作人员，签到处设返程票登记，机票免费代订，旁边竖会议日程安排表。

我社在会议前 5 日制作好会议代表证，2 日前制作好所有横幅，内容由对方单位提供。

我社在会议前 15 日给对方单位提供酒店位置图，及来酒店交通指南，打车费用等情况。

旅游安排：

我社调派5台旅游空调大巴，每车安排一名全程导游(持国家导游证，我社优秀导游)，并安排一名随团总负责，做好用餐前准备检查工作及旅游质量保证工作。会议期间，根据要求，提供风味餐菜单。会议安排茶歇(水果拼盘、红茶、咖啡、矿泉水、糕点)。

其他事项：

1. 由我社提供集体合影、会务摄影服务。
2. 我社提供会议纪念品(土特产、湘绣、军声砂石画及土家工艺品)。
3. 我社提供代订机票和火车票服务。

资料来源：http://lv.d520.com/Travel/huiyi/anli/2008/20080419558.shtml.

第三节　会议现场服务

一、会议入场服务

召开大中型会议，一般都采用对号入座的方式或将会场划分为若干区域，以地域或部门或行业为单位集中就座。召开大中型会议时，为了方便参会者尽快就座和保持会场秩序，需采取适当方式引导座次，即会议的入场工作。无论是采取对号入座，还是随意入座，或是划分区域入座，都应设立指示牌或由会议工作人员引导入场就座，如图7-8、图7-9所示。

图7-8　某会议现场入场服务

图 7-9 某会议现场入场服务

二、资料发放服务

会议中所需要的文件材料，会议工作人员应及时、准确地分发到每位参会者手中。

(一)资料发放的方式

分发会议文件和材料有以下两种方式。

1. 会前发放

会前分发文件和材料，可以在参会者进入会场时，由会务人员在会场入口处分发给每位参会者；也可以在开会之前，按要求在每位参会者的座位上摆放一份文件材料。

2. 会中发放

会中分发文件材料，可将会务人员分派到各组，每人负责每组文件材料的分发和收退。需要收回的文件材料，一般在文件的右上角，写明收文人和收文时间，收文时要登记，以免漏收，如图 7-10 所示。

图 7-10 某会议现场文件发放

（二）涉密资料发放

对于某些保密程度较高的会议文件，要按照编号分发。会务人员分发这种保密文件时，要注意准确性、保密性以及登记手续的完整无误。如果一次会议要发几个保密文件，每个人拿到的会议文件上的编号应一致。这利于会议文件的管理与回收。可以在会议文件上加盖参会者姓名章或在会议文件上写上参会者姓名，按人装封分发。封上应加盖密封章和限时章，同时要完善签收手续。

特别重要的会议文件分发，还要采用回执的办法，参会者收到会议文件后，在回执上签字，将回执退回发文机关。

三、会议影像服务

影像服务主要是指会议进行中的摄影、摄像服务。主要内容包括以下几方面。

（一）拍摄空镜头

一般全景拍摄签到台、会场布置、会议厅等。细节特写，如会场背板、演讲台、发言人表情等。

（二）拍摄签到过程

全景拍摄参会者的签到过程，特别拍摄礼仪人员为重要嘉宾或领导佩戴胸花的细节；重要嘉宾和领导到场时，主办方上前迎接、握手的场景以及重要嘉宾、领导签字的过程。

（三）拍摄领导和嘉宾发言

无论是拍摄主持人主持，还是拍摄领导讲话、嘉宾发言或参会者发言，一般都应有特写镜头，重点注意讲话人表情的抓拍。

（四）拍摄宴会

主要拍摄领导和嘉宾致辞、敬酒、演出及参会者互动等镜头。

（五）拍摄合影

会议合影拍摄要求较高，对人的排列、光线、背景都有讲究。事先应安排好前排就座的领导和嘉宾的座次，拍摄过程要尽可能短。

1. 合影嘉宾的位置安排

在政务会议中，合影时嘉宾的位置仍然坚持“左尊右卑”原则，而商务会议刚好相反，即为“右尊左卑”。嘉宾位置安排时，仍然要考虑首排人数的奇偶性情况，以下是政务会议合影嘉宾首排的位置，如图 7-11、图 7-12 所示。

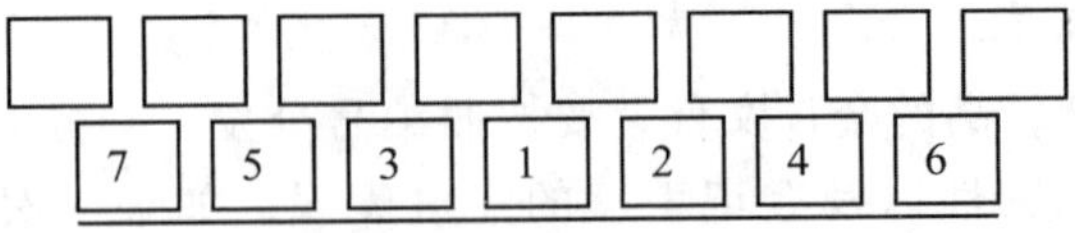

图 7-11　政务会议奇数首排合影位置

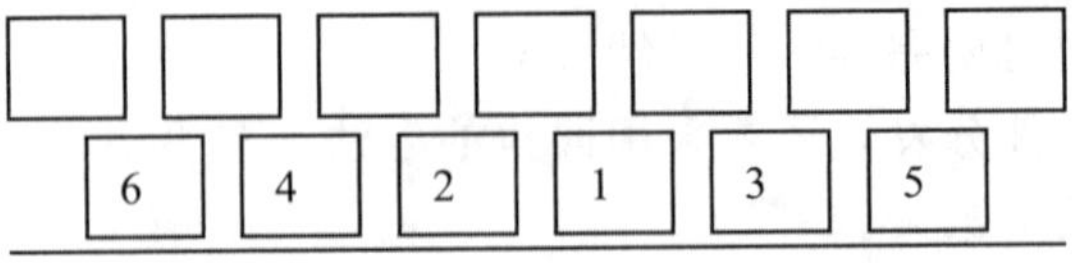

图 7-12　政务会议偶数首排合影位置

2. 合影地点的选择

(1)室外较开阔地方，且能设置背板，或便于悬挂横幅。

(2)注意场地采光条件，避免逆光拍摄。

(3)室内场地考虑能容纳嘉宾人数，以及室内灯光强度等。

3. 安排合影引导员

当主持人宣布合影时间和地点后，参会嘉宾会陆陆续续走到合影场地。千万不要指望嘉宾会自动各就各位，一定要安排合影引导员，使合影环节高效、顺畅完成。

合影引导员的工作有以下三项。

(1)引导前排嘉宾尽快入位，尤其是核心嘉宾。

(2)引导嘉宾尽快站好，身高的调配和左右对称是重要的调节要素。

(3)引导嘉宾的目光朝向和表情。

四、会议茶歇服务

茶歇的来源是因为工作耗竭，一般是由于工作压力大而逐渐发展的，存在典型的疲劳和生理症状的身心状态。茶歇源自美国心理学家华生最早提出的“break”，即“工间休息”的概念。华生认为，“工间休息”能有效缓解工作压力。经常性的工间休息不但能调整不良的生理状态，而且有助于缓解现代人普遍的心理压力，促进参会者人际间的交往，实现良好的沟通，也有利于营造愉悦的会议氛围，提高参会效率。

(一)会议茶歇的含义

茶歇是指在会议活动的中间部分，为了舒缓紧张气氛，更好地进行下一时段的会议内容，为所有参会对象提供包含热饮、冷饮、甜点、水果、小吃的服务。

人的精力有限，不能长时期集中注意力做同一件事，参加会议亦是如此。要想让所有的参会者能够尽量多地吸收会议内容，就一定要在会议期间安排合适的茶歇时间。在这段时间内，大家通过喝茶、用点心、沟通交流等方式来缓解紧张和疲劳。

（二）茶歇的时间地点安排

1. 时间安排

科学研究发现，人在参加考试、参加会议等活动中，由于精力集中、情绪紧张从而容易产生饥饿感。因此，通常在一天的会议中，应该合理地安排两次茶歇，分别是在午餐前 1.5 小时和晚餐前 2 小时。

2. 地点安排

如果参会者人数较多，会场面积较大，原则上应在会场之外(如序厅)安排专门的茶歇场所。若有必要，还应设置指引牌和引领人员为参会者指明方向。如果会场足够大，同时另外安排茶歇场地较远时，也可以在会场中通过屏风、展架等人为设置茶歇区。

如果参会者人数较少，则应与酒店协调，在会场出入口处分别摆设专用茶歇，同时茶歇周围应该合理增加休息区，以便客人取用食物后，可就近落座相互沟通。同时茶歇区域设定要尽量紧凑，便于整体协调以及嘉宾间充分沟通。

（三）茶歇食物的种类

会议茶歇一般包括饮品类、点心类以及水果类三种类型，如图 7-13 和图 7-14 所示。

图 7-13　某会议现场茶歇

图 7-14　某会议茶歇服务

饮品类主要包括矿泉水、绿茶、红茶、奶茶、牛奶、果汁、咖啡、鸡尾酒等；点心类主要包括中西式糕点、甜品、饼干；水果类主要包括时令水果、花式果盘等。会务组要提前与酒店或会展中心商定茶歇所需要的食品和饮品，按照“多类少量”的总体原则准备茶歇。

上午时段的茶歇，由于距离午餐时间较近，应该主要安排水果、干果、茶水、软饮等以清淡为主的饮食。

下午时段的茶歇，应该与上午的有所区别，品类应该偏多，同时口味应该偏重。由于下午会议时间普遍偏长，同时下午时间人体容易感受困乏。因此，可在水果、饮料的基础上增加曲奇饼干、士力架、巧克力食品、咖啡、椒盐饼干甚至冰激淋等高糖、高脂肪含量食物。

茶歇服务要在会议开始前至少 5 分钟，准备所有的饮品，人员做好服务的准备。服务期间礼貌地询问客人所需要的饮品，并迅速为其准备，保证餐台以及周围的卫生整洁，及时补充饮品及用具。茶歇结束时整理餐台，恢复原貌，撤走并送洗餐具。

（四）茶歇服务的流程

(1)会议开始前，将桌面及装饰等布局整理完毕。

(2)茶歇开始前 15 分钟，茶歇服务人员将所有物品摆置完毕，注意桌面整洁美观。

(3)茶歇开始后，茶歇服务人员指引参会人员至茶歇区休憩，并积极为参会者服务。

(4)茶歇时间结束前 5 分钟友情提示参会人员尽快回到会议室。

(5)茶歇结束后，整理茶歇区物品，可回收的送至指定地点，清理地面及桌面垃圾。

五、会议保密服务

任何一个会议都不同程度地涉及保密问题。大到国家，小到基层单位，凡重大而机密的问题，都是通过会议形式来议决的。在政务会议或部分商务会议中，会涉及会议保密工作。会议保密工作内容主要包括以下几方面。

（一）会场保密

(1)地点保密，即不让外界知道会议在何处举行。

(2)会场环境保密，如会场周围不设任何标志。

(3)会场的基本设施保密，如会场必须具有良好的隔音和屏蔽效果，以免声音和信号外泄。

（二）文件保密

这是会议保密的重点，包括属于秘密范围的各种文件的草案或讨论稿、备选的决策方案、会议记录、不能公开发表的最后文件等。

（三）宣传保密

涉及重大秘密的会议，一般不安排新闻记者参加，新闻稿由会议秘书部门起草。任何人不得擅自向外透露会议的内容。为避免在宣传报道中泄密，应注意以下几方面。

(1)划清保密范围和保密项目，并使有关领导和工作人员周知。

(2)严格区分内外。

(3)加强对秘密和内部刊物的管理，凡带有密级的报刊转载秘密文件和资料，必须事先征得制文单位的同意。没有密级的报刊，不得转载秘密文件、资料和标有密级的报刊书籍中的文章。如确有需要转载，应征求对方同意，并将含有秘密的部分采取删节、改编等保密措施。

(四)人员保密

人员保密即除了会议的领导和少数重要的工作人员外，其他参会者和工作人员会前不得了解和打听会议内容，会后也不得公开超越规定范围的内容。

除了以上五方面会议现场服务内容，会议现场服务还包括会议速记服务、会议翻译服务、医疗卫生服务等。这些服务一般可寻求有资质的第三方专业公司提供，由会议组织者根据会议板块进行外包。

六、会议安保服务

会议安保工作规格和内容要根据会议的性质、规模、内容、参加人员的级别来确定。国际性会议，党和国家的重要会议，大型或内容十分重要、需要绝对保密的中小型会议，都应设立专门的会议安保工作小组。

(一)会议安保人员的类型

选择额外的安保人员是减小会议风险的好办法。出于不同的目的，会议经常运用多种类型的安保人员或志愿者，他们与会场设施所属的专职安保人员协同开展工作。为了能在真正发生危机、灾害及其他紧急情况时有序配合，及时做出正确的响应，缩短响应时间，必须事先明确好各类安保人员相互之间的指挥、管理关系。举办会议可以选择的安保人员类型如表 7-2 所示。

表 7-2　会议安保人员的类型

安保人员类型	示例
合同性安保人员	通过保安公司雇佣的安保警卫人员
执法人员	校警、城市警察
联防保安	保安
个人保安	保镖、特勤人员
单位专有保安	酒店安保人员
志愿者	票证查验人员

1. 合同性安保人员

会议组织者为了满足某些特定会议的安保需要，会从保安公司雇佣合同性安保人员。安保执勤中需要的证件、制服、装备应由保安公司负责提供。诸如安保人员数量、执勤时间、每个安保人员的执勤位置以及总开支情况等细节，应在会议组织者和保安公司所签订的合同中详细列出。

2. 执法人员

有的会议或者活动可能需要很高水平的安全保卫安排，这一般需要警方的介入，如当地警察。另外，当会议在大学校园内举行时，通常由学校的校警负责校园范围内人员和设施的安全。一般情况下，会议执法人员是在会议或者活动现场唯一能够持枪械执勤的安保力量，他们的首要任务是保卫公众安全。

3. 联防保安

主要是指一些安全保卫人员的结合体，他们是与参会者年岁相仿、外观相仿的一群人，经常是最一线的安保力量。在情况需要时，这些人穿上一件写有“保安”的背心或带上写有“保安”的红袖标，就可以开始履行职能，能让现场的所有当事人明白，安保人员就在现场。这些安保人员通常从举手投足中就能显示出权威性，有的从体态上也能显示出威慑性。联防保安人员的工作职责就是及时识别问题，并采取措施消除初期危险，以免酿成需要更高级别安保力量介入的更严重事件。

4. 个人保安

个人保安担负着保护一个或多个高危重要人物的使命，如名人政要、明星、政府机关高级别领导人等。

5. 单位专有保安

这些人员是主办会议的组织或者会场单位的雇员。在酒店或者会议中心工作的安保人员，在会议业中也被视为会议接待单位的保安。在某些情况下，会场的安保工作可以由第三方安全承办商或者分包商负责，而不依靠会议实施单位的自有安保人员。

6. 志愿者

志愿者承担着特定的安保职能，但志愿者通常不被视为安保专业人员，这是因为他们并没有接受过或者仅接受过简单的安保培训。志愿者可以承担一些诸如在参会者入场时检查票证、接受问询，或者在主题演讲阶段维持会场秩序，防止拥挤等职责。会议组织者应清楚告诉志愿者他们在安保方面的权限范围，以及在不同的紧急状况发生时，第一时间应该与谁联系，例如制止斗殴、参会者受伤、启动警报等。

一场会议可能会用到多种类型的安保人员以满足不同目的。只要每个安保服务提供者都能知道自己的责任权限，而且能有一个明确的指令体系加以协调，那么这些人员就能形成合力，有效地统筹解决会议活动的安全、安保和参会者服务问题。

（二）会议安保工作的主要内容

1. 制订会议安保工作方案

会议的安保工作一般在组委会的统一领导下进行，负责会议安保工作的部门，在会议前期筹备阶段就应根据会议要求制订出安保工作方案。在工作方案中，应将安保的组织机构、职责任务、具体工作等一一明确，尤其应有预防突发事件的应急预案，以保证在关键时刻能迅速反应与采取有效的应对措施。在会议执行期间，为了进行有效管理，进入任何会议有关场所(包括会场、会议住宿地、会议停车场、会议休息室等)，都应凭证进出。安保工作方案中应为不同参会者设计出不同情况下的通行证。

2. 维持会场秩序

会议举行期间，安保部门一方面应密切注意会场外围环境的社会治安，维护好会场外围的社会治安秩序，另一方面要严格检查参会人员的出入证件，防止与会议无关的人员混入。如果参会人员众多，容易在进场、出场时发生拥挤甚至混乱现象，安保部门应协助会议现场引导人员，在会场各进出口把好关，做好疏导工作，保证参会者快速、顺利进场、出场，避免出现意外情况。

3. 保护参会者的人身安全

保护参会者的人身安全是会议安保工作的重中之重。会议召开前，会议安保部门要对会场内外、周围环境做详细的勘察、调查，排除恐怖袭击、爆炸、火灾等安全隐患。如有必要，可主动与当地公安警察部门联系，以取得公安警察部门的积极支持与配合。会议举行期间，应做好防范工作，如提前勘察行车路线和观察游览地点等，并和交通部门取得联系，做好沿途和所到之处的安保工作。

4. 保护参会者的财产安全

参会者若在会议当地遇到盗窃事件，都会留下极不愉快的印象。因此，在会议举行期间，安保部门应重点防范盗窃事件，对参会者提供代管代存服务，将参会者带来的机密文件、大宗款项、重要设备等保存于专门设置的储藏处。同时，会议组织者也应以书面形式告知参会者尽量减少到人多复杂的地方去。

5. 其他方面的安全注意事项

安保部门还需做好的安全告知包括饮食安全、文体娱乐安全、各种用具和设备使用安全，以及会议信息安全等。饮食安全应注意的重点是防止他人投毒事件的发生；文体娱乐安全应注意防止意外事故的发生，如拥挤伤人、到险地游玩发生险情等；用具和设备使用安全应注意的重点是防止因使用不当伤人，如使用电器设备不当发生火灾或发生其他伤人甚至伤亡事故；会议信息安全应注意防止外部人员混入会场，窃取会议机密，也防止内部人员用录音设备或从会议使用的电脑、通信设备中窃取会议机密。

第四节 会议记录

一、会议记录的内涵

（一）含义

会议记录是如实记录会议的基本情况、会议中的报告、会议中的讲话、发言和决议等内容的一种应用文体，是一种重要的事务文书。

（二）特点

1. 真实性

会议记录要求忠于事实，不能夹杂记录者的任何个人情感，更不允许有意增删发言内容。会议记录一般不宜公开发表，如需发表，应征得发言者的审阅同意。

2. 资料性

会议记录可作为研究、编发、查找会议的重要原始资料长期保存。

3. 完整性

会议记录对会议的时间、地点、出席人员、主持人、议程等基本情况，对领导讲话、参会者的发言、讨论和争议、形成的决议和决定等内容，都要记录下来，一般没有太多的选择性。

（三）作用

首先，会议记录是会议内容、会议成果的重要备案材料；其次，会议记录是会议组织者和参会嘉宾研究和总结会议的重要依据；最后，会议记录经过整理，可以作为向下传达的文件，也可以作为向上级汇报的原始材料。

二、会议记录的准备工作及要求

（一）准备工作

(1)准备足够的钢笔、圆珠笔、铅笔、笔记本和记录用纸。

(2)准备好录音机或录音笔来补充手工记录。

(3)备有会议议程表，需要时用于核对数据。

(4)提前到达会场，了解参会人员的座位情况，便于识别会议上的发言。

(5)在利用录音机或录音笔的同时，必须手工记录，可以防止设备中途出故障。

（二）具体要求

(1)项目、过程要完整。

(2)内容要真实、准确。

(3)语言表达要清楚、简洁。

(4)格式名称要规范。

(5)笔记要快速。

(6)载体要统一(如使用A4纸、笔记本记录)。

(7)及时整理。一是应忠实于讲话人原意，尽可能用原话；二是层次分明、段落清楚；三是字迹易辨认。

以上七项要求，可归纳为：内容真、速度快、整理快。

(三)会议记录的重点

(1)会议中心议题以及围绕中心议题而展开的有关活动。

(2)会议讨论、争论的焦点及其各方主要见解。

(3)权威人士或代表的言论。

(4)会议开始时的定调性言论和结束前的总结性言论。

(5)会议已议决的或议而未决的事项。

(6)对会议产生较大影响的其他言论或活动。

三、会议记录的基本格式

一般会议记录应包括以下三个部分。

(一)会议的基本情况

在会议基本情况中，应注明会议名称、时间、地点、出席人数、缺席人数、列席人数、主持人、记录人等。

(二)会议的内容

要求写明发言、决议、问题。这是会议记录的核心部分。本部分有两种记录方法，分别为摘要记录法和详细记录法。

1. 摘要记录法

摘要记录法是指只记录会议要点和中心内容，即只需要记录会议的议题、议程、发言人姓名、发言要点与主要事实、决议情况等。采取此种形式，要求记录员在充分把握会议讨论内容的基础上，根据议题的轻重程度和发言人的发言宗旨、意图以及发言内容价值记录摘要性内容。此方法主要适用于汇报会、座谈会等小型会议。

2. 详细记录法

详细记录法则是有言必录。要求记录人员对会议的全过程、所有发言，包括发言中的插话，都要原原本本地详尽记录。不能只写重点，只记结论，更不能随意增删取舍。一般来说，对于特别重要的会议，都应进行详细记录。为了准确完整地记录好，可以配备两个以上会议记录人员或用录音笔进行录音以便会后核对、修正、补充。当然，详细记录并非一字不漏地逐字逐句记录，对于一些口语、俗语、重复的词语可不必记录。作详细记录，要求记录者认真负责，精力集中，特别是发言人开始、转题、结尾时的语言。此方法适用于重大、复杂问题的重要会议记录。

（三）结尾部分

结尾部分应署名会议记录人员姓名，并提交主管签字审核。

表 7-3 提供了一份会议记录模板，仅供参考。

表 7-3　会议记录范例

<table>
<tr><td>会议名称</td><td colspan="3"></td></tr>
<tr><td>会议时间</td><td></td><td>会议地点</td><td></td></tr>
<tr><td>会议主持人</td><td></td><td>记录人</td><td></td></tr>
<tr><td>出席人</td><td></td><td></td><td></td></tr>
<tr><td>缺席人</td><td></td><td></td><td></td></tr>
<tr><td>主要议题</td><td></td><td></td><td></td></tr>
<tr><td colspan="4">发言记录：
一、主持人发言(略)
二、参会者发言(略)
1. 张三：……
2. 李四：……
3. 王五：……
三、会议总结(略)</td></tr>
<tr><td colspan="2">主持人(签名)：</td><td colspan="2">记录人(签名)：</td></tr>
<tr><td colspan="4">审核人(签名)：</td></tr>
<tr><td colspan="4">备注：</td></tr>
</table>

四、会议记录的技巧

（一）快

即记得快。字要写得小一些，多写连笔字。要顺着肘、手的自然姿势去写，斜一点写。

（二）要

即择要而记。在记录整个会议内容时，要围绕会议议题、会议主持人和发言人的中心思想，参会者的不同意见或有争议的问题、结论性意见、决定或决议等做记录；在记录某个人的发言时，要记其发言要点、主要论据和结论，论证过程可以不记；在记录某句话时，要记这句话的中心词，修饰语一般可以不记。要注意上下句子的连贯性、可信性，一篇好的记录应当独立成篇。

（三）省

即在记录中正确使用省略法。第一，可使用简称、简化词语和统称。例如，“中山大学”记“中大”，“上海市人民政府”记为“市府”。第二，省略词语和句子中的附加成分。例如，“但是”只记“但”。第三，省掉词语或句子的附件成分、相同成分。例如，“可以”记为“可”。“因为”“经过”“现在”“盼望”等，记前一字。句子或词组的相同部分，也可以承后省略。例如，幼年时代、少年时代、青年时代，记为：幼、少、青年时代。第四，对句中出现的常用词或词组记句首1个字，字后用短横线代替词或词组的其他部分。例如，“全国旅游业务今年取得令人瞩目的经济效益”，可记录为“全—旅—今—取—令瞩—经效”。

（四）代

用较为简便的写法代替复杂的写法。代替的具体做法如下。

（1）简称法。例如用姓代替全名。

（2）用笔画少易写同音字代替笔画多难写的字。

（3）用数字和通用符号代替文字。例如，“因为”用“∵”代替，“所以”用“∴”代替。

（4）用拼音代替生词难字。

（5）用外语符号代替。例如，重庆电视台，可记录为CQTV；世界贸易组织，可记录为WTO；但在整理和印发会议记录时，均应按规范要求办理。

【小资料7-2】　　会议记录的十大建议

1. 重要的会议应录音，从而使整理会议记录时有依据。

2. 除非有必要，定期召开的会议通常不用录音。因花费时间记下的详细发言内容，可能毫无用武之地。

3. 大多数会议都能指定一个会议记录者。主席最好不要兼任此项工作。此外，会议记录者最好由参会者轮流担任。

4. 会议记录者的笔记最好要流畅，易于了解，同时不失真。笔记最好用电脑打出来，方便参阅。

5. 会议记录者的责任还包括：要及时指出令人困惑的发言，请该发言人解释清楚；适时做总结，协助讨论进行；向参会者确认各议案的排序是否无误。

6. 会议记录内容包含：讨论过程中所达成的各种共识(要不厌其烦地向参会者确认每个结论都无误)。

7. 有哪些证据支持此议案的通过，以及反对意见如何分派工作的详细情形和完成日期；会议结束后重新整理所记录的内容，尽可能维持在一页的长度。

8. 会议记录应有组织地整理如下：标题，会议目标，主席名字，缺席及出席人名单应列在会议记录起头处；使用列点或简短的一段文字，记录参会者重点；工作分派情形及完成日期记录无误；通过此决议的评估标准(如有必要)。

9. 会议记录者应与主席共同修正会议记录者错误的部分。

10. 将此份会议记录发送给参会者。

【复习与思考】

一、本章精要

• 接站，即会议组织者安排人员在机场、港口、火车站迎接。确定迎接规格，安排陪同人员。

• 做好接站服务要注意：确定迎接规格；竖立接待标志；掌握抵达详情；热情介绍，主动握手；陪同乘车；设立接待处。

• 引导服务是指会议期间接待工作人员为参会者指引会场、座位、餐厅、住宿房间以及参会者所要打听的地方的路线、方向、具体位置、交通条件等的服务。

• 返离，即会议闭会后参会者的离会和返回。返离服务的具体内容有：结算费用、检查会场与房间、送行。

• 会议报到，是指参会人员从自己的工作单位或驻地到达指定的开会地点，并告知会务组或履行一种登记手续。报到工作主要包括查验证件、登录信息、接收材料、发放会议资料袋、预收费用和安排住宿等。

• 会议签到，是指在正式开会前，在入场口签名报到，以掌握出席会议确切人数的一项工作。一般的小型会议是报到与签到手续合并，并且可以在会议室签到。中型会议的签到是独立的程序。

• 传统签到方式主要有表式签到、证卡签到、座次表签到；新型签到方式主要有电脑签到、微信签到、二维码签到、身份证签到等。

• 会议报到是参会者在到达会场时所办理的登记注册手续，但不一定证明其参加每一次具体的会议活动；会议签到则是参会者在每一次具体的会议活动的签到簿上签名，证明他参加了这一次具体会议。

•会议现场服务主要包括会议入场服务、资料发放服务、会议影像服务、会议茶歇服务、会议保密服务、会议安保服务等。

•会议影像服务主要内容包括拍摄空镜头、拍摄签到过程、拍摄领导和嘉宾发言、拍摄宴会、拍摄合影等。

•会议茶歇一般包括饮品类、点心类以及水果类三种类型，按照“多类少量”的总体原则准备茶歇。

•会议记录是如实记录会议的基本情况、会议中的报告、会议中的讲话、发言和决议等内容的一种应用文体，是一种重要的事务文书。会议记录具有真实性、资料性、完整性特点。

•会议记录应提前做好准备工作，其基本格式包括会议的基本情况、会议的内容、结尾三个部分；会议记录的技巧有快、要、省、代。

二、重点概念

接站服务	会议报到	会议签到
电脑签到	微信签到	二维码签到
会议影像服务	会议茶歇服务	会议保密服务
会议安保服务	会议记录	

三、思考讨论题

1. 会议接站服务的主要工作内容有哪些？
2. 会议报到和签到有何区别？
3. 常见的会议签到方式有哪些？新型的会议签到方式各自优缺点是什么？
4. 会议现场常见的现场服务有哪些？
5. 会议影像服务的工作内容是什么？
6. 会议茶歇时间、地点安排，茶歇内容如何设置？
7. 会议记录的基本格式及技巧有哪些？

【综合案例分析】 第八届国际天然气水合物大会茶歇危机

2014年7月28日至8月1日，第八届国际天然气水合物大会在北京国家会议中心召开。会议由中国地质调查局和中国科学院联合主办，中科院广州能源研究所、中科院天然气水合物重点实验室、中科院广州天然气水合物中心参与承办，北京欣欣翼翔国际会议奖励旅游公司执行。来自澳大利亚、孟加拉国、巴西、加拿大、中国等共28个国家和地区的800余人专家、学者参加了此次盛会。

会议期间，主办方要求会议执行方提供会议茶歇服务。受预算限制，主办方仅同意购买500人的茶歇，拒绝了执行方提出的购买700人茶歇的建议。800人的会议，只购买500人的茶歇，怎么够？鉴于此次参会者人数众多，且国外参会者占有相当大的比例，若执行主办方的要求，则会使参会者的满意度降低。

刘毅作为执行方国际会议部部长，是此次会议执行单位的主要负责人之一。经与团队商议，他按照主办方只购买500人茶歇服务的前提下，最终采取了茶歇“分批次提供”的方案。该会议下设多个分论坛，不同的分论坛休会时间不同。基于此，执行方联系了北京国家会议中心，提出先供应2/3的茶歇，待后结束的分论坛参会者休会时，再供应余下1/3的茶歇。这样，不但能避免大家一拥而上造成茶歇短缺的现象，又能为后面结束的分论坛参会者提供茶歇服务，有效化解了此次茶歇危机。

案例分析讨论：

1. 会议茶歇服务对会议的顺利举办和提高参会者满意度有何重要性？
2. 该会议茶歇采用“分批次提供”是否有必要？
3. 在执行主办方茶歇预算的前提下，面对800人的参会者，你是否还有其他可供选择的方案？

第八章　会议收尾阶段

本章知识逻辑图

【学习目的】

通过本章学习，应掌握会议收尾阶段的主要工作内容，熟悉会场收尾与送机安排的主要内容，掌握寄发感谢信的工作要点，明确会议费用结算的方式，熟悉会议资料存档的方法，掌握会议评估、会议总结的方法，能撰写会议项目的会议评估报告、会议总结报告。

【重点内容】

- 会场收尾
- 感谢信
- 结算费用
- 会议资料存档
- 会议评估的内容
- 会议总结的基本结构

好的开始同时也应有好的结束，“虎头蛇尾”现象在会议中不可轻视。会议收尾工作，是为整个会议项目画上圆满的句号，将有助于会议项目持续发展。

第一节　会场收尾与送机安排

一、会场收尾

（一）物品的回收与整理

(1)回收各种表格：签到表、问卷、决议表等。

(2)回收会议物品：桌签、纸、笔、会议演讲材料，如 PPT、会议音视频资料。

（二）引导参会者离场

通常情况下，应等主席台领导离场后，再引导参会者有秩序离场。会场能打开的大门，尽量都打开，避免离场时出现拥挤现象。如果会场有多条离场路线，领导嘉宾和参会者可以各行其道。大型会议还要注意散会后引导车辆迅速、有序地离场，必要时可派专人指挥。

(三)会场检查

会场检查主要是再次确认是否有物品遗留在会场内。首先检查嘉宾席，确认嘉宾无物品遗留在会场。若发现嘉宾物品，则根据桌签判断物主，并及时联系嘉宾，同时可派工作人员将物品送还嘉宾。另外还需要检查保密的会议资料是否已经清空。尤其要注意的是，嘉宾的演讲材料(如 PPT 和演讲稿)如果存放在会场所提供的电脑内，会务组应确保在已经备份的情况下删除，以免造成不必要的麻烦。

(四)劳务费发放

有些工作人员的劳务费在会议服务结束就要发放。例如摄影、摄像工作人员一般是外包服务，因此需要及时发放劳务费。财务人员需要与相关人员做好配合，务必在验收之后再发放劳务费。

在发放劳务费时，除了要验收工作成果之外，还应当做好发放记录，办理相关手续，例如开具发票、收款凭证等，都需要一一办理完毕，确认无误。

二、送机安排

(一)送离的准备工作

1. 制定送机表格

应包含嘉宾姓名、航班或车次号、飞机或火车的启程时间、离开酒店的时间、嘉宾联系方式、送机车辆司机联系方式等，如表 8-1 所示。

表 8-1　2017 年某会议送机情况一览表

备用别克：李师傅　　　电话：×××

序号	姓名	手机	航班信息			车辆到酒店时间	送机车型	司机手机
			航班时间	航班号	起始站			
3月1日								
1	张三	136×××	14:00	CA8848	上海—北京	11:30	别克 1	王师傅 138×××
2	李四	189×××	14:30	CA8545	上海—深圳	11:30	别克 1	王师傅 185×××

2. 车辆安排

应提前安排好送机车辆。同时，为防止出现特殊状况，应准备备用车辆随时待命。依据参会者离开酒店时间安排车辆，若不同参会者离开时间接近，为节约成本，可将参会者安排在同一车次内。对于重要嘉宾，应尽量一车一人，以示尊重。

(二)发布送机信息

在送机各项准备工作就绪后，应在合适的时机发布送机信息。

(1)出于礼貌和信息发布的准确性考虑，对于嘉宾，尽量采取面对面的方式告知。

(2)具体告知场合：晚宴结束后回酒店的车上，或户外活动结束后回程的车上。

(3)告知信息内容：送机时间、上车地点、相关负责人联系方式。

(三)送离执行

在嘉宾离开前一天再次与嘉宾联系，核对航班、列车信息，同时提醒其出发时间、乘车地点及司机联系方式。出发当日，工作人员应提前检查车辆是否到位，嘉宾是否做好准备。

一般参会者，只需在酒店送行即可；对于重要嘉宾，可适当安排陪同人员机场或车站送行。

第二节　寄发感谢信

会议结束后，需要写信给嘉宾以表示对嘉宾所作贡献的谢意，这样也有利于和嘉宾建立良好的合作关系。

一、感谢信的内涵

(一)感谢信的含义

感谢信是向帮助、关心和支持过自己的集体(如党政机关、企事业单位、社会团体等)或个人表达谢意的专用书信。感谢信广泛应用于个人与个人之间、个人与组织之间、组织与组织之间，用以向给予自己帮助、关心和支持的对方表达感谢。

(二)感谢信的特点

1. 感谢对象要明确

感谢信要有明确的感谢对象，让人清楚是在感谢谁。

2. 表述事实要具体

感谢别人要有具体的事由，否则就会显得抽象空洞。

3. 感情色彩要鲜明

感动和致谢的色彩强烈鲜明，言语里充满感谢之情。

(三)感谢信的发送时间

感谢信的发送时间要依照会议的收尾状况来定，在会议的收尾工作进行完毕之后，再向嘉宾致谢。一般地，会议收尾工作一周左右就可以完成，此时发送感谢信较为合适。同时，也要考虑到嘉宾的行程安排。如果了解到嘉宾在会后的一段时间较为繁忙，如果此时发送感谢信，嘉宾可能会因为忙于其他工作而忽略感谢信，那么可以适当延后发送感谢信的时间。

二、感谢信的写法

感谢信主要包括标题、称呼、正文、结语和落款五个部分。

（一）标题

(1)单独由文种名称构成：感谢信。

(2)感谢对象＋文种名称：致×××的感谢信。

(3)感谢双方＋文种名称：A 单位致× ×的感谢信。

（二）称呼

开篇顶格写被感谢的机关、单位、团体或个人的名称或姓名，并在个人姓名后附上“先生”或“女士”，然后加冒号。

（三）正文

提行空两格开始写，要求写感谢的内容和感谢的心情。应分段写出以下几个方面。

(1)感谢的事由：概括叙述感谢的理由，表达谢意。

(2)对方的事迹：具体叙述对方的先进事迹，叙述时务必交代清楚人物、事件、时间、地点、原因和结果，尤其要重点叙述关键时刻对方给予的关心和支持。

(3)揭示意义：在叙述基础上指出对方的支持和帮助对整个事情成功的重要性以及体现出的可贵精神。

（四）结语

结语，即写感谢信结束时表示敬意、感谢的话。如“此致 敬礼”“致以最诚挚的敬意”等。

（五）落款

末尾写上单位名称或个人姓名，并署上成文日期。若是单位寄发感谢信，还应加盖公章。

【小资料 8-1】 **感谢信范例**

个人感谢信

尊敬的××先生：

××会议在××成功举办。本次会议得到了××和社会各界的高度评价，国内外数十家媒体对论坛进行了全面报道。

您在本次论坛所做的精彩演讲《×××》，论点独特，论述全面，受到各界人士的关注和热议，成为本届会议的一大亮点。

在此，我们对您为本次会议所付出的努力致敬，并再次感谢您对我们的支持。

希望与您保持长期联系，期待与您再次合作！

顺祝

商祺/文祺

落款

××年×月×日

单位感谢信

贵州电视台：

我校于××年×月×日至×月×日举办的“第六届国内亚洲研究中心主任联席会议”，在贵台领导的大力支持下，在台办工作人员的热情帮助下，获得圆满成功，收到韩国高等教育团队、参会各大学领导及各方面参会人员的充分肯定和高度赞扬，在此，我们对贵台表示衷心的感谢！

贵州电视台作为这次会议的承办单位之一，台办工作人员承担了大部分接待任务，为会议的成功举办付出了辛勤的汗水。贵台所有参加会议筹备和接待的工作人员，以贵州人民特有的热情好客，以精益求精、细致入微的工作作风，感动着每位参会代表，从前期筹备到后期接待，协助我们完成策划、会议编排印刷等工作，点点滴滴的细致工作不仅使参会代表对此次会议高度赞扬，更使大家对贵阳流连忘返，对贵州电视台多了一份亲近与感激。在此，我们再次向你们表示衷心感谢！

顺祝

商祺

落款

××年×月×日

三、感谢信的常见错误

以下选取了感谢信常见的几种错误，供读者借鉴。

(一)自我表扬式

某论坛感谢信

尊敬的________：

2020年度×××论坛已落下帷幕，论坛现场的和谐气氛、嘉宾的精彩演讲、参会嘉宾聚精会神的倾听与思考，或许依然萦绕在您的眼前。

在此，××××组委会全体同仁，对您在百忙之中抽出时间参加此次论坛，表示真诚的谢意！对您一直以来对××××工作的支持和帮助，表示由衷的感谢！

在您的关心和支持下，本届论坛取得了丰硕的成果。论坛上，来自韩国、日本、中国香港、泰国、瑞典、南非等国家和地区的传媒专家和来自国内广电、电信和互联网产业的170余位学者、业界精英汇聚一堂，共享国际实战经验，探索××××× 的发展路径。论坛下，媒体高度关注，赢得广泛影响。中央电视台新闻频道、新华电视、中央人民广播电台、中国国际广播电台对论坛进行了新闻报道；人民网、新浪网、中华传媒网、学术论坛在线为论坛开设了论坛专题；此外，《人民日报》《经济日报》《中国青年报》《新京报》《环球时报》《北京周报》等30多家中英文媒体也对论坛进行了多角度、全方位的报道。

希望在您的支持和帮助下，××论坛能获得更大的发展！

期待与您的再次相见！

顺祝商祺！

落款

××年×月×日

（二）过度赞扬式

某论坛感谢信

尊敬的＿＿＿：

您好！

首先，十分感谢您在百忙中出席2020年度××××论坛，发表精彩的演讲。

您深邃的思考、敏锐的洞察和深入浅出的语言，吸引了论坛的广泛关注；您的谦和与幽默都让大家非常难忘。

再次感谢您对××××论坛的关注和支持！希望您今后能够继续关注××××的成长，也希望今后能够有更多机会和您合作。

最后，恭祝您在今后的工作和生活中——身体健康！阖家幸福！事业兴旺！万事如意！

落款

××年×月×日

（三）过度甜蜜式

某论坛感谢信

尊敬的＿＿＿＿：

您好！

十分感谢您在百忙中出席2017年度××××论坛，和参会嘉宾分享您对“××××”的思考，感谢您对××××的支持！

您专业的分析、翔实的数据和独特的视角，为论坛带来了新的启示，能邀请您参加本次论坛是一件幸事。

您为论坛带来的美好回忆，将永留我们心间，期待在未来的学术探索中，我们能再次相聚。

衷心祝愿您身体健康！阖家幸福！

落款

××年×月×日

第三节　结算会议费用

会议经费的结算是会议组织者在会议结束后对整个经费使用情况，即会议开支费用的结算。会议经费的结算依据是会前经费预算。会议召开之前应拟定会议开支预算，并经领导审核批准。准备专门账册，对会议的各项开支进行详细记录。会议结束后，会议财务工作人员应按照经领导审定的预算进行决算。一切会议都宜遵循勤俭节约的原则，精打细算，尽量减少不必要的开支，又要保证会议的质量和档次。超过预算指标，又无正当理由的不予报销。要做好会议经费的结算工作，及时向领导汇报，并向财务部门报销。

一、统计会议期间发生的费用

(一)固定成本

固定成本是指不随参会人数变化而增减的成本，如会场租赁、设备租赁、会议宣传、嘉宾邀请等。

(二)可变成本总额

可变成本是指随着参会人数变化而增减的成本。参会人数上升，那么可变成本也随着上升，反之亦然。常见的可变成本主要有参会者资料、会议餐饮/茶歇、会议交通等。

(三)预算外支出

预算外支出是指未列入会议预算，或临时有新增的费用。例如，会议接待、会议交通、会议餐饮，以及其他预算外支出等。

二、确定会议费用的结算方式

(一)收款方式

(1)应在会议通知或预定表格中，详细注明收费的标准和方法。

(2)应注明与会人员可采用的支付方式，如现金、刷卡、银行转账、支票等。

(3)开具发票的工作人员要事先与财务部门确定正确的收费开票程序，不能出任何差错。另外，如果有些项目现场无法开具正式发票，则应与参会者协商，开具收据或证明。

(二)付款方式

与各类会议供应商结算费用，如表 8-2 所示。一般需要支付的费用有场地租赁费、设备租借费、场地布置费、专家咨询费、餐饮费等。

表 8-2　付款方式

设施和服务		付款的方法和时间
演讲者	事先确定费用	在活动后现金支付
食品饮料	事先确定费用	预订时交定金，会后按实际支出金额付款并索取发票
会议地点	事先确定费用	预订时交定金，会后按实际支出金额付款并索取发票
其他费用偿付	事先确定费用，会后开具账单	账单收到待批准后付款，开发票
文具和打印	事先申请，会前现金购买或记账	付款，索取发票
音像辅助设备	事先确定租赁费用	会后索取发票、结账

三、票据整理

(一)通知结算时间和地点

会议费用应及早结算。会议组织者可将经费结算的时间和地点及时通知参会人员或工作人员或各部门。

(二)清点和核实费用支出发票

应将各部门发生的费用发票逐个进行审核，剔除填写不规范、不符合报销要求的发票。随后，应填写费用报销单，将发票贴于报销单中，并提请领导审核签字。

(三)财务部门报销

将领导审核、签字后的报销单提交到财务部门进行报销。报销后，与各部门进行结算，多退少补。图 8-1、图 8-2 分别是费用报销单和发票粘贴单的参考图。

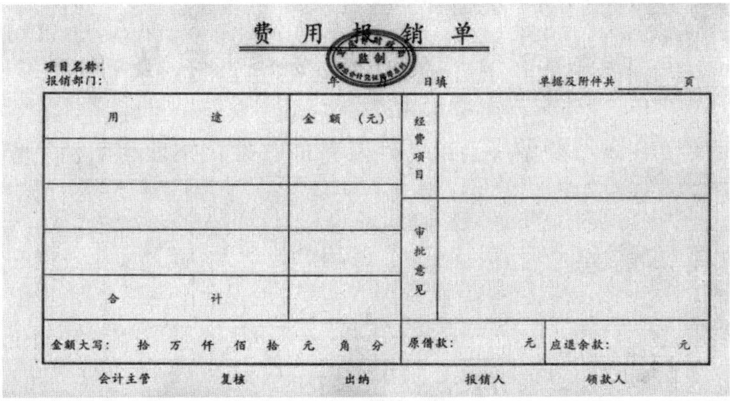

费用报销单

项目名称：
报销部门：　　　　年　　月　　日填　　　　单据及附件共______页

用　途	金额（元）	经费项目	
		审批意见	
合　计			
金额大写：　拾　万　仟　佰　拾　元　角　分		原借款：　元	应退余款：　元

会计主管　　复核　　出纳　　报销人　　领款人

图 8-1　费用报销单据图

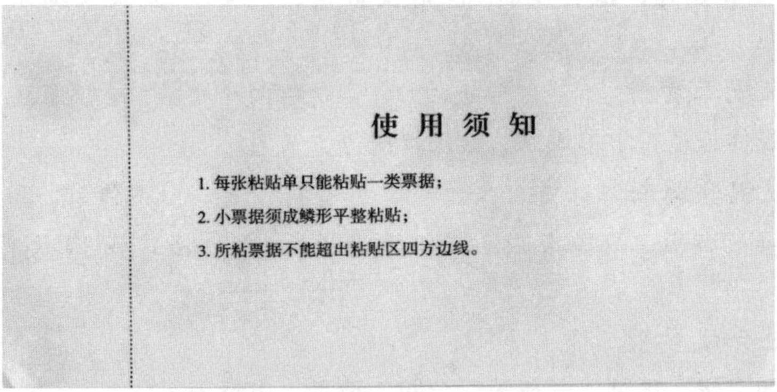

使用须知

1. 每张粘贴单只能粘贴一类票据；
2. 小票据须成鳞形平整粘贴；
3. 所粘票据不能超出粘贴区四方边线。

图 8-2　发票粘贴单图

图 8-3　发票粘贴效果图

第四节　会议资料存档

会议结束时，工作人员要做好会议文件资料的收集、整理和归档工作，及时送交有关人员妥善保管。

一、归档的具体信息

（一）嘉宾信息

主要嘉宾姓名、职务、联系方式、照片、简历等。

（二）会议内容信息

主要包括会议议程，嘉宾发言（包括发言稿、PPT），会议现场录像、照片、录音等。

（三）会议成果资料

主要包括媒体报道、学术成果、会议议决等。

（四）会议视觉材料

主要包括会议背板、易拉宝、X展架等电子版（PSD格式或CDR格式）、会议手册等。

（五）其他会议资料

如前期沟通文案、预算、邀请函、合同、请示、申请表等。

二、汇总媒体报道

会议的媒体报道包括会议珍贵的影像、文字、图片资料，它代表外界对会议的看法，同时也是会议成果的一部分。因此，本部分将媒体报道汇总单独展开叙述。

（一）媒体分类

常见的媒体划分为电视媒体、广播媒体、报纸媒体、网络媒体。

不同类型的媒体报道文件有不同的要求。

电视媒体：要求有完整的视频文件。

广播媒体：要求有完整的音频文件。

报纸媒体：需要有报纸的版面，也可以提供电子版。

网络媒体：文字、图片、视频均可。

（二）汇总要求

1. 电视媒体

标明媒体名称、报道日期、节目名称、报道播出时间，最后附上完整视频。

2. 广播媒体

标明媒体名称、报道日期、节目名称、报道播出时间，最后附上完整的音频文件。

3. 报纸媒体

标明媒体名称、报道日期、版次，附上完整报道内容截图。

4. 网络媒体

标明媒体名称、报道日期、网络链接，附上完整的报道内容、图片、完整视频。

各种不同类型的媒体报道要做出目录，再汇总成总的媒体报道目录，以方便日后查询，如表 8-3 所示。

表 8-3　媒体报道汇总表

序号	报道题目	媒体名称	媒体类型	刊发时间	栏目(版次)	备注
1						
2						
3						
4						
5						

三、资料整理方法

（一）资料格式

会议资料的格式分为电子版和纸质版。对于电子版资料，不仅应将原文件储存，还应刻录成光盘或上传云盘以作备份；对于纸质版资料，应尽量转换成电子版再做相应归档处理。

（二）资料排序

资料的整理要全面且清晰，并按照一定的顺序排序。常见的排序方法如下。

(1)按会议议程排序，即按照会议议程进行的先后顺序排列文件。

(2)按重要程度排序，即按照文件所反映问题的重要程度进行排序。

(3)按时间顺序排序，即按成文时间的先后进行排序。

(4)按部门工作排序，即按会议各部门分工所完成的任务、工作内容进行排序。

（三）案卷归档

排序后，要按照文件的特征进行概括以拟写案卷标题，并将文件整理装入文件盒。

案卷标题的作用是为档案的管理、编目、登记、检索提供依据。将信息归类、存档完毕后，应做出文档目录，以方便日后查询。

第五节　会议评估

评估是指对某一事物的价值给予判断的过程。会议评估是指根据一定的目的和标准，遵循一定的原则，运用科学的方法，对会议各要素、社会效益、经济效益等进行质和量的综合评价的一种活动。会议评估的意义在于：一方面，帮助会议组织者客观评价会议执行效果，发现自身在会议举办过程中存在的问题，从而更好地改善服务和提升自己；另一方面，帮助会议组织者了解参会者的满意程度，为继续办会提供经验、奠定基础。

一、会议评估的流程

（一）明确评估目的

一般来讲，会议评估的主要目的是为了找出本届会议策划及执行过程中存在的不足，从而能为今后举办类似会议积累经验。

（二）阐明评估内容、对象

评估内容解决的究竟是评估何种问题。以会议效果评估为例，内容至少应该包括经济效益、社会效益、文化效益三个项目。由于每个会议主题、会议性质、会议规模不同，除了以上三方面内容外，可能需要评估其他效果。

会议评估的对象主要是参会者、会议陪同人员。如果会议存在附设展览，还应将参展商纳入评估对象。

（三）确定评估标准

针对每一项评估内容，会议评估人员都应该设计相应的标准或指标。会议评估的标准可包括硬标准和软标准两类。其中，前者更注重结果，因而往往是显性、定量的；后者更关注过程，往往是隐性、定性的。

（四）选择评估方法

会议评估的方法主要有三种：定性评估、定量评估以及历史比较法。定性评估常用的方法主要有深度访谈法、焦点小组座谈法、观察实验法；定量评估法主要包括比率分析法、趋势分析法、抽样调查法、数学模型法等；历史比较法主要包括对历史数据的比较和时间序列的回归分析。

评估人员应根据评估目的、对象和内容来选择合适的方法。对于连续多届、多年举办的会议，可以采用历史比较法。当然，为了准确有效地评估会议的效果，可以多种方法并用。

具体而言，在会议评估中常会用到以下工具。

1. 调查问卷

调查问卷是最常用的会议评估的有效方法。调查问卷可以通过以下几种方式进行：现场手工填写、现场电脑填写、会后电脑填写。

2. 面谈

会议结束时邀请部分调查对象集中或分别面谈，征求他们对会议的意见和评价。这种方法只能对会议进行定性评估。

3. 电话调查

会议结束后，打电话给调查对象，征求他们对会议的意见，并请他们对会议作出评估。该方法仅能对会议进行定性评估。

4. 现场观察

在会议现场或各个活动场所派人观察会议和各个活动的进行情况，并观察参会者和活动参加者的反应，从而作出对会议的评估。

5. 述职报告

会议结束后，要求每个工作部门或工作人员对自己在会议全过程中所做工作作出述职报告。

(五)拟定评估实施方案

在制订会议评估方案中，需要明确几个问题：为何要进行评估；评估的对象是谁；评估的内容是什么；如何开展评估。另外，还需要考虑利用哪些资源才能使会议评估流程更加程序化、规范化、科学化。

对一个事件评估的最佳时机是在该事件刚刚结束的时候。小型会议应在会议工作全部结束时实施评估；对于大型会议，一次会议不仅有大会，而且有多个分组会议，包括会议附设展览和各种参观、访问、浏览等活动，考虑到有些参会者参加完大会和某个分会活动后就会离开，如果在会议全部结束后再进行会议评估，很多参会者就无法参加会议评估了。因此，大型会议可在分项活动结束后实施评估。

(六)比较会议效果

比较会议效果，是指将会议最终实现的效果与会前预期效果进行比较，找出已经实现的和未实现的预期目标，分析有些预期效果未能达到的主要原因，从而为下一次会议的举办提供借鉴。

(七)撰写评估报告

在会议评估结束前，应将评估过程、收集的信息、分析结果等内容进行整合，形成一份综合性的会议评估报告。会议评估报告至少包括以下五方面内容。

(1)会议概述。

(2)会议评估的目的。

(3)会议评估的内容与标准。

(4)会议评估的方法。

(5)会议评估的结论与建议。

评估报告应简明扼要，言简意赅，突出评估内容的重点。

(八)建立评估档案

建档的主要目的是存档备查，以便为下次会议的举办提供必要的参考资料，同时也标志着一次会议的真正结束。

二、会议评估的内容

(一)会议议程及内容

(1)会议主题、议题的恰当性。

(2)会议议程安排的合理性。

会议目标的实现是通过会议议程的安排来进行的，而参会者的参与也受到会议议程的影响与限制，因此这是会议评估的重要内容。

(3)会议演讲人选择的得当性。

(4)会议张贴的论文。

(5)分组讨论的充分性。

(二)会议各项活动

(1)会议的欢迎宴会、欢送宴会安排的合适性。

(2)参观、访问、游览、文化体验活动安排的合适性。

(3)会议的项目签约、项目推介会安排的合适性。

(三)会议附设展览活动

(1)展览场地的合适性。

(2)展品装卸、存储服务的质量。

(3)展览服务的质量。

(4)参展效果。

(四)会场设施、服务与环境

(1)会场的音响效果。

(2)会场的温度、湿度、照明度。

(3)会场同声翻译设备及服务质量。

(4)会场指引系统的完备性。

(5)会议饮水服务质量。

(6)会议的茶/咖啡服务质量。

(7)会议的环境质量。

(五)会议住宿、餐饮

(1)会议指定酒店服务的质量。

(2)会议餐饮及其服务的质量。

(六)会议目的地质量

(1)会议目的地区位。

(2)会场区位及通达性。

(3)会议目的地环境的质量。

(4)会议目的地居民的好客程度。

(5)会议目的地旅游景点的吸引力。

(6)会议目的地的形象。

(七)会议宣传促销与接待工作

(1)会议宣传促销工作的成效。

(2)会议接待工作的质量。

(3)会议邀请人数、参加人数、实到人数的数量。

(八)总体印象

(1)会议对参会者的价值有多大?

(2)会议达到/高于/低于会议者的期望值吗?

(3)参会者是否愿意参加下一次的会议?

三、会议评估的角度

任何会议的举行都有以下共同属性：一是会议期间，必须付出一定的代价；二是会议应有一定的目的；三是会议结束后，无论成功与否，或多或少都能给人以启示，使人获得一定的经验和教训。

会议效率的高低，不是一个一成不变的概念，需要从不同角度加以评估。

(一)从付出代价的角度评估

计算会议成本的公式为

会议成本＝每小时平均工资的3倍×2×开会人数×会议时间(小时)

当然，会议实际费用还要加上会场租赁费、资料费、水电费等。在弄明白为每位参会者花了多少钱之后，还应当明白钱是否都花在了刀刃上。目的在于调整员工工作状态的会议，比较容易评估效果。例如，会后员工们卖出的产品是否增多?如此等等。如果达到效果，企业获得的额外利润就应归功于会议了。

评估会议是否值得举行，不能仅仅局限在付出的代价的角度，而应考虑会议是否管用，也就是会议是否达到了预期的目的。

（二）从会议品质的角度评估

为了提高会议效果，可以分开评估会议的各个部分，并对其作出判断。下面提供了一份评估会议质量的清单，可以作为评估时的参考。

1. 会议目的

在清单开头，简要地指出既定的会议目的。

2. 印刷品

对设计和版面是否满意？内容是否正确或者表述清楚？印刷品是否及时提供？所花的费用是否值得？

3. 地点

会议地点的位置是否合适？大小是否合适？住宿、饮食和服务的等级如何？设施是否适用？工作人员是否肯帮忙？参会者的意见如何？

4. 交通

车辆是否保养得很好？车辆是否准时？机动性是否很高？

5. 演讲人

发言内容是否打动人心？讲稿的风格是否合适？内容是否明了？讲稿是如何提供的？

6. 参会者的意见

会议采用的风格是否合适？场地设计、音乐是否合适？会议时间是否合适？所花的费用是否值得？

（三）从经验角度的评估

1. 会期

在确保会议效果的前提下，尽可能缩短会期，提高会议效率。如，预计开一天的会议，可以尽量压缩到半天，这样只需一晚的住宿。

2. 活动

安排较多的活动，使会议获得最大限度的价值。应多安排自助餐而减少正式午宴。多开小会，以使参会者能增加参与度，如果有可能也利用晚间开会。

3. 地点

特别注意选择地点：会议地点的技术设施都在改进，有良好设施的会场利用价值更大，这样可以节省设备的租赁费用。

4. 参会者

对参会者的名单要精益求精，可将参会者限于最有可能为会议作出贡献的人。人数少意味着会议场地小，可节省场地租赁、住宿和餐饮费。

第六节 会议总结

会议结束了，要对会议的方方面面进行总结，写出一份会议的总结报告。会议总结的目的是分析会议策划与组织过程中的经验和教训，总结的结果可以为今后会议的举行、会议工作的开展提供参考依据。因此，会议总结在整个工作流程中具有承上启下的作用。

一、会议总结的范围

（一）会议评估报告

会议评估的结果是会议总结报告的基础，会议评估的结果也是会议总结报告的重要内容。

（二）会前调研

主要包括办会目的与宗旨、会议选时与选址、会议主题与议题、会议嘉宾与参会者、会议可行性分析等内容。

（三）会前策划

主要包括会议策划方案的可行性、策划方案亮点、会议组织机构确定、会议主体活动及子活动设计、会议资金来源及预算计划等内容。

（四）会议筹备

主要包括会议前期筹备、中期筹备、倒计时阶段各项主要工作进行总结。

（五）会议执行

主要包括对会议现场注册、现场接待、现场协调、现场服务、会议专业活动情况、会议文化体验活动情况、会议餐饮活动情况等工作进行总结。

（六）会议收尾

主要包括对会议结束后的收尾工作、财务结算工作等进行总结。

二、会议总结的基本要求与特点

（一）会议总结的基本要求

1. 事实为据，准确可靠

以往工作是会议总结的唯一依据。会议总结必须将过去一段时间之内所做工作的材料全面地收集起来，包括面上的材料与点上的材料、正面的材料与反面的材料、事件材料与数字材料以及背景资料等。事件材料必须真实可信。数字要准确可靠。背景材料要有辅助性，能与事实形成鲜明的对比或者烘托。切忌闭门造车，随意编造事实或数据，欺上瞒下，或者走过场。

2. 分析事实，找出规律

经验与教训是一篇会议总结的重点。要从自己掌握的事实与材料中提炼出规律性的理论认识，这样的会议总结才有意义。

3. 点面结合，重点突出

写会议总结容易犯大而全的错误。应当认真掌握会议总结的工作特点，抓精华，找典型，这样的会议总结才不会千篇一律，才具有指导意义。

（二）会议总结的特点

1. 经验性

会议总结和计划相反，是在事后进行的。会议总结的材料必须是真实的，是自身经历过的，包括典型材料和数据，这样才有实践意义。经验过的事情，在写作上往往更多地采用叙述方式。会议总结还应据实议事，运用画龙点睛式的议论，提出主题，写明意义。摆事实，讲道理；事实是主要的，议论是必要的。在写法上，以叙述说明为主。叙述不是详叙，是概叙；说明要平实准确，不能旁征博引。

2. 规律性

会议总结不是把发生过的事实罗列在一起。它必须对收集来的事实、数据等进行认真的整理、分析和研究，找出某种带有普遍性的规律。会议总结要产生评价议论，即主题和意义以及众多小观点(包括了经验和规律的思想认识)。而议论不是逻辑论证式，而是论断式，因为自身情况就是事实论据。会议总结是否具有理论性、规律性，是衡量一篇会议总结好坏的重要标志。

3. 借鉴性

会议总结对以后的工作具有借鉴作用，有助于会议组织者从中汲取经验和教训，为顺利举办下一次会议奠定基础。

三、会议总结的基本结构

会议总结的结构一般包括标题、正文和落款三个部分。

（一）标题

1. 综合性总结标题

该总结标题一般采用“总结单位＋总结时限＋文种”，如《××协会 2017 年度会员大会工作总结》。

2. 专题性总结标题

该总结标题则较为灵活，它可以是观点的揭示或者内容的概括，例如《关于增加部门预算的总结》。这样的标题不仅省略了单位名称、时间限度，甚至连文种也省略了，只有总结的内容。

3. 正副标题

还有的总结为了使重点更突出，常采用双标题的写法，即采用正副标题的形式。正标题往往用来揭示总结的主题，而副标题则指明总结的内容、单位、时间等。

例：

“凝心聚力 共铸辉煌”

——2017年度某某集团年会总结

（二）正文

会议总结的正文一般包括三个部分：开头、主体和结尾。

1. 开头

开头应用最精练的文字，概括地交代总结的基本内容，如总结的主要内容、时间、地点、背景、事件经过等。开头也可以将总结出来的规律性的认识、主要的经验或教训、主要的成绩或存在的问题用简短概括的文字写出来。这样，读者在读这篇总结之前就会对总结的全貌有一个大致的了解，也能够统领全篇，激发阅读的兴趣，启发和引导读者在以后的阅读中积极思考。

2. 主体

主体部分是总结的重点，主要讲解会议所取得的成绩与经验，即对本届会议工作实践中所获得的物质成果或者精神成果、取得的优异成绩及其成功的原因与条件的分析归纳。

(1)主体结构内容。会议总结主体部分一般分为会议概况、本届特点、参会者调查、存在不足、下届预告五个部分。

会议概况，一般通过展现会议数据，反映会议的经营规模和发展状态。

本届特点，通过概括本届会议特色，反映会议的“亮点”。

参会者调查，通过统计会议现场问卷、网络问卷或面访所获信息，反映会议的效果和参会者的好评。

存在不足，主要是总结会议举办中存在的问题，分析其原因、提供可供吸取的教训。若是对外发布，本部分可略去。若是对内提供，本部分应保留。

下届预告，通过预告下届会议的举办时间、地点以及主办方的联系方式，提醒目标参会者和潜在参会者，促进下届会议宣传推广和会议销售。

(2)主体结构形式。

①递进式。即层层深入地讲述。其特点是各层都以前面一层的意思为论述的基础，各层之间形成步步深入、层层递进的逻辑关系。例如某公司会议总结《“落实责任制入手，加强企业管理”会议总结》，其主体分为三个部分：制订岗位考核标准、严格按标准进行考核、根据考核结果实行奖惩。

②并列式。即从几个方面来阐述。其特点是对会议总结所包含的几项主要内容，分别进行阐述。几个层次之间的关系是并列的，它们分别从不同的方面来论证总结。但并列式结构，并不是随意罗列，各层意思谁先谁后，也有一定的依据：或按性质的强弱，或按问题的主次，或按时间的先后等。

③对比式。把两种不同意见、不同方面的情况对照起来加以阐述。在实践中，以其中的一种形式为主，两三种结构形式结合使用，也是长篇会议总结经常采用的结构形式。但是，不管采取哪种结构，都必须集中于一个中心、一个主旨讲深讲透。这样，才能给听众留下一个完整、清晰、深刻的印象。

3. 结尾

即会议总结的结束语，应简明扼要、短小精悍。有以下两种写法。

(1)总结式。对总结正文的内容用几句概括性的话来作结束。总结式并非在字面上简单重复主体内容，而应是中心论点的确立或主题的深化，使听众对全部报告内容有清晰、完整、深刻的认识和理解，留下鲜明、难忘的印象。

(2)展望式。用简短的语言对未来的工作作一个展望，展示美好的前景。展望式要有鼓动性和号召力，使听众感到有信心，有力量，充满希望。在表现形式上，可以写得余味无穷，给听众以启示；也可以有充满战斗的激情，给人以鼓舞；也可以喊口号、提希望、发号令、提建议。

（三）落款

总结的落款要写明总结的单位名称以及成文年月日。如果在标题中已标明了总结的单位名称，落款中这一部分便可以省略。

【小资料 8-2】　　学术会议参会总结

会议名称：第三届海峡两岸暨港澳地区中国企业管理案例研究学术研讨会

会议时间：2006-08-28—2006-08-30

会议地点：大连理工大学

会议简况：

本次会议由全国 MBA 教育指导委员会、大连理工大学管理学院、台湾政治大学商学院、香港中文大学工商管理学院和台湾长荣大学管理学院联合主办，由大连理工大学管理学院承办。会议于 2006 年 8 月 28—30 日举行。

大连理工大学管理学院、北京大学光华管理学院、香港中文大学工商管理学院、台湾长荣大学工商管理学院、台湾中山大学管理学院、台湾政治大学、厦门大学管理学院、中国人民大学劳动人事学院、长江商学院案例研究中心、东北大学工商管理学院、东北财经大学 MBA 学院、深圳大学管理学院、河北工大管理学院、华南理工大学工商管理学院、武汉理工大学管理学院等30余个学校单位(基本都设有MBA中心)参会。

来自上述院校的90余位学者参加了本次会议。先后有3位专家作了主题学术报告、1位专家作了案例研究成果介绍、2位专家作了案例研究与教学方面的专题报告。参会专家分成5个研讨小组分别就企业战略、市场营销、组织行为与人力资源、财务管理、运营管理与电子商务等五个方面展开研讨。

参会体会：

参加“企业管理案例研究学术研讨”的收获很大，主要有以下几点体会。

1. 通过听取刘明勇(台湾中山大学)的学术报告《如何自失败案例学习》，了解到案例研究的一个新视角——失败案例的运用。

2. 通过听取苏敬勤(大连理工大学管理学院)的学术报告《管理案例教学——对比与对策》，了解到国内外案例研究与教学的现状和成功经验。

3. 通过听取蔡舒恒(香港中文大学工商管理学院)的《案例的学习与教学》与傅永刚(大连理工大学管理学院)的《案例教学在MBA教育中的应用》，学习了案例教学的基本模式和一些成功做法。

4. 通过听取张丽华(中国人民大学)的《基于国情的管理案例及方法论问题的探讨》与张欣(北京大学联泰研究中心)的《联泰：打造世界级的成衣供应链》，学习了管理案例研究的思维模式和研究方法。

资料来源：http://sba.neu.edu.cn/neu/Admin/IssueInfoBBS/Uploaded/2006971111352156.doc.

【小资料8-3】　安全生产工作会议总结

一、会议的基本情况(略)

二、需要进一步强调的几个问题

1. 确保安全技术措施和临时用电方案实施到位。(略)

2. 切实加强对工程分包施工队伍的安全管理。(略)

3. 为取得安全生产许可证做好准备。(略)

4. 积极参加社会工伤劳动保险。(略)

5. 规范和统一项目经理部安全生产管理体系和制度。(略)

6. 吸取重大火灾事故教训，各单位务必加强对各基地、物业及公共场所的火灾及爆炸等安全隐患的治理，制定并严格实施重、特大安全事故应急救援预案，确保财产和职工生命安全。

三、关于认真贯彻落实会议精神的问题

在这次会议上，闫局长和卢副局长都对今后的安全生产管理工作提出了更新更高的要求，请大家回去后结合本单位的实际情况，认真抓好贯彻落实。在此提几点要求：

1.（略）

2.（略）

3.（略）

四、会议总结的呈现形式

会议总结有以下两种呈现形式。

(1)写成文章，以纸质文件或电子文件发送给参会者。

(2)按广告风格设计成电子文件发送给参会者(需要时也可以打印为纸质文件)。这种形式的项目总结，需要“文编”和“美编”相互配合。“文编”提供文案，“美编”提供平面设计。

目前，采用第二种形式的会议总结已经成为主流。无论以哪一种形式呈现报告，在编排上都要做到图文并茂。在会议现场拍摄的照片，是图片的重要来源。图片对于项目总结报告的编排，不仅是增加视觉效果的需要，而且因“有图有真相”的阅读心理有利于提升传播效果。

在互联网时代，这两种形式的会议总结都会被主办方放在会议项目的官方网站上，供客户浏览或下载。为方便客户使用手机阅读，许多主办方设计手机版的会议总结，内容上趋于简洁，版式上更加时尚。

会议总结一般在会议项目结束后的一个月内发布。如果发布的时间超过一个月，甚至更久，随着参会者对于会议的关注度下降，会议总结的营销作用就会减弱。

【复习与思考】

一、本章精要

• 会场收尾主要工作内容有：物品的回收与整理、引导参会者离场、会场检查、劳务费发放。

• 会议结束后，需要写信给嘉宾以表示对嘉宾所作贡献的谢意，这样也有利于和嘉宾建立良好的合作关系。感谢信是向帮助、关心和支持过自己的集体(如党政机关、企事业单位、社会团体等)或个人表达谢意的专用书信。

• 感谢信主要包括标题、称呼、正文、结语和落款五个部分；感谢信常见的错误主要有自我表扬式、过度赞扬式、过度甜蜜式。

• 会议经费结算是会议组织者在会议结束后对整个经费使用情况，即会议开支费用的结算，其结算依据是会前经费预算。需要统计会议期间发生的费用包括固定成本、可变成本总额、预算外支出等；会议经费的结算方式主要包括收款方式、付款方式。

• 会议结束时，工作人员要做好会议文件资料的收集、整理和归档工作，及时送交有关人员妥善保管；会议资料归档主要归档会议的具体信息以及汇总媒体报道；会议资料的格式分为电子版和纸质版。对于电子版资料，应将原文件储存外，还应刻录成光盘或上传云盘以作备份；对于纸质版资料，应尽量转换成电子版再做相应归档处理。

• 会议评估是指根据一定的目的和标准，遵循一定的原则，运用科学的方法，对会议各要素、社会效益、经济效益等进行质和量的综合评价的一种活动。

• 会议评估的方法主要有三种：定性评估、定量评估以及历史比较法。定性评估常用的方法主要有深度访谈法、焦点小组座谈法、观察实验法；定量评估法主要包括比率分析法、趋势分析法、抽样调查法、数学模型法等；历史比较法主要包括对历史数据的比较和时间序列的回归分析。

• 会议评估的内容可从以下八个方面展开：会议议程及内容；会议各项活动；会议附设展览活动；会场设施、服务与环境；会议住宿、餐饮；会议目的地质量；会议宣传促销与接待工作；总体印象等。

• 会议评估可从付出代价的角度、会议品质的角度、经验角度开展评估。

• 会议总结在整个工作流程中具有承上启下的作用。会议总结的范围包括：会议评估报告、会前调研、会前策划、会议筹备、会议执行、会议收尾。

• 会议总结的结构一般包括标题、正文和落款三个部分。在正文部分，一般分为会议概况、本届特点、参会者调查、存在不足、下届预告五个部分。会议总结一般在会议项目结束之后的一个月之内发布。

二、重点概念

会场收尾	感谢信	会议经费
固定成本	可变成本总额	预算外支出
会议资料存档	会议评估	会议总结

三、思考讨论题

1. 会议收尾的主要工作内容包括哪些方面？
2. 会场收尾的主要工作内容是什么？
3. 感谢信的主要结构包括哪些？
4. 会议费用包括哪些内容？各自的特点分别是什么？
5. 如何根据会议的信息进行媒体报道汇总？
6. 会议评估的流程、方法分别是什么？如何撰写会议评估报告？
7. 会议总结的基本结构包括哪些内容？

【综合案例分析】“中国(上海)会议与旅游产业发展论坛”反馈表

为了将来举办更好的论坛，请您填写本问卷。

1. 本次论坛您对哪些话题最感兴趣？(请勾选您最感兴趣的三个话题)

话题	打勾	话题	打勾
大数据与商业变革	☐	中国会议旅游产业 O2O 模式探索	☐
会议活动场地和设施管理	☐	ICCA 上海年会的时间与思考	☐
一个会议从业者的十年	☐	会议服务企业的挑战与机遇	☐
释放潜力——面对新生代员工的管理与挑战	☐	数字化活动(Digital Events)的国际实践	☐
中国会议产业——我们的焦虑，我们的预期	☐	如何提高会奖服务的客户体验	☐
会议服务企业的企业伦理与合规之道	☐		

2. 明年的论坛您希望听到什么样的话题？(请勾选您最感兴趣的三个话题)

话题	打勾	话题	打勾
旅游业与会议业的新趋势、挑战与变革	☐	营销创新/新媒体	☐
会议活动信息技术	☐	商业模式/价值链提升	☐
会议服务时间与培训	☐	人才开发与培训	☐
会议品牌化运作	☐	会议战略管理	☐
中国经济展望与思考	☐	其他：	☐

3. 对本次论坛以下各方面您如何评分？(5 为非常好，4、3、2 依次下降，1 为不理想)

评分内容	打分				
	1	2	3	4	5
会议整体感受	☐	☐	☐	☐	☐
会议服务	☐	☐	☐	☐	☐
会议场所	☐	☐	☐	☐	☐
社交活动机会	☐	☐	☐	☐	☐
代表构成	☐	☐	☐	☐	☐

4. 您认为参加这次活动的主要收获是?(最多勾选三项)

□获得了行业信息　□联络"老朋友、结交"新朋友　□获得了商机

□了解了新技术　□放松了心情

□了解了一些新的特色活动场所　□其他

5. 明年的第五届论坛您会参加吗?

□会　□不会　□待定

6. 请留下您的联系方式。

姓名:________　单位:________　邮件:________

谢谢您的参与!请将本问卷交到论坛注册服务台或留在座位上即可。

案例分析讨论:

1. 该论坛是以何种方法进行会议评估?这种方法的优缺点是什么?

2. 以本反馈表为例,结合会议评估的内容,分析哪些内容反馈表中包括,哪些内容反馈表没有包括。

3. 你是否有对本反馈表的相关建议?(可从评估主体、评估内容、完成方式等多个角度回答)

第九章　会议经济效益

本章知识逻辑图

【学习目的】

通过本章学习，熟悉会议经济效益管理的主要内容，理解会议财务预测的基本程序与主要内容，掌握会议预算编制的程序与方法，能对会议项目进行基本的成本控制，了解会议赞助的基本内容，掌握如何编制赞助说明书，理解会议财务风险的内容、成因及其处理方法。

【重点内容】

- 会议经济效益管理的主要内容
- 会议财务预测的主要内容
- 会议预算编制的方法
- 会议成本控制的原理与重点
- 编制会议赞助说明书
- 会议财务风险的处理方法

会议项目成功运营离不开资金流动，会议运营必须体现经济效益。因此，经济效益分析是会议必不可少的内容，它关系到会议能否正常运营。会议经济效益的关键控制点是会议财务管理，即利用价值形式对会议财务活动进行管理。

第一节　会议经济效益概述

会议经济效益是会议项目管理的基础。良好的经济效益是筹办会议最基本的因素之一，不仅将起到增加收益、提高效益的作用，而且能使会议组织者了解收入来源及用处，了解收入来源比例，确定主要的收入来源、控制预算等都大有益处。

一、会议经济效益实质

会议经济效益的实质是对会议资金进行管理。所谓资金，是社会再生产过程中财产物资价值的货币表现。这些财产物资价值，既包括有形资产的价值，也包括无形资产的价值，如专利权、非专利技术、土地使用权和商誉等。会议资金活动主要包括资金的筹集、耗费和回收资金，其中资金的筹集和回收是会议项目的现金流入，而资金的耗费则是会议项目的现金流出。

会议组织者应努力开辟资金渠道，合理分配和使用资金，在资金管理方面保证会议获取成功，具体包括以下三方面内容。

（一）资金的筹集

资金筹集又称筹资，是会议项目资金运动的起点，也是会议项目最初的现金流入。一般情况下，中小型会议主要通过会议主办方自身的经营积累和项目的收入来解决项目运营的资金问题；大型会议由于资金需求巨大，需要通过政府和企业赞助、银行借贷等多种方式筹措资金。

（二）资金的耗费

资金的耗费是指会议项目的成本费用支出，是会议项目运营过程中耗费的活劳动和物化劳动的货币表现，导致会议项目经济利益流出。会议的支出项目包括前期调研、宣传推广、会场租赁、会场布置、供应商费用、交通运输费、通信费和人员工资与补贴等。

（三）资金的回收

资金回收是指会议主办方提供产品和劳务后，以主营业务收入或其他业务收入形式收回的资金，它是会议项目管理过程中所形成的经济利益流入，是会议项目利润的主要来源。资金回收的数量通常大于资金耗费的数量，两者的差额即为项目的总收益，包括税金、利息和净利润等。会议的收入项目主要包括参会者注册收入、附设展览展位收入、赞助收入、广告收入、设备出租收入以及提供劳务收入等。

二、会议经济效益管理的主要内容

会议项目经济效益管理的主要内容包括筹资管理、营运资金管理、成本费用管理和利润管理等方面。

（一）筹资管理

会议项目的筹资，是指会议组织者根据会议活动需要，经济有效地筹措和集中资金的活动。按产权关系，资金分为自有资金和借入资金两种形式。会议项目筹资的基本要求是遵循国家法律和政策的规定，贯彻经济效益的原则，从数量和时间上满足会议活动需要，同时降低资金成本，控制财务风险，提高筹资效益，最终实现财务管理的目标。

（二）营运资金管理

会议项目的营运资金是指在会议项目进行过程中快速周转的资金。营运资金有广义和狭义之分。广义的营运资金又称毛营运资金，是指占用在流动资产上的资金；狭义的营运资金又称净营运资金，是指流动资产减去流动负债后的余额。通常，营运资金的管理既包括流动资产的管理，又包括流动负债的管理。

（三）成本费用管理

控制成本费用是实现目标利润的重要手段。会议项目的成本费用管理，是指会议组织者为保证会议目标的实现而制定成本预算，并对会议活动实施过程中发生的成本费用进行检查、监督和控制，努力将实际成本控制在预算范围内的管理过程。

（四）利润管理

利润是指会议项目的经营净成果，是会议项目的收入减去成本后的余额。会议项目的利润管理主要包括利润规划和利润控制等方面的内容。会前策划阶段，会议组织者应通过合理的利润规划制定出最优的利润方案。通过最优目标利润的制定，一方面明确项目财务目标，使会议活动的全部财务工作围绕目标利润展开；另一方面可以为最终的项目经营绩效考核提供标准。

三、制定会议财务目标

会议经济效益的目标是指会议项目理财活动应当努力达到的境界或水平。会议财务管理目标是指导会议项目理财活动的方向，是评价会议项目经济效益的基本标准，是会议项目理财活动的出发点和落脚点。会议财务目标必须与会议总目标相一致。会议组织者在会议举办前应明确会议的财务目标。

（一）营利性会议

若会议项目的核心财务目标是为了获利，那么制定财务目标就是必须且非常重要的工作。针对各类营利性会议，财务目标应是盈利越多越好。

一般来说，会议项目的预期利润至少由三个因素决定：一是历史经验。即去年这个项目的盈利情况；二是流动资金，这是会议项目预算的绝大部分；三是预期利润率。主要指做预算时预期利润与投入资金的比率。会议项目的目标统称为投资收益（ROI），或称项目价值，其计算公式为：

投资收益＝净利润/项目总成本

（二）非营利性会议

举办会议的目的不是为了盈利，例如宣传性的会议，主要是为了扩大企业声誉，加强与客户的联系或者调研等，则该项目的开支由企业承担。因此，这类会议只要能收回启动资金，最终使会议的财务做到收支平衡，略有结余即可。有些公益性会议甚至做不到收支平衡，还需要考虑从其他渠道获取一些会议经费，才能保证会议的顺利召开。

【小资料 9-1】　　营利、赢利、盈利辨析

"营利""赢利""盈利"这 3 个词不仅发音相同，词义也极容易产生混淆。

把"营利"解释为"谋取利润"是正确的。"营"在这里是"谋取"的意思。

"赢利"有两个意思：一是指扣除成本获得的利润；二是指经营所得。第二种意思，只是说收益增加，未必有利润。

"盈利"只有一个意思，就是"收支相减之后的利润"。

"营利"就是"谋利"，以赚钱为目的，未必赚到钱；"赢利"指的是赚到了钱，可能亏本，也可能盈余；"盈利"指扣除成本，还赚到了钱。

第二节　会议财务预测

会议主办方应依据会议财务活动的客观发展规律，利用已经掌握的财务知识和手段，对会议未来的财务状况做出预先的推测和判断，保证顺利实现会议财务管理的最终目标。根据预测得到的数据编制会议财务预算。会议财务预测是编制会议预算的基础，会议预算又是会议财务预测的综合体现。

一、会议财务预测的基本程序

会议财务预测涉及范围广，影响因素多。为做好会议财务预测工作，必须周密细致地做好会议各项工作，提高会议财务预测工作的准确度。一般而言，会议财务预测工作可以按下列工作程序进行。

（一）确定预测目标和制订工作方案

确定预测目标是预测工作的开始，也是关键性的工作。有了明确的目标才能收集资料，制订预测方案，配备预测人员，编制财务预算，安排预测工作的日程，使预测工作有条不紊地进行。

（二）收集和整理资料

当预测目标确定后，应按预测的要求收集必要的预测资料，包括会议历史资料和预测需要的其他资料。会议预测最主要的内容是预测参会人员的多少，即会议规模。如果是连续多届举办的会议，前几届参会人数是最主要的预测资料。除收集数字资料外，还应注意收集具体情况和典型案例。应对收集的资料进行检查、整理和鉴别，去掉虚假和无意义的资料，整理出对预测有使用价值的资料和信息。

（三）选择预测方法

会议财务预测通常采用定性预测法，而不采用定量预测法，其原因是不同的会议情况差别很大，会议之间很难寻找可以相互借鉴的数据和资料。定性预测法又称为经验判断法，该方法主要依靠知识、经验和综合分析能力来判断未来会议可能出现的财务状况，把定性转化为定量信息，作为判断的手段。经常采用的具体手段有专家调查法、报表调查法、历史类比法和集合意见法等。

（四）进行预测

为取得经验，首先选择一些情况熟悉的数据（如会议规模）进行预测。根据所预测的数据，确定所选择的预测方案和方法是否可行，分析预测数据的可信程度，总结预测的经验与问题，加以改进后，再预测出会议的全部所需数据。

（五）提出预测报告

任何一个好的预测都不可能完全与实际相符。分析预测出来的结果与实际情况相比较，分析预测误差大小，找出产生误差的原因，不仅为评价此次预测提供资料，并且为今后预测工作积累经验和资料。将预测结果和分析情况撰写成书面报告提交给会议组织者，从而完成最后一步预测工作。

二、会议财务预测的主要内容

会议财务预测最重要和最基本的内容如下。

（一）会议规模预测

会议预算是以会议规模，即参加会议的人数为最主要的基础数据编制而成的。在会议筹备初期，会议人数带有很大的不确定性，给编制会议预算带来了很大的难度，就只能根据财务预测的各种基本原理预测出会议规模这个最基本的数据。

例如连续举办多届会议时，经常采用历史类比法对数据进行判断，估算出本届会议的人数。一般可参考前三届会议的人数，可向这几届会议主办方索取代表名录，对参加每届会议的人数进行分析，就可以推算出本届的参会者人数。根据上述的方法还能预测出会议其他的辅助数据，例如会议参会者人数，陪同人员和参加旅游人数等数据。

（二）会议固定支出预测

会议支出包括固定支出和可变支出两类。固定支出是指不随会议人数变化而变化的支出，例如场地租金、宣传费用、演讲费用、申办费用、会场布置费用等。可变支出是指随会议人数变化而变化的支出，例如餐饮费、住宿费、旅游活动费用、参会者资料印刷费用等。由于会议的许多固定支出都是发生在会议筹备的前期，需要由会议启动资金支付，因此预测出会议固定支出的金额对筹集会议启动资金也有指导意义。

（三）会议保本人数预测

举办会议最基本的财务目标是保证会议不能出现亏损，也即会议收入至少应与会议支出相等。由于会议收入主要取决于注册费的高低和参会人数这两项内容，当会议注册费的标准确定之后，会议人数的数量直接影响会议的收入。因此，会议保本人数预测，又称为会议盈亏平衡点（E），如图 9-1 所示。

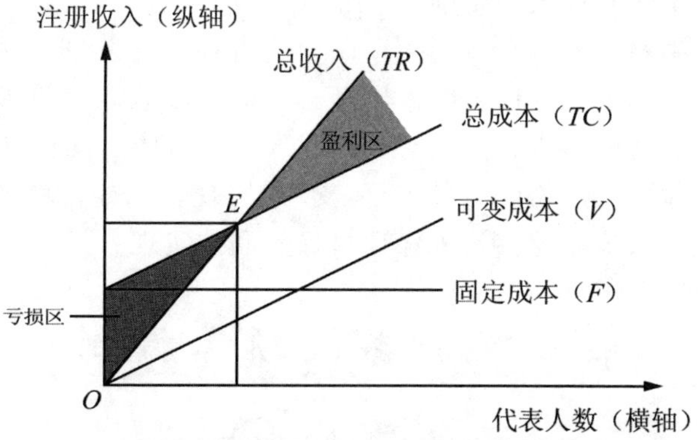

图 9-1　注册收入和保本人数关系图

在图 9-1 中，总收入(TR)与总成本(TC)相交叉的点即为盈亏平衡点(E)。盈亏平衡点分别对应横轴、纵轴两个数值。在横轴中，E 点对应的值为保本人数点，即盈亏平衡点的参会者数量；在纵轴中，E 点对应的值为保本人数的会议注册费收入，即盈亏平衡点的注册费收入。

会议盈亏平衡点的基本关系表达式为：

利润＝销售收入－总成本
＝销售收入－(变动成本＋固定成本)
＝单价×销售量－单位变动成本×销售量－固定成本
＝(单价－单位变动成本)×销售量－固定成本

通常可以用下列简单公式来进行计算：

盈亏平衡点人数：

$$Q=\frac{F}{P-C}$$

盈亏平衡点收入：

$$Y=\frac{F}{1-\frac{C}{P}}$$

上式中，如果已求出盈亏平衡点人数 Q，且已知会议注册费价格，那么盈亏平衡点总收入 Y 可以直接用 $Y=PQ$ 计算。

因此有会议盈亏平衡公式：　　$PQ=F+CQ$

以上公示中，Q＝盈亏平衡点人数，Y＝盈亏平衡点收入，F＝固定成本总额，P＝会议注册费价格，C＝单位可变成本。

（四）会议收入预测

通常在会议各种收入中注册费的收入是相对比较稳定的，只要人数预测准确，预算的收入和实际的收入不会有很大的差别。

但是会议的其他某些收入，在不同的会议中会有很大的差别，例如会议收入中的宾馆佣金和旅游收入。赞助收入、广告收入也是会议的主要收入，许多会议的盈亏最终取决于赞助收入和广告收入的多少，因此对赞助收入、广告收入的预测也是至关重要的。

会议收入可以通过“开源/增收、节流/节支”来实现，例如，增加参会人数，提高会议注册费价格，降低会议成本等措施来保证目标利润的实现。

第三节　会议预算编制

编制会议预算，一方面可以预知会议固定支出、可变支出、会议收入及会议的盈亏，以保证会议最终不出现财务亏损；另一方面有助于了解会议启动资金需要的金额，避免出现由于启动资金不足而影响会议的正常筹备。

一、会议预算编制的程序

（一）确定预算组成

会议预算主要包括会议收入、会议支出两大部分，其中会议支出又分为固定支出和可变支出。固定支出和可变支出两者之间没有一个统一的划分标准，只要便于在今后的会议筹备中能够随时掌握和调整会议预算即可。

（二）项目逐项分解

当总的预算总额确定后，可以在工作分解的基础上，逐项分解各项目。可以将总预算分解到会议各阶段中，也可以分解到会议项目各个组成部门中。

（三）编制初步预算

预算编制部门要根据对会议项目经营情况的预测分析及各部门提供的计划资料，同时要考虑到拟举办的会议在进行过程中可能出现的状况，在此基础上编制会议的全部预算。初步预算的编制主要是借助工作任务一览表、项目进度计划等为预算依据进行。

（四）预算调整

由于预算中的金额是根据预测和估算的数据编制的，与实际发生的金额总会有些差距，需要不断地调整。在会议筹备期间，对预测的会议人数是否准确有两次检验的机会。第一次是论文征集结束后；第二次是代表预先注册基本结束后。其中，第二次的检验更为重要，因为此时离会议召开只有短短的几个月，会议代表的人数和注册费的收入基本确定，如果此时预先注册的人数与预算时的人数相差太多，就必须对预算作最后的调整。

（五）预算提交

将修正后的会议预算提交上级部门进行审议。为保证会议预算执行的严肃性和权威性，最终的会议预算应取得上级部门同意和批复，经过相关人员验证之后方能批准执行。

二、会议预算的构成

（一）固定支出

会议固定支出主要包括以下内容。

1. 申办费用

主要是指在申办和“竞标”会议时所支出的费用，一般在申办国际会议或国内行业大规模会议时可能发生该笔支出。

2. 公关宣传费用

主要包括媒体邀请费用、媒体宣传费用、宣传资料制作及寄发费用、会议组委会官网制作费用、召开新闻发布会费用等。

3. 办公费用

(1)购置办公设备费：如计算机、打印机、传真机、复印机、相机、摄像机等。

(2)基本办公费用：如租赁办公场地费、文具费、交通费、通信费、招待费、快递费等。

4. 人工费用

主要包括专职工作人员工资、兼职人员劳务费、会议期间临时工补助、翻译费用等。

5. PCO 服务费

主要是指付给专业会议组织者(Professional Conference Organizer，PCO)的费用。

6. 会议机构会务费

会议筹备期间，会议组委会要定期开会，可能会涉及会务费。

7. 考察费

即使在本地举办会议，也仍然需要到会议现场进行考察；在异地举办会议，主办单位要派人来检查，会议承办单位应承担主办单位派人检查的费用，如差旅费、住宿费、餐饮费、交通费等。

8. 嘉宾参会费用

嘉宾包括特邀演讲人和仅出席会议不发言的嘉宾，他们一般不用交纳会议注册费。通常情况下，需要承担嘉宾的往返交通费、落地后的住宿费、交通费、餐饮费。针对特邀演讲人，还需要根据行业惯例和会议经费情况，为其发放演讲费。

9. 领导参会费用

会议领导主要是指来自会议主办单位和承办单位以及国际组织的负责人。会议组委会需要为其承担往返交通费、落地后的住宿费、交通费、餐饮费等。

10. 会场租金

一般情况下，会场租金占据了整个会议固定支出的较大比重。会场租金通常按单元时间计价，半天为一个单元，共计 4 小时，即会场租赁使用半小时和 4 小时的价格都是相同的。根据会议规模大小，要租赁的场地包括主会场、分会场、贵宾室、宴会和酒会场所，有时还包括秘书处、新闻采访室、演讲人休息室、新闻中心、工作间等，其中安排宴会和酒会时所使用的场地费一般可以免交。

11. 会场设备租金

根据会议内容、需求，期望达到的会议效果，来决定是否需要租赁会场设备。会场设备一般可由酒店提供，如果酒店提供的设备不能满足需求，应寻求专业的第三方供应商提供。

（二）会议可变支出

1. 餐饮费

餐饮费在会议可变支出中是比例较大的一笔费用。餐饮费一般包括宴会费用、招待会费用、茶歇费用、会议午餐/晚餐费用。应注意，参会者的早餐费用是不由会议组织者承担的，应由参会者所入住的宾馆或酒店提供。

2. 资料印刷费

会议资料印刷费支出是仅次于餐饮费支出的另一项主要支出。主要包括会议论文集、会刊、会议手册、会议宣传资料等印制费用。

3. 参会者用品费用

主要包括发放给参会者的胸卡、请柬、各种票证、资料袋等费用。

4. PCO 服务费

如果是按注册人数来支付 PCO 的服务费，这笔费用可计算在可变支出中。

5. 相关税费

应按照国家财政税费标准支付相应的税费。

（三）不可预计支出

不可预计支出，又称为应急费用，是为了应对未能预见的事件或变化而准备的费用。应急费用的数额是根据风险分析、类似会议的经验以及会议组织者的评估来确定的，一般占总支出的 10%。不可预计支出是为未能预见的一切可能变动准备的，这些变动没有超过既定的活动范围。如果策划和进度有重大变动导致成本增加，则无法使用应急费用。

（四）会议收入

1. 会议注册收入

会议注册收入是会议最主要的收入，是决定会议能否做到盈亏平衡的非常重要的因素。因此，对会议注册费定价尤为重要。如果定价较低，可能使会议出现亏损；若定价较高，可能会减少参会者的数量。

会议注册费可根据参会者不同类型分别定价。如会员注册可比普通参会者注册费用要低；学生参会的注册费用应定半价或较大折扣；对嘉宾免收会议注册费。此外，也可根据交费时间早晚定价。例如在规定时间之前交费，可以享受会议注册费的折扣；超过规定时间或在会议现场交费，不能享受会议注册费的折扣，仅能全额交费。

2. 赞助收入

各类单位的赞助收入是弥补会议可能出现亏损的有效途径。会议组织者应根据预算中的缺口去制订赞助计划，最终实现会议盈亏平衡。

3. 住宿佣金收入

当会议档次较高时，提供住宿的宾馆或酒店希望能接待参会者，因此宾馆或酒店通常会在各方面给会议提供一些优惠条件。例如，每增加一间客房，会给会议少量的房费佣金返还；当会议用房超过一定数量时，可以免费使用宾馆或酒店的会场或设备。

4. 广告收入

主要包括组委会印制的会刊，可以对参会单位进行文字或图片宣传。会刊中，一般封面和封底的价格相对较高，内页的价格相对较低。此外，广告收入还包括会议现场广告、证件广告、资料袋广告等。

5. 附设展览收入

如今，越来越多的会议流行在会中设置一个小型规模的附设展览会。展览会可以由会议组织者自己筹备，也可以承包给专门的展览公司。展览的方式可以是传统的搭建展位，也可以是海报、展板、易拉宝等方式。不管是哪种方式，附设展览会都能给会议增加一些收入。

（五）预算总结

如果预算总结中收入大于支出，预算可以通过；如果收入小于支出，就要进行调整。会议的预算编制完成后，由会议秘书处会议组委会审查批准，如果是国际组织的会议，有时还需要经国际组织批准。

三、会议预算编制的方法

（一）因素估算法

因素估算法，亦称外推估算法。立足于过去对成本产生影响的各种因素在现在和将来仍然起作用这一前提，以过去举办此类会议的成本作为基础，运用一定的数学方法进行处理，推算将要举办的会议成本。利用趋势估算成本，需要注意的是：

(1)要有充分的历史资料，能反映各因素和会议规模之间的真正变化趋势。

(2)各因素和项目规模之间关系的确定，要用可比价格计算，以消除价格变动的影响。

(3)要将当地的自然和社会条件影响因素考虑进去。

(二)类比估算法

利用类似会议的成本估算该活动的成本。例如，在甲地举办过一场会议，现计划在乙地举办一场同样规模的会议。那么，在甲地举办会议的成本数据就可以作为乙地会议预算的基础，并结合乙地的实际情况就可以估算出拟举办的乙地会议成本。

(三)自下而上法

对会议各项环节工作按结构进行分解，使之成为若干个程序和子项目，然后对每个细小的程序和子项目估算成本，并将相关相近的程序和子项目的成本相加，得到更高一级的成本估算，依此类推，最后得到整个会议的成本估算。

(四)自上而下法

上层和中层管理人员依靠历史数据和自己的经验估算会议整体的成本以及各阶段成本，然后将估算结果传达给下级，让下级在此基础上，对会议的任务和成本逐级向下分解，直至估算出会议的每个基本单元的成本。此方法的优点是便于将会议的总成本控制在高层管理人员认为有效率的水平之内，但不利于基层人员对成本估算参与决策和管理。

第四节　会议成本控制

会议成本控制是根据预先制定好的会议成本和费用标准与财务预算，按照一定的原则，采用专门的方法，对会议的各种活动支付的成本费用进行严格的管理和监督，把各项成本费用控制在一定的范围之内。简单地讲，就是在会议实施过程中依据会议项目预算，努力将实际成本控制在预算范围之内的管理工作。

会议成本控制的关键是经常及时地分析成本绩效，尽早发现成本差异和无效率的活动，立即采取纠正措施，避免会议成本失控。成本控制是会议实现成本管理的重要步骤之一。

一、会议成本控制的依据

(一)会议基准成本

基准成本，是以时间为自变量的预算，被用于量度和监督项目执行成本。将预算成本按照时间累加就可以得到基准成本。会议基准成本是会议成本控制的基础。

(二)会议成本管理绩效报告

会议成本管理绩效反映了会议项目预算的实际执行情况，一份有效的绩效报告会明确反映出会议成本预算数额、实际执行数额和差异数额，指出会议预算执行情况，哪个程序或子项目的成本超过了预算，问题出在何处。差异数额是评价、考核会议成本管理绩效的重要标志。因此，编制会议成本管理绩效报告时需要细心，还应注意可控性、及时性和适用性。

（三）会议的变更要求

正常情况下，会议成本变化是由会议活动的变更造成的。控制成本就要审查变更会议的请求哪些是合理的、必需的，对会议自身的质量和会议绩效的影响有多大，有无其他方案可以实施，避免或减少变更会议却不能收到付款的风险。

（四）会议成本管理计划

会议成本管理计划主要描述当实际成本与预算成本发生差异时如何进行管理，并给出会议成本事前控制的安排和会议成本管理的制度及规定。会议成本管理计划可以是高度详细，也可以只给出大致框架，这取决于会议项目相关人员的需要。

二、会议成本控制的原理与重点

（一）会议成本控制的原理

在成本发生时，根据实际发生费用与前期的预算进行比较，汇集成本差异，分析成本产生差异的原因并采取相应纠正措施，以便控制成本，如图 9-2 所示。

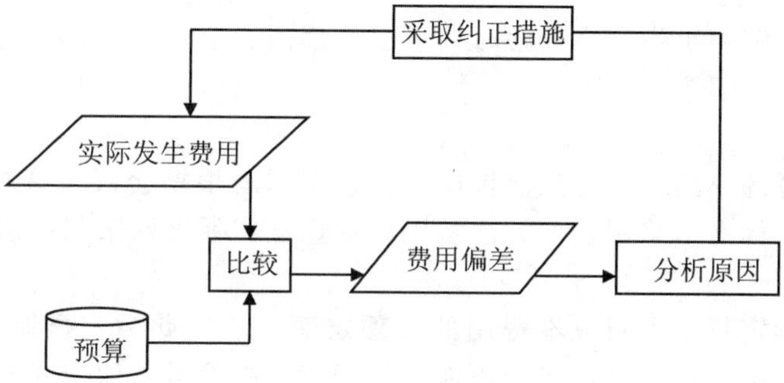

图 9-2　会议成本控制原理图

（二）会议成本控制的重点

会议成本控制可从开源、节流途径考虑。前者主要指扩大会议筹资渠道、增加会议收入；后者主要指使融资成本或代价最低、控制会议经营成本等。会议成本控制的重点有直接成本和间接成本。

1. 直接成本

直接成本主要是由直接与会议有关的活动支出构成，它可以分为筹备期间活动费用、会议期间活动费用，占整个会议成本的 70％以上。其中，餐饮占 50％以上。

2. 间接成本

间接成本是指由不直接用于会议各项活动的支出构成，主要包括折旧费用、人工费用和办公费用等。

三、会议成本控制的流程

（一）实行责任成本制

按照部门实行成本责任制，把经济责任落实到各个组织机构和各分工小组。根据会议活动的特点，将整个会议项目过程分为成本中心或费用中心，每一个中心都是成本责任单位，且都为自己的支出负责。

（二）制定成本控制标准

成本控制标准即检查、衡量、评价实际成本水平的依据。在成本控制过程中，首先要制定切实可行的成本控制标准，用来控制实际成本的发生。会议成本控制主要是通过实际发生的成本与制定的成本标准相比较来监督成本控制的实施情况。

成本标准是成本控制的准绳，成本标准首先包括成本计划中规定的各项指标。但成本计划中的一些指标都比较综合，还不能满足具体控制的要求，这就必须规定一系列具体的标准。确定这些标准的方法，大致有以下三种。

1. 计划指标分解法

即将大指标分解为小指标。分解时，可以按部门、项目组分解，也可以按会议不同阶段工作内容进行分解。

2. 预算法

即用制订预算的办法来制订控制标准。会议组织者根据会议预算来进行开支，并把它作为成本控制的标准。采用这种方法特别要注意从实际出发来制订预算。

3. 定额法

会议首先要确定每个项目成本费用的合理定额，并以此为依据制定成本费用标准。定额能直接确定，则制定标准；定额不能直接确定，则参考其他会议成本。

在采用上述方法确定成本控制标准时，一定要进行充分的调查研究和科学计算；同时，还要正确处理成本指标与其他技术经济指标的关系（如和质量、生产效率等的关系），从完成企业的总体目标出发，经过综合平衡，防止片面性。

此外，要控制会议成本，必须要有一套相应的制度作保证，主要有以下几项。

(1)实行“谁开会、谁付费”的制度。会议的费用开支一般是采用会议主办单位和参会单位共同承担的方式。而实行“谁开会、谁付费”的制度，就是由会议主办单位支付会议所需的全部费用，包括参会单位所支付的那部分，如参会人员的往返交通费、会务费、食宿自理费等。

(2)实行“谁赴会、谁交费”的制度。只强化会议主办单位的会议成本意识还不够，还应当强化参会者本人(或本单位)的会议成本意识。

(3)实行"谁超支，谁付费"的制度。只有实行这项制度，才有可能有效地制止会议主办单位随意扩大会议规模和费用标准的行为，同时避免参会者对会议设施和生活服务提出过高要求。

(三)控制成本形成过程

在成本形成过程中，要按照已经确定的成本控制标准，对形成的实际成本进行控制。成本控制要根据成本形成过程的不同特点进行。

1. 会议筹备阶段

在会议筹备阶段，主要是对固定支出的控制。筹备阶段所产生的会议成本主要有以下几项。

(1)活动费用：印刷和邮递费用占启动费用的70%。

(2)折旧费用：指企业所拥有的或控制的固定资产按照使用情况计提的折旧费用。

(3)人工费用：主要包括员工工资总额、社会保险费用、员工福利费用、劳动保护费用和其他人工费用支出。

(4)管理费用：管理费用属于期间费用，在发生的当期就计入当期的损益。会议常见的管理费用包括申办费用、办公费用、业务招待费、税金、技术转让费、咨询费、诉讼费、上缴管理费以及其他费用。

2. 会议执行阶段

在会议执行阶段的资金支出占比最大，一般占到会议总资金支出的70%左右。由于各种原因，会议人数变化大多数的规律是：实际参加活动的人数总会比预定的人数减少一些。因此，可针对以下项目调整。

(1)餐饮费。餐饮费是会议举行期间一项最大的支出，通常占到会议总支出的50%。餐饮费也是会议可变支出的主要部分，会议执行阶段餐饮费的成本控制是最重要的环节。例如，由于会议人员遵循递减的规律，即参会的人数会随着会议的进行越来越少，通常参加下午会议的人数会比参加上午会议的人数少一些，参加分组会的人数比参加大演讲会的人数又要少一些。根据这种规律可适当对每次茶歇和午餐的预定人数进行适当递减。

(2)会场。会议举行期间由于参加会议的人数越来越少，对会场的及时调控也是成本控制的一项措施。由于每天参加会议人数的递减，有时会议还要将原预定的大会议室改为小会议室，或将原预定的比较多的分会场减少几个，这样调整的目的并不仅仅只是为了减少一些开支，更重要的是也要考虑到会议交流的效果。

成本控制要掌握每个阶段形成成本的主要原因，然后进行分析，而且对成本的控制要服从整个会议最后的效益。

(四)分析成本差异

利用成本标准与实际发生的各项成本进行比较，就可以揭示出两者之间的差异。通过揭示差异，就会发现实际成本是节约还是超支。如果实际成本低于标准成本，则为节约差异，也就是有利差异；如果实际成本高于标准成本，则为超支差异，也就是不利差异。通过成本差异的分析，可以进一步查找产生差异的原因，从而区分哪些是可控成本，哪些是不可控成本，然后针对问题产生的原因，对该部门提出建议，进行有效控制。

(五)纠正偏差

在上一步的基础上，分析造成成本差异的原因。针对会议不可控的因素或不符合目前实际成本的因素时，则对成本目标进行调整，以适应最新情况。对人为、不恰当、可控制的因素，则需要归到各自成本责任中心主管人员之下，对每个成本控制责任人的行为进行调整，以期最后的实际成本符合成本目标。

(六)编制成本控制报告

成本控制报告是成本控制的最终结果。该报告的主要内容是关于会议实际产生的成本清单、成本控制目标清单，以及二者之间的差异和原因。报告内容应与其责任范围一致，报告的列示要简明、清晰、实用。

【小资料 9-2】　　会议成本的误区

第五节　会议赞助

会议收入主要来源于参会者的注册费。当注册费不能全部承担会议的支出时，会议组织者只能采取两个措施：其一，降低会议一些活动的档次；其二，寻求赞助来保证会议财务的收支平衡。在会议各种赞助中，企业赞助是最主要的赞助方式。

一、会议赞助的基本步骤

(一)明确赞助目的

每次赞助活动都有它的目的。会议赞助活动的目的一般有以下几种：一是追求新闻效应，扩大社会影响；二是增强宣传效果，提高经济效益；三是联络公众感情，改善社会关系；四是提高社会效益，树立良好形象。

（二）选择赞助对象

会议组织者可以主动选择赞助对象，也可以请求决定赞助对象。不论是什么情况，都要依据会议目标和会议受众所处行业来选择和确定。

（三）制订计划与具体实施

提供赞助的社会组织要由会议组织者根据赞助方向和政策，根据赞助企业的经济实力等，提出年度赞助计划，写明赞助对象的范围、经费预算、赞助形式、组织管理办法等，以做到有计划、有控制地进行活动。计划制订好以后，要派专门的工作人员负责各项赞助方案的具体实施，运用公共关系技巧去扩大组织的社会影响。如果遇到不正当赞助要求和摊派，应坚决拒绝，必要时可诉诸社会舆论和法律。

（四）检测赞助效果

赞助活动结束之后，会议组织者应对赞助效果进行调查检测。可以对照计划检测指标完成情况，可以收集社会公众、新闻媒体和赞助者的看法，找出差距，评定效果，写出报告，存档备查。

二、赞助商提案洽谈

（一）评估活动方案

在开始寻找赞助商之前，需要花一定的时间来评估活动方案，该活动是高品位的吗？计划是否周详？是否新颖、有创意、有趣？有无明星参与？谁将要参加和出席该活动？能否吸引媒体报道该活动？换句话说，是否值得赞助？是否能够吸引赞助商？赞助商如何支持活动？活动所需要的支持是什么？资金、设施、服务、志愿者等？是一个赞助商还是多个赞助商？在拟定赞助商时一般要避免相同类别行业中的赞助商之间的冲突。

（二）挖掘和确定赞助商的获利点

在决定活动有赞助价值之后，就需要开始撰写好赞助计划书，在计划书中列明所有赞助商的获利点。如果可以，应尽量写明可评估的等同价值，如媒体报道的广告等同价值等。

对赞助商有价值的要点一般为：在会议举办期间，赞助商是否有机会促销产品或服务？对潜在赞助商最有价值之处的展露度如何？会议将会得到媒体报道吗？媒体是什么级别的？会议的地点和经费如何？其他宣传方式，如T恤衫、门票、横幅、海报、气球等悬挂物及其他带有公司标记的印刷材料等有哪些？其他增值和扩大活动的影响的方式有哪些？有无赞助商的员工参与活动的机会？

（三）定义潜在的赞助商

寻找潜在赞助商是一项费时且需要耐心的工作。任何与活动有关的或者是有业务往来的公司都可能成为赞助商，但需要记住：一般不能同时要求相互之间有竞争关系的公司成为赞助商。必须考虑会议的类型和规模：目标受众是谁？是否了解他们？会议在一年中的哪个时间段进行？估计参与的人数将有多少？赞助商宣传、展示和参与的机会点有哪些？必须考虑赞助的形式，如是现金、实物还是人力？不要忽视实物赞助和提供的服务，这些能抵消成本的赞助形式与现金具有同等价值。结合会议的目标市场，根据以上的考虑列出适合本次活动的赞助商名单。

(四)研究潜在的赞助商

在接触潜在的赞助商之前，需要对赞助商的业务进行一些研究。在研究潜在赞助商时，应注意做好以下内容。

(1)该公司的业务概况——全面了解企业。

(2)该公司的经营哲学——有没有可以替赞助商创新的活动宣传概念。

(3)该公司有没有赞助经费——赞助的可能性。

(4)该公司做预算的时间——何时找赞助商洽谈成功的机会比较大。

(5)该公司过去所赞助的活动类型——他们关注的目标市场及需求。

(6)最近相关的媒体报道——他们最近是否有宣传的需求。

(7)潜在赞助商所在行业的发展趋势——揣摩赞助商可能会做哪些市场拓展。

(8)购买和使用其产品/服务的顾客——与我们所拥有的资源是否匹配。

(9)广告的策略——我们可以为他们做哪些宣传或促销活动。

(10)公司在企业形象、宣传推广、顾客关系和经济发展方面的目标——企业想做些什么事情，而这些事情有哪些是我们的活动可以帮着做的。

(11)赞助的决策者——应该找谁去谈。

对此，会议组织者可以从该公司的年报、报纸杂志、合作伙伴等了解潜在的赞助商的以上信息。

(五)撰写赞助建议书

赞助商的类型一般可以分为独家赞助商、联合赞助商、实物赞助商、媒体赞助商。根据每个赞助商的需要，撰写一份正式的赞助建议书。赞助建议书的内容必须简洁，不要超过5～6页。建议书的目的有两个：避免对方说“不”和确保下一步的会谈。

三、编制赞助说明书

(一)赞助说明书的格式

赞助说明书是会议提供给企业的主要赞助文件。赞助说明书的内容主要包括对会议基本情况的介绍、赞助项目、金额以及付款方式等基本内容，以便使企业对会议有初步了解，进而确定是否对会议提供赞助。赞助说明书主要包括下列内容。

1. 综述

简单扼要地介绍会议方案、赞助商的宣传点或获益点、赞助商的投资、决策期限。

2. 会议简介

对会议本身的介绍要突出本届会议的背景。例如是否是国际组织的会议，它在国际地位和对国内该学科领域的影响，特别强调会议参加的国际和国内的代表人数，一般的企业会更看重国内参会代表的数量，因为这些企业可以通过与国内会议代表的联系在将来占领更大的国内市场。

如果赞助商不了解会议的主办单位，必须对主办单位进行简介，对会议的背景资料，包括构思和主要参与者(包括政府部门领导、行业资深人士、明星、学术专家)也进行一定的介绍。

3. 会议方案

详细介绍会议方案，时间、期限、地点、主体活动和子活动、参与人数和目标受众；表明会议的目标；包括过去类似会议的资料，如媒体报道等。

4. 赞助投资及回报方案

这部分应包括一个详细的赞助内容，现金、产品、奖金、奖品、广告、促销、服务、专业咨询等。每项内容应转换成定量的价格，必须清楚所有成本和利润的数量；同时，赞助的投入应与所提供的回报相关联，不要过低估计成本，也不要高估会议的商业价值。

应明确列出赞助商所有的展露点、宣传机会和获益点；包括无形的利益，如提高组织形象、增加公众认知度等。如果可能，将所有回报进行量化。

一般而言，会议赞助投资方案可分为综合赞助和单项赞助两类。

综合赞助是指企业赞助会议一笔固定费用，但不能指明费用的具体用途，由会议组织者全权支配。根据会议可能获得赞助的具体情况，可确定固定赞助费用的金额，有时还可设置不同金额的赞助标准，根据赞助费用的多少分别命名为金、银和铜牌赞助。作为对赞助企业的回报，会议组织者要在会议的筹备和举办期间提供给赞助企业各种活动机会来宣传他们的产品和技术，扩大企业的影响，如会议期间作新技术演讲、提供免费展台、提供企业资料在会上散发等。

单项赞助是指赞助企业对会议的某项活动或会议的某个用品提供专项赞助。赞助的会议活动可以包括会议的开幕式、招待会及宴会等主要活动，赞助金额既可以是该活动的全部费用，也可以是部分费用。所赞助的活动可以冠以赞助企业的名称命名，列入××之夜。赞助会议的各项用品包括会议的资料包、会议论文集等，甚至是会议使用的签字笔。赞助的形式既可以是现金赞助，也可以是实物赞助。不管哪种形式，赞助商都可以将自己的企业名称印制其上，宣传和扩大企业的影响力。

5. 赞助程序

当赞助商收到赞助说明书后，经过认真的研究，认为该会议有赞助价值时，一般会主动与会议组织者取得联系，选择并确定赞助项目、赞助方式、赞助金额和赞助要求。会议组织者也可设置一个赞助截止日期，来鼓励赞助商尽早与会议取得联系。当某个赞助项目的赞助商超过一个以上时，一般是按时间顺序先联系先确定的原则。

6. 付款方式

赞助费用既可以一次性付清，即趸交，也可以分期付款。不管采用何种方式，赞助书上都要有明确的付款方式和付款要求。

7. 附录

包括其他相关材料，如赞助计划书和大概的预算、推荐函或支持函、媒体报道、照片、以前活动的方案，以及一切可能增强说服力的材料。

赞助建议书必须明确标明赞助的类型：独家赞助还是其他。为了方便决策，应说明其他公司参与的类型。

(二)签订赞助协议书

在所有条款达成一致后，双方需要就此确认。对于小型的赞助活动，双方可能简单地签署一个意向书，如表 9-1 所示。

表 9-1　××会议赞助申请表

年　月　日

赞助机构名称			
通信地址		邮政编码	
联系人		电　话	
传　真		E-mail	
公司网址			
我公司申请赞助第×届××会议			
综合类赞助		单项类赞助	
□金牌赞助商 □银牌赞助商		□会议茶歇赞助 □会议资料包赞助 □会议论文集光盘赞助 □会议电脑设备赞助 □会议纪念册赞助 □会议活动用车赞助 □会议代表证赞助 □会议用本笔赞助	
签字：		(单位公章)	
请传真或邮寄此表到： ××会议组委会招商组 电话：略　　E-mail：略 网址：略			

对于较大的赞助活动，建议双方签订一个正式的书面协议确认所有条款。赞助协议书中主要包括以下四方面内容。

第一部分内容是赞助企业所选择的赞助方式、赞助金额和付款日期。

第二部分内容是会议组织者提供给赞助企业各个方面的承诺，例如为赞助企业举办产品推介会、提供一定面积的展台、赞助企业现场发放资料等。

第三部分内容是双方落实第一、第二两部分内容的工作程序和时间期限。

第四部分内容是违约责任。

赞助协议书由双方代表签字并加盖单位的公章。赞助协议书的针对性较强，会议组织者与每位赞助企业所签的协议书的内容都不完全相同。赞助的项目、金额和其他条款也允许与会议赞助说明书不同。赞助协议书在协议没有完全执行完毕前，对任何第三方完全保密。

（三）维持与赞助商的关系

找到一个赞助商只是工作的开始。赞助商和主办机构是在同一个社区工作和生活，双方可以在许多方面互惠互利。不要只有“一锤子买卖”的意识，要有长远意识。因此要尽最大可能地兑现对赞助商的承诺，这也是主办机构的职责。

会议主办方一定要协调好与赞助商的关系。要始终记住，让赞助商成为会议的“第二受众”，满足赞助商需要。如果能与赞助商保持持续稳定的关系，可以为以后计划其他活动时节省时间和精力。维持与赞助商的关系与寻找工作同样重要。在每次会议之后应该立即进行一个完整的评估，包括赞助商投资回报的量化总结以及媒体报道的简报、活动光盘、摄影资料等。一些纪念品，如T恤衫、照片或会议的录像等花费不多，却深受赞助商的喜爱。总之，要注意收集相关资料反馈给赞助商，让他们得到满意的回报。

四、感谢赞助企业

赞助企业往往是在会议经费最困难时向会议提供经费支持，同时许多会议也是因为有了赞助费用才能保证会议不会出现亏损。因此，会议要努力创造尽可能多的机会来表示对赞助企业的感谢。

（一）会议文件

通常在会议的所有主要文件上刊登对赞助企业的感谢，这些文件包括会议的邀请函，会刊手册、参会指南以及展览的会刊等。可将全部赞助企业列出，按赞助金额的多少排序，一般刊登在封三或封底的位置。有的会议也在文摘上对赞助企业进行感谢，但如果是正式出版的学术性比较强的论文全集，则很少刊登感谢之词。

（二）会场内外

可在会议主要入口处搭建展板，在上面列出所有赞助单位进行感谢。有的会议将主要赞助单位的徽标印制在大会会场的主席台上的背景板上，进一步增强感谢效果。

（三）会议活动

可以利用开幕式、开幕招待会、闭幕式或闭幕宴会等会议活动的机会，由会议的主要领导进行口头答谢。

（四）颁奖活动

对于主要赞助者还可以颁发奖品。颁奖活动一般都放到欢迎晚宴或闭幕式上，作为该子活动的一个主要内容。会议组织者可根据会议主题所涉及的学科领域或所涉及的行业制作有特殊意义的纪念品。

第六节　会议财务风险

加强会议财务管理是进行财务风险预测的前提。在进行会议项目投资风险预测中，通过测定现金流入额、投资回报率和内部报酬率等指标，选择投资项目以降低风险。

一、会议财务风险的含义

财务风险作为一种经济的风险现象，无论在实务界还是在理论界都得到广泛的重视。

（一）狭义

狭义的会议财务风险通常被称为举债筹资风险，是指会议组织者由于举债而给会议主办方财务成果（企业利润或股东收益）带来的不确定性。举债筹资一方面为满足投资需要，扩大规模，提高收益创造了前提条件，另一方面也增加了按期还本付息的筹资负担。

（二）广义

广义的会议财务风险是指在会议企业的各项财务活动中，由于内外部环境及各种难以预计或无法控制的因素影响，在一定时期内会议企业的实际财务收益与预期财务收益发生偏离，从而蒙受损失的可能性。它是从会议企业理财活动的全过程和财务的整体观念透视财务本质来界定财务风险的。

二、会议财务风险的内容

在市场经济条件下，会议企业财务风险贯穿于会议企业各个财务环节。一般包括筹资风险、投资风险、现金流量风险、利率风险和汇率风险等。

（一）筹资风险

筹资风险是指会议组织者在筹资活动中由于资金供需市场、宏观经济环境的变化或筹资来源结构、币种结构、期限结构等因素而给会议企业财务成果带来的不确定性。随着金融市场体系的不断发展、完善，资金来源渠道呈现多元化，筹资方式出现多样化，不同的筹资方式主要包括债务筹资和股权筹资方式。借款融资的风险主要表现为会议组织者是否能及时还本付息。

(二)投资风险

投资风险是指会议组织者在投资活动中，由于受到各种难以预计或控制因素的影响而给会议财务成果带来的不确定性，致使投资收益率达不到预期目标而产生的风险。在投资过程中，由于投资决策不科学、投资所形成的资产结构不合理等因素都会导致投资项目不能达到预期效益，从而影响会议项目盈利水平和偿债能力，产生财务风险。

会议投资风险主要有以下三种。

(1)会议项目不能按期举办，不能盈利；或虽然举办，但出现亏损，导致会议组织者盈利能力和偿债能力的降低。

(2)会议项目并无亏损，但盈利水平很低，利润率低于银行存款利息率。

(3)会议项目既没有亏损，利润率也高于银行存款利息率，但低于会议组织者目前的资金利润率水平。

如某会议公司筹备举办某新主题的论坛，由于未做好充分的市场调研，已经投入了相当数量的人力、财力、物力，却受到国家宏观调控政策的影响，论坛最终夭折，这种情况就属于投资决策不科学带来的风险。

(三)现金流量风险

现金流量风险是指会议组织者现金流入与现金流出在时间上不一致所形成的风险。由于会议筹备时间较长，特别是大中型会议往往需要半年以上的时间，必然会产生各项成本开支。会前现金流出大于现金流入，在会议项目无从获得其他现金流入时，为了不至于使现金流中断而无法继续进行会议项目的运营，也可以考虑负债筹资。

(四)利率风险

利率风险是指在一定时期内由于利率水平的不确定性变动而导致经济损失的可能性。在市场经济条件下，利率是资金的价格，是调节货币市场资金供求的杠杆，利率风险的存在导致了利息收支以及资本市场价值的不确定性。因此，在安排银行贷款时，要考虑到利率变化的可能，合理安排贷款种类和期限。

(五)汇率风险

汇率风险是指在一定时期内由于汇率变动引起会议组织者外汇业务成果的不确定性。由于外汇市场上各国货币的供求状况受到国际收支、通货膨胀率、利率、国家货币政策等诸多因素的影响而发生变动，汇率也随之变化，从而给会议组织者从事的国外筹资、国外投资和国际贸易等各项活动带来风险。

三、会议财务风险的成因

财务风险是市场经济社会化大生产的客观产物，不同的财务风险产生的具体原因不尽相同，准确把握会议组织者财务风险的来源和种类，加强会议财务管理是进行财务风险预测的前提。会议组织者应建立财务信息网络，保证及时获得足够的高质量的财务信息，为预测财务风险和正确决策提供依据。在此基础上，可以采用定性和定量相结合的方法，分析判断有风险情况下的期望收益，还可以采用统计方法对风险程度进行衡量。在进行会议项目投资风险预测中，可以通过测定现金流入额、投资回报率和内部报酬率等指标，选择投资项目以降低风险。总体来说，会议财务风险是会议财务活动本身及其环境复杂多变性和会议财务主体主观认识的局限性共同作用的结果。具体表现如下。

（一）会议项目外部财务环境复杂多变

1. 自然环境的不确定性

自然界的运动发展过程呈现出不规则的变化趋势，通常是人类无法预知和控制的。会议组织者的流动资产、固定资产等会因为地震、海啸、洪水等不可抗力的自然灾害发生而产生损耗或毁损；会议组织者的应收账款等会因为债务人的死亡而无法收回。

2. 政治环境的不确定性

政治环境的不确定性主要是指源于种族、宗教、国家的冲突、叛乱、战争所引起的风险。例如由于战争引起世界原油价格上涨，进而导致成品油价格上涨，使运输企业增加了营运成本而提高运输价格，则参会者为考虑交通成本会减少参会，给会议造成风险。筹备大型国际会议往往由此因素引起。

3. 经济环境的不确定性

国家经济环境的变化主要包括产业结构、国民生产总值增长状况、经济周期的波动、国际收支与汇率、利率、通货膨胀与就业、工资水平等诸多方面，任何一个环节的变化都可能给会议组织者带来财务风险。

（二）会议组织者财务决策失误

会议组织者在进行财务决策时，面对自然和经济运动规律的不规则性、财务活动的复杂性，财务主体由于受到自身经验和能力的局限，不可能完全准确地预见客观经济活动的变化，信息稍有偏差，并由此导致各项决策的失误，从而造成风险。

四、会议财务风险的处理方法

（一）风险自留

风险自留是指会议组织者或经济单位、个人自己承担部分或全部后果的风险财务处理方法。风险自留就是将风险留给自己承担，是从内部财务的角度应对风险。它包括两个方面的内容：自保风险和承担风险。

1. 自保风险

即会议组织者自身通过预测其拥有的风险损失发生的概率与程度，并根据企业自身的财务能力预先提取基金以弥补风险所致损失的积极性自我承担。

2. 承担风险

即某种风险不可避免或该风险的存在可能获得较大利润或较少支出时，会议本身将风险承担下来，自身承受风险所造成的损失。

（二）风险转移

风险转移是将可能再现的经济损失后果转嫁出去。这种以转嫁损失后果为特征的风险转移包括保险转移与非保险转移。

1. 会议风险的保险转移

从风险管理的角度看，保险是一种风险转移机制。通过这一机制众多的经济单位结合在一起，建立保险基金，共同对付不幸事故。面临风险的经济单位，通过参加保险，将风险转移给保险公司，以财务上确定的小额支出代替经济生活中的不确定性。而保险公司则是借助概率论中的大数法则，将充分多的面临同样风险的经济单位组织起来，按照损失分摊原则，建立保险基金，使整个社会的经济生活得以稳定。

当购买保险被选作风险转移的一种手段时，每个保险购买者都面临一个基本问题，即用最少的保险费获得最佳的保险保障，从而实现利益最大化。购买保险需要考虑的因素包括：一是哪些风险需要买保险？二是选择哪种保险？三是选择哪家保险公司？四是选择怎样的保险条件？

在确定好保险转移的项目后，会议组织者可采取以下六个步骤购买保险，分别为：确定投保风险、选择保险险种、确定保险金额、研究保险费率、选择保险机构、斟酌保险条款。

2. 会议风险的非保险转移

财务性非保险类风险转移又称为合同转移，是指通过各类经济合同将可能产生的潜在损失后果转移给商业上的合作伙伴的方法。其优点主要有：适用的对象比较广泛、具体操作措施灵活多样、直接成本较低、有利于促进全社会控制风险、减少风险。其缺点主要包括法律和情理的双重限制、对合同条文理解的差异可能引发问题、转让人要承担一定的代价、受让人有时无力承担所转移的损失责任等。

会议风险非保险转移最常见的情况如下：一是会议主办方将合同责任和风险转移给对方当事人；二是承包商进行合同转让或工程分包；三是第三方担保。

会议风险非保险转移可通过免责约定和保证合同两种实施方式。免责约定是指合同的一方通过合同条款，对合同中发生的对他人人身伤害和财产损失的责任转移给另一方承担；保证合同是指由保证人对被保证人因其行为不忠实或不履行某种明确的义务，而导致权利人的损失予以赔偿的一种书面合同。

【复习与思考】

一、本章精要

• 会议经济效益是会议项目管理的基础，会议经济效益的实质是对会议资金进行管理，包括资金的筹集、资金的耗费、资金的回收。

• 会议项目经济效益管理的主要内容包括筹资管理、营运资金管理、成本费用管理和利润管理等方面。

• 会议财务管理目标是指导会议项目理财活动的方向，是评价会议项目经济效益的基本标准，是会议项目理财活动的出发点和落脚点。营利性会议，其财务目标应是盈利越多越好；非营利性会议，其财务目标做到收支平衡，略有结余即可。

• 会议主办方应依据会议财务活动的客观发展规律，利用已经掌握的财务知识和手段，对会议未来的财务状况做出预先的推测和判断，保证顺利实现会议财务管理的最终目标。会议预测的基本程序主要包括：确定预测目标和制订工作方案、收集和整理资料、选择预测方法、进行预测、提出预测报告。

• 会议财务预测主要的内容包括会议规模预测、会议固定支出预测、会议保本人数预测、会议收入的预测等。

• 编制会议预算，一方面可以预知会议固定支出、可变支出、会议收入及会议的盈亏，以保证会议最终不出现财务亏损；另一方面有助于了解会议启动资金需要的金额，避免出现由于启动资金不足而影响了会议的正常筹备。

• 会议预算编制的程序主要包括确定预算组成、项目逐项分解、编制初步预算、预算调整、预算提交等内容。

• 会议预算构成主要包括会议固定支出、会议可变支出、不可预计支出、会议收入、预算总结五个部分。其中，会议固定支出包括申办费用、公关宣传费用、办公费用、人工费用、PCO 服务费、会议机构会务费、考察费、嘉宾参会费用、领导参会费用、会场租金、会场设备等项目；会议可变支出一般包括餐饮费、资料印刷费、参会者用品费用、PCO 服务费；会议收入常见的渠道主要有会议注册费、赞助费、住宿佣金、广告收入、附设展览收入。

• 会议预算编制的方法可以通过因素估算法、类比估算法、自下而上法、自上而下法完成。

• 会议成本控制是根据预先制定好的会议成本和费用标准与财务预算，按照一定的原则，采用专门的方法，对会议的各种活动支付的成本费用进行严格的管理和监督，把各项成本费用控制在一定范围之内。

• 会议成本控制的依据主要包括会议基准成本、会议成本管理绩效报告、会议的变更要求、会议成本管理计划等。

• 会议成本控制的原理是在成本发生时，根据实际发生费用与前期的预算比较，汇集成本差异，分析成本产生差异的原因并采取相应纠正措施，以便控制成本。会议成本控制的重点是直接成本与间接成本。

• 会议成本控制的流程包括实行责任成本制、制定成本控制标准、控制成本形成过程、分析成本差异、纠正偏差、编制成本控制报告等步骤。

• 会议成本控制的标准主要有计划指标分解法、预算法、定额法。

• 当注册费不能全部承担会议的支出时，会议组织者只能采取两个措施：其一，降低会议一些活动的档次；其二，寻求赞助来保证会议财务的收支平衡。在会议各种赞助中，企业赞助是最主要的赞助方式。

• 赞助商提案洽谈过程主要包括：评估活动方案、挖掘和确定赞助商的获利点、定义潜在的赞助商、研究潜在的赞助商、撰写赞助建议书。

• 会议赞助投资方案可分为综合赞助和单项赞助两类。综合赞助是指企业赞助会议一笔固定费用，但不能指明费用的具体用途，由会议组织者全权支配；单项赞助是指赞助企业对会议的某项活动或会议的某个用品提供专项赞助。

• 赞助建议书框架为：综述、会议简介、会议方案、赞助投资及回报方案、赞助程序、付款方式和附录等。

• 会议要努力创造尽可能多的机会来表示对赞助企业的感谢，可通过以下形式感谢：会议文件、会场内外、会议活动、颁奖活动等。

• 狭义的会议财务风险通常被称为举债筹资风险，是指会议组织者由于举债而给会议主办方财务成果(企业利润或股东收益)带来的不确定性；广义的会议财务风险是指在会议企业的各项财务活动中，由于内外部环境及各种难以预计或无法控制的因素影响，在一定时期内会议企业的实际财务收益与预期财务收益发生偏离，从而蒙受损失的可能性。

• 会议财务风险主要包括筹资风险、投资风险、现金流量风险、利率风险和汇率风险。会议财务风险主要由会议企业财务外部环境复杂多变和会议组织者财务决策失误引起。前者又具体包括自然环境的不确定性、政治环境的不确定性、经济环境的不确定性。

• 会议财务风险可通过风险自留、风险转移进行处理。

二、重点概念

会议经济效益	会议财务管理目标	会议财务预测
会议规模预测	盈亏平衡点	会议预算
会议成本控制	赞助说明书	会议财务风险

三、思考讨论题

1. 会议经济效益管理的具体内容是什么？
2. 营利性会议和非营利性会议的财务管理目标分别是什么？
3. 会议财务预测的基本程序和主要内容是什么？

4. 会议预算编制的方法是什么?
5. 会议成本控制的流程是什么?
6. 如何与赞助商进行会议赞助洽谈?
7. 编制会议赞助说明书应包括哪些内容?
8. 会议财务风险的成因及应对方法是什么?

【综合案例分析】　某培训会议的经济效益分析

一培训会议，收益主要是参会人员的参会费，每人 800 元，会议场地租金为 10 000 元(可容纳 300 人)，专家讲课费 10 000 元；每人每天住宿费 100 元，会议共 3 天，资料费每人 30 元，会议项目组成员相关管理费用为 10 000 元，前期公共关系费用5 000 元。

案例分析讨论：

1. 对该项目做成本性态分析(判断固定成本和可变成本)。
2. 分析保本人数(盈亏平衡人数/规模)。
3. 若该项目的目标利润为 5 万元，分析项目规模应达到什么水平(参会人数为多少)。
4. 分析边际利润。
5. 如果实际参会人数为 260 人，则该会议项目利润为多少?

第十章　会议仪式礼仪

本章知识逻辑图

【学习目的】

通过本章的学习，掌握会议礼仪的基本规范，常见的会议仪式(如签字仪式、商务谈判与会见仪式等)，会场布置与组织以及应遵守的礼仪规范，了解迎送礼仪的要求，有效组织各类会议仪式活动。

【重点内容】

- 会议礼仪规范
- 签字仪式准备及程序
- 商务谈判准备及礼仪要求
- 会见仪式现场布置
- 迎送礼仪的内容

会议仪式礼仪，是现代社会的重要社交方式，重视与规范会议礼仪对于提高会议绩效、树立组织形象都具有关键性作用。

第一节　会议礼仪规范

会议礼仪是召开会议前、会议中及会议后参会者应注意的事项，懂得会议礼仪对会议精神的执行有较大的促进作用。

一、会议礼仪的基本要求

(一)周全考虑

周全考虑指在会前策划及筹备阶段时，对会议活动过程中的各个环节(细节)都要做全面的考虑，以防闪失。会议礼仪不仅涉及会议的各项议程，还包括对一切可能影响会议顺利进行的因素的考虑，如天气、交通、会场、现场服务、后勤服务、对参会者的安排等。总之，会议组织者要从主、客观因素等诸多方面来考虑会议的礼仪工作，以确保会议的圆满成功。

(二)精心安排

首先，在会期安排上既要张弛结合，又要紧凑高效；其次，体现在准备工作是否充分上。如文件袋、代表证、投票箱等；再次，体现在对与会人员的接送、入(退)场，领导的座位安排，以及各种用品、设备等。

(三)细节服务

会议的服务对象主要有参会领导和贵宾、采访会议的新闻工作者等，应注意针对不同的服务对象要有不同的服务内容，使会议主题不仅在会内得到体现，而且在会外得到延伸。

参会领导和贵宾的身份特殊，他们的到来往往是一种会议礼仪的需要。他们不一定有正式参会者的全部权利，然而却享有比正式参会者更高的待遇。会议过程中为贵宾服务，要本着敬重、照顾的原则，使他们也能够被会议的气氛所感染，从而在精神上融入会议，真正为会议锦上添花。

对普通参会者应提供实实在在的服务，例如解决会议期间所有工作和生活的不便，从而使参会者安心开会、行使权力、有所收获。

会议经常需要邀请新闻媒体的相关人员参加，以扩大会议影响。因此，会议组织者应尽可能为新闻工作者的采访报道提供便利服务。

二、会议服务礼仪

(一)会前服务礼仪

首先，对会议室进行检查，做好会场的保洁、整理，要达到会议服务良好工作标准的要求。其次，按会议要求，在开会半小时前准备好开水、茶叶、茶杯等。

(二)会间服务礼仪

1. 人员仪表

保持个人卫生，常修指甲，头发梳洗干净，整齐，不染发；化淡妆，不浓妆艳抹，手上饰物只限戴手表。

2. 准备工作

会前半小时进行开水及茶水的准备工作。

3. 迎送服务

会议服务人员应在会前半小时按要求着工作服上岗，站在会场入口显要位置，面带微笑，等待参会人员入场。

4. 倒水服务

如无特殊情况，服务员应在客人落座后倒水。大型会议中，服务员也可在会前10分钟将主场茶水倒满，会议进行过程中，刚开始时，一般15分钟添水一次，以后一般20分钟添水一次，主要根据主办单位的情况而定，添加茶水时要求服务人员动作敏捷、轻盈、尽量不发出声音。

斟茶时，先主位，再副主位，依此类推，前排以后可以从一侧开始一次倒茶水，为参会者倒水时，要站在参会者右后侧，将茶盖翻放在桌上，以确保卫生。然后拿起杯子倒水，茶杯要拿到参会者身后斟倒，以免挡住参会者的视线。

主席台人员如超过半小时未饮用茶杯的茶水，根据需要更换一杯新的热茶水，使用演讲台时，每更换一次演讲人，需更换一次茶杯或水杯，更换时要使用托盘。

5. 会场休息

会中休息或休会期间应进行简单保洁，撤去空瓶，更换新的矿泉水，但不得翻动主办单位的文件资料。

（三）会后服务礼仪

会议结束，工作人员应立即打开会场大门，在门外站立，微笑送客。随后，应进行会后清场，将现场所有剩余纸杯或水瓶进行清理，关闭会议厅灯光、门。

三、会议参加人员礼仪

（一）参会者礼仪

对于参加会议的人员而言，在开会过程中，也应注意一些礼仪。

1. 参会之前

（1）到达守时。事先阅读会议通知，提前到达会场，一般提前 5～10 分钟。自觉签到，进出有序，按会议安排落座，不早退。如确因特殊原因需中途退场，应轻手轻脚，不打扰其他人。

（2）仪表整洁。衣着整洁，举止大方。出席正式会议和宴请，要着正装，男士宜穿深色西服，女士宜穿中长裙或长裤。如果参加大型公务活动，则按要求统一着装。如果是户外会议，应事先询问主办单位是否适合穿休闲服。

（3）举止规范。在参加会议时，应端正坐姿，不可东倒西歪或趴在桌子上。不要搔首、掏耳、挖鼻、剔牙、剪指甲，甚至把脚从鞋里抽出来抠脚趾头。室内若无烟灰缸，表示不能抽烟。若在会议开始前，主持人仍未介绍参会人士，可主动伸手和左邻右舍的人握手，并且进行自我介绍。

2. 会议进行时

（1）保持安静。进入会场后，将移动电话关机或置于静音状态，不随意接、打电话，如确实需要接、打电话，应轻步走出会议室。

（2）专心聆听。做好记录，不与周围的人私下小声说话或交头接耳，不在会议上看报纸、玩手机、打瞌睡，切忌出现不文明行为。发言人发言结束时，应鼓掌致意。

（3）发言切题。发言要先做好准备，发言次序遵从议程表或主持人的安排。发言音量适中，以参会人员都能听到为宜；发表见解要言简意赅，不脱离主题。发言内容要求做到中心突出、材料翔实、感情真实、语言生动。力戒自我宣传、自我推销，更不能有对听众不尊重的语言动作和表情。发言要严格遵守会议组织者规定的时间。

(4)彼此尊重。即使在表决期间，可能会有不同的意见产生，参会者也应遵守会场礼仪。发言必须先取得主席或主持人的许可，一般不超过三分钟，发言时先介绍自己的姓名、单位，发言不可以超过三次等。

3. 会议结束后

会议结束后，要按顺序离开会场，让上级领导、客人先离开会场，不要拥挤和横冲直撞。离开会场时，座椅归位，清理好自己区域内的卫生。

(二)发言人礼仪

发言人是会场的中心人物，对确保会议的质量起着重要的作用。发言者要言之有物、言之有理、言之有味，使听众能了解主旨，有所收获。对会议发言人或报告人来说，其礼仪主要表现在发言要遵守秩序。

一般来说，会议发言有正式发言和自由发言两种。前者一般是领导报告，后者一般是讨论发言。正式发言者应衣冠整齐，走上主席台应步态自然，刚劲有力，体现一种成竹在胸、自信自强的风度与气质。发言时应口齿清晰，讲究逻辑，简明扼要。如果是书面发言，要时常抬头扫视一下会场，不能低头读稿，旁若无人。如会场里响起掌声，可以适时鼓掌答礼，等掌声静落后，再开始发言。发言或报告一般应使用普通话，不能大量使用方言土语。发言或报告中还应注意观察参会者的反应，以便根据具体情况对内容作相应的调整。发言完毕，应对听众的聆听表示谢意。

自由发言则较随意，发言应讲究顺序，不能争抢发言；发言应简短，观点应明确；与他人有分歧，应以理服人，态度平和，听从主持人的指挥，不能只顾自己。

如果有会议参加者对发言人提问，应礼貌作答，对不能回答的问题，应机智而礼貌地说明理由，对提问人的批评和意见应认真听取，即使提问者的批评是错误的，也不应失态。

四、不同类型会议的礼仪规范

以下介绍最常用的三种会议礼仪，分别为工作会议礼仪、洽谈会礼仪、茶话会礼仪。

(一)工作会议礼仪规范

工作会议礼仪的对象主要是本单位、本行业或本系统的人员。我们介绍会议纪律要求、端正会风两个方面。

1. 会议纪律要求

如果有工作装，应该穿着工作装。参会者应比规定开会时间提前5～10分钟到达会场，而不要等开会时间到了，才不紧不慢地进会场，以免对别人造成影响。

开会期间，应该表现出一副认真听讲的姿态。开会也算是在工作，认真听讲的姿态不仅表现你的工作态度，也是对正在发言者的尊重。那种趴着、倚靠、打哈欠、胡乱涂画、低头睡觉、接打电话、来回走动以及和邻座交头接耳的行为，是非常不礼貌的。

在每个人的发言结束时，应该鼓掌以示对他讲话的肯定和支持。

2. 端正会风

工作会议仅是工作过程中的一个环节，所以有必要克服开会过多、过长的形式主义作风。如果会风不正，不仅误事，还会养成办事拖拉、工作效率低下的不良习惯。端正会风的具体做法如下。

(1)控制会议。即对于会议的数量、规模、经费、时间、地点，都要作出明确的规定。制定有关会议的审批、经费使用额度、管理权限的条例，并由职务较高的专人严格监督执行。

(2)改进会风。会风能够反映出一个单位及其领导的工作作风。如果会议过多，会期过长，讲究排场气势，都是不良风气。改进会风，首先，需要摒弃形式主义。有具体、明确的内容再组织会议，开会必须解决具体问题。其次，要严格限制会议。必须在会议总量上加以限制。限制会议总量对于杜绝会山会海、提高会议效率非常有用。

那么，怎样提高会议效率呢？可以参考以下做法。

(1)改进会议方式。对于一般性会议，可以召开无会场会议，比如使用现代通信设备：电视、广播、电话、互联网进行开会，可以大幅度节约会议成本。

(2)集中主题。一次会议上不管安排几项会议内容，都要使会议主题明确，这样既方便讨论，又方便执行。

(3)压缩内容。应围绕会议主题，删掉那些可有可无的内容。

(4)限定时间。对于会议的起止时间、发言时间、讨论时间，事先都要明确规定，并且严格执行。

(5)领导示范。会风的端正，领导的示范是必须的。和自己无关的会议，不应该参加；准时参加会议，并严格遵守会议礼仪；提倡无会场会议；带头控制发言时间等。

(二)洽谈会礼仪规范

1. 洽谈会的礼仪性准备

安排或准备洽谈会时，应当注重自己的仪表，预备好洽谈的场所，布置好洽谈的座次，并且以此来显示对洽谈的重视和对洽谈对象的尊重。

洽谈会是单位和单位之间的交往，所以应该表现的是敬业、职业、干练、效率的形象。在仪表上，要有严格的要求。如男士不准蓬头垢面，不准留胡子或留大鬓角。女士应选择端庄、素雅的发型，化淡妆。摩登或超前的发型、染彩色头发、化艳妆或使用香气浓烈的化妆品，都不可以。

由于洽谈会关系大局，所以在这种场合，应该穿着正统、简约、高雅、规范的最正式的礼仪服装。男士应穿深色三件套西装和白色衬衫、打素色或条纹式领带、配深色袜子和黑色系带皮鞋。女士应穿深色西装套裙和白色衬衫，搭配肉色长筒袜或连裤袜、黑色高跟或半高跟皮鞋。

2. 洽谈会的座次安排

座次问题在举行正式洽谈会时，必须予以重视。只有小规模洽谈会或预备性洽谈会才可以不用讲究。

举行双边洽谈时，应使用长桌或椭圆形桌子，主客双方座次安排与商务谈判座次安排相同(具体内容可见本章第三节内容)。

3. 洽谈的三大方针

洽谈过程中，双方人员的态度、心理、方式、手法等，都对洽谈构成重大的影响。

(1)要依法办事，洽谈者所进行的一切活动，都必须依照国家的法律办事，才能确保既得利益。

(2)要礼敬于人，要求洽谈者在洽谈会的整个过程中，时时、处处、事事表现得对对方不失真诚的敬意。而且在今后的进一步商务交往中，还能潜移默化发挥“你敬我一尺，我敬你一丈”的功效。

(3)要互利互惠、平等协调，洽谈是一种合作或为合作而进行的准备。所以圆满的结局，应当是洽谈的所有参与方都取得一定的成功，获得更大的利益。

如果把商务洽谈视之为“一次性买卖”，主张赢得越多越好，争取以自己的大获全胜和对手的彻底失败来作为洽谈会的最终结果，必将危及己方与对方的进一步合作。而且，也会“赢得”不好的商誉。

(三)茶话会礼仪规范

和其他类型的商务性会议相比，茶话会是社交色彩最浓的一种。

1. 茶话会目的

茶话会是为了联络老朋友、结交新朋友而组织的具有对外联络和招待性质的社交性集会。茶话会一般不排座次，并备有茶点，参会者可以自由发言。

2. 茶话会举办

茶话会礼仪，具体内容主要涉及确定茶话会主题、嘉宾邀请、时间地点选择、茶点准备、座次安排、茶话会基本议程、茶话会发言七个方面。

(1)确定茶话会主题。针对茶话会，其主题可以分为三类，即联谊、娱乐、专题。以联谊为主题的茶话会是目前最为常见的一种类型；以娱乐为主题的茶话会，为了活跃气氛，而安排一些文娱节目，并以此作为茶话会的主要内容，以现场的自由参加与即兴表演为主；专题茶话会，是在某个特定的时刻，或为某些专门问题而召开的茶话会，以听取某些专业人士的见解，或是和某些与本单位有特定关系的人士进行对话。

(2)嘉宾邀请。主办单位在筹办茶话会时，必须围绕主题来邀请嘉宾，尤其是确定好主要的参会者。嘉宾可以是本单位的顾问、社会知名人士、合作伙伴等各方面人士。茶话会的嘉宾名单一经确定，应立即以请柬的形式向对方提出正式邀请。按惯例，茶话会的请柬应在半个月之前被送达或寄达被邀请者，被邀请者可以不必答复。

(3)时间地点选择。这是茶话会要取得成功的重要条件。辞旧迎新、周年庆典、重大决策前后、遭遇危难挫折时，都是召开茶话会的良机。

根据惯例，举行茶话会的最佳时间是 16:00 时左右。有些时候，也可以安排在 10:00 时左右。在具体进行操作时，也不用生搬硬套，应该以参会者，特别是主要参会者的方便与否以及当地人的生活习惯为准。茶话会往往是可长可短的，关键是要看现场有多少人发言，发言是否踊跃。把时间限制在 1～2 小时之内。

适合举行茶话会的场地主要有主办单位的会议厅、宾馆的多功能厅、主办单位负责人的私家客厅、主办单位负责人的私家庭院或露天花园、包场高档的营业性茶楼或茶室。餐厅、歌厅、酒吧等地方，不适宜举办茶话会。

(4)茶点准备。茶话会不上主食，不安排品酒，只提供茶点。茶话会是重“说”不重“吃”的，不应在吃的方面过多下功夫。在茶话会上，为参会者所提供的茶点，应当被定位为配角。在进行准备时要注意的是：对于用来待客的茶叶、茶具，务必要精心准备。应尽量挑选上品，不要滥竽充数。还要注意照顾参会者的不同口味，例如是绿茶、花茶还是红茶。最好选用陶瓷茶具，并且讲究茶杯、茶碗、茶壶成套。按惯例，在茶话会举行后不必再聚餐。

(5)座次安排。从总体上来讲，在安排参会者的具体座次时，必须和茶话会的主题相适应。安排茶话会参会者具体座次时，可以采取下面的方法。

①环绕式。即不设立主席台，把座椅、沙发、茶几摆放在会场的四周，不明确座次的具体尊卑，而由参会者在入场后自由就座。该座次安排方式与茶话会的主题最相符。

②散座式。散座式排位，常见于在室外举行的茶话会。它的座椅、沙发、茶几四处自由地组合，甚至可由参会者根据个人要求而随意安置。这样就容易创造出一种宽松、惬意的社交环境。

③圆桌式。圆桌式排位，指的是在会场上摆放圆桌，请参会者在周围自由就坐。圆桌式排位又分下面两种形式：一是适合人数较少的，仅在会场中央安放一张大型的椭圆形会议桌，并请全体参会者在周围就座。二是在会场上安放数张圆桌，请参会者自由组合，如图 10-1 所示。

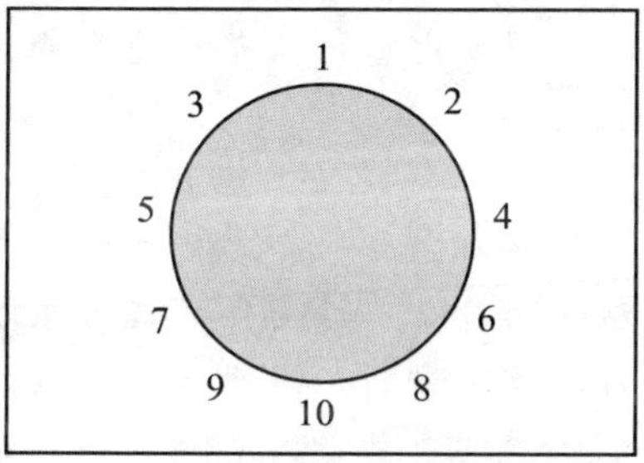

图 10-1　圆桌式会谈

④主席式。在茶话会上，这种排位是指在会场上，主持人、主人和主宾被有意识地

安排在一起就坐，并且按照常规就座。

(6)茶话会的基本议程。

第一项：主持人宣布茶话会开始。宣布开始前，主持人邀请参会者落座。宣布开始后，主持人可对主要参会者略加介绍。

第二项：主办单位的主要负责人讲话。他的讲话应以阐明这次茶话会的主题为中心内容，还可以代表主办单位，对全体参会者表示欢迎和感谢，并且恳请大家一如既往地理解和支持。

第三项：参会者发言。这些发言在任何情况下都是茶话会的重心。为了确保参会者在发言中直言不讳，畅所欲言，通常，主办单位事先不对发言者进行指定和排序，也不限制发言的具体时间，而是提倡参会者自由地进行即兴式的发言。一个人还可以多次发言，来不断补充、完善自己的见解、主张。

第四项：主持人总结。主持人略作总结后，可以宣布茶话会结束。

(7)茶话会发言。发言在茶话会上举足轻重。茶话会假如没有人踊跃发言，或者是参会者的发言严重脱题，都会导致茶话会的最终失败。

茶话会上，主持人更重要的作用是在现场上审时度势，因势利导地引导参会者的发言，并且控制会议的全局。大家争相发言时，由主持人决定发言顺序。没有人发言时，主持人引出新的话题；或者恳请某位人士发言。会场发生争执时，主持人要出面劝阻。在每位参会者发言前，主持人可以对发言者略作介绍。发言的前后，主持人要带头鼓掌致意。

参会者在茶话会上的发言以及表现等，必须得体。在要求发言时，可以举手示意，但也要注意谦让，不要争抢；不管自己有什么高见，都不要打断别人的发言。肯定成绩时，要力戒阿谀奉承。提出批评时，不能讽刺挖苦。切忌当场表示不满，甚至私下里进行人身攻击。

【案例 10-1】 万达开会，没人敢睡

万达的执行力是非常强的，万达开会也是很有特点的。“万达开会，没人敢睡”，不是说谁怕谁，而是担心遗漏了重要内容，从而可能影响前程。以下是万达开会的常规做法和原则，不仅落地而且全部实招。

■从不打印的工作报告

在每年的万达年会上，王健林都会作一个精彩的大会发言，精彩是因为：一是他的工作报告都是亲自手写，从不用枪手；二是他的工作报告只有他自己知道，从来不在会前印刷；三是他的报告既有宏观分析，也有客观业绩，还有微观褒贬，更有未来走势。一个半小时的报告，酣畅淋漓，让你大有收获。你必须用笔认真记，因为下午的分组讨论你必须真刀实枪地讲。所以，这样的大会你敢睡吗？你愿意睡吗？

■精细的会务手册

如果你有幸得到一本万达大中型会议会务手册，即便你不是组织活动出身，基本你组织其他的会议，也能得心应手了。细节，是万达开会最关键的。除了参会必要的流程、参会人员、参会的主题、会议每一个议程的时间……甚至参会人员每人每天每场在哪个桌子开会，需要穿什么服装，在哪个餐厅、哪个位置就餐，参会当天的天气如何等都有详细的说明和介绍。

万达年会的胸卡就是一个浓缩的会务流程，一个小卡片就是一个为你私人定制的数据库。以2013年年会的胸卡为例，胸卡的正面是你的照片、姓名、部门、职务等信息。背面，是两天会议的全部的流程：第一天，晚宴地点、具体时间、每人就餐的桌号；第二天，开大会的时间、地点、每人的座位号，分论坛的场次、时间、地点、每人的座位号。看完这一张卡，你这两天该怎么做一目了然。

■万达开会没人敢迟到

很多公司大大小小的会，慢悠悠来的人不在少数，既影响大家的情绪，又影响开会的效率。

在万达，如果你敢迟到，你一定会很难堪！这不是指要罚你多狠，指的是你自己的心理体验，很难堪。

曾经有个总经理级别的领导第一次开总裁会，当时通知的时间是9点，他“掐点”去的，一进会场，大家都用异样的眼神看他，看得他心里直发毛。会后，有同事好心提醒：下次早点来吧，就你敢“掐点”来。第二次开会，他提前5分钟来了，但是还是被大家每个人异样的目光“瞩目”了一番。他不解，后来才知道，在万达开会有个不成文的规定：大大小小的会，下一级一定会比上一级提前早到5～10分钟。这不仅是一种尊重，更是一种对待会议的态度。

■准时开会可以，准时散会你行吗

在万达，开会基本上是会议手册定的几点就会几点结束，极少有拖延开会时间的时候。

这里，万达做到了三点：1. 会议通知时就明确会议开始及结束的时间；2. 合理安排切实可行的会议议程，明确每件事项的讨论时间；3. 会议主持人必须有效调动与会人员的积极性和控制好会议时间。

一个重要的事实是，在万达，只要王健林讲话，如果他说要讲1小时，那基本上距离结束时间不会差5分钟，这点你做得到吗?

说了你可能不信，对于一些重要的会议，有的与会发言者要提前预演，有时还不止一遍。在万达，几乎所有人都能做到说几分钟就几分钟，只会缩时。因此不管多长的会议，由于每个发言都很精准，所以准时散会就是一件很容易的事。除了有制度约束、规范，高层以及所有人的时间观念和责任意识至关重要。

■开会发言只讲干货

万达开会从来没有空话、废话，开会是要解决问题的，不是来听你唠叨的。因此，万达会场经常会有发言和汇报被打断，因为你跑题了，或者“这个根本用不着跟我汇报”。

万达开会也用PPT，但都是极简风格，有规范模板，杜绝花里胡哨。一般开会不许超过10张，给董事长、总裁汇报基本不会超过3张。当然这3张都是筋骨，筋骨后基本上都有超链接，如果领导问细节，后面有更细的。

有些广告公司煞费苦心设计精美的PPT，有原因、有背景、有问题，可是这些都会统统被“杀掉”，直奔解决方案。有一个公司做了50多张PPT，结果只听了3张的实质内容。

一家企业要来万达全面取经，涉及管理、财务、人力、管控、信息化、纪检、企业文化等，万达每个板块的一把手每人讲述一刻钟，每人10张PPT，效率之高、干货之干，令那家企业高管们惊叹不已。

■开会不准找替身

参会各方不能随便派人听听会、走过场。派来的人要能拍板，能定意见，参会不是代表个人，是要代表部门参会，不能涉及部门时说：“不清楚”“不归我负责”“我回去汇报后才能确定”。一句话，找个能管事的来开会就对了。

领导问什么就答什么，不能答非所问。有些人开会，领导一问到某关键事项是否完成时，就采取迂回战术讲一大堆的没有完成的理由。其实领导最关心结果，可以先讲结果，如领导需要再阐述原因即可。

汇报不能找替身，如果副总裁听会，必须总经理汇报，如果总裁听会，必须副总裁汇报。这就保证领导必须身体力行，必须全面了解，决不允许你找个具体负责的人来替你作汇报。

万达的领导，个个都是行家，谁也蒙不了谁。

■会后不落实等于会白开

不要以为开完会就可以拍屁股走人，万达的重要会议都有纪要，也不要以为有了会议纪要就万事大吉，万达还有一套强大的会议督办系统。开会确定的事会落实到每个人每件事、到具体时间段。

万达每个部门每周至少有一次例会，每个月有月度会，季度会，还有半年总结会和全年大会。

最常见的是每个部门的周例会，为了跟踪会议纪要中涉及的行动计划及重要工作，万达自己开发了一个任务追踪系统，目的是通过量化的指标来跟踪会议落实情况。

具体做法：每次会议，你会看到在这个开发的系统里显示你的任务要完成的日期、目前完成的进度。项目负责人对照此，要汇报目前完成了哪些工作，还需要做哪些工作，下次开会预计进度是百分之多少，能否在预定时间完成整个项目目标等，记录员会将这些数据一一录入系统，下次开会一一核对复盘，并再次建立新的任务进度。另外，手机会在快接近任务节点时，自动提醒你加快项目进程。

你总会听到这样的话吧——“会后，我们要狠抓落实”。在万达，根本没有这样的词，因为万达有一套强有力的落实方法。很多人惊叹万达的执行力，其实你读懂了万达是如何开会的，就基本上能理解一些了。

第二节　签字仪式

签字仪式是一个组织与对方经过会谈、协商，形成了某项协议或议定，再互换正式文本的仪式。它是一种比较隆重的活动，礼仪规范较为严格。

一、签字仪式的内涵

（一）签字仪式的含义

在会议活动中产生缔约性文件，如国际公约、议定书、谅解备忘录、合同、意向书、联合公报、共同宣言等，一般都要举行仪式由参会各方共同签署。签字仪式即缔约各方共同签署会谈最后文件的公开仪式。

（二）签字仪式的作用

1. 确定会谈文件的效力

签字是对特定的书面意见表示确认的行为。会谈中产生的正式文件只有经过会谈各方的签字才能生效。因此，会谈的最后文件一般都要经过签字仪式正式签署，以示确认并据此生效。

2. 体现各方对会谈成果的重视

签字仪式是会谈文件进行签字的一种较为隆重的形式，有时各方还派出身份较高的领导出席。因此，只有在会谈各方对会谈成果满意时才会举行。举行签字仪式本身说明会谈各方的诚意，体现各方对会谈成果的重视。

3. 见证和扩大影响

举行签字仪式时，签字各方都要派代表参加，有时还会邀请第三方作为见证人，并邀请媒体前来采访作宣传报道，既强化了见证的作用，又扩大了影响，有利于梳理签字各方的形象。

(三)签字仪式的阶段

签字仪式一般分为以下三个阶段。

第一阶段：草拟阶段。主要工作为拟定合同文本。

第二阶段：准备阶段。主要工作为签字场地选择、人员安排、签字厅布置、签字厅座次安排。

第三阶段：签字阶段。主要工作为开始入座、签署文本、交换文本、举杯庆贺、合影留念、有秩序退场。

二、签字仪式的准备

(一)文本准备

1. 定稿

即通过谈判和磋商确定会谈正式文件的各项具体条款及其表述，是文本准备的前提。可以认为，谈判的过程就是定稿的过程，只有在文本定稿后，才能举行签字仪式。

2. 确定正本和副本。

正本，即签字文本，签字后由各方保存或专门机构保存。副本，一般情况下，不用签字、盖章，或者只盖章不签字。

3. 校印

根据校对定稿后，印制正本和副本。

4. 提前盖章

为保证文本在签字仪式后立即生效，一般在仪式前，先在签字文本盖上双方的公章。外交方面的签字文本需要事先加盖火漆印。

以上是所有签字仪式活动文本准备均应遵守的内容，若涉及涉外签字活动，在文本准备中应注意以下几方面。

(1)确定使用的文字。涉外双方缔约，如果双方使用不同的语言文字，签字文本应用双方的文字写成，必要时可以使用第三种文字。

使用多种文字起草和印制文本可能对某些条款产生不同理解和解释时，应规定以一种文字为准。

(2)根据优先原则印制文本。

①本国的文字文本在先。涉外双边会谈的签字文本如用双方的文字同时印制，在本国保存的文本中，应将本国的文字置于前面，对方的文字文本列于后面。

例如，中美签署文件，在中方保存的文件中，中文在前，英文在后；在美方保存的文件中，英文在前，中文在后。

②本国国名在先。双边会谈签字文本中并提双方国名或领导人姓名时，在本国保存

的文本中，本国的国名和领导人姓名应列在前面。

例如，中日签署和平友好条约，《中华人民共和国和日本国和平友好条约》，是中方保存的文本标题，反之，亦然。日方保存的做法，又叫“倒版”。

(3)在本国签字在先(优先签字)。这里又分为两种情况：涉外双边签字缔约，本国签字应安排在本国保存的文本签字处的前面(从右向左竖排文字则在右侧)，左右并排则在左侧，如图10-2所示。

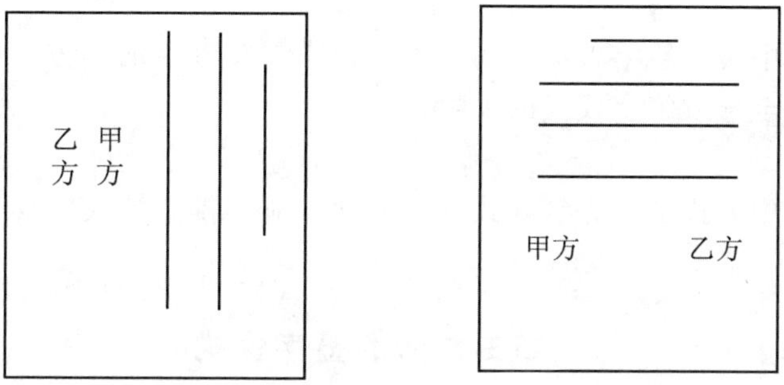

图10-2　涉外双边签字缔约签字图

如中美双方签字，中方保存的文本，无论是中文文字文本还是英文文字文本，中方签字的位置在前，美方在后，如图10-3所示。

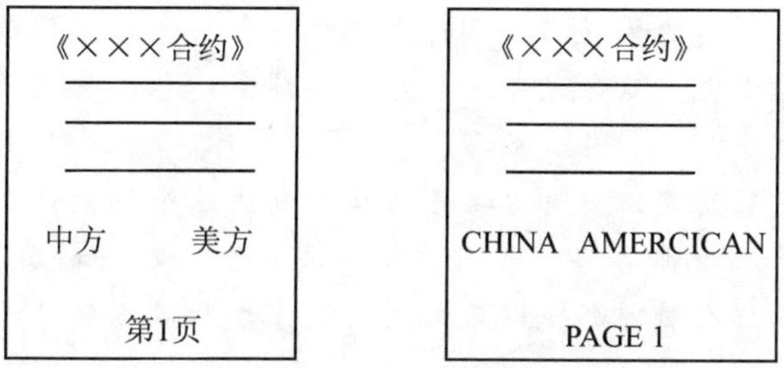

图10-3　中美双方签字文本

该规定仅适用于双边缔约。多边缔约时，一般按国名的英文字母排序。

(二)商定参加人员

签字仪式的参加人员共有五类主体，分别为签字人员、领导、见证人、助签人、主持人。

1. 签字人员

可以是参加谈判的主谈人，也可以另派更高级别的领导人作为签字人员。签字人员需要符合以下条件：一是具有法定资格。需要有全权证书、委托书。二是级别对等。各方签字人员的职务和身份应一致或大致相等。

2. 领导

为表示对谈判成果的重视和庆贺，签约各方也可以派出身份较高的领导参加签字仪式，但也应注意级别大体相当。

3. 见证人

主要是参加会谈的人员，各方人数应大致相等。可以邀请保证人、协调人、律师、公证人员参加。

4. 助签人

即在签字过程中帮助签字人员翻揭文本，指明需要签字的地方。如果一旦签错，会造成文本作废，甚至导致签字仪式的失败。

5. 主持人

如果签字仪式中安排了各方领导致辞等活动，应安排主持人向参会者介绍致辞人的身份。

【案例 10-2】 一场白忙活的签字仪式

20 世纪 90 年代初，某国总统访华，两国将签署一个经贸合作协议。我方由时任国家主席杨尚昆签字。

由于我方签字助手的疏忽大意，将对方元首应签的位置指给了杨主席。而对方助签人员也将应由杨主席签的位置指给了对方总统。当时并未发现这个错误。当天晚上很晚的时候，我方才发现。双方领导人都已准备就寝休息，次日清晨来访总统即将离华。这个差错如何处理？

双方礼宾人员反复研究，一个办法是，双方确认这个错情；另一个办法是为协议的严肃性，双方领导人重新签字。最后，双方决定采取后一种办法。已经 80 多岁高龄的杨主席专门等工作人员重新印刷后再送他签字，待双方领导人重新签好后已是深夜 12 时了。

问题：从本次事件中，你有何体会？

（三）现场布置

1. 签字桌椅

(1)桌椅。长方桌，上铺深绿色或暗红色、白色等干净整洁的台布，桌后放两把椅子作为双方签字人员的座位。

若签字方较多，则可增加长桌子，增加座位；多方签字仪式可将桌子排成圆形或方形，或仅放一把椅子，由各方代表依次签字，如图 10-4 所示。

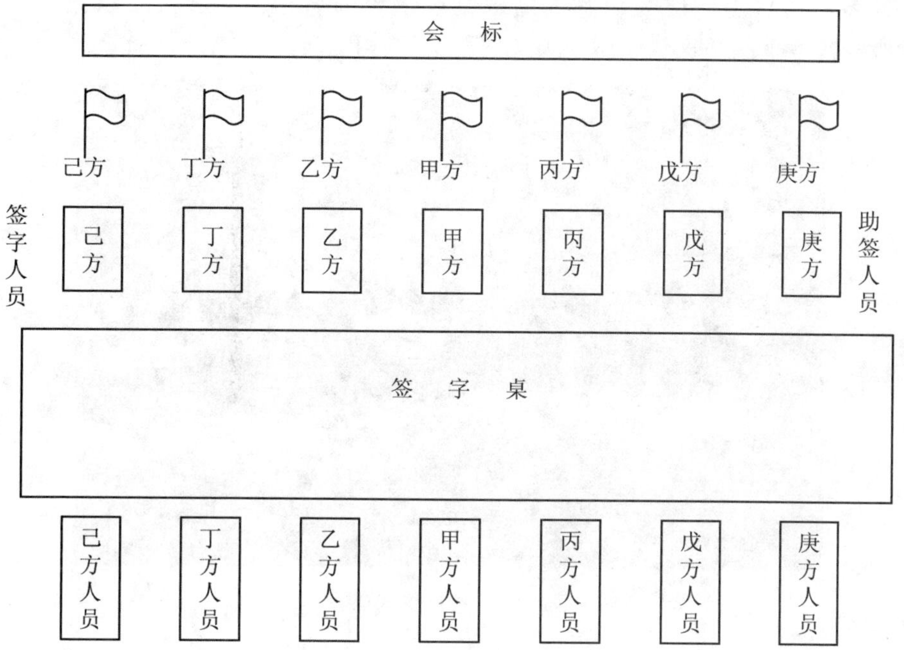

图 10-4　多方签字仪式图

(2)座次礼仪。涉外签字仪式中，主宾双方座次安排应以“右”为尊，如图 10-5 所示；多边签字仪式座次，一般按英文国名首个字母的顺序排列，也可以按事先商定顺序排列。

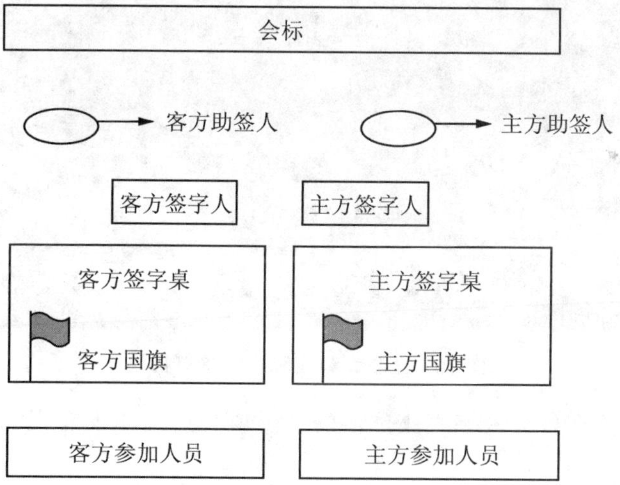

图 10-5　涉外签字仪式图

（3）座签。座签上一般写明签约的国家或组织的名称、签字人的职务及姓名，如图 10-6 所示。涉外签字仪式应用中英文两种文字标识。

图 10-6 签字仪式座签

2. 国旗

双边签字，双方国旗可按签字人的座位插在签字桌中央的旗架上，也可以分别插于签字桌两端或并挂在背面的墙上，如图 10-7 所示。

图 10-7 澳大利亚和中国签订协议

多边签字，则插在各方签字人座位前的桌上或身后，如果有现场会标，国旗不应该遮挡会标，如图 10-8 所示。

图 10-8　中海油与伊拉克、土耳其签署协议

3. 文具

主要包括黑色签字笔、签字用纸，其中签字所用的纸和笔必须符合归档要求。

4. 文本

各方保存的文本置于各方签字座位前的桌子上。

5. 参加人员的位置

双边和多边缔约，参加签字仪式的人员按惯例分别站立于签字人员后面左右两边，领导人礼宾次序从中间向两侧排列，如图 10-9 所示。

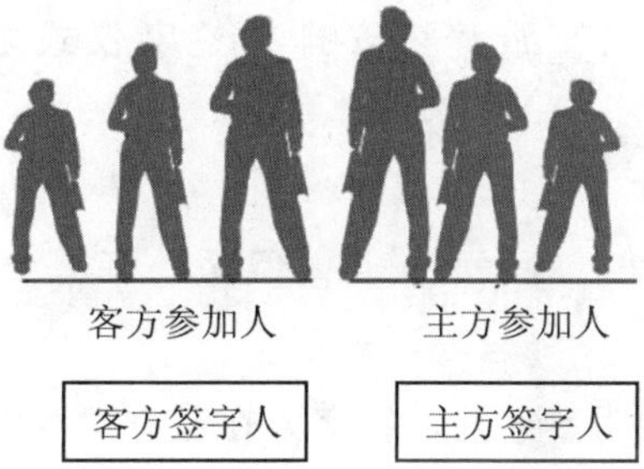

图 10-9　签字仪式参加人员的位置

参加人员的位置有两个强调：一是主左、宾右；二是中间高于两侧。

6. 讲台

如果签字仪式要安排各方领导致辞，可以在签字桌的右侧摆放讲台，也可以不设讲台而放置落地话筒。

7. 会标

书写方法如下。

(1)由签约双方名称、签字文本标题和“签字仪式”或“签约仪式”组成，如图 10-10 所示。

(2)由签约各方的名称、签约内容和“签约仪式”组成，如图 10-11 所示。

图 10-10　签字仪式会标 1

图 10-11　签字仪式会标 2

8. 香槟酒

签字仪式结束后，各方有时会举行小型酒会，应事先准备好香槟酒、酒杯等。

三、签字仪式的程序

(一)介绍嘉宾

主持人向全体参加人员介绍签字各方的主要领导以及其他贵宾；若有致辞情况，主持人可请各方领导先后致辞，致辞顺序一般为：双边签字仪式为先主后客，多边签字仪式按签字顺序致辞。领导或嘉宾致辞可安排在签字仪式之前，也可安排在签字完毕之后。

(二)宣布开始

主持人宣布签字仪式开始，签字人员进入签字环节。

(三)签字环节

(1)助签人翻开文本，指明签字处，签字人在己方保存的文本上签字。

(2)各方在各自保存的文本上签完后，由助签人合上文本，在签字人的身后互相交换文本(不宜在桌上移动传递)。

(3)助签人打开对方保存的文本，指明签字处，请签字人逐一签字。

(四)交换文本

签字完毕，各方签字人员起立，相互交换文本并握手致意。

(五)仪式庆祝

如举行小型酒会、举行记者招待会或新闻发布会等。

第三节　商务谈判

商务谈判是商界人士所进行的洽谈，是重要的商务会议活动之一。

一、主方谈判礼仪

（一）主座谈判接待准备

主座谈判，作为东道主一方出面安排各项谈判事宜时，一定要在迎送、款待、场地布置、座次安排等各方面精心周密准备，尽量做到主随客便，主应客求，以获得客方的理解、信赖和尊重。

1. 成立接待小组

成员由后勤保障(食宿方面)、交通、通信、医疗等各环节的负责人员组成，涉外谈判还应备有翻译。

2. 了解客方基本情况，收集有关信息

可向客方索要谈判代表团成员的名单，了解其性别、职务、级别及一行人数，以作食宿安排的依据；掌握客方抵离的具体时间、地点、交通方式，以安排迎送的车辆和人员及预订、预购返程车船票或飞机票。若有外籍人士参加，主方人员应备有翻译。

3. 拟定接待方案

(1)根据客方的意图、情况和主方的实际，拟定接待计划和日程安排表。

(2)日程安排还要注意时间上紧凑。

(3)日程安排表拟出后，可传真给客方征询意见。

(4)待客方无异议确定以后，即可打印。

(5)如涉外谈判，则要将日程安排表译成客方文字，日程安排表可在客方抵达后交由客方副领队分发，亦可将其放在客方成员住房的桌上。

(6)主座谈判时，东道主可根据实际情况举行接风、送行、庆祝签约的宴会或招待会，客方谈判代表在谈判期间的费用通常都是由其自理的。

（二）主座谈判迎送工作

(1)主方应确定与客方谈判代表团的身份、职位对等；准确掌握对方抵离的时间，主方所有迎送人员都应先于客方到达指定地点迎候。

(2)主方应主动到机场、车站、码头迎接，在到达前15分钟赶到。

(3)对于客方身份特殊或尊贵的领导，还可以安排献花；迎接的客人较多的时候，主方迎接人员可以按身份职位的高低顺序列队迎接，双方人员互相握手致意，问候寒暄。

(4)如果主方主要领导陪同乘车，应该请客方主要领导坐在其右侧，最好客人从右侧门上车，主人从左侧门上车，避免从客人座前穿过。

二、谈判室布置与座次安排

(一)谈判室选择与布置

小规模谈判可在会客室，有条件的话最好安排 2～3 个房间。一间作为主要谈判室，另一间作为双方进行内部协商的密谈室，再配一个休息室。

(二)谈判桌摆放及座次安排

1. 长方形或椭圆形

谈判座次礼仪是重要的礼仪规范体现，它的排定要依据会场的设置而定。一般会有两种情况：一种叫横式，即谈判桌在谈判厅里是横着摆放；另一种叫竖式，谈判桌在谈判厅里是竖着摆放。

(1)谈判桌横放。若谈判桌横放，则正面对门为上座，应属于客方，背面对门为下座，属于主方，如图 10-12 所示。

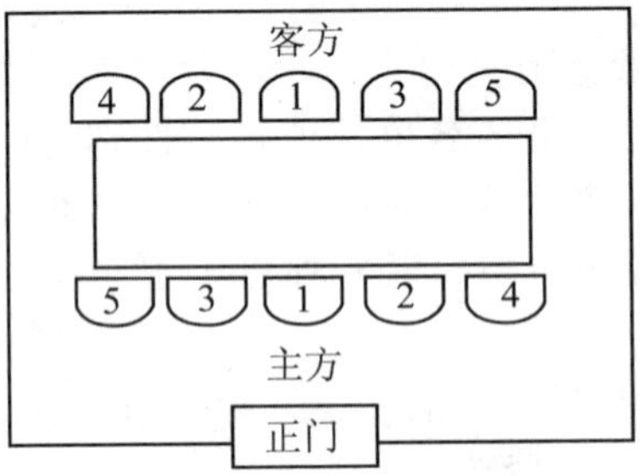

图 10-12　谈判桌横放

(2)谈判桌竖放。若谈判桌竖放，则应以进门方向为准，右侧为上，属客方，左侧为下，属主方，如图 10-13 所示。

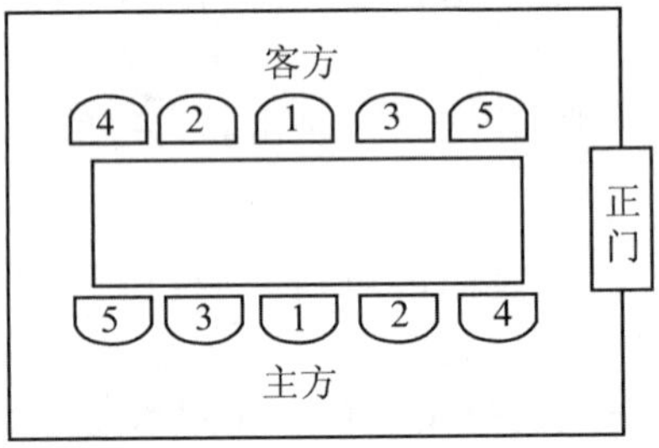

图 10-13　谈判桌竖放

(3)双方主谈人(首席代表)各在己方一边的中间就坐，译员安排在主谈人右侧，其余人员则遵循右高左低的原则，依照职位高低自近而远地分别在主谈人两侧就坐。

2. 圆形

多边谈判一般采用圆形谈判桌，国际惯例上称为“圆桌会议”。在举行国际或国内政治谈判时，为避免席次争执、表示参加各方地位平等起见，参加各方围圆桌而坐，或用方桌但仍摆成圆形，如图 10-14 所示。

图 10-14　圆桌会议

三、出席商务谈判的礼仪要求

（一）整洁的仪容

仪容是指一个人的身体不着装的部位，主要是头发、面部和手部。商界人士仪容的要求是干净整齐，端庄大方。谈判前，不要进食大蒜、葱、韭菜、洋葱、腐乳之类的食物，保持牙齿清洁，没有食品残留物，也没有异味。

1. 男性

(1)头发：发型简单大方，长短适当，干净整齐，不留新潮、怪异的发型，不蓬头乱发，不染发、烫发。

(2)手：谈判时，握手问候、交换名片和递送文件等都会将手展示于人，因此，及时修剪指甲，保持手的干净整齐也是必要的。

(3)面部：保持干净清爽，养成每天上班前必剃须的习惯，不准留胡子，也不能留大鬓角。

2. 女性

出席商务谈判的女性，应选择端庄大方的发型，过于时髦、怪异的发型，染发和不加以固定的长发，都不适合出现在这种场合，选用的发卡、发箍以朴实素雅为佳。

(1)脸部应化淡雅的日妆，保持妆容的和谐清爽，一般不宜文眉、文眼线，唇膏和眼影也不要过于浓艳，要与服饰协调。可适当使用清新的淡香水，但香气不可过于浓烈。

(2)女性手部除保持干净整齐外，可适当使用指甲油美饰一下指甲，不宜涂抹彩色指甲油。

（二）规范的服饰

1. 男性

(1)应穿深色(蓝、黑、灰、棕)的三件套或两件套西装，白色(或与西装同色系)衬衣、打素色或条纹领带，配深色袜子和黑色皮鞋。

(2)除结婚戒指外，一般不戴其他首饰，最好能戴上一只有品味的手表，既能掌握时间，又是最好的装饰品。

(3)在商务谈判场合，男性不应穿着茄克衫、牛仔裤、T恤衫、旅游鞋、凉鞋等休闲服装出席。

2. 女性

(1)端庄、典雅的套裙是商界女性出席谈判场合的最佳选择。以体现着装者的稳重、端庄，配上肉色的长筒或连裤丝袜和黑色的高(中)跟鞋。与服饰配搭，适当点缀一两件首饰或胸针(花)、丝巾等。

(2)出席商务谈判的女性，切忌穿得太紧、太透、太花、太露、太短的休闲装或牛仔装、运动装，也不要佩戴太多的首饰，否则既显得没有教养，也显得没有品味。

（三）文明得体的言谈举止

1. 说话

(1)商务谈判人员要求说话表达准确，口齿清晰，言词有礼，要多用敬语和谦语，尽量采用委婉的表达方式。

(2)商务谈判时，还要善于倾听对方的意见，要求准确把握对方的意图。

(3)说话速度不宜太快，涉外谈判时更应照顾到翻译的方便。言行举止友好和善，面带微笑，有助于推动问题的解决。

2. 举止

出席谈判人员的举止要自然大方，优雅得体。要求说话表达准确，口齿清晰，言词有礼，要多用敬语和谦语。

四、谈判过程中的礼仪

商务谈判过程中，自始至终都贯穿一定的礼仪规范，具体如下。

（一）主方准时迎候

主方人员应先于客方到达谈判地点，当客方人员到达时，主方人员在大楼门口迎候，亦可指定专人在大楼门口接引客人，主方人员只在谈判室门口迎候。

(二)相互介绍

双方由主谈人介绍各自成员，互相握手、问候、致意。然后由客方先行进入谈判室或宾主双方同时进入谈判室，主方人员待客方人员落座后再坐下。

(三)安排合影

重要的谈判，在正式开始前，双方作简短致辞，互赠纪念品，安排合影后再入座。合影位置排列，通常主方主谈人居中，其右侧是客方主谈人，客方其余代表依次排列，主方其余代表一般站在两端。

(四)人员清场

双方人员入座后谈判正式开始，这时非谈判人员应全部离开谈判室；在谈判进行中，双方要关闭所有的通信工具(或调到静音)，人员也不要随便进出。

(五)茶水服务

谈判中，主方应提供茶水、咖啡等饮料，服务人员添茶续水要小心动作，可在休会或某一方密谈时进行。

(六)谈判迎送

谈判结束后，主方人员应将客方人员送至电梯口或送到大楼门口上车，握手告别，目送客人汽车开动后再离开。

(七)参观考察

如果安排了与谈判内容密切相关的参观考察活动，则应在参观点安排专门的接待人员，并悬挂欢迎性的标语横幅。

第四节　会见仪式

一、会见的含义

会见在国际上一般称为接见或拜见。按国际惯例，凡身份高的人会见身份低的人或主人会见客人，称为接见或召见；凡身份低的人会见身份高的人或客人会见主人，称作拜见或拜会。我国不作上述区分，统称为会见。

会见从内容上来区分，可以分为政治性的、事务性的和礼节性的，或兼而有之。

应邀作正式访问的外国领导人，在抵达邀请国的当天或次日，即会见邀请国主要领导人。各国会见方式也不尽相同，有的分别会见，也有的集体会见。会见通常安排在会客室、会客厅或办公室。礼节性会见时，通常双方均有陪同人员参加。

二、现场布置

(一)座位安排

1. 座位的排列形状

座位的排列形状有弧形、椭圆形、马蹄形、半圆形、直角形、T形和长方形等，可根据会见的性质、参加人数和会客室的设施条件而定。

其中，弧形适用于涉外会见，主方派翻译，如图10-15所示；椭圆形适用于人数较少的涉外会见，如图10-16所示；马蹄形适用于人数较少的涉外会见，如图10-17所示；半圆形适用于涉外会见，宾主双方同时派翻译，如图10-18所示；直角形适用于人数较少的涉外会见，如图10-19所示；T形适用于接见下属人员或公关性会见，如图10-20所示；长方形座位适用于接见外宾，如图10-21所示。

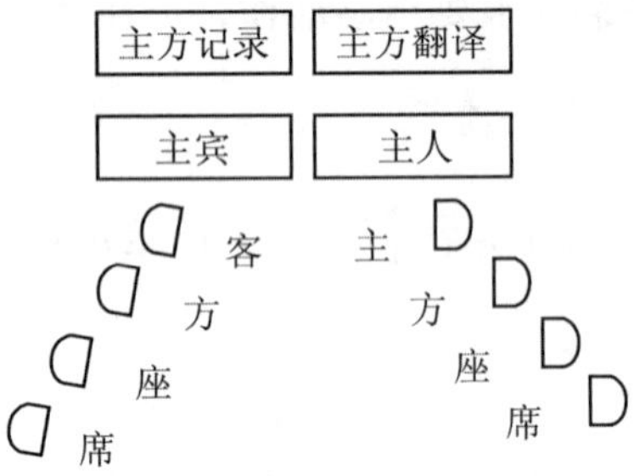

图10-15　弧形座位

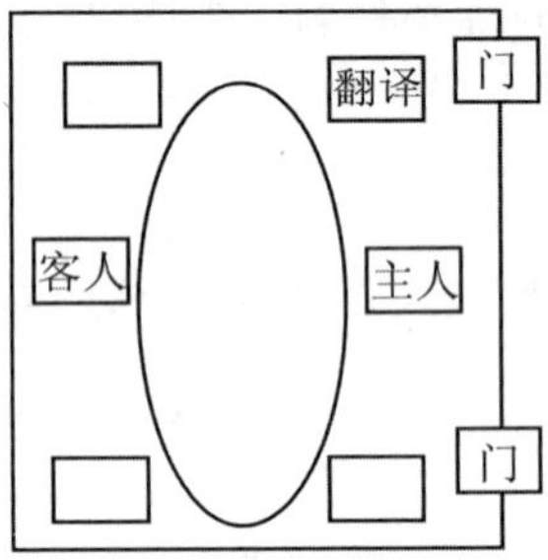

图10-16　椭圆形座位

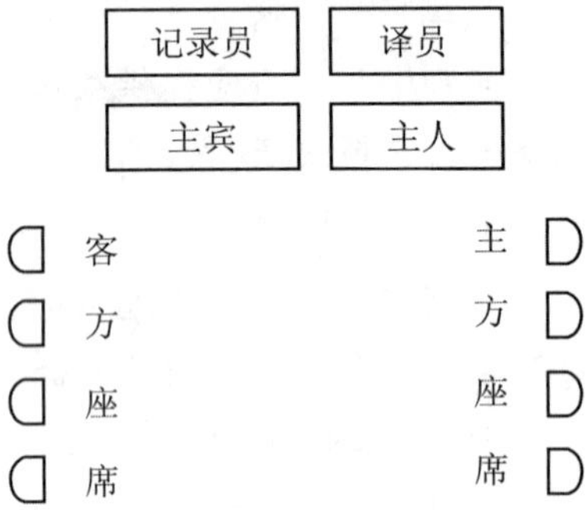

图10-17　马蹄形座位

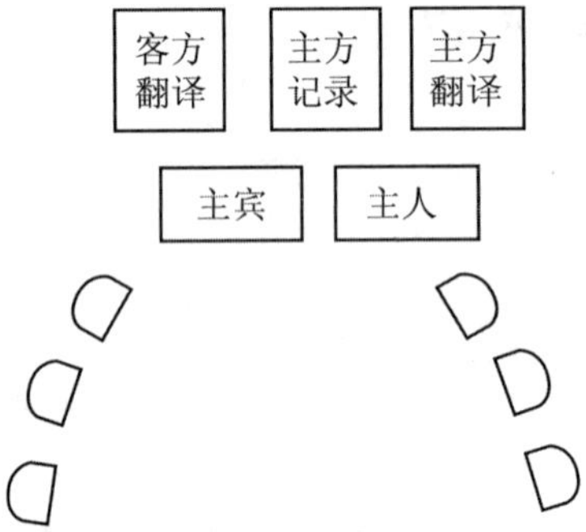

图10-18　半圆形座位

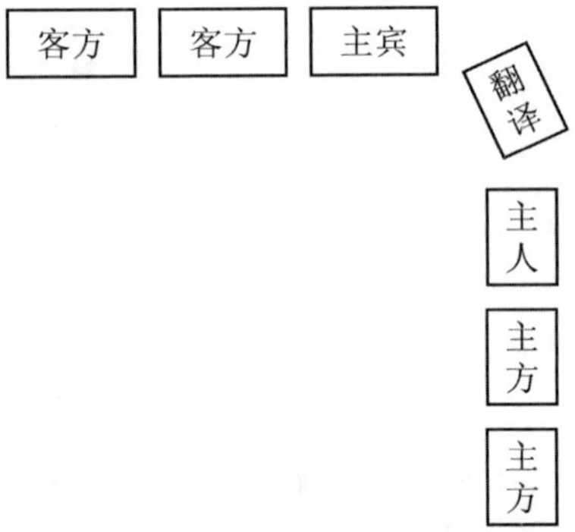

图10-19　直角形座位

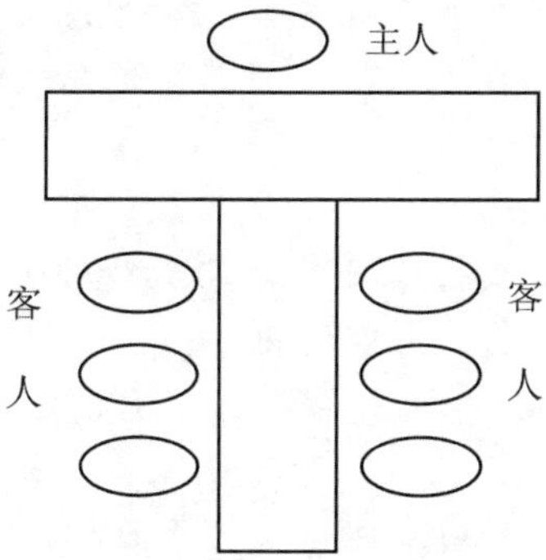

图 10-20　T 形座位

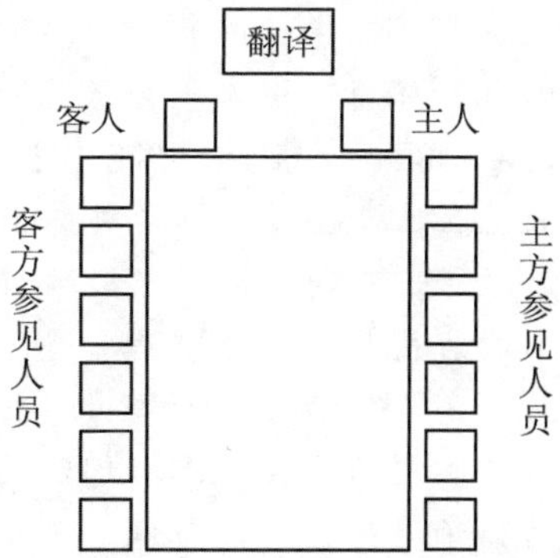

图 10-21　长方形座位

2. 座位的排列次序

涉外会见，应按照主左客右的惯例来安排座位。宾主双方的其他人员按同样的方位各坐一边，并按职位高低从中间向两边排列。

国内单位领导人之间会见，主人和客人居中而坐，一般不分左右，但也可按照国际惯例主左客右来安排。

（二）国旗

可在宾主座位两侧放置两国国旗；涉外召见应悬挂主方国旗。

（三）扩音设备

会客厅较大，会见人数较多，应安装扩音设备。

（四）茶水

由于会见往往需要较长时间。因此，应准备足够的茶水。时间较长的会见，中途一般不斟茶，仅在发言间隙进行。

（五）鲜花

会场鲜花布置是按照会场环境的特点，利用以室内观叶植物为主的观赏材料，结合会议需要，对会场进行美化装饰。桌上可摆设小型观花或观叶植物，如文竹、瓜叶菊、海棠等，但数量不能过多，种类不能过繁。桌上如用切花，其色彩应与桌面或台布的色彩统一。

【小资料 10-1】　西方国家送花的常识与禁忌

不同的国家有不同的风土人情，人们对鲜花花语的理解也有差异，花的颜色和枝数都有讲究。在加拿大送给当地友人花束时，需要注意白色的百合是不吉利的，在当地只有开追悼会时才用白色的花，还有菊花也不能送，送花最好是单数。

在法国，黄色的花在当地表示不忠诚的意思，也只有在葬礼时才使用菊花。拉丁美洲的部分国家，将菊花视为一种妖花，人死之后才会摆放菊花。这跟我们中国的习俗完全不同，在中国菊花被赋予“花中君子”的称号。

绛紫色的花在巴西主要用于葬礼，如果是去瑞典、芬兰等北欧国家，千万不要送绛紫色的花，送给友人花束时以单数为佳。此前我去过日本，日本人对送花有很多的忌讳，荷花不能为礼相赠，探望病人时忌用淡黄色、白色的花。

山茶花与仙客其发音跟日语中的“死”接近，并且山茶花凋零时整个花头都会掉落，这是非常不吉利的。在日本人们对菊花也存有戒心，菊花是皇室贵族的象征，一般人不敢轻易接受这种礼物，所以，不能送日本人白颜色与淡黄色的花。

英国人认为黄玫瑰象征着分离，所以去主人家做客时不要送黄玫瑰和百合花。在西班牙大丽花和菊花都表示着死亡，所以非常忌讳送这两种花。墨西哥人认为红色会给人带来晦气，黄色意味着死亡，所以在送给主人花束时也需要注意。

在这些西方国家中，送花需要注意花束的枝数不能是“4”。另外，日本人很忌讳赠送的数量为“9”，当你送的花数量为“9”时，就等于视他为强盗。花束的数量不能为“13”，这在欧美国家是非常忌讳的数字。

第五节　迎送礼仪

迎来送往作为常见的社交礼节，在国际交往中和组织间交往中不可缺少，对来访客人，应视其身份、两国或两组织间的关系、活动的性质等因素，安排相应的迎送仪式。

一、迎送前准备

（一）确定迎送规格

确定迎送规格时要注意国际惯例。主要迎送人员通常与来宾身份相当或者相差不大，尽量做到对等、对口。目前为了简化迎送礼仪，主要迎送人员更多地在来宾下榻的宾馆（或饭店）迎接或送别，而另由职务相宜人员负责机场（或车站、码头）的迎送活动。

（二）掌握迎送时间、地点

迎接客人必须在来宾乘坐的飞机（火车或轮船）抵达之前到机场（车站或码头）等候，送行则应在客人登机（车或船）前到达机场（车站或码头）。因此必须准确掌握来宾所乘交通工具的航班号、车次、船次以及抵离时间，并将这些情况和迎送人员名单一并通知机场（或车站、码头），以便做好接站（或送站）准备。

接、送站前，应保持与机场（或车站、码头）的联系，随时掌握来宾所乘航班（车次或船次)的变化情况。如有晚点情况，应及时作出相应安排。接站时，迎候人员应留足途中时间，提前到达，以免因迟到而失礼。

（三）注意迎送的细节

迎接客人时应安排好迎送的车辆，准备好献给客人的鲜花，并提前了解对方的背景，设定好途中交谈的话题等。

二、迎送礼仪内容

（一）迎宾礼仪

(1)见到客人光临，应主动上前彬彬有礼地亲切问候，表示热忱的欢迎。

(2)如果是主陪陪同客人，那要并行与客人同行。如属随行人员，应走在客人和主陪人员的后边。

(3)陪同客人步行，一般应在客人的左侧，以示尊重。

(4)负责引导时，应走在客人左前方一两步远的地方和客人的步速一致，遇到路口或转弯处，应用手示意方向并加以提示，如图10-22所示。

图10-22　迎宾引导礼仪

(5)乘电梯时，如有专人服务，应请客人先进，如无专人服务，接待人员应先进去操作，到达时请客人先行。

(6)进房间时，如门朝外开，应请客人先进，如门朝里开，陪同人员应先进去，扶住门，然后再请客人进入。

（二）送宾礼仪

(1)对于外来的客人，要尽可能地为客人设法预购返程车票、船票或飞机票，或提供购买方便。如自己实在无力解决，要尽早通知客人，免得客人措手不及。为客人代购车、船、机票，应问清车次、航班、时间以及具体要求。

(2)接待人员在问清宾客共有多少件行李物品时，小心地提携并负责运送到车上。

(3)安置好行李后，不要立即转身离去，而应向宾客作一下交代，并施礼感谢光临和致告别语。

(4)轻轻替顾客关上车门，注意不要让宾客的衣裙被车门夹住，门要关得恰到好处，不能太轻而关不上、太重而惊吓客人。

(5)车辆启动时，不要立即结束送别，应面带笑容，向客人挥手告别，目送离去。

(6)前往机场、码头或车站送别时应与客人一一握手，祝愿客人旅途顺利并欢迎再次光临。将客人送上车、船或飞机后，送行人员应面带微笑，挥手告别，待车、船或飞机离开后，直到看不见对方时，方可返回。

【小资料 10-2】　　各国有趣的送客礼

左手礼

印度、马来西亚、缅甸和冈比亚等国，人们用左手干脏活、完成如厕程序。平时端菜、接物、送客等，都不允许用左手。对不受欢迎的客人，主人送客用左手打发。

送鞋礼

尼泊尔山区民族对远道而来的客人，开始送一顶尼泊尔帽表示欢迎。告别时，还要送上一双尼泊尔鞋。男客送黑色，女客送红色，意为祝客人归途顺利，前途无量。

抹泥礼

新几内亚人在送别客人时会高声尖叫。还把道路上的泥土往客人身上抹，据说此举表示土地代表我的心，对你真心诚意。

收伞礼

泰国北部农村的一些少数民族地区，客人来时有撑伞欢迎的习俗。若主人把伞收拢存放，则暗示主人要送客了。

白色礼

匈牙利人很好客，不管你带不带礼物到主人家，送客时他们都要送一份白色的礼物，表示祝你诸事顺利之意。

【复习与思考】

一、本章精要

• 会议礼仪的基本要求：周全考虑、精心安排、细节服务。

• 参会者在参会之前，应做到到达守时、仪表整洁、举止规范；在会议进行时，应做到保持安静、专心聆听、发言切题、彼此尊重；在会议结束后，要按顺序离开会场。

• 工作会议礼仪的对象主要是本单位、本行业或本系统的人员，应从会议纪律、端正会风两个方面着手。

• 洽谈会礼仪规范，可从洽谈会的礼仪性准备、洽谈会的座次安排、坚持洽谈的三大方针(依法办事、礼敬于人、互利互惠、平等协调)着手。

•茶话会礼仪，具体内容主要涉及会议的主题、嘉宾邀请、时间地点选择、茶点准备、座次安排、会议议程、发言七个方面。

•签字仪式即缔约各方共同签署会谈最后文件的公开仪式。

•签字仪式分为三个阶段：草拟阶段(拟定合同文本)、准备阶段(签字场地选择、人员安排、签字厅布置、签字厅座次安排等)、签字阶段(开始入座、签署文本、交换文本、举杯庆贺、合影留念、有秩序退场等)。

•签字仪式准备分为文本准备、商定参加人员、现场布置三个环节。其中，文本准备应确定会谈正式文件的正本和副本，并提前印制盖章；商定参加人员，主要由签字人员、领导、见证人、助签人、主持人等五类主体构成；现场布置可从签字桌椅、国旗、文具、文本、参加人员的位置、讲台、会标、香槟酒等方面进行。

•商务谈判中，作为东道主一方出面安排各项谈判事宜时，一定要在迎送、款待、场地布置、座次安排等各方面精心周密准备，尽量做到主随客便，主应客求，以获得客方的理解、信赖和尊重。

•商务谈判中，若谈判桌横放，则正面对门为上座，应属于客方，背面对门为下座，属于主方；若谈判桌竖放，则应以进门方向为准，右侧为上，属客方，左侧为下，属主方。

•出席商务谈判的人员，应做到整洁的仪容、规范的服饰、文明得体的言谈举止。

•按国际惯例，凡身份高的人会见身份低的人或主人会见客人，称为接见或召见；凡身份低的人会见身份高的人或客人会见主人，称作拜见或拜会。我国不作上述区分，统称为会见。会见通常安排在会客室、会客厅或办公室。礼节性会见时，通常双方均有陪同人员参加。

•会见仪式中，座位的排列形状有弧形、椭圆形、马蹄形、半圆形、直角形、T形和长方形等，可根据会见的性质、参加人数和会客室的设施条件而定。

•涉外会见仪式的座位安排，应按照主左客右的惯例来安排座位。宾主双方的其他人员按同样的方位各坐一边，并按职位高低从中间向两边排列。国内单位领导人之间会见，主人和客人居中而坐，一般不分左右，但也可按照国际惯例主左客右来安排。

•在进行迎送仪式前，应注意确定迎送规格；掌握迎送时间、地点；注意迎送的细节。

•迎送礼仪主要分为迎宾礼仪和送宾礼仪。

二、重点概念

会议礼仪　　签字仪式　　谈判座次安排

会见座位安排　　迎送礼仪

三、思考讨论题

1. 会议礼仪的基本要求有哪些？

2. 参会者、发言人的会议礼仪有哪些要求？

3. 工作会、洽谈会、茶话会的礼仪规范有哪些？

4. 签字仪式如何准备？签字仪式的程序是什么？

5. 商务谈判座次安排有何要求？

6. 会见仪式现场如何布置？

7. 迎送礼仪的具体内容是什么？

【综合案例分析】 中国人参加国际会议七种差错：“抖腿”似乎成了专利

出席国际会议时，一些中国嘉宾像中国游客一样保留不雅的“中国特色”，成为西方媒体报道中带有嘲讽性的小花絮。

近年来，中国官员、企业家和学者越来越频繁地出现在大型高端国际会议上。如八国峰会、亚太经合组织领导人会议、中非论坛、博鳌论坛、达沃斯论坛等。需要提醒中国与会嘉宾的是，出席国际会议有一些约定俗成的礼仪和规则，否则会被人认为失礼和没有教养。

早些年，中国人对此不太讲究，近年已经有明显好转。但仍有部分人士像中国游客一样保留一些不雅的“中国特色”，成为西方媒体报道中带有嘲讽性的小花絮。当然，老外也有粗鲁和失礼的，但我们不能因此就说不雅的“中国特色”值得坚持。向下攀比，是没有底线的，只会变得越来越粗鲁。

以下是一些会议礼仪常识和中国同胞常犯的差错。

常识1：准时抵达会场，按照会场的指定座位或区域落座

差错：抢坐前排，或退居后排，把会场中间留出空白，似乎刻意给会议主人难堪。

常识2：正式会议开始以后，尽量避免频繁进出会场

差错：会议中因为电话和内急溜出会场的人常常此起彼伏。某次会议有位坐在前排的官员向主讲人提问后就因为内急而出场，让主讲人误以为是在抗议他的回答。

常识3：进出会场或上下电梯时要遵循女士优先的原则，不管那女士是什么身份。

差错：中国嘉宾通常会在女官员、女企业家、女学者、女明星面前遵循女士优先原则，却不理会女翻译、女导游、女陪同、女记者等，而外国人对此一视同仁。

常识4：不在会场和餐厅里大声喧哗，不在客人面前大声接听电话

差错：部分地方官员和企业家常常会在公开场合训斥下属，尤其令人侧目。

常识5：无论在主席台，还是在台下，坐姿要端正

差错：抖腿似乎是部分国人的专利。

常识6：服饰礼仪规范

出席正式会议和宴请，要穿正装，男士是深色西服，女士穿中长裙和长裤均可。男士要贴身穿衬衣，衬衣和领带要及时更换，袜子应是深色的，并把衬裤脚包在袜子里。女士的衣服最好每天都换一套。

差错：男士穿浅色西装或休闲装。衬衣里面还套个背心，能看出明显的印痕。袜子是白色的，甚至带花。一翘腿，裤脚那里能看到好几层。女士穿短裤、超短裙、休闲装等。实际上，女嘉宾很少这样，但女记者常常如此。其实，采访正式会议，记者的着装也不能太随便。

常识7：仪态礼仪规范

集体行动时，互相之间保持距离，尤其同性之间不能太亲密，不能勾肩搭背，这是同性恋的标志。领导不要戴墨镜，否则像黑社会老大。

差错：部分官员喜欢前呼后拥，部分下属喜欢照顾领导。在这种场合对领导太敬畏、太谦卑，并不能提升领导的威严，反而有损领导的国际形象。《欧洲时报》曾报道过一个中国地方官员在参观巴黎卢浮宫的时候，坐在博物馆内的椅子上，男秘书给他揉肩膀，让其他游客猜测不已，而且觉得很无礼。

总体来说，对会议礼仪的讲究上，中国政府高官好于地方官和企业家；外交官、外经贸官员好于其他官员；具有海归背景、高科技背景和上市公司背景的企业家好于其他企业家。

资料来源：新浪网，http://news.sina.com.cn/c/2007-09-13/100713881963.shtml。

案例分析讨论：

1. 以上案例反映了我国同胞参加国际会议存在什么问题？
2. 在参加会议时，参会者应做到哪些基本的礼仪规范？
3. 如何普及和提高参会者的参会礼仪知识？

附录　《会议分类与术语》国家标准

编者按：由全国会展业标准化技术委员会提出并归口，由上海市标准化研究院牵头，国家会议中心起草的《会议分类与术语》(GB/T 30520—2014)国家标准正式发布，并于2014年8月1日起实施。此前，展览术语标准《经济贸易展览会术语》早在2011年就已发布实施。

《会议分类与术语》涵盖会议分类和通用术语两部分，共包含9个条目和138个词条，适用于会议产业的研究、行业政策的制定和指导会议实务活动。据悉，标准从立项到最终公布历时四年。会议标准起草小组在制定标准的过程中，不仅对国际性的行业组织、各国家对会议业的管理体制、法规和标准化体系等方面进行了全面严谨的研究，更多次召开内部讨论会议。

虽时隔三年，从进度上看会议行业的标准化落后于展览行业，但从完整性来说，却覆盖了整个会议行业，且适合所有类型的会议。

作为首部指导会议产业运行的国家标准，《会议分类与术语》为会议业标准体系的建立开创了良好开端，为政策法律及理论研究的开展提供了科学依据，也为整个会议行业在概念体系协调的基础上实现无缝交流提供了权威标杆。

更多内容请扫描右边二维码在线阅读。

《会议分类与术语》
国家标准